主编 / 王志军
副主编 / 周卓豪　朱天芳

中国法治出版社
CHINA LEGAL PUBLISHING HOUSE

本书编委会

主　编： 王志军

副主编： 周卓豪　朱天芳

编　委： 伍志坚　王楚豪　刘　冰　庄丹丹
　　　　　吴悦艺　黄艺威

编　辑： 黄海强　李伊琳

前　言

　　法者，国之重器；智者，世之圭璋。国智秉持以国之重器造世之圭璋之念，于千禧钟鸣之际，肇兴于岭南，承司法浩气，启法治新章。昔韩非子言："法不阿贵，绳不挠曲。"吾侪以此为圭臬，廿五载栉风沐雨，以法典为舟楫，秉烛以耕法田，凿冰而渡沧海，终以赤忱铸就星芒。

　　孤灯照夜路，星火映山河。忆往昔初创之时，不过刑辩十数人，栖身羊城一隅，案牍简素，如执萤烛探幽谷；庭辩清寒，如持霜刃剖层冰。然志在九霄，岂囿蓬蒿？遂改制更张，三迁三扩，领行业先机于阡陌；广纳英才，令百花齐放于庑廊：

　　——刑事辩锋，直指证据链七寸；
　　——民商经纬，织就契约安全网；
　　——依法行政，护航法治政府；
　　——破产业务，化腐朽为神奇；
　　——涉外云帆，架法律丝绸路；
　　……

　　每迁一步，皆若庖丁解牛，循行业经络而进，终成"特殊普通合伙"之先声。今观国智，蝉联省政府三届顾问，连获认可；又摘"国优"桂冠，更添殊荣。护法安民，斡旋经纬于庙堂；破甑理债，明析毫厘于商海；更兼涉外云帆济沧海，金融琼琚映朝晖。年理讼案数千，岁收锱铢逾亿，虽经千淘万漉之苦，终得吹尽狂沙之甘。

　　案牍积丘山，青编传薪火。今辑此《国智律师业务精粹（二）》，非止续貂前作，更添新锐锋芒。既秉承《国智律师业务精粹（一）》之理念，亦选取近年案牍之菁华，撷百战袍泽之心血。或解新颁律令，或析首案疑难，三易其稿，九炼成章，字字皆带晨霜夜露，务求剖玄析微，烛照幽暗。其要者四：一曰博洽，横跨数域，章章可作圭臬；二曰明辨，以事实为枢机，法理为经纬；三曰精审，耆宿与青衿共砚，字字皆经霜刃；四曰致用，化繁讼为圭表，指迷津于雾海。

　　法海本无涯，星汉共此光。昔孔子见大河，叹"逝者如斯"；今吾辈观法典，悟"新者如潮"。人工智能缔约、元宇宙物权、跨境数据流……新时代已携浪而来。然法海浩瀚，纵怀鲲鹏之志，亦需众擎易举。此书付梓，非敢言尽善，唯愿作引玉之砖。若见某页批注能启灵思，某段析理可避歧途，则吾心甚慰。瑕疵之处，尤望方家不吝斧正——昔欧阳修作文悬之城门，今国智置书于法治长河，皆求"嘤鸣友声"之回响，以青编为引，待君子清音。

　　廿五载不过历史一瞬，然于国智，却是筚路蓝缕、春华秋实之程。从"刑辩十子"到"百骏图"，从"业务精粹一"到"业务精粹二"，变者乃疆域之拓展，不变者唯"以法为器，以智为魂"之初心。今借《诗经》之言与同业共勉："如切如磋，如琢如磨。"愿以此书为舟，载同道共航法治星海；以案牍为媒，塑行业明日之圭璋。

周卓豪、朱天芳
——岁次乙巳孟夏，写于珠水之畔

目录 Contents

第一编　理论与实务研究 ··· 001

第一章　刑事理论与实务研究 ··· 003

论正当防卫与防卫过当的界限 ················· 庄丹丹 / 003

金融强国背景下金融刑事立法保障路径探析 ········· 张雅宁 / 011

检察主导认罪认罚从宽程序下的有效辩护 ··········· 黄海强 / 017

追诉时效争议问题研究

——以刑事一体化为视角 ················· 杨　晨　黄海强 / 025

跨境电商走私犯罪的类型化认定

——以 37 份裁判文书为研究对象 ·········· 杨　晨　黄海强 / 033

有组织犯罪涉案财产辩护的逻辑展开

——以《反有组织犯罪法》相关规定为

背景 ··································· 杨　晨　黄海强 / 041

刑罚执行中共犯连带退赔责任的追偿问题

浅析 ·································· 庄丹丹　李　静 / 050

被害人在刑事公诉案件开庭审理期间可否

直接向法庭提交新证据 ················· 张炯娜　岑　豪 / 055

自媒体信息网络传播的著作权犯罪问题研究 ·········· 吴寿长 / 058

组织参与国（境）外赌博罪的司法认定 ······ 孙志伟　张炯娜 / 065

第二章　行政法理论与实务研究 ··· 073

律师助力推动法治政府建设 ··············· 陈晓朝　冯艳艳 / 073

行政处罚执法状况、分析与对策 ··········· 陈晓朝　冯艳艳 / 083

政府采购中，如何判定差别歧视待遇 ……… 周妍君　金少佳／092
一文学会分辨政府采购和招标投标 …………… 周妍君／097
六大关键词解读《政府采购合作创新采购
　　方式管理暂行办法》………………………… 周妍君／102
《公平竞争审查条例》新规解读 ……………… 周妍君／109

第三章　民商事理论与实务研究 ……………………………… 113
　　浅析无益拍卖的认定规则与司法
　　　　实践 ……………………………… 李晓莉　伍俊豪／113
　　裁量驳回制度裁判理由的实证研究 ……… 段新瑜　吕志锋／118
　　浅析知识产权法的实务判定
　　　　——以 AIGC 侵权为背景 ………… 吕志锋　王瑞洋／124
　　保证人向债权人承担还款责任后能否
　　　　向抵押人追偿 …………………………………… 丁　毅／130
　　在利率转换情形下如何确定担保人的担保责任 …… 丁　毅／135
　　网购收货地能否作为知识产权侵权案件的管辖
　　　　法院 ……………………………………………… 王　勃／141
　　"承租人逾期腾房"时出租人救济途径实证研究
　　　　——基于162份判决书的分析 ………………… 王　勃／146
　　债权人"仅凭金融机构转账凭证"起诉认定借贷
　　　　关系的实证研究
　　　　——基于187份判决书的分析 ………………… 王　勃／153
　　人身损害赔偿纠纷中，已报销的"医疗费"能否
　　　　主张 ……………………………………………… 张炯娜／159
　　"竞业限制"的法律概念及适用 …………… 胡亘周　郑雅净／162
　　竞业限制与商业秘密保护之八大辨析 …… 胡亘周　郑雅净／174
　　劳动者入职用人单位的客户或供应商
　　　　是否违反竞业限制义务 ………… 胡亘周　黄展鹏／179

能否以劳动者亲属存在竞业行为为由认
定劳动者违反竞业限制义务 …………… 胡亘周　黄展鹏／183
第四章　涉外涉港澳业务理论与实务 ………………………… 187
以港澳地区的遗产管理人制度延伸，探讨
法典时代下遗产管理人制度实体和程序互济 ……… 曾小丽／187
涉港案件中股东代表公司诉讼的管辖问题 ……………… 周妍君／198
柬埔寨投资法律体系解析与实务指引 …………………… 吴悦艺／204
斯里兰卡法律体系与投资环境研究 ……………………… 吴悦艺／211
中柬律师通力合作，拆穿土地交易骗局
　　——柬埔寨柏威夏省土地交易尽调办案小记 …… 吴悦艺／215

第二编　经典案例 ………………………………………… 221

第一章　刑事辩护经典案例 ………………………………… 223

提起刑事附带民事诉讼助力公安执法维权
　　——何某某被故意伤害提请抗诉、上诉
　　　　改判案 ……………………………… 周卓豪　张炯娜／223
诈骗案辩护要点之诈骗"数额"认定
　　——李某某诈骗案 ……………………… 朱山川　卢　肯／231
犯罪主观意图的辩护要点
　　——林某涉嫌贩卖毒品罪一案 ………… 王楚豪　黄昭湖／235
公诉罪名改自诉罪名之辩护
　　——李某某涉嫌盗窃不起诉案 ………… 王楚豪　王烁豪／239
盗窃罪与职务侵占罪的定性之辩
　　——薛某某涉嫌职务侵占案 …………… 王楚豪　王烁豪／244
非法买卖外汇案件的罪与罚
　　——蔡某某涉嫌非法经营案 …………………… 孙　宁／249

毒品犯罪死刑适用辩护

——翁某涉嫌贩卖毒品案 ········ 陈进兴　陈浩纯　张雪莹/ 254

"法律不强人所难",法定犯中犯罪主观故意的认定

——广州某公司砍伐古树案无罪辩护 ············ 伍志坚/ 257

"排除合理怀疑"在死刑案件辩护中的运用

——林某涉嫌贩卖毒品罪案 ···················· 伍志坚/ 261

NFT失窃案何以突破传统盗窃罪的认定边界

——以苏某某、梁某某涉嫌盗窃罪一案

为例 ·················· 黄艺威　孙志伟　茅冰清/ 266

第二章　行政法经典案例 ······························ 275

构建地方企业信用管理制度的法制化实践

——《A市企业信用促进条例》地方性

法规立法起草项目 ······ 陈晓朝　丁家平　冯艳艳/ 275

规范农村住房建设,助力乡村振兴

——《B市农村村民住房建设管理办法》

立法起草项目 ·········· 陈晓朝　丁家平　冯艳艳/ 280

实质性解决损失弥补,妥善化解行政争议

——F供水有限公司诉Y县人民政府批准行为

行政赔偿案 ···························· 陈晓朝　陈　佳/ 285

第三章　民商事诉讼经典案例 ························ 291

经济性裁员背景下的人员分流安置实践

——广州某科技股份有限公司人员分流安置

项目案 ································ 姜　黎　叶　斌　曾小丽

黄艺威　林秋容　王诗雅/ 291

仲裁送达程序违法的司法救济路径

——广东某学校申请撤销仲裁裁决案 ······ 刘　冰　李晓焕/ 298

民间借贷法律关系与租赁法律关系之变动
　　——张三与李四租赁合同纠纷案 ………………… 刘　冰/ 303
转包法律关系中转承包人的权利行使界限 …………… 胡亘周/ 308
银行未按承诺注销土地抵押权，是否构成不作为侵权
　　——28名购房者诉某银行侵权纠纷案 …………… 胡亘周/ 315
股权转让合同中目标公司为付款义务人，合同是否无效
　　——关某、林某与某公司股权转让纠纷案 ………… 胡亘周/ 318
隐瞒关键证据导致仲裁裁决撤销的实务分析
　　——某信息科技公司与某生物技术公司服务
　　　　合同纠纷案 …………………………………… 施洁浩/ 321
债务人转赠房屋给女儿，债主能否请求撤销并返还
　　——湛江某饲料公司诉陈某等人撤销权纠纷案 …… 胡亘周/ 329
劳动合同变更中的实际履行在争议处理中的司法适用
　　——周某劳动人事争议纠纷案 …………………… 施洁浩/ 332
逾期利率和违约金不能超过法定利率红线
　　——袁某诉徐某、A酒店公司民间借贷纠
　　　　纷案 …………………………………… 丁文生　陈雪莹/ 337
城中村旧改房屋代持关系认定
　　——江某诉戴某不当得利纠纷案 ………………… 吴寿长/ 343
准确认定竞业限制违约行为，维护市场良性竞争
　　——某国家级科技企业孵化器与两名前高管的
　　　　竞业限制纠纷案件 …………………… 姜　黎　林秋容/ 347
灵活运用民事诉讼证据规则终获胜诉判决
　　——某教育公司被诉解除租赁合同一案 … 徐　嵩　王　勃/ 355

·第一编·
理论与实务研究

第一章　刑事理论与实务研究

论正当防卫与防卫过当的界限

庄丹丹*

《中共中央关于全面推进依法治国若干重大问题的决定》指出，要发挥法治在解决道德领域突出问题中的作用，引导人们自觉履行法定义务、社会责任、家庭责任。正当防卫制度，蕴含"法不能向不法让步"价值理念，在我国犯罪理论中发挥着至关重要的出罪作用，并承担着鼓励公民同违法犯罪行为作斗争的重要使命，是维护法律公正，彰显法律温度的有力武器。但遗憾的是，受制于司法技术与裁判观念等因素，正当防卫在司法实践中被认可的比例还比较低，正当防卫行为可能异化为防卫过当，防卫过当行为可能被认定为故意犯罪。

正当防卫与防卫过当之间横亘着罪与非罪、此罪与彼罪的鸿沟，只有准确认定，才能彰显法律的公正性，取得法律效果与社会效果的统一。近年来，多起正当防卫热点案件，如聊城于欢案、丽江唐雪案、昆山反杀案等适时为司法机关准确认定正当防卫提供有益指引，有助于准确区分正当防卫与防卫过当，重塑正当防卫的裁判理念。鉴于此，笔者特作此文，聊表浅见，以供探讨。

一、正当防卫异化之现状

相较于1979年《刑法》，1997年《刑法》对防卫限度条件进行放宽，将防卫过当的认定由"超过必要限度造成不应有的危害的"，修改为"明显超过必要限度造成重大损害的"，并且进一步规定了特殊防卫权。这主要是为了改善司

---

* 庄丹丹，广东国智律师事务所高级合伙人。

法实践中适用正当防卫制度过于保守及严苛的局面,进一步加强对公民正当防卫权的保障,鼓励公民同违法犯罪行为作斗争。然而,法律规定如此,但某些"唯结果论"的做法使得正当防卫制度异化现象加剧。

所谓"唯结果论",是指司法机关往往根据防卫行为造成的最终损害后果来判断防卫限度是否"明显超过必要限度造成重大损害的",而非首先考虑防卫的必要性。以张某故意伤害案[1]为例,一审法院认定,周某因与被告人张某在解决张某亲属的交通事故纠纷过程中产生矛盾,遂纠集陈某和丛某、张某2持事先准备的砍刀等工具至张某住处,与张某发生冲突,张某持刀捅刺陈某2胸部一刀,后又持铁锹打伤周某左前臂,致陈某2死亡,周某轻伤一级,张某受轻微伤,据此,一审法院认为,被告人张某故意伤害他人身体,致一人死亡、一人轻伤,其行为已构成故意伤害罪,并对其判处有期徒刑十二年六个月。宣判后,被告人张某以其系正当防卫、不构成犯罪为由提出上诉。天津市人民检察院第一分院认为,原判认定张某构成故意伤害罪定罪准确,但未认定张某系防卫过当有误,导致量刑偏重。二审法院经审理认为,上诉人张某实施了致人一死一伤行为的前提是遭到了周某等四人的不法侵害,且该不法侵害具有现实性和紧迫性;张某为免受正在进行的不法侵害,采取的制止不法侵害的行为,具有正当性,属于正当行为;张某的行为未超过防卫限度,属正当防卫,不负刑事责任。据此,二审法院改判上诉人张某无罪。本案中,一审法院的裁判观点,在一定程度上存在"唯结果论"的倾向,二审法院能冲破固有思维,作出无罪判决,无疑是令人赞许的。

"唯结果论"可以说是结果无价值论影响下的必然结果,司法人员通常根据行为后果标准,将防卫行为对不法侵害人实际造成的损害后果与不法侵害可能导致的损害后果之间进行简单的法益衡量。可以看出,对防卫限度的认定,实际上是根据防卫行为实际造成的损害后果为基点,因此,一旦防卫行为导致重大损害后果的出现,就直接推定防卫行为明显超过必要限度。这种将对"明显超过必要限度"的认定与"造成重大损害"相融合的思考路径,使损害后果成为认定防卫限度的主要因素,甚至是唯一因素。

二、正当防卫与防卫过当界限之理论探讨

刑法规范是区分正当防卫与防卫过当的根本依据。根据《刑法》第二十条

---

[1] 参见(2018)津01刑终326号刑事判决书。

第二款规定,正当防卫明显超过必要限度造成重大损害的,应当负刑事责任。显然区分正当防卫与防卫过当的关键在于如何理解"明显超过必要限度造成重大损害",即对防卫限度标准之认定。

(一)防卫限度的区分标准

当前学界对正当防卫限度标准学说主要有三种,分别是基本相适应说、必需说和适当说。基本相适应说主张,正当防卫的必要限度,是指防卫行为必须与不法侵害基本相适应,基本相适应主要是通过防卫行为所造成损害大小及轻重等方面来衡量。① 必需说主张,正当防卫的必要限度应当是从防卫的实际需要出发,以有效制止不法侵害所实际需要的防卫行为为限。即使防卫行为的强度大于不法侵害的强度,只要是防卫的客观需要,就不属于超过必要限度。② 适当说主张,正当防卫的必要限度,是指防卫行为恰好能制止侵害人的不法侵害行为,并且没有对不法侵害人造成不应有的损害,该学说主张,将基本相适应说与必需说相结合,故也被称为折衷说。③

(二)"明显超过必要限度"与"造成重大损害"的关系

在判断防卫限度时,厘清"明显超过必要限度"与"造成重大损害"之间的关系,同样至关重要。对此,学界目前存在两种截然不同的观点。观点一认为,"明显超过必要限度"是防卫限度的行为限度,"造成重大损害"是防卫限度的结果限度,二者必须同时满足,才能认定防卫行为超过必要限度;④ 观点二则认为,"明显超过必要限度"的成立是以"造成重大损害"为前提,只有在造成重大损害的情况下,才会存在是否明显超过必要限度的问题。⑤

(三)防卫过当主观罪过形式的界限

对于防卫过当的主观罪过形式,学界主要有如下观点:观点一:防卫过当既可以是过失,也可以是故意(包括直接故意和间接故意);⑥ 观点二:防卫过

---

① 杨春洗等:《刑法总论》,北京大学出版社1981年版,第174页。
② 曾宪信、江任天、朱继良:《犯罪构成论》,武汉大学出版社1988年版,第133页。
③ 高铭暄主编:《中国刑法学》,中国人民大学出版社1989年版,第152页。
④ 高铭暄:《正当防卫与防卫过当的界限》,载《华南师范大学学报(社会科学版)》2020年第1期,第166页。
⑤ 张明楷:《刑法学》,法律出版社2016年版,第212页。
⑥ 金凯:《试论正当防卫与防卫过当的界限》,载《法学研究》1981年第1期。

当既可以是过失，也可以是间接故意；① 观点三：防卫过当只能是间接故意；② 观点四：防卫过当只能是过失，不存在故意；③ 观点五：防卫过当行为只能是疏忽大意的过失。④

理论上对防卫过当的罪过形式众说纷纭，然而在具体个案中，一旦防卫行为被认定为防卫过当，几乎均是按照故意犯罪进行处理。与此形成鲜明对比的是，实务中对假想防卫罪过形式的认定却与学术界一致，均认为要么是过失，要么是意外事件。在一起假想防卫致人死亡的案件中，最高人民法院相关业务庭在裁判要旨中明确指出："不能把刑法理论上讲的故意与心理学理论上所讲的故意等同、混淆起来……假想防卫虽然是故意的行为，但这种故意是建立在对客观事实错误认识基础上的，自以为是在对不法侵害实行正当防卫。行为人不仅没有认识到其行为会发生危害社会的后果，而且认为自己的行为是合法正当的，而犯罪故意则是以行为人明知自己的行为会发生危害社会的后果为前提的。因此，假想防卫的故意只有心理学上的意义，而不是刑法上的犯罪故意。"⑤ 显然，司法实践中对假想防卫与防卫过当的罪过形式认定中存在如此差异，进而出现客观上不存在不法侵害，造成无辜之人重伤或死亡能阻却故意，被认定为过失或意外事件，而客观上存在不法侵害，造成不法侵害人重伤或死亡反而构成性质更严重的故意犯罪的怪状。⑥

实际上，这种"将防卫过当认定为故意伤害罪严重混淆了防卫的有意性与犯罪故意，从刑法评价上来说，由于防卫人的有意伤害行为是以正当防卫为根据的合法举动，故该行为本身并不是刑法予以否定的对象，不存在成立故意伤害罪的可能；刑法要追究的只是行为超过必要限度所造成的结果，只有伤害行为所导致的加重部分，即过失致人死亡（或重伤）的事实，才成立犯罪"⑦。将防卫过当行为的主观罪过认定为故意，其实质是对防卫意识的忽视，是将防卫行为与过当行为割裂开来，分别评价的结果。

---

① 陈兴良：《正当防卫论》，中国人民大学出版社2006年版，第177页。
② 王政勋：《正当行为论》，法律出版社2000年版，第195页。
③ 曾宪信、江任天、朱继良：《犯罪构成论》，武汉大学出版社1988年版，第134页。
④ 利子平：《防卫过当罪过形式探讨》，载《法学评论》1984年第2期。
⑤ 参见最高人民法院刑事审判第一庭、第二庭编：《刑事审判参考》（总第20集），法律出版社2001年版，第12页。
⑥ 劳东燕：《防卫过当的认定与结果无价值论的不足》，载《中外法学》2015年第5期。
⑦ 陈璇：《论防卫过当与犯罪故意的兼容》，载《法学》2011年第1期。

三、正当防卫与防卫过当界限之明晰途径

（一）"明显超过必要限度"与"造成重大损害"是相互独立的两个条件，应当分别认定

正确处理"明显超过必要限度"与"造成重大损害"之间的关系，是认定合理正当防卫限度条件的必要前提。"明显超过必要限度"与"造成重大损害"是两个相互独立的条件，要分别进行判断，二者同时成立，才能成立防卫过当。最高人民检察院发布的检例第45号指导性案例"陈某正当防卫案"中也明确指出："刑法规定的限度条件是'明显超过必要限度造成重大损害'，具体而言，行为人的防卫措施虽明显超过必要限度但防卫结果客观上并未造成重大损害，或者防卫结果虽客观上造成重大损害但防卫措施并未明显超过必要限度，均不能认定为防卫过当。"因此，判断防卫行为是否过当应当对防卫行为和防卫结果依次进行判断，只有二者均过当，才能认定为防卫过当，否则，均是正当防卫，不负刑事责任。

至于，认为只要防卫行为符合"明显超过必要限度"就必然会"造成重大损害"的观点，实际上将对损害后果的评价，纳入对防卫行为限度的评价之中，本质是以结果是否过度来认定行为的限度，这也就导致司法实践中存在的，通过单纯比较保护的法益和损害利益之间是否均衡来认定防卫行为是否过当，模糊了正当防卫与防卫过当行为之间的界限。

（二）判断防卫行为是否过当，应当先以防卫行为是否为制止不法侵害所必需为标准，判断防卫行为是否"明显超过必要限度"，进而判断防卫结果是否"造成重大损害"

首先，对于"明显超过必要限度"的判断，应当采取必需说，从防卫的实际需要出发进行全面衡量，将有效地制止不法侵害的客观实际需要作为防卫的必要限度。在判断防卫行为是否"明显超过必要限度"时，应当只考虑防卫行为本身的危险，考虑防卫的必要性，而不能将已经发生的结果同时考虑，并且应当以一般人行为的标准，根据不法侵害发生时的具体情景、手段、强度，客观环境和防卫人主观认识等因素，综合考虑防卫行为是否为制止不法侵害所必需。要特别注意的是，不应将作为整体的防卫行为机械地割裂开来进行单独评价。

采用必需说来判断防卫行为是否"明显超过必要限度"，乃是立足于有利

于防卫人的基本立场。正当防卫是法与不法之间的冲突，防卫人的利益，应当优于不法侵害人。正当防卫是在公权力无法救济时进行的私力救济。"在法律秩序尚不发达的阶段，人们即采用自助的方式，通过拳头规则和族群械斗来使自己的权利免受违法者的侵害。"① 随着国家法律制度逐渐完善，对公民的权利保障日渐完善，私力救济的适用范围相应收窄。但这并不意味着，正当防卫这种私力救济的重要方式就要被搁置一旁。恰恰相反，正是由于国家的公力救济很难在紧急时刻保障民众的权利，正当防卫权才成为民众同不法作斗争的有力武器。公力救济的存在并不是对私力救济的否定，而且"受害者寻求国家帮助的可能性，并不会因此而限制他所享有的正当防卫权"②。因此，防卫人在面临不法侵害时，不必穷尽其他救济途径，"不得已"并非正当防卫的前提条件，防卫人没有义务将自己置于危险境地，不可以防卫人未穷尽救济途径而实施防卫行为就认定防卫行为非制止不法侵害所必需。"在遇到不法侵害的紧急情况下，防卫人一般很难判断不法侵害人究竟意图或者可能造成何种危害后果，因此，一般不应苛求行为人深思熟虑地选择某种防卫行为和追求某种防卫结果，应当给防卫人以较大的防卫空间。"③

需要说明的一点是，即使造成侵害者重大损害的方法成为当时保护法益的必要甚至是唯一的方法，但如果所保护的法益过于轻微，也应当否认该防卫行为的正当性。

其次，"造成重大损害"的内涵，应当是指防卫行为导致侵害人重伤或死亡的结果。根据最高人民法院、最高人民检察院、公安部、司法部于2015年3月2日公布的《关于依法办理家庭暴力犯罪案件的意见》第十九条第一款规定："……防卫行为造成施暴人重伤、死亡，且明显超过必要限度，属于防卫过当，应当负刑事责任，但是应当减轻或者免除处罚。"显然，相关部门已明确将重伤或死亡的结果认定为"造成重大损害"中"重大损害"的内涵。此外，最高人民法院刑事审判庭在对"赵某某故意伤害案"进行裁判说理时也明确表示："重大损害不等于一般损害。所谓重大损害，在有关司法解释没有明确之前，我

---

① [德] 莱因荷德·齐柏里乌斯：《法学导论》，金振豹译，中国政法大学出版社2007年版，第22页。
② [德] 冈特·施特拉滕韦特、洛塔尔·库伦：《刑法总论Ⅰ——犯罪论》，杨萌译，法律出版社2006年版，第172—173页。
③ 王作富主编：《刑法》（第6版），中国人民大学出版社2016年版，第98页。

们认为应当把握在没有造成不法侵害人人身重大损害,包括重伤以上这一限度内。"① 由此可见,在"重大损害"的认定,相关部门的立场非常明确:"重大损害"就是指造成不法侵害人重伤、死亡。

（三）防卫过当一般情况为过失,特殊情况下才能成立故意

司法实务中,由于将防卫行为进行割裂评价,实务人员潜意识认为过当行为是防卫人有意为之,又导致过当结果,便将防卫过当行为的有意性与刑法上的故意混为一谈,理所当然将防卫过当认定为故意。加之,实务人员常以行为的结果作为关注点和出发点,从结果反推行为,自然更易得出防卫过当行为是故意的结论。

对防卫过当罪过形式的认定,不能脱离犯罪主观方面的基本原理。应当以防卫人实施过当行为时对可能导致的损害结果所持的心理态度为标准。一般情况下,防卫人是出于保护法益的防卫意识,实施防卫行为,由于疏忽大意未能认识到过当结果的出现,或预见过当结果可能出现,但过于自信,认为自己能够避免,这种情况下,防卫人对过当结果的出现主观是过失,造成不法侵害人重伤或死亡的,应当认定为过失致人重伤或死亡罪。在特殊情况下,防卫人虽然具有防卫意识,但对过当结果却明知并持希望或放任的态度,可以认定为其主观罪过为故意。

但要注意的一点是,防卫过当行为并非独立的罪名,因此在追究防卫过当行为的刑事责任时,应当以刑法分则具体罪名的构成要件为根据。倘若防卫过当行为无法符合任一罪名的构成要件,即使在形式上符合"明显超过必要限度造成重大损害"的条件,也应当认定为无罪。因此,将防卫过当一般情况下认定为过失,是基于有利于防卫人的立场,体现了法益的充分保护,且能与假想防卫相协调,从刑事政策的角度具有合理性,有利于鼓励公民同不法行为作斗争。

四、结语

在处理正当防卫案件时,应当充分注意个案判决对司法的导向作用。司法实践不乏将正当防卫误认为防卫过当甚至是故意犯罪。近年来,我国正当防卫

---

① 参见最高人民法院刑事审判庭第一庭、第二庭编:《刑事审判参考》（总第38集）,法律出版社2004年版,第104页。

制度逐渐被激活，取得了法律效应与社会效果的统一。我们最需要的是，"应当对正当防卫案件进行法律判断，而不是道德判断；应当注重发挥正当防卫的规范技能，而不能以和稀泥的方式了结正当防卫案件"[1]。

---

[1] 张明楷：《唐雪防卫行为的简要分析》，载《检察日报》2019年12月31日，第3版。

金融强国背景下金融刑事立法保障路径探析

张雅宁[*]

一、我国现代金融刑事立法体系概述

1951年《妨害国家货币治罪暂行条例》（以下简称《条例》，已失效）是我国现代金融法也是金融刑法的肇始，《条例》确立了保护国家货币和巩固金融秩序的基本原则和处罚措施，为后续立法提供了重要的参考和借鉴。1979年《刑法》延续了《条例》对于货币的保护理念，但彼时金融业对国家经济影响并不突出，金融犯罪在整体犯罪中所占比例也较低，因此仅增设1979年《刑法》伪造有价证券罪，并未针对金融犯罪设置独立章节。

改革开放后金融市场日益活跃，破坏金融秩序犯罪行为大量滋生，全国人大常委会于1995年出台《关于惩治破坏金融秩序犯罪的决定》，对伪造国家货币罪等罪名进行补充和修改，并大幅度地增设了多个新的金融犯罪罪名及刑事处罚规定。1997年《刑法》吸纳和总结以上内容，在刑法分则中设置专门章节，将金融犯罪分为"破坏金融管理秩序罪"和"金融诈骗罪"两种类型，此后我国不断通过刑法修正案和颁布司法解释的模式与时俱进，完善金融刑事立法体系。

二、我国金融刑事立法特性

1. 重刑化基本趋向

有学者认为，我国金融犯罪的刑事立法历程始终沿着重刑化的轨迹行进。尽管《刑法修正案（八）》和《刑法修正案（九）》废除了票据诈骗罪、金融凭证罪、信用证诈骗罪和伪造货币罪的死刑，但这一举措是对减少死刑适用

---

[*] 张雅宁，广东国智律师事务所实习人员。

宏观政策导向的积极响应，也反映出面对死刑减少适用整体趋势，是对于特定金融犯罪轻刑化处理的必要妥协与个别调整，其背后蕴含的是对刑事政策调整复杂性与平衡性的深刻考量。①

金融犯罪刑事立法的重刑化趋势主要体现在以下几个方面：

第一，降低入罪门槛。例如，《刑法修正案（六）》将违法发放贷款罪的犯罪成立条件从"造成较大损失"修改为"数额巨大或者造成重大损失的"，使违法发放贷款罪的既遂标准从原先的单一结果犯扩大为符合行为犯和结果犯之一即可入罪。

第二，增设新罪。随着金融市场的不断发展，金融犯罪也日益复杂化，刑法也相应增设多个罪名以应对层出不穷的新型金融犯罪。例如，《刑法修正案（五）》增设了妨害信用卡管理罪，窃取、收买、非法提供信用卡信息罪；《刑法修正案（六）》增设了骗取贷款、票据承兑、金融票证罪，背信运用受托财产罪；《刑法修正案（七）》增设了利用未公开信息交易罪。

第三，扩大调控领域。我国金融犯罪刑事立法最初主要调控银行业，之后通过刑法修正案拓展到证券、期货、保险及其他领域，这些行业的从业人员也因此被纳入金融犯罪的主体当中。

第四，加重处罚力度。预防和打击金融犯罪的发生，维护国家金融市场秩序，是对金融犯罪进行刑事立法修正的一个出发点。这一要点也体现在对于金融犯罪法定刑的相关规定中，如《刑法修正案（六）》将操纵证券、期货市场罪的法定最高刑由五年提高至十年。对于犯罪分子的金钱处罚也有所加重，《刑法修正案（六）》将操纵证券、期货市场罪的罚金由一倍以上五倍以下修改为并处或者单处罚金；《刑法修正案（九）》将伪造货币罪的罚金由五万元以上五十万元以下修改为并处罚金或者没收财产。即具体罚金数额由人民法院根据案件具体情况决定，不再设置上限。

2. 与金融行政法规的交叉性

与其他专业法规相比，金融刑事立法与金融行政法规的联系显得更为紧密。在内容上，金融行政法规作为前置法，主要规范金融市场的运作和金融机构及从业人员的行为，金融刑法则作为最后的法律保障，对金融犯罪行为进行惩治。二者相互衔接，共同构成金融领域的法律体系。在形式上，金融刑法与金融行

---

① 刘宪权：《金融犯罪最新刑事立法论评》，载《法学》2021年第1期。

政法规相互交融，相互配合。金融刑法可以附属在金融行政法规中，如在某些金融行政法规中，会明确规定"构成犯罪的，依法追究刑事责任"。除了附属刑法，单行法律亦与相关的金融行政法规相互配合，共同维护金融市场的稳定。在金融刑法的立法过程中，因金融行政法规已经对金融市场的运作和金融机构的行为进行了较为详细和规范的规定，立法者会参考相关规定。而金融刑法的实施也会影响金融行政法规的进一步完善。在实践中，金融刑法也与金融行政法规相互依存，通过金融行政法规的执行预防金融犯罪的发生，而金融刑法的惩戒作用也可对潜在的金融违法行为进行震慑。

三、金融刑事立法体系现有困境

1. 金融刑法立法价值亟待更新

我国金融市场建立之初采用的是政府主导型的市场经济体制，映射到金融刑法领域，便体现为以政府管控为主，以维护经济秩序为目的的"秩序法益观"。自我国的刑事金融法律体系建立以来，始终以维护金融管理秩序为首要价值导向。在市场经济转型深化时期，这种"秩序法益观"固然为促进经济发展发挥了重要作用，但也导致在这一价值导向下立法优先保护国家与金融机构利益，而疏于金融关系相对人利益保护。[1] 随着金融体制改革的不断深化，一味固守带有浓厚管制色彩的"秩序法益观"并不能对金融创新和金融高质量发展产生益处，还易使金融刑法沦为单纯的行政管理秩序的保护工具。[2]

刑法的工具主义在金融刑事立法方面的强化，国内金融市场自律机制的发展受到了限制，市场参与者的权益并不能得到有效保护，金融市场的自我调控功能也没有得到有效的发挥。这种金融抑制模式下，副作用突出表现在国内证券市场犯罪案件的极速增长，尽管刑法的处罚措施已经足够严厉，但由于自律机制的匮乏，金融违法犯罪的诱惑力也有所增强。[3]

2. 金融刑事立法滞后问题突出

数字金融时代带来金融科技的快速发展，导致金融犯罪的手段、形式在不断更新，金融犯罪也变得更加复杂和隐蔽。突出体现在伴随互联网金融的发展所出现的非法集资和互联网诈骗等行为，此类犯罪通过互联网实施，犯罪嫌疑

---

[1] 魏昌东：《中国金融刑法法益之理论辨正与定位革新》，载《法学评论》2017年第6期。
[2] 田宏杰：《金融安全的刑事法律保护：挑战与变革》，载《法律适用》2024年第9期。
[3] 张小宁：《金融刑法中的抑制模式》，载《法学》2022年第10期。

人更为隐蔽，且影响范围广。现行的金融刑事法律规制体系在应对各种快速出现并不断更新的新型金融犯罪方面，就显得力不从心。这表现在金融刑法在新型金融领域的立法空白和规制漏洞，难以完全覆盖。同时在立法技术上缺乏前瞻性，难以预见和防范可能出现的新的金融犯罪风险。立法者往往只能在金融犯罪发生后，通过立法手段进行规制和处罚，这无疑增加了金融犯罪的防治难度。

此外，金融刑法在规制金融犯罪时，往往过于依赖传统的犯罪构成要件，未能充分考虑到金融犯罪的特殊性和复杂性，从而在实际操作中难以准确界定犯罪行为，影响了法律的适用性和有效性。因此，金融刑事立法体系的完善需要立法者对金融市场的动态变化保持高度敏感，及时更新立法内容，以适应金融犯罪的新特点和新趋势。

3. 金融刑法与前置法规的衔接不畅

金融犯罪的裁量与认定以相关金融法律法规的规定为前提。然而，我国刑法与相关金融法律规定存在衔接不协调的问题。在立法技术的衔接上，金融行政法与金融刑法作为两个不同的法领域，在立法目的、结构、评价标准及制裁手段等方面存在差异。金融刑法将两者联系到一起，形成了相互依存的关系，但两者在实践中未能很好地契合，使得一些行为的行政违法与刑事违法的适用条件难以区分。同时，前置法也存在失能问题。随着区块链项目投资、虚拟货币融资、P2P平台借贷等新型融资方式的出现，给非法融资的认定带来了不小的难度。在前置法无法对非法融资的民事性质作出清晰的判断时，可能导致因依赖前置行政规范作出融资犯罪认定的刑法适用难题。在刑罚种类与前置法的匹配上，对于单位犯罪，目前只有罚金这一种附加刑，缺乏中止营业、终止营业、限制营业等资格刑。这使得对单位的刑罚形式单一，难以有效遏制金融犯罪。在单位被适用资格刑的同时，对自然人也应该适用资格刑，如剥夺其对互联网金融行业的部分或全部准入资格，禁止其直接或间接从事互联网金融活动等。然而，当前立法中并未充分考虑到这一点。

四、金融刑事立法体系完善路径

1. 调整宏观立法价值理念

习近平总书记指出："金融是国家重要的核心竞争力，金融安全是国家安全的重要组成部分，金融制度是经济社会发展中重要的基础性制度。"① 金融安全是总体国家安全观的重要内涵之一，金融安全关乎国家总体安全，这也是2015年实施的《国家安全法》将金融安全单列成为国家安全的一个关键要素。

在建设金融强国背景下，金融刑事立法基本观念应当从"维护金融管理秩序"走向"保障国家金融安全"的更高价值取向。以总体国家安全观重塑金融安全刑事法律保护理念，不仅是贯彻国家金融强国战略的实践路径，而且是打击数字时代金融犯罪的现实需求，也是应对当前复杂国际环境、维护国家利益的必然要求。② 因此，金融刑事立法应当从宏观层面出发，以保障国家金融安全为目标，制定更加全面、有效的法律措施来打击金融犯罪。

2. 优化立法技术，提高立法前瞻性

金融刑法的立法应紧跟金融市场的创新和发展，加强对新型金融犯罪行为的预见和识别能力。立法者需要密切关注市场动态，及时将新的金融犯罪类型纳入法律规制范围。同时加强事前防控，加强对金融犯罪行为的预防和控制。通过完善监管制度、提高监管效率，实现对金融犯罪行为的早期发现和及时干预。在立法过程中，应尽量避免使用兜底条款，而是明确列举金融犯罪的具体情形和构成要件。对于确实需要保留兜底条款的，也应采取严格的同质性解释原则，确保兜底条款的适用不会超出立法者的预期。

3. 加强与前置法律的衔接

在金融刑法的立法过程中，应明确前置性法律的地位和作用，确保金融刑法与前置性法律之间的衔接和配合。同时建立金融刑法与前置性法律之间的衔接机制，如信息共享、案件移送等，确保金融犯罪案件能够及时、有效地得到处理。在金融刑法中，可以适当采用空白刑法规范，以实现对金融领域新型犯罪行为的及时规制。同时，应确保前置法规中相关规定的明确性和可操作性，以便刑法能够准确引用和适用。此外，金融刑法与前置性法律的衔接还需要注重法律术语的统一和解释的一致性。立法机关应与金融监管机构、司法机关等相关部门密切合作，共同制定统一的法律术语解释标准，避免因术语理解差异导致的法律适用问题。同时，应加强金融刑法的司法解释工作，确保在司法实践中对金融犯罪的认定和处罚能够与立法初衷保持一致。通过这些措施，可以

---

① 《习近平：深化金融供给侧结构性改革 增强金融服务实体经济能力》，载人民网，http://jhsjk.people.cn/article/30898681，最后访问时间：2025年7月14日。

② 田宏杰：《金融安全的刑事法律保护：挑战与变革》，载《法律适用》2024年第9期。

进一步强化金融刑法的实施效果，提高打击金融犯罪的效率和准确性。

五、结语

在金融强国战略背景下，健全的金融刑事立法不仅关系到金融市场的稳定与安全，更是推动国家经济高质量发展的关键所在。展望未来，随着金融市场的持续演变，金融刑事立法亟须持续优化与升级，以更好地服务于金融强国的战略目标，为国家的繁荣稳定贡献力量。

检察主导认罪认罚从宽程序下的有效辩护

黄海强[*]

引　言

认罪认罚从宽制度在一定程度上重塑了现有的刑事诉讼构造，诉讼理念由对抗式向合作式转变、诉讼重心由庭审中心向审查起诉前移。虽然规范层面强调刑事诉讼的任何阶段都可以适用认罪认罚从宽制度，但实践中认罪认罚主要在审查起诉阶段适用，侦查阶段更多的是告知认罪认罚获得从宽处理的权利、讯问被告人是否认罪认罚，除影响强制措施适用外往往不作实体性处理；审查起诉阶段检察机关在听取意见的基础上形成对法院裁判有约束力的量刑建议，使得检察机关成为认罪认罚从宽程序的主导者；审判阶段量刑建议采纳率接近95%的情况。[①]

尽管存在检察主导与以审判为中心是否存在冲突的理论争议，但认罪认罚案件中检察主导已经成为实然状态。从推行认罪认罚制度的本意来看，通过审前认罪认罚推进诉讼程序繁简分流，自然需要检察机关在审前起到主导程序推进的作用。如果没有检察机关承担起认罪认罚的主导作用，法院案多人少的压力将大幅增加。从控审关系来看，法院对认罪认罚自愿性、合法性、真实性的审查以及对量刑的最终把关依然能够贯彻以审判为中心诉讼制度改革。在厘清理论争议和尊重实践理性的前提下，更需要思考的是检察主导模式下，控辩关系如何？辩方如何进行有效辩护？

---

[*] 黄海强，广东国智律师事务所合伙人。

[①] 根据2021年3月8日最高人民检察院检察长在第十三届全国人民代表大会第四次会议上作的最高人民检察院工作报告披露，全年认罪认罚从宽制度适用率超过85%，量刑建议采纳率接近95%。参见《最高人民检察院工作报告》，载最高人民检察院网站，https://www.spp.gov.cn/spp/gzbg/202103/t20210315_512731.shtml，最后访问时间：2025年6月23日。

一、认罪认罚制度中的职权性逻辑

实践中,认罪认罚从宽主要发生在审查起诉阶段,检察机关通过听取意见后形成具有约束力的量刑建议,并通过签署认罪认罚具结书的形式予以确认。"一般应当采纳"的约束力是检察主导的核心意旨,即检察机关的量刑建议成为认罪认罚从宽制度得以存在、能否适用、赖以发展的基础性前提之一,也即将形成以量刑建议为主导的检察主导制度。①

在规范层面,没有使用控辩协商、量刑协商的表述,而是要求检察官在形成量刑建议的过程中听取被追诉人、辩护人或值班律师的意见。立法是受立法者企图、正义或合目的性考量的指引而作出的评价,②规范术语的外观表达反映了制度的内在逻辑和立法本意,听取意见的表述反映了检察主导认罪认罚的职权本质。

认罪认罚案件中,有辩护人或值班律师参与是必备条件,随着值班律师制度的深入发展,特别是《法律援助值班律师工作办法》的出台明确了值班律师的会见权、阅卷权,在规范赋权层面逐步转向值班律师的辩护人化,相信值班律师提供的法律帮助会逐步实质化、有效化。不管是值班律师提供的法律帮助还是辩护律师提供的刑事辩护,在认罪认罚案件中,实质上都是保障被追诉人认罪认罚的自愿性、真实性和合法性的辩护权保障,下文所指的辩护既包括法律帮助也包括狭义的刑事辩护,在认罪认罚程序中发挥着把关、保障、协助作用。③

检察主导的职权性逻辑是认罪认罚从宽制度的内在核心逻辑。④ 首先,在检察主导的认罪认罚制度下,是否适用认罪认罚从宽制度是由检察机关决定的。⑤ 现行规范并没有规定被追诉人、辩护人有权启动认罪认罚从宽制度,被追诉人、辩护人可以积极向检察机关申请适用认罪认罚从宽制度,但决定权还在检察机关手中。如果过分强调"协商",检察机关则可能拒绝适用认罪认罚。

---

① 林喜芬:《论量刑建议制度的规范结构与模式——从〈刑事诉讼法〉到〈指导意见〉》,载《中国刑事法杂志》2020年第1期,第9页。
② [德]卡尔·拉伦茨:《法学方法论》,陈爱娥译,商务印书馆2003年版,第94页。
③ 王敏远、孙长永、顾永忠:《刑事诉讼法三人谈:认罪认罚从宽制度中的刑事辩护》,载《中国法律评论》2020年第1期。
④ 杜磊:《认罪认罚从宽制度适用中的职权性逻辑和协商性逻辑》,载《中国法学》2020年第4期,第225页。
⑤ 陈国庆:《适用认罪认罚从宽制度的若干问题》(下),载《法制日报》2019年12月4日,第9版。

其次，认罪认罚从宽制度中的听取意见更多是由官方单方面给出的认罪认罚利益，[①] 即检察机关单方提出量刑建议。虽然辩方可以通过证据协商、提出量刑意见、积极赔偿被害人损失、主张量刑情节等表达意见，但"提出量刑建议权"依然在检察机关手中。最后，阶梯式从宽量刑机制赋予了检察机关的主动权，认罪越早、从宽幅度越大，如果不能在审查起诉阶段签署认罪认罚具结书，可能在审判阶段无法争取到最大的量刑减轻幅度，如果被追诉人、辩护人不认可认罪认罚的量刑建议，在表达意见之外并无其他的筹码，特别是在阶梯式从宽量刑机制的压力下，很多情况下，被追诉人不得不在审查起诉阶段同意检察机关的量刑建议。

正因如此，有学者将认罪认罚从宽制度的样态总结为"听取意见式司法模式"，即检察机关主导的以听取意见为基础的职权决定模式。[②] 笔者认为，"听取意见式司法模式"的类型化解读具有一定的合理性，如果一味地强调协商交易，在法官主持下控辩对抗式诉讼思维的影响下，被追诉人和辩护人则可能陷入"讨价还价"的交易逻辑而忽视法律意见的充分表达。正因为如此，我们首先需要正视认罪认罚的职权性逻辑，思维的转变有助于被追诉人和辩护人将检察官视为具有裁决权的说服对象来优化意见表达，在此前提下，在现行法律规范框架内如何充分把握表达意见的空间和领域、如何有效地向检察官表达意见来争取最大的成效成为辩护的重点。

二、从宽基准何以确定

在横向诉讼结构下，在正视职权性逻辑基础上如何有效表达意见并进一步引入协商性因素是我们面临的主要问题。而隐藏在纵向诉讼结构内的量刑权力配置也在一定层面上影响认罪认罚从宽制度中有效辩护的展开。认罪认罚从宽的基准缥缈不定，是制约认罪认罚从宽制度深入发展的桎梏。

越早认罪认罚，从宽幅度越大。在从宽的激励或者不从宽的压力下，被追诉人大多数时候会选择认罪认罚。但签署了认罪认罚具结书，并不意味着一定

[①] 闫召华：《检察主导：认罪认罚从宽程序模式的构建》，载《现代法学》2020年第4期。
[②] 闫召华：《听取意见式司法的理性建构——以认罪认罚从宽制度为中心》，载《法制与社会发展》2019年第4期。

得到了从宽的处理。"321"阶梯式从宽量刑机制①存在的最大问题是，谁来确定据以从宽的基准刑？

量刑裁判权无可争辩地应归属于法官所有，如果在审判阶段，由最终享有裁判权的法官决定减少他心目中基准刑的10%并无问题。但认罪认罚更多地集中在审查起诉阶段，检察官始终不是法官。尽管他们教育背景相同、遵循的量刑指导意见统一，但是他们对于基准刑的认知都会存在偏差。

首先，检察官缺乏量刑建议方面的经验和能力。相对而言，法官在量刑问题上更具有发言权，他们是在大量案件的浸润中锤炼"凭经验量刑"技能的，而不是按照一板一眼的量刑规范化指导意见计算出基准刑。而检察官始终未能设身处地，只能参照量刑规范化指导意见，或根据以往起诉案件的结果，或凭感觉得出基准刑。检察官缺乏经验，对量刑的规律把握不够，对量刑的方法掌握不准，导致多数检察官量刑建议工作的能力和经验比较欠缺，难以适应认罪认罚从宽制度下量刑建议精准化的要求。②

其次，量刑问题是极主观的认识问题。个体因素也会导致认识上的偏差，对同样的案件，不同性别、不同生活阅历、不同理念的人都会有不同的认知，法定刑范围内的裁量权会显得游移不定。

在认罪认罚制度中，职权性逻辑是实质，主导了合意过程和合意结果的形成，而协商性逻辑是形式，主要是对合意结果对外的形式和效力发挥作用，客观上强化了职权性逻辑在认罪认罚从宽制度中的主导性作用。③

三、听取意见模式下的意见表达

正视认罪认罚制度中检察主导的职权性逻辑并不意味着被追诉人和辩护人只有被动接受唯一选择，更不意味着对检察机关可能的滥用职权行为不持异议。"从宽"不仅是国家司法机关单方面给予认罪认罚被告人的一种"恩赐"，更应当成为控辩双方协商交流的内容和结果。④ 检察机关的主导地位应主要体现在率先提出量刑建议、起草认罪认罚具结书、简化流程等程序推进方面，不应异

---

① 对在侦查、审查起诉、审判阶段开始认罪认罚的行为人进行从宽量刑时，采取逐级递减的从宽量刑，即分别减少基准刑的30%、20%、10%给予从宽量刑。参见刘伟琦：《认罪认罚的"321"阶梯式从宽量刑机制》，载《湖北社会科学》2018年第12期。
② 陈国庆：《量刑建议的若干问题》，载《中国刑事法杂志》2019年第5期。
③ 杜磊：《认罪认罚从宽制度适用中的职权性逻辑和协商性逻辑》，载《中国法学》2020年第4期。
④ 魏晓娜：《结构视角下的认罪认罚从宽制度》，载《法学家》2019年第2期。

化为检察官单方提出量刑建议,辩方只能选择接受与否、法官只能迁就。恰恰是职权信赖要求检察机关恪守客观中立义务,以司法官的标准审慎行使裁判权。因此,充分发挥主观能动性,在法律框架内表达有针对性的辩护意见争取认罪认罚的兑现利益也是听取意见模式的合理内涵。

第一,以程序性辩护争取量刑建议。在具体个案中,可能存在程度轻微的程序性瑕疵行为,如讯问笔录中未全面记录等情况,尚未达到依法应排除相关证据、影响事实认定的程度,在认罪认罚案件中过于纠缠程序性瑕疵无助于争取兑现利益。针对不甚严重的程序性瑕疵行为,将从轻量刑作为程序性瑕疵的救济方式允许裁判者根据个案情形灵活调整救济的幅度,从而有效缓解了"程序性制裁成本过高"的心理压力。[1] 在认真阅卷的基础上,将部分程序性瑕疵作为辩护意见表达而非针锋相对的对抗有助于更好地实现有效辩护。

第二,以实体性情节辩护争取量刑建议。认罪认罚从宽制度下的意见表达并非完全排斥对事实情节的异议。在对罪名和基本事实不持异议的情况下,就可能影响量刑结果的次级事实进行分析论证也是表达意见的合理内涵。在一起寻衅滋事案件中,犯罪嫌疑人对于其和其他同案犯一起到现场、被害人被殴打至轻伤不持异议,但提出其没有实施起诉意见书所述的和其他人一起对被害人拳打脚踢,而是在一旁拍照。就该起犯罪指控而言,不管是一旁拍照还是实施拳打脚踢,都不影响寻衅滋事罪名的成立,辩护人在审查起诉阶段重点分析论证了犯罪嫌疑人在一旁拍照的合理性,检察官对此表示认可,从而实现了认罪认罚下的有效辩护。

第三,以量刑情节争取量刑建议。一方面,针对检察机关已认可的对被追诉人有利的量刑情节,结合事实、情节、主观恶性等争取最大限度的从轻、减轻幅度。量刑情节对量刑结果的影响是存在一定空间的,量刑指导意见都是规定的幅度标准,需要结合犯罪事实的社会危害性和被追诉人的人身危险性以及刑事政策等充分表达意见。另一方面,在检察机关提出量刑建议的基础上,提出新的量刑情节。在认罪认罚案件中,出于效率的考虑,检察官往往侧重于对认罪认罚真实性、自愿性和合法性的审查,可能不会充分地了解其他可能影响量刑的情节,而被追诉人也可能并不知道哪些有利的情节(家庭情况等)需要向检察官反馈,需要辩护人积极挖掘有利情节。如在某共同犯罪案件中,犯罪

---

[1] 吴宏耀、赵常成:《程序性违法的量刑补偿机制研究》,载《国家检察官学院学报》2019年第3期。

嫌疑人协助公安机关抓捕了同案犯，但他自己不知道这可能构成立功，而案卷材料中也没有相关记载，如果没有辩护人和犯罪嫌疑人充分沟通，如此量刑情节可能被忽视。除此之外，积极争取赔偿谅解也是提出新的量刑情节的重要途径。

第四，以同意适用简化程序争取量刑建议。如果被追诉人同意了程序简化，那么，其可能因此无法再行使质证权等许多防御性的诉讼权利。① 如在部分认罪认罚案件中，如果被告人仅因不服精准量刑而提起的上诉可能面临抗诉加刑的阻击。一些地区，认罪认罚的案件可以不由前期承办的检察官出庭公诉，为检察官省去了准备庭审、出席庭审的时间，在某种程度上也是沟通谈判的利益因素。

上述意见表达与传统对抗式诉讼中向法官表达辩护意见具有一定的相似性，即按照传统的程序性辩护、量刑辩护、实体性辩护等逻辑向检察官充分的表达意见，但同时呈现两个特点：一是要以被追诉人认罪答辩为前提，既排除了无罪辩护的空间，也框定了合作式司法的意见表达框架、氛围。二是繁简分流、提高诉讼效率的功利性考量会对意见的内容和表达的形式产生影响。

四、把握量刑基准选择最佳辩护策略

如果说检察官缺乏精准量刑的经验和能力，那么这一批评也同样适用于律师。在以往的刑事辩护中，律师只是表达意见，裁判结果由法官决定，对量刑的评估往往是在法定刑幅度内的估计，甚至相较于检察官而言，律师接触同类案件的数量较少、对特定地区的量刑规则不够熟悉。

在上述限制下，把握量刑基准的途径只能借助类案检索来弥补。类案检索需要注意以下问题：首先，类案检索必须建立在一定的样本基数上，如果是新类型、不常见案件，类案检索则意义有限。在实践中常见的情形是，类案检索的结果大概率对辩方不利，截取的有利个案往往说服力不强，会被检察官以辩方提交的案例不具有典型性和约束力而否定。此时需要对有利案件进行深入分析，提供更强有力的立论依据。其次，类案检索需要提取出可供比较的定罪量刑情节，只有类案才有比较的意义。但部分律师提交的所谓类案实际上并没有参考意义，更不用说影响刑事案件量刑结果的因素可能无法显现在判决书中。

---

① 闫召华：《听取意见式司法的理性建构——以认罪认罚从宽制度为中心》，载《法制与社会发展》2019年第4期。

最后，需要根据《最高人民法院关于统一法律适用加强类案检索的指导意见（试行）》《最高人民法院关于常见犯罪的量刑指导意见》等类案检索指引、量刑指引强化类案检索的技能。而上述两份指导意见对检察机关提出量刑建议有无约束力，还存在不同意见，[①] 尚需形成统一的量刑规则进行指导。

在把握量刑建议基准的情况下，可以根据不同的情形采取不同的辩护策略：

第一，在事实情节、量刑情节之外充分考虑各种因素与检察机关进行量刑协商。比如，可以结合检察机关的考核指标，如认罪认罚适用率不低于85%、案件比考核等因素提高议价能力；也可以结合同一检察院或拟起诉的同一法院类似案例进行精准协商。

第二，充分利用幅度量刑建议掌握主动权。不论是法官对检察机关提出确定的量刑建议心存抵触，还是检察机关量刑经验不足，抑或为了满足量刑建议采纳率和认罪认罚适用率的考核指标等因素，部分检察官会提出较大幅度的量刑建议。[②] 尽管幅度量刑建议不符合量刑建议精准化的要求，但正视这一实践状况并争取最有利的量刑建议是有必要的。在幅度量刑建议下，需要尽最大努力争取最低幅度量刑建议，在一定幅度下，部分检察官会更关注中位数，但争取最低幅度量刑建议既可以占据认罪认罚的先机，又可以在审判阶段留下进一步辩护的空间。

第三，重视审判阶段的有效辩护。虽然检察机关主导了认罪认罚的量刑建议，但仍需重视审判阶段的辩护。首先，司法实践中常见的是法官质疑律师在审判阶段全面辩护的正当性，特别是如果律师针对罪与非罪的法律适用、关涉定罪量刑重要情节的展开性辩护可能引起法官的质疑，质疑律师是否不再认可认罪认罚具结书的效力，甚至要求被告人明确是否认可律师的辩护意见。辩护律师要先向法官表明认罪认罚的对象是被告人，辩护律师有独立发表辩护意见的权利，同时阐明对认罪的标准是承认指控的主要犯罪事实，仅对个别事实情节提出异议，或者虽然对行为性质提出辩解但表示接受司法机关认定意见的，不影响"认罪"的认定，被告人愿意接受法院依法作出的处罚，并非反悔。其次，法官可能不认可检察官提出的量刑建议，不论是法官认为量刑建议过轻还是过重，均需要辩护律师充分关注诉讼动态。法官如果认为量刑建议过轻，可能要求检察机关调整量刑建议，辩护律师需要结合诉讼进程再次向法官充分表

[①] 胡云腾主编：《认罪认罚从宽制度的理解与适用》，人民法院出版社2018年版，第283页。
[②] 陈国庆：《量刑建议的若干问题》，载《中国刑事法杂志》2019年第5期。

达已达成量刑建议的合理性和合意的约束性。如果有迹象显示法官认为量刑建议畸重，则应尽最大努力争取法官依职权调整量刑建议。最后，如果审前达成的量刑建议是幅度性量刑建议，则需要在认罪的基础上，对犯罪的社会危害性、被告人的人身危险性、法益恢复程度以及被告人认罪悔罪态度等因素进行进一步说明，争取最大利益的量刑减让。

随着认罪认罚制度下有效辩护的渐进式探索、控辩平等诉讼理念的不断深化、认罪认罚量刑建议的逐步完善，认罪认罚从宽制度正以权利关照来缓和"权力主导"惯性思维影响下出现的种种问题。[①] 争取最大利益的量刑减让是辩护制度的应有之义，也是被告人权利的具体彰显。检察主导认罪认罚程序下的有效辩护，应当是尊重职权性逻辑下法律意见的充分表达。在此基础上，内化为协商性逻辑的内核，深层次地落实诉讼合意，以证成检察机关精准量刑建议的约束力。

---

① 吴思远：《反思认罪认罚从宽的路径依赖》，载《华东政法大学学报》2021年第4期。

追诉时效争议问题研究

——以刑事一体化为视角

杨 晨 黄海强[*]

追诉时效是刑法规定的对行为人进行刑事追诉的有效期限,过了追诉时效,司法机关不能再行追诉。我国《刑法》以第八十七条(追诉时效期限)、第八十八条(追诉期限的延长)、第八十九条(追诉期限的计算与中断)三个条文规定了追诉时效制度的具体内容,立足于报应刑论、特殊预防论、一般预防论等刑罚论因素设立追诉时效制度,在证据湮灭、维护司法经济、减轻诉讼压力,以及敦促司法机关及时追诉等法律经济学因素的影响下,[①] 其效果体现在程序部分[②],即犯罪已过追诉期限的,不再追究刑事责任。"追诉时效的实质依据在于处罚需要的消灭,尽管行为的应受处罚性仍然存在"[③],刑罚目的随着时间的流逝施以刑罚的必要性减弱了。[④]

自追诉时效制度确立以来,每一个条文都存在若干争议问题,司法实践中出现的很多新情况,也需要对追诉时效规定进行解释学分析。在此背景下,2020 年上海市金山区人民法院、上海市法学会案例法学研究会、上海政法学院联合举办了"刑事追诉期限法律适用问题研讨会",针对"立案侦查""逃避侦查与审判""追诉期限停止计算""1997 年刑法追诉期限延长规定的溯及力"

---

[*] 杨晨,原广东国智律师事务所律师;黄海强,广东国智律师事务所合伙人。
[①] 王钢:《刑事追诉时效制度的体系性诠释》,载《法学家》2021 年第 4 期。
[②] 参见[德]汉斯·海因里希·耶赛克 & 托马斯·魏根特:《德国刑法教科书》,徐久生译,中国法制出版社 2001 年版,第 1087 页。
[③] 周维明:《追诉时效变更与罪刑法定原则——比较法视野下的分析和思考》,载《法律适用》2020 年第 9 期。
[④] 王志坤:《论"不受追诉期限的限制"》,载《国家检察官学院学报》2014 年第 6 期。

等问题进行深入探讨，并形成了倾向性意见以指导司法实践。① 该研讨会讨论的问题均是追诉时效制度适用中存在的焦点问题，笔者赞成研讨会形成的绝大多数倾向性意见，仅对《刑法》第八十八条（追诉期限的延长）规定中"立案侦查"的理解持不同意见，在研讨会讨论的议题之外，围绕《刑法》第八十七条（追诉时效期限）"量刑情节能否作为计算追诉时效期限的依据"、《刑法》第八十九条（追诉期限的计算与中断）"在追诉期限以内又犯罪的"中"犯罪"的含义两个问题进行针对性讨论。

一、从犯、未遂等量刑情节应作为计算追诉期限的依据

在计算追诉时效期限时，法定最高刑的确定是核心问题。根据刑法分则的条文规定确定基本犯罪构成应当适用的法定最高刑并无争议，而存在从犯、未遂等量刑情节如何确定法定最高刑则存在争议。

案例1：2006年甲在盗窃电力设备零部件时邀约乙参与运输，被盗的电力设备零部件数额巨大，甲、乙二人于2020年被公安机关抓获。甲作为主犯，应处三年以上十年以下有期徒刑，按照《刑法》第八十七条的规定，追诉时效为十五年，对甲进行追诉并无障碍。而乙作为从犯，应当从轻、减轻或免除处罚，乙行为的法定最高刑是否可触达十年有期徒刑则成为能否对乙追诉的核心问题。

张明楷教授认为，"共同犯罪并非适用统一的追诉时效标准，而是按各共犯人应当适用的法定刑幅度，分别计算追诉期限"②。反对观点则认为，应将共同犯罪参与人作为一个整体，以犯罪行为和所造成的危害后果应适用的法定刑幅度来确定追诉时效。不以从犯的行为是否轻微、是否可能判处较低刑期而单独计算追诉期限。③

---

① 研讨会倾向于认为：1."立案侦查"是指对人立案，仅发现犯罪事实而立案但未明确具体犯罪嫌疑人的，对行为人不产生追诉期限延长的法律后果；2."逃避侦查与审判"应限于积极、主动、明显的逃跑行为，而不包括没有如实供述这一消极行为；3. 在追诉期限内立案，一般不存在追诉期限停止的问题，但存在例外情形，如立案后行为人没有逃避侦查或审判，有关机关因自身原因长期不开展侦查、起诉、审判工作，导致案件长期悬而未决，明显超过追诉期限的，仍应受追诉期限的限制；4. 依照1979年《刑法》的规定，在1997年《刑法》施行时已过追诉期限的，应当适用1979年《刑法》，故1997年《刑法》的相关规定不具有溯及力，而在1997年《刑法》施行时仍在追诉期限内的，1997年《刑法》关于追诉期限延长的规定具有溯及力。参见上海金山法院微信公众号，《干货！刑事追诉期限法律适用问题研讨会综述》，2020年11月27日，最后访问时间：2025年7月19日。

② 张明楷：《刑法学》（第六版），法律出版社2021年版，第649页。

③ 李剑弢、江晓燕：《如何理解刑法关于追诉时效的规定》，载《人民司法（案例）》2012年第18期。

与从犯类似，未遂、中止等量刑情节都是刑法总则规定的直接体现犯罪社会危害性的量刑情节，在学理上存在基本的构成要件与修正的构成要件的区分，单独的既遂犯是分则条文规定的构成要件，修正的构成要件是指以总则条文构成要件为基础并对之加以修正而就共犯、未遂犯等规定的构成要件。① 本文所探讨的影响法定最高刑认定的量刑情节也局限于修正构成要件的共犯、未遂犯、中止犯等情节。可以从上述具体问题中抽象出如下理论命题：从犯、未遂等修正构成要件的量刑情节能否作为认定法定最高刑的依据？

　　否定观点认为，追诉时效期限的依据是法定刑，而不是宣告刑，从犯、未遂等量刑情节仅在既定法定刑下影响宣告刑。② 即从犯、未遂等量刑情节在法定刑对应的构成要件中并无存在的空间。

　　肯定观点则认为，定罪情节与量刑情节并非泾渭分明，量刑情节可分为责任刑情节和预防刑情节，而从犯、未遂等责任刑情节是判断法益侵害或威胁程度的依据，以罪行轻重计算法定刑才能实现罪责刑相适应。③

　　按照最高人民法院、最高人民检察院制定的《关于常见犯罪的量刑指导意见（试行）》所限定的量刑步骤，从犯、未遂等量刑情节仅能在调节基准刑基础上影响宣告刑，法定刑是按照基本犯罪构成事实在相应的法定刑幅度内确定量刑起点。但在量刑步骤中简单以法定刑和宣告刑的概念区分来判断从犯、未遂等量刑情节能否作为认定法定最高刑的依据过于形式化。

　　第一，应在区分责任刑情节和预防性情节的基础上重新审视法定最高刑的认定依据，从犯、未遂等犯罪修正形态与未成年人犯罪、精神病人犯罪、退赔退赃、赔偿被害人、认罪认罚等影响人身危险性的预防再次犯罪的情节存在本质差异，从犯、未遂等量刑情节是判断罪行轻重、对法益侵害程度的重要因素，侧重于评价危害行为本身而非行为人的人身危险性。而追诉时效制度所限定的处罚必要性减弱针对的对象是犯罪行为及产生的危害后果。正如张明楷教授所言，具体犯罪的责任既是量刑的基础，也是法定刑的基础。④ 责任刑情节不仅是影响宣告刑的量刑情节，也是判断法定刑高低的重要因素。"从实质的角度看，行为对法益的侵害或者威胁是法定刑设定的根据，没有理由对犯罪构成要

---

① 张明楷：《刑法学》（上），法律出版社2016年版，第117页。
② 高庆升：《量刑情节能否作为计算追诉时效期限的依据》，载《人民检察》2007年第7期。
③ 郝川：《论量刑情节对追诉时效的影响》，载《暨南学报（哲学社会科学版）》2019年第6期。
④ 张明楷：《论升格法定刑的适用根据》，载《法律适用》2015年第4期。

件要素作二元的划分。"①

第二，从修正的犯罪构成概念看，从犯、未遂等量刑情节是对基本犯罪构成的修正，是总则条文对分则条文指导制约作用的体现，理解分则条文的罪状与量刑需结合总则关于犯罪构成的相关规定。修正的犯罪构成同样需要同时具备主客观相统一的四个方面的犯罪构成要件，也是认定修正犯罪构成具有应罚性的主要立法精神所在。②

第三，从常识常情常理来看，从犯、未遂犯、中止犯等被判处的宣告刑往往大幅低于主犯、既遂犯，即刑法对从犯、未遂犯、中止犯作出的否定性评价程度较轻。但却因为形式化的法定刑概念理解而直接否定量刑情节对法定最高刑的认定，进而影响到是否追诉犯罪，显然不公允。因此需要将从犯、未遂犯等量刑情节纳入判断法定最高刑的认定中，作为计算追诉期限的依据。

第四，面对审判前评估从犯、未遂等情节来确定追诉期不具有可操作性③的质疑，最高人民法院于1985年8月21日公布《关于人民法院审判严重刑事犯罪案件中具体应用法律的若干问题的答复》，其中，对追诉时效期限中的法定最高刑的理解可作为回应："虽然案件尚未开庭审判，但是，经过认真审查案卷材料和必要的核实案情，在基本事实查清的情况下，已可估量刑期，计算追诉期限。"

二、立案侦查应指不应限于对人立案

在追诉时效延长问题的研究中，争议最大的就是如何理解"立案侦查"的含义，而"立案侦查"与"逃避侦查与审判"的解读实为一体。"刑事追诉期限法律适用问题研讨会"倾向于认为"立案侦查"应是指对人立案，仅发现犯罪事实而立案但未明确具体犯罪嫌疑人的，对行为人不产生追诉期限延长的法律后果。笔者认为，对人立案的观点不当限缩了"立案侦查"的含义，如案例2，无法追究故意作虚假证明躲避侦查的犯罪人，明显不当。

案例2：甲故意杀人之后，在警方排查时作虚假的不在场证明，致使公安机关未能针对甲立案，仅以被害人被故意杀人案立案，待公安机关利用技术手

---

① 郝川：《论量刑情节对追诉时效的影响》，载《暨南学报（哲学社会科学版）》2019年第6期。
② 高铭暄、马克昌主编：《刑法学》，中国法制出版社2000年版，第148页。
③ 李剑弢、江晓燕：《如何理解刑法关于追诉时效的规定》，载《人民司法（案例）》2012年第18期。

段重新锁定甲并将其抓获之时已超过了其行为的法定最高刑所对应的追诉期限。

拉伦茨认为，在追求正当的案件裁判与规范环境的演变之下，法律解释要根据字义解释、意义脉络（体系解释）、意向解释与客观目的解释进行。①

第一，在理解立案侦查概念时，应遵循文义解释的基本逻辑。刑事诉讼中的立案侦查是发现犯罪事实或者犯罪嫌疑人应启动的诉讼程序，刑法在规定不受追诉时效限制的特别规定时，没有限定应对人立案。立案与侦查虽然在刑事诉讼中分属于不同的诉讼环节，但在司法实践中立案与侦查紧密相连，立案即是侦查活动的程序起点。立案包括对人立案，也包括对事立案，既可能按照某人涉嫌某某罪（对人立案）立案，也可能记载被害人或发生时间来对事立案。正因为如此，按照立案侦查更应强调其程序节点的意义。

第二，从体系解释的角度看，"逃避侦查与审判"已经从犯罪人在立案后的行为表现和主观心态来回应"仅有犯罪事实而立案的，会导致案件事实一旦被发现，就不适用追诉时效制度"这一追诉时效被架空的质疑。② 不能以"逃避侦查与审判"通常具有明确的行为主体即"人"的要素来反向限定"立案侦查"的含义。在对立案侦查作程序节点意义解读的基础上，要结合"逃避侦查与审判"适用"不受追诉期限限制"条款。有观点认为，在人民检察院、公安机关、国家安全机关立案侦查或者在人民法院受理案件的时候，说明对犯罪行为已开始追究，在此时，犯罪时效停止计算。③ 该解读实际上忽略了"逃避侦查与审判"要件的限定意义，正因为如此，要对"逃避侦查与审判"进行解读。

笔者认为，逃避侦查与审判应结合主观心态和行为表现综合判断。一方面，需要强调逃避所内含的积极心态。逃避行为指的是积极、主动地逃跑或者藏匿，使侦查或者审判无法进行。④ 如果不作如此限定，则有可能出现犯罪人仅因生活所迫外出务工而不得适用追诉时效的情况。另一方面，逃避侦查与审判不需要犯罪人被侦查机关锁定，即不要求犯罪人必须在得知公安机关对其立案后逃避，只需要基于不愿被抓捕的主观目的而实施逃跑或藏匿行为即可认定逃避侦查与审判。

---

① ［德］卡尔·拉伦茨：《法学方法论》，陈爱娥译，商务印书馆2003年版，第219—228页。
② 李和仁等：《未被列为立案对象是否受追诉时效期限的限制》，载《人民检察》2008年第23期。
③ 李淳、王尚新：《中国刑法修订的背景与适用》，法律出版社1998年版，第88页。
④ 高铭暄、马克昌主编：《刑法学》，中国法制出版社2000年版，第325页。

第三，从历史解释的角度看，既然修改了1979年《刑法》以"采取强制措施"作为不受追诉期限限制的条件，则意味着修改前的条文存在不当限缩"不受追诉期限限制"的问题。如果按照修改前条文限定修改后条文含义的逻辑，则人为忽视了条文修改的目的。1997年《刑法》将"采取强制措施"修改为"立案侦查"实质上体现了加大对犯罪追诉力度的立法目的。

第四，从目的解释的角度看，正确理解"立案侦查"的程序节点意义，有助于更好地理解《刑法》第八十八条第一款的立法目的。将"立案侦查"视为程序法意义上的"立案侦查程序"能够督促人民检察院、公安机关、国家安全机关立案侦查或者人民法院及时立案，如果上述机关怠于行使追诉犯罪的职责，则不应由犯罪人承担不利后果。而结合主观心态和行为表现判断"逃避侦查与审判"有助于合理限定对犯罪人适用不利认定的范围界限。

三、检察院相对不起诉决定属于阻却追诉期限的犯罪情形

学界关于追诉时效中断的研究较少，但笔者在实践中遇到了案例3所示问题，对于犯罪的认定出现了争议，需要在刑法与刑事诉讼法一体化思维下进行分析论证。

案例3：甲在2001年利用职务便利套取公款200余万元，并于2007年因行贿罪被检察机关作出相对不起诉决定，2019年甲被抓获归案。甲贪污200余万元应处三年以上十年以下有期徒刑，按照《刑法》第八十七条的规定，追诉时效为十五年，如果认为2007年被相对不起诉是犯罪，则从2007年起计算十五年追诉期限，对甲追诉犯罪并无不当。如果认为2007年被相对不起诉不是犯罪，则已过追诉期限。

对于检察机关作出的相对不起诉是否系《刑法》第八十九条第二款规定的"在追诉期限以内又犯罪"的"犯罪"存在两种观点：一种观点认为，相对不起诉作出的是构成犯罪的否定性评价，在追诉期限内被检察机关相对不起诉属于追诉时效中断的事由；另一种观点认为，《刑事诉讼法》明确规定了人民法院专属定罪权原则，未经人民法院依法判决，对任何人都不得确定有罪，检察机关无权认定是否构成犯罪。笔者赞同第一种观点，检察机关作出的相对不起诉属于阻却追诉期限的犯罪情形。

第一，相对不起诉的规范表述明确认定涉案行为属于犯罪。《刑事诉讼法》第一百七十七条第二款规定："对于犯罪情节轻微，依照刑法规定不需要判处刑

罚或者免除刑罚的，人民检察院可以作出不起诉决定。"相对不起诉的前提是犯罪情节轻微，即已经构成犯罪，但犯罪的性质、情节及危害后果都很轻。关于犯罪情节轻微的理解，可以参照《刑法》第三十七条对免予刑事处罚的规定：对于犯罪情节轻微不需要判处刑罚的，可以免予刑事处罚。即以行为构成犯罪为前提，与《刑法》第十三条但书所规定的"情节显著轻微危害不大的，不认为是犯罪"的情形具有本质区别。人民检察院作出的相对不起诉实际上相当于单纯宣告有罪，表现为对行为作有罪宣告。①

第二，检察机关作出相对不起诉决定的依据依然是涉案行为符合犯罪构成的规定。程序意义上对犯罪的定性是以实体法层面犯罪认定的规定为前提，刑法规定的犯罪构成是认定犯罪的法律标准，而检察机关对于涉案行为的定性是以刑法分则的罪状描述和刑法总则的概括性认定为基准，符合立案标准的才会作出相对不起诉决定，如果认为没有犯罪事实或者不认为是犯罪的情形，则依据《刑事诉讼法》第一百七十七条第一款规定作出绝对不起诉决定。

第三，《刑事诉讼法》第一百八十一条规定，被不起诉人不服检察机关作出的相对不起诉决定有权向人民检察院申诉，再次印证相对不起诉内在包含认定被不起诉人构成犯罪。该条款的立法原理为：相对不起诉将涉案行为界定为犯罪，但考虑到情节轻微终结追诉程序，若被不起诉人对犯罪行为的认定存在异议，有权提出申诉要求确认涉案行为不构成犯罪。如果否认相对不起诉包含犯罪定性，则不可能再次规定被不起诉人有权对"无罪"认定提出申诉。

第四，检察机关作为司法机关，作出的相对不起诉决定中对犯罪性质的认定具有裁判的终局性特征。我国的起诉制度特征是"以起诉法定主义为主，兼采起诉便宜主义"，以相对不起诉为代表的起诉便宜主义即在制度和规范层面肯定了检察机关对犯罪定性的裁判权，由于相对不起诉未附加刑罚措施且终结追诉程序，同时赋予了被不起诉人的异议权，并不会与《刑事诉讼法》第十二条规定的"未经人民法院依法判决，对任何人都不得确定有罪"相矛盾。易言之，检察机关作出的相对不起诉决定属于认定犯罪的例外情形。

四、追诉时效制度研究中的刑事一体化思维

追诉时效是刑法与刑事诉讼法交叉领域的重要制度，本质上是限制国家刑

---

① 张明楷：《刑法学》（上），法律出版社2016年版，第632页。

罚权的实体法制度。① 在对追诉时效制度相关规范进行解释时，刑法与刑事诉讼法一体化的思维贯穿始终。

第一，对于追诉时效性质的解读需要立足于刑法的规范依据和刑事诉讼法的程序载体进行判断，追诉时效制度是行为是否构成犯罪处于不确定状态，因为追诉机关在足够长的时间内不积极、如期地行使追诉权而使权利归于消灭，不对行为人作出是否构成犯罪的刑法评价。

第二，在解读规范语词时，需要结合刑法和刑事诉讼法的相关规定进行一体化分析，如探讨"立案侦查"需结合立案与侦查的程序节点意义、分析"犯罪"概念要结合检察机关作出相对不起诉决定的性质进行综合判断，即目光在刑法与刑事诉讼法之间穿梭，不断探寻规范的正确理解。

第三，追诉时效制度的适用需紧紧把握住刑法和刑事诉讼法共同秉持的惩罚犯罪与保障人权目的的统一。不论是从犯、未遂等量刑情节应作为认定法定最高刑的因素进而实现罪责刑相适应原则，还是将"立案侦查"与"逃避侦查与审判"进行综合分析以确保不枉不纵，抑或将检察院相对不起诉决定视为可阻却追诉期限的犯罪情形以实现法律适用的统一，惩罚犯罪与保障人权的统一始终是分析解读的主线。

刑事一体化理论的要义在于融通学科联系，解决现实问题。② 对于追诉时效既有争议的探讨也是基于司法实践凸显的问题厘清争议，指导实践。量刑情节能否作为计算追诉时效期限的依据、"立案侦查"是"对人立案"还是"对事立案"、"在追诉期限以内又犯罪的"中"犯罪"的含义都是实践中提炼的理论问题，追诉时效制度的实践问题与理论争议还有很多，需要在观照现实的基础上诠释理论问题。

---

① 杨继文：《法定刑调整后追诉时效的刑法和刑诉交错适用》，载《浙江社会科学》2019 年第 5 期。
② 储槐植、闫雨：《刑事一体化践行》，载《中国法学》2013 年第 2 期。

跨境电商走私犯罪的类型化认定

——以 37 份裁判文书为研究对象

杨　晨　黄海强[*]

中国跨境电商已跨过初步形成期、成长探索期，目前处于行业深化区。

在中国跨境电商发展进程中，呈现两种伴生性趋势：一方面，国家出台多项政策鼓励跨境电商业务发展，逐步完善跨境电子商务零售进口政策并扩大适用范围；另一方面，也强化对跨境电商走私的监管与惩罚力度。

2013 年至 2021 年，中国进口跨境电商市场交易规模逐年增长。国家在推动跨境电商快速发展的同时，也逐步规范跨境电商的商品种类、税收政策等。例如，2016 年 "4.8 新政"[①] 使部分跨境电商企业在价格竞争机制、税收成本、商品结构等方面面临新的挑战。

由于我国目前跨境电商出口适用免税政策，跨境电商走私多为跨境电商进口走私。因此本文仅讨论跨境电商进口走私情形。

一、跨境电商零售进口模式概述

根据商务部等六部门《关于完善跨境电子商务零售进口监管有关工作的通

---

[*] 杨晨，原广东国智律师事务所律师；黄海强，广东国智律师事务所合伙人。

[①] 2016 年 3 月 24 日，财政部、海关总署、国家税务总局联合发布《关于跨境电子商务零售进口税收政策的通知》（财关税〔2016〕18 号）。2018 年 11 月 29 日，财政部、海关总署、税务总局发布《关于完善跨境电子商务零售进口税收政策的通知》，明确 "其他事项继续按照《财政部　海关总署　税务总局关于跨境电子商务零售进口税收政策的通知》（财关税〔2016〕18 号）有关规定执行"。

2016 年 4 月 6 日，财政部等 11 个部门发布《关于公布跨境电子商务零售进口商品清单的公告》（2016 年第 40 号）（已废止），后经《关于调整跨境电商零售进口商品清单的公告》（2018 年第 157 号）、《关于调整扩大跨境电子商务零售进口商品清单的公告》（2019 年第 96 号）完善优化。

2016 年 4 月 6 日，海关总署发布《关于跨境电子商务零售进出口商品有关监管事宜的公告》（2016 年第 26 号）（已废止），经《海关总署关于跨境电子商务零售进出口商品有关监管事宜的公告（2018）》完善优化。

知》（商财发〔2018〕486号）规定，跨境电子商务零售进口，是指中国境内消费者通过跨境电商第三方平台经营者自境外购买商品，并通过"网购保税进口"（海关监管方式代码1210）或"直购进口"（海关监管方式代码9610）运递进境的消费行为。

跨境电商零售进口主要包括零售进口经营者（跨境电商企业）自境外向境内消费者销售跨境电商零售进口商品，跨境电商第三方平台经营者（跨境电商平台）为交易双方（消费者和跨境电商企业）提供网页空间、虚拟经营场所、交易规则、交易撮合、信息发布等服务，境内服务商接受跨境电商企业委托为其提供申报、支付、物流、仓储等服务，消费者购买电商零售进口商品。

跨境电商零售进口具体分为两种模式：海外直邮BC模式和保税备货BBC模式。

海外直邮BC模式是指电商企业接到订单后，在海外采购，通过空运或海运等物流方式将货发到境内机场口岸，代理的清关公司会在接到货后，集中安排清关，直接派送。可以简单理解为如淘宝购物，先有订单后从商家发货。

保税备货BBC模式是指电商采购在海外集中采购完成，将货先通过国际空运、海运等物流方式入境，集中储存在保税区，待接到订单后，经海关抽检清关，然后进行国内派送。可以简单理解为如京东建设自营仓储备货，有订单后及时从自营仓储配送。

跨境电商零售进口商品的单次交易限值为人民币5000元，个人年度交易限值为人民币26000元。在限值以内进口的跨境电子商务零售进口商品，关税税率暂设为0%；进口环节增值税、消费税取消免征税额，暂按法定应纳税额的70%征收。超过单次限值、累加后超过个人年度限值的单次交易，以及完税价格超过5000元限值的单个不可分割商品，均按照一般贸易方式全额征税。

只有财政部等部门联合发布的《跨境电子商务零售进口商品清单（2022年版）》上的商品能享受跨境电商零售进口的新税收政策。

由于跨境电商零售进口税率较低，为了确保通关货物如上述模式所述确系跨境电商零售进口，而不是被一般贸易方式进口的商品所伪报，海关通过与海关联网的电子商务交易平台，通过交易、支付、物流电子信息"三单"比对进行审核。

二、跨境电商走私犯罪案例概览

笔者从"中国裁判文书网"以"跨境电商""跨境电子商务""走私"为

关键字、以"走私普通货物、物品罪"为案由检索，剔除掉二审维持原判的案例、与跨境电商零售进口无实质关联的案例，共检索到 37 件案件，其中部分案件为系列案件，因种种原因被分案审理。

序号	案号	审理法院	备注	类型
1	（2018）粤刑终 228 号	广东省高级人民法院		伪报贸易方式
2	（2017）粤 01 刑初 98 号	广州市中级人民法院	分开审理	伪报贸易方式
3	（2017）粤 01 刑初 99 号	广州市中级人民法院		伪报贸易方式
4	（2019）粤 01 刑初 21 号	广州市中级人民法院	分开审理	伪报贸易方式
5	（2019）粤 01 刑初 30 号	广州市中级人民法院		伪报贸易方式
6	（2016）粤 01 刑初 452 号	广州市中级人民法院	分开审理	伪报贸易方式
7	（2018）粤 01 刑初 366 号	广州市中级人民法院		伪报贸易方式
8	（2021）沪 03 刑初 22 号	上海市第三中级人民法院		伪报贸易方式
9	（2020）沪 03 刑初 179 号	上海市第三中级人民法院	分开审理	伪报贸易方式
10	（2020）沪 03 刑初 183 号	上海市第三中级人民法院		低报价格+伪报贸易方式
11	（2020）浙 01 刑初 36 号	杭州市中级人民法院	分开审理	低报价格+伪报贸易方式
12	（2019）浙刑终 432 号	浙江省高级人民法院		低报价格+伪报贸易方式
13	（2019）粤 03 刑初 218 号	深圳市中级人民法院		伪报贸易方式
14	（2019）浙 01 刑初 143 号	重庆市第一中级人民法院		伪报贸易方式
15	（2020）粤 07 刑初 65 号	江门市中级人民法院		伪报贸易方式
16	（2018）沪 03 刑初 24 号	上海市第三中级人民法院		伪报贸易方式
17	（2020）粤 04 刑初 35 号	珠海市中级人民法院		伪报贸易方式
18	（2019）粤刑终 1090 号	广东省高级人民法院		伪报贸易方式
19	（2019）粤 01 刑初 167 号	广州市中级人民法院		伪报贸易方式
20	（2018）沪 03 刑初 66 号	上海市第三中级人民法院		伪报贸易方式
21	（2019）桂 14 刑初 93 号	崇左市中级人民法院		伪报贸易方式
22	（2020）粤刑终 55 号	广东省高级人民法院		伪报贸易方式
23	（2020）闽 01 刑初 113 号	福州市中级人民法院		伪报贸易方式

续表

序号	案号	审理法院	备注	类型
24	（2019）粤01刑初194号	广州市中级人民法院		伪报贸易方式
25	（2019）粤04刑初65号、102号	珠海市中级人民法院		伪报贸易方式
26	（2018）粤03刑初680、791号	深圳市中级人民法院		伪报贸易方式
27	（2020）粤07刑初47号	江门市中级人民法院		伪报贸易方式
28	（2019）粤01刑初155号	广州市中级人民法院		伪报贸易方式
29	（2018）陕01刑初257号	西安市中级人民法院		伪报贸易方式
30	（2020）浙01刑初66号	杭州市中级人民法院		低报价格
31	（2020）川01刑初170号	成都市中级人民法院		低报价格+伪报贸易方式
32	（2020）粤07刑初26号	江门市中级人民法院		低报价格+伪报贸易方式
33	（2020）豫刑终98号	河南省高级人民法院		低报价格+伪报贸易方式
34	（2020）粤07刑初24号	江门市中级人民法院		低报价格+伪报贸易方式
35	（2021）沪03刑初37号	上海市第三中级人民法院		低报价格+伪报贸易方式
36	（2019）粤01刑初360号	广州市中级人民法院		低报价格+伪报品名
37	（2019）豫01刑初182号	郑州市中级人民法院		伪报贸易方式+伪报价格+瞒报数量+混装夹藏

纵览37件走私犯罪案例，具有以下特征：

1. 裁判日期主要为2018—2021年，按照刑事诉讼的流程倒推，大多数案件为2016年以后案发。

2. 审理法院较为集中，广东法院审理21件跨境电商走私普通货物、物品罪案件，占比56.76%，其中广州市中级人民法院审理10件，占比27.02%。上海市第三中级人民法院审理6件跨境电商走私普通货物、物品罪案件，占比16.22%。且该类型案件均为中级人民法院一审。

3. 走私类型主要为将一般贸易方式进口的物品伪报为跨境电商零售进口货物和低报价格两种形态，低报价格往往与伪报贸易方式并存。

4. 跨境电商走私犯罪案件的犯罪主体多数为单位犯罪，少数为自然人犯罪。按照单位犯罪双罚原则，既对单位判处罚金，又对单位内部责任人员判处自由刑。

5. 跨境电商走私犯罪的主体广泛，授意他人跨境走私的货主、跨境电商企业、平台、报关单位、物流单位、支付单位及其内部责任人员等都有可能成为走私普通货物、物品罪的被告。

6. 在走私的货物中，跨境电商走私的涉案货物种类较多，主要物品有奶粉、纸尿裤、饮品、打印机和酒类等，均在《跨境电子商务零售进口商品清单（2022年版）》之上。

7. 主从犯认定根据具体案情具体评判，并非电商企业或电商平台及其责任人员为当然的主犯，要根据犯意提起、实际作用大小、获利多少等情节综合认定，在单位内部，不同主体的主从犯认定也不同。

三、跨境电商走私方式

（一）伪报贸易方式

相关被告将企业一般贸易方式进口的货物以化整为零的方式伪报成消费者个人自用物品进口，虚构了一个消费者购买、支付、运输的跨境电商消费行为，伪造物流、信息流、资金流"三单"信息推送给海关，伪报为跨境电商零售进口。

案例1：购买个人信息后伪造"三单"［（2018）粤刑终228号］

在向国内货主揽收到本应以一般贸易方式申报进口的货物后，被告人通过购买虚假的身份证信息、地址信息，使用收货人身份信息在跨境电商平台上导入数据制作虚假订单信息，将相关货物化整为零伪装为在境外购买的个人自用物品，将虚假订单信息通过报文程序推送给海关，并将虚假订单推送给物流公司和支付公司，物流公司根据虚假订单生成物流信息并推送给海关，在实际运输时不按照物流信息而统一运送至指定的仓库，支付公司使用商户代付方式制作虚假的支付信息并推送给海关，伪报为个人跨境直购商品（海外直邮BC模式）报关进口境内。

案例 2：雇用他人以消费者名义下单伪造"三单"［（2019）粤 01 刑初 21 号］

被告单位向货主揽收一般贸易进口的货物后，将货物以跨境电商贸易方式向海关申报进口存放在保税仓库（保税备货 BBC 模式），然后雇用他人以消费者名义向电商企业下单并付款伪造跨境电商订单，由支付公司在跨境贸易电子商务平台为上述虚假的交易制作支付单，购买快递公司的空白快递单号从而伪造国内物流运单向海关平台推送上述虚假信息进行走私。

案例 3：二次销售［（2020）粤 07 刑初 24 号］

被告人通过借用他人的身份信息资料、在亚马逊平台注册多个账号等，使用不同的身份信息、收货地址以零售模式从亚马逊海外购平台采购鞋子在其开设的淘宝网店进行二次销售牟利。为确保能收到利用不同身份信息采购的鞋子，被告人特意在每单订单收货人地址最后标注特殊字符，并与片区快递员达成默契，只要有上述标注的快件，收件人均为被告人。

（二）"低报价格"走私进口

将符合《跨境电子商务零售进口商品清单（2019 年版）》、消费者自用的真实有效订单报低价格，以此来减小应纳税额。

案例 4：低报价格+伪报贸易方式［（2020）浙 01 刑初 36 号］

被告单位将在不同渠道已经成交的商品、行邮物品等信息导入跨境商务平台，并拟定调整申报价格后在平台上生成虚假的交易单据，又通过与支付公司合作以循环支付、虚拟支付的方式形成虚假的支付单据，经推送以上虚假信息向海关申报，最终实现以低报价格、伪报贸易性质等方式通过跨境贸易电子商务零售进口渠道走私入境。

（三）伪报品名走私进口

将不属于《跨境电子商务零售进口商品清单（2019 年版）》的商品伪造为清单内商品进行虚假申报、走私。

案例 5：（2019）粤 01 刑初 360 号

被告单位将个人邮寄进境物品伪报成"跨境电商进口 BC"的贸易方式，并伪报品名、低报价格，向海关申报进口。

（四）瞒报数量、混装夹藏

案例 6：（2019）豫 01 刑初 182 号

在实施犯罪过程中，被告人接收多名货主的本应以一般贸易方式进口的订货合同、发票、装箱单等资料后，制作低于货主提供发票价格、少于实际到货数量的虚假合同、发票、箱单等单证，向海关申报入保税监管区。除推送虚假"三单"获取放行条件外，被告人将未申报货物混装夹藏于放行货物中，由货运公司将货物运送出保税区。

四、影响判决结果的因素

（一）主观明知

走私普通货物、物品罪的主观方面要求具有犯罪故意，即明知其行为是逃避海关监管的行为而仍然实施。在具体案例中，法院一般根据"明知涉案物品为一般贸易方式进口，跨境电商应符合交易单、物流单、支付单'三单一致'，且按照实际交易价格作为完税价格申报而故意伪报贸易方式"或明知"他人将一般贸易货物化整为零、以跨境电商零售进口方式进口货物为其提供帮助"来认定犯罪。其中，特别是支付企业、物流企业是否"明知"他人将一般贸易货物化整为零、通过跨境电商零售进口渠道进口货物，需要结合具体案情进行分析。不排除存在因电商企业或电商平台利用系统漏洞，导致支付或物流企业未能察觉该违规行为的可能性。

（二）偷逃应缴税款金额

跨境电商走私犯罪属于走私普通货物、物品罪，此罪定罪量刑的主要依据为"偷逃应缴税额"。因此，法院在该类案件的量刑上，会充分考虑被告人偷逃应缴税款的数额。认定偷逃应缴税款金额的主要依据是海关部门出具的《涉嫌走私的货物、物品偷逃税款海关核定证明书》，正因为如此，《核定证明书》的真实性、合法性与相关性是法庭质证的焦点。

（三）单位犯罪

相比自然人犯罪，单位犯罪下自然人量刑较轻。将案件定性为单位犯罪可以从以下几个方面作为切入点：走私活动是以单位的名义实施；单位是否从事走私犯罪以外的正常业务；单位的营收、利润是否主要来源于走私所得；实施走私行为是经过单位决策，或者由单位的负责人决定、同意。

(四) 主从犯

在跨境电商走私犯罪中，涉案主体广泛，主从犯认定相对较为复杂，需要综合犯意提起、作用大小、获利多少等予以评判。要确定各单位、个人在整个走私犯罪中负责的环节、工作，分析参与走私的程度和获取利益的数额，是否主动参与，区分是主犯还是从犯作用。

(五) 自首

自首要求"自动投案、如实供述"，由于自首的情形较为复杂，需根据投案的主动性、供述的及时性、稳定性等因素结合自首认定的相关规范进行认定。特别要指出的是，最高人民法院、最高人民检察院、海关总署《关于办理走私刑事案件适用法律若干问题的意见》第二十一条规定，走私犯罪案件中，单位集体自首或者单位直接负责人自首的，对于单位中的其他如实供述自己罪行的人员，亦可认定为有自首情节。

(六) 补缴税款

由于走私犯罪的内核是偷逃应缴税款，是否及时主动补缴税款填补损失也是法庭认定罪责重要的考虑因素。同时，主动补缴税款还是认罪悔罪态度的体现，法院一般会予以考虑。

(七) 政策背景

行为当时监管规范是否已明确，如果属于试点探索阶段，行为人并不明确地知道相关行为违反相应规范可能被判处刑罚，法院会综合考虑行为人的主观恶性予以判罚。

有组织犯罪涉案财产辩护的逻辑展开

——以《反有组织犯罪法》相关规定为背景

杨 晨 黄海强[*]

自 2018 年 1 月中共中央、国务院发出《关于开展扫黑除恶专项斗争的通知》以来，为期三年的扫黑除恶专项斗争已取得明显成效。数据显示，2018 年至 2020 年，全国共打掉资产在亿元以上的涉黑组织 653 个，依法处置生效涉黑涉恶案件资产 1462 亿元，托管代管涉案企业 887 家。[①] 这足以说明"打财断血"涉及的资金数额之大、牵连之广。制定《反有组织犯罪法》是总结扫黑除恶专项斗争经验，加强制度建设，保障在法治轨道上常态化、机制化开展扫黑除恶工作的重要举措。自 2022 年 5 月 1 日起施行的《反有组织犯罪法》设置"涉案财产认定和处置"专章规定了对有组织犯罪涉案财产的强制性措施、全面调查、审查甄别、实体性处置以及权利保障等内容，在法律规范层面初步构建和完善了有组织犯罪涉案财产处置的规则框架，同时也为有组织犯罪[②]涉案财产辩护提供了指引。[③] 有组织犯罪涉案财产处置呈现"财产主体多元化、资产状况多样化"特征[④]，有组织犯罪涉案财产辩护的重要性堪比定罪量刑之辩，且对其他刑事案件涉案财产处置和辩护具有借鉴意义，本文拟结合办理相关案件经验，以及《反有组织犯罪法》相关规定，探讨有组织犯罪涉案财产辩护。

---

[*] 杨晨，原广东国智律师事务所律师；黄海强，广东国智律师事务所合伙人。

[①] 参见《全国扫黑除恶专项斗争总结表彰大会在京召开，部署常态化开展扫黑除恶斗争》，载中央政法委长安剑微信公众号，2021 年 3 月 30 日，最后访问时间：2025 年 7 月 19 日。

[②] 《反有组织犯罪法》第二条第一款规定："本法所称有组织犯罪，是指《中华人民共和国刑法》第二百九十四条规定的组织、领导、参加黑社会性质组织犯罪，以及黑社会性质组织、恶势力组织实施的犯罪。"

[③] 蔡军：《有组织犯罪涉案财产处置规范研究》，载《江西社会科学》2022 年第 2 期。

[④] 莫洪宪：《黑恶势力刑事案件涉案财产处置进一步有章可循》，载《人民法院报》2019 年 4 月 14 日，第 2 版。

一、贯穿刑事诉讼全流程的涉案财产辩护

（一）针对涉案财产强制性措施的辩护逻辑

因证据尚未固定，为了保障执行可行性、全面收集证据等客观原因，公安机关往往会根据办案需要全面查封、扣押冻结涉案财产。易言之，在实践中遵循的是保障性原则，以保障诉讼进行与退赔能力为理由，概括粗放地一揽子强制并怠于依法解除者也还存在着。

《反有组织犯罪法》第三十九条第一款规定："办理有组织犯罪案件中发现的可用以证明犯罪嫌疑人、被告人有罪或者无罪的各种财物、文件，应当依法查封、扣押。"公安机关在侦查阶段往往因无法准确甄别而一概查封、扣押、冻结，可能会出现处置范围过大、牵连过广的现象。同时，《反有组织犯罪法》规定在侦查起诉阶段，应当全面调查涉案财产状况，金融机构等有关单位应当在法定时限内协助配合。进一步增强了"打财断血"的力度，强化了对涉案财产采取查封、扣押、冻结等强制性措施的范围和刚性。

《反有组织犯罪法》第四十一条规定了查封、扣押、冻结、处置涉案财物应当严格依照法定条件和程序进行，依法保护公民和组织的合法财产权益，严格区分违法所得与合法财产、本人财产及其家属的财产，减少对企业正常经营活动的不利影响。经查明确实与案件无关的财物，应当在三日以内解除查封、扣押、冻结，予以退还。

上述规定为针对涉案财产强制性措施的辩护指明了方向。具体而言，可从以下几个方面展开针对涉案财产强制性措施的辩护：第一，辩护律师可针对公安机关查封、扣押、冻结财产的程序问题进行有效的程序辩护，指出查封、扣押、冻结程序中违反法定条件和程序的问题。第二，根据《反有组织犯罪法》第四十一条第一款规定，提出合理理由申请允许有关人员继续合理使用有关涉案财产，并采取必要的保值保管措施，减少对企业正常经营活动的不利影响。第三，在家属的配合下，积极收集证据材料说服公安机关、检察院沟通"剥离"与有组织犯罪无关的财产，严格区分违法所得与合法财产、本人财产与其家属的财产，与案件无关的财物应当及时解除查封、扣押、冻结。第四，根据《反有组织犯罪法》第四十三条的规定，对不宜长期保存的物品、可能贬值的债券、股票、基金等，申请办案机关依法先行出售、变现或者变卖、拍卖，尽可能实现涉案财产的保值功能。第五，根据《反有组织犯罪法》第四十一条第

二款规定,向公安机关、检察院申请为犯罪嫌疑人、被告人及其所扶养的亲属保留必需的生活费用和物品。第六,依据有组织犯罪涉案财产处置的比例原则①,提出查封、扣押、冻结的涉案财产不能远超过可能最终追缴、没收财产范围。

(二)在专门的涉案财物处置程序中展开辩护

审判阶段是有组织犯罪涉案财产辩护的核心场域,而能够争取全面充分辩护的前提则是申请法院在针对定罪量刑的庭审程序之外设置专门的涉案财产处置程序,以便进行充分的法庭调查和法庭辩论来查明涉案财产是否与黑恶势力组织及其违法犯罪活动相关,犯罪嫌疑人、被告人是否应适用财产刑,应适用何种类型、何种程度的财产刑,案外人财产是否应当被罚没、追缴等重要问题。

一段时间以来,是否设置专门的涉案财产处置程序并无清晰明确的法律规定,在一定程度上由法院自行决定,为有组织犯罪涉案财产辩护带来了一定影响。

《反有组织犯罪法》第四十四条第二款规定,在审理有组织犯罪案件过程中,应当对与涉案财产的性质、权属有关的事实、证据进行法庭调查、辩论。这为涉案财产辩护提供了制度供给。

但关于该条款存在以下两种解释径路:检察院在全案(特别是证明经济特征和与财产相关的具体个罪)举证质证时应包括涉案财产情况,由于打包举证质证,该解释对于保障被告人、案外人的诉讼权利不甚有利;应设置单独的涉案财产处置程序由人民检察院针对有组织犯罪涉案财产情况进行全面举证质证,辩护律师可以对相关人员发问、发表举证意见和辩护意见,举示新的证据。在司法实践中,因庭审时间有限而不设置专门的涉案财产处置程序的情况时有发生。辩护律师应以《反有组织犯罪法》第四十四条第二款规定为依托,充分阐释涉案财产处置对于被告人诉讼权利和实体权利的重要影响,争取在专门的程序中表达意见。

(三)执行阶段的涉案财产辩护

因刑事裁判文书对于有组织犯罪涉案财产处置着墨不多,判决内容较为概括,概括式的裁判主文表述必然导致涉案财物执行程序缺乏可操作性,直接影

---

① 参见张勇、王丽珂:《有组织犯罪涉案财产处置的比例适用及产权保护》,载《中州学刊》2022年第10期。

响涉案财产的最终实质处理。① 辩护律师仍可在执行阶段就权属问题、保留必要生活所需等问题进行持续辩护。《最高人民法院关于刑事裁判涉财产部分执行的若干规定》（以下简称《规定》）为辩护律师在执行阶段进行辩护提供了规范依据，可以继续与法院执行机构进行沟通，或转向民事执行程序维护相关权益。

具体而言，可从以下几个方面展开执行阶段辩护：首先，根据《规定》第十四条的规定，当事人、利害关系人认为执行行为违反法律规定，或者案外人对执行标的主张足以阻止执行的实体权利，向执行法院提出书面异议的，执行法院应当依照民事执行异议程序进行处置。其次，根据《规定》第十五条的规定，案外人认为刑事裁判中对涉案财物是否属于赃款赃物认定错误或者应予认定而未认定，向执行法院提出书面异议之后可回溯至刑事审判部分处理或转至审判监督程序处理。再次，最高人民法院法官刘贵祥、闫燕撰文指出："没收财产，应当执行被执行人个人所有的合法财产，不得没收属于被执行人家属所有或者应有的财产。被执行人在共有财产中的应有份额，应当依据有关民事法律的规定确定。"② 辩护律师可以据此申请法院执行部门充分保障家属所有或应有的财产。最后，因有组织犯罪案件被告人大多被判处较重的财产刑，被没收全部财产或罚没巨额财产，很可能已超出被执行人的支付能力，辩护律师应基于"生道执行"司法理念、《刑法》第五十九条规定的"没收全部财产的，应当对犯罪分子个人及其扶养的家属保留必要的生活费用"以及《反有组织犯罪法》第四十一条第二款的规定积极申请为被告人及其扶养的家属保留必要的生活费用。

二、以关联性为中心的没收、追缴涉案财产辩护

（一）以关联性为中心：没收、追缴涉案财产

1. 《反有组织犯罪法》对关联性的规定

《反有组织犯罪法》第四十六条规定，为支持或者资助有组织犯罪活动而提供给有组织犯罪组织及其成员的财产，或者有组织犯罪组织成员的家庭财产中实际用于支持有组织犯罪活动的部分，或者利用有组织犯罪组织及其成员的

---

① 朱艳萍：《刑事涉案财产裁判程序的缺失与规制》，载《人民司法》2018 年第 10 期。
② 刘贵祥、闫燕：《〈关于刑事裁判涉财产部分执行的若干规定〉的理解与适用》，载《人民司法》2015 年第 1 期。

违法犯罪活动获得的财产及其孳息、收益，应当依法予以追缴、没收。

分析上述规定，笔者认为应追缴、没收的财产主要包括两类，一类是"来源非法"的财产，即通过违法犯罪活动或其他不正当手段获取的财产；第二类是"用途非法"的财产，即用于支持有组织犯罪的财产。即从资金来源与用途两个端口厘定与有组织犯罪的实质关联。

来源、用途端口的关联性是判断涉案财产是否应被追缴、没收的核心标准，公安机关、人民检察院、人民法院在查封、扣押、冻结、出具处置意见时，应综合财产来源、性质、用途等方面的犯罪嫌疑人、被告人供述与辩解、被害人、证人陈述、相关书证、价格鉴定意见等证据审慎判断是否应当依法追缴、没收。

2. "高度可能性"证明标准

《反有组织犯罪法》第四十五条第三款规定，被告人实施黑社会性质组织犯罪的定罪量刑事实已经查清，有证据证明其在犯罪期间获得的财产高度可能属于黑社会性质组织犯罪的违法所得及其孳息、收益，被告人不能说明财产合法来源的，应当依法予以追缴、没收。

第一，该条款的关键词是有证据证明……高度可能……，其实质是控方要承担证明责任，且应达到"高度可能性"证明标准。

第二，财产来源仅限于被告人实施黑社会性质组织犯罪的违法所得及其孳息、收益，不能扩张适用于被告人实施黑社会性质组织犯罪之外的其他犯罪和有组织犯罪中的恶势力犯罪。[1]

第三，被告人及案外人不负有举证证明涉案财产高度可能属于合法来源的证明责任，被告人及案外人举证证明财产来源合法是行使异议权的表现，不受"高度可能性"证明标准的约束。

（二）以证明责任和证明标准为依托进行辩护

在审判阶段，控方则应基于承担证明责任的前提充分举证证明拟处置的财产与有组织犯罪存在来源、用途端口的关联性。

关联性的内涵包括"有无"和"程度"两个层次的问题。一方面，是有无关联性的前提问题，内在包含指控的黑社会性质组织、恶势力是否成立，具体个罪是否成立、具体个罪是否属于有组织犯罪、案涉财产是否为关联犯罪的违法所得、违禁品、供犯罪所用的本人财物以及其他等值财产等问题。举例而言，

---

[1] 参见詹兆国：《涉黑财产"高度可能"证明标准问题探析》，载《法治时代》2023年第3期。

司法实践中认识不一的主要问题是以合法公司为载体的有组织犯罪案件中成员获得的工资薪酬是否应认定为违法所得等。另一方面，则是关联性强弱的核心问题，按照事物是普遍联系的马克思主义原理，涉案财产或多或少都与黑恶势力犯罪组织、组织成员、指控的违法犯罪活动存在某种关联，但是不能简单地以可能存在的某种间接关联性就没收、追缴涉案财产，控方必须证明涉案财产与黑社会性质组织犯罪活动存在高度可能性。

第一，辩护的前提在于有组织犯罪是否成立。此部分涉案财产辩护可能与针对定罪量刑问题的辩护深度结合。

第二，应围绕涉案财产与有组织犯罪之间的关联性展开辩护。一方面，针对黑社会性质组织犯罪相关的涉案财产，不管是来源相关还是用途相关，均需举证证明涉案财产与黑社会性质组织犯罪的关联性达到高度可能性的证明标准。"关于黑社会性质组织成员合法财产中用于支持黑社会组织生存、发展的财产部分，不能将合法财产源头的所有资金或合法企业的所有经济利益都视为对犯罪组织活动的支持，认定为'涉黑财产'，否则会产生'一黑俱黑'范围扩大化问题。"[1] 另一方面，围绕恶势力犯罪相关的涉案财产，仍应按照"事实清楚、证据确实充分"的证明标准评估关联性。

第三，辩护律师应该充分调查涉案财产的来源、被告人及利害关系人的收入来源和经济能力等证据证明涉案财产与有组织犯罪无关、被告人及案外人有能力通过合法手段赚取涉案财产。但需要注意的是，被告人及案外人的异议仅需起到动摇"高度可能性"证明标准即可。

三、以权属关系为中心的财产刑辩护

（一）财产系犯罪人本人所有

针对组织、领导、参加黑社会性质组织的犯罪人适用的财产刑主要为没收个人（全部或部分）财产、罚金，财产刑罚没的对象还包括犯罪人个人的合法财产，财产刑的边界在于犯罪人个人所有的财产，罪责刑相适应原则限定了刑罚措施只能针对犯罪人本人，不能波及、牵连其他人。《反有组织犯罪法》第四十一条也对此作出强调。

---

[1] 莫洪宪：《黑恶势力刑事案件涉案财产处置进一步有章可循》，载《人民法院报》2019年4月14日，第2版。

财产是否为犯罪人本人所有是判断涉案财物是否应当被罚没的核心标准。在刑法抽象的概念语境内，针对犯罪人个人的财产刑适用似乎清晰明确无须争论，但在"打财断血"的司法适用领域，由于存在夫妻、家庭等共有权属关系、代持关系、债权债务关系、赠予关系等民事权属认定不清的问题，控辩双方往往存在较大的分歧。相较而言，在涉案财产权属争议之中，辩护律师有较大的施展空间，不仅可以主张控方未尽到证明责任，还可主动出击积极查明相关涉案财产的权属关系以保障案外人的合法权益，破立之间，攻守异位。

追缴没收犯罪物品与财产刑界限模糊是有组织犯罪涉案财产处置的"痛点"，在进行有组织犯罪涉案财产辩护时，需首先要求控方明确涉案财产提出处理意见建议及清单中哪些涉案财产是基于没收、追缴与有组织犯罪相关的涉案财产，哪些涉案财产是基于适用财产刑拟罚没的被告人个人财产，在此基础上围绕相关性和权属关系进行有针对性的辩护。如果现有证据不能确认权属和性质的财产，则不能证明该财产属于被告人或与本案的违法犯罪活动有关，人民法院没有权利予以实体处置。①

（二）以民事法律关系为依托厘清财产权属

在"打财断血"铲除黑恶势力经济基础的背景下，公安机关查封、扣押、冻结、人民法院可能认定的涉案财产范围涉及夫妻、家庭成员共同所有、被告人实际出资、他人代被告人持有或被告代他人持有、债权债务或其他权利负担等，需要辩护律师在被告人家属等案外人的参与下积极查找证据证明涉案财产的权属问题。

针对财产刑适用的辩护更强调辩护律师建构事实与法律关系，核心在于辩护律师应使用解决民事纠纷的思维自觉承担举证责任，通过资金来源、登记外观主义、实际用途、夫妻/家庭共有财产分割等民事诉讼思维论证财产权属。在此过程中，笔者认为在证据认证环节民事思维与刑事思维存在的一点差异是对于言词证据的证明力认证不同。在刑事案件中，被告人口供、被害人陈述在证明体系中的权重明显较之于民事诉讼中更重，辩护律师应提示法庭充分注意民事审判中相关权属的认定，可以向法庭提交民事诉讼中的类案检索报告。

具体而言，辩护律师可从以下几个方面展开辩护：第一，根据《民法典》等法律规定分离夫妻/家庭共有财产，司法实践中存在因涉案被告人个人能力突

---

① 蔡智玉：《黑社会性质组织犯罪案件的财产处置》，载《人民法院报》2020年11月12日，第6版。

出而认定夫妻财产或家庭共有财产大部分应归属于被告人个人财产的情形，辩护律师应充分研习婚姻继承方面的法律知识进行充分辩护。第二，根据案外人的经济情况、涉案财产的权属登记情况、涉案财产购买资金的来源与性质否定"替被告人代持"的控诉逻辑，司法实践中不乏因涉案被告人个人能力突出、经济实力强而认定部分关系亲密人名下的财产系代被告人持有而予以查扣进而没收，辩护律师应充分了解代持关系认定的法律要点。第三，《规定》第九条第一款规定："判处没收财产的，应当执行刑事裁判生效时被执行人合法所有的财产。"即应当甄别刑事裁判生效前被告人已合法处置、转让自己出资购买的财物，特别是赠予子女的财产不应作为没收对象，只有当司法机关有确实充分的证据证明已处置的财产受让人"非善意"的情形下才能予以追缴没收。第四，应剥离出涉案财产中来源于银行贷款或他人借贷的债务，积极与债权人沟通督促债权人向执行机构提出异议，防止相关应归还债务的资产被没收之后还要自行负担相关债务。

此外，辩护律师仍应结合案情，特别是被告人实施犯罪行为的危害性、获利情况、家庭负担、经济能力等因素，运用比例原则积极向合议庭争取判处"部分"没收个人财产以及降低没收财产和罚金的幅度，真正做到罪责刑相适应。

四、利害关系人的异议权

不管是前文提到的全流程场域，还是以关联性为中心涉案财产追缴的异议权，抑或针对财产刑的财产权属争议，都与利害关系人紧密相关。[①]

《反有组织犯罪法》第四十九条规定，利害关系人对查封、扣押、冻结、处置涉案财物提出异议的，公安机关、人民检察院、人民法院应当及时予以核实，听取其意见，依法作出处理。公安机关、人民检察院、人民法院对涉案财物作出处理后，利害关系人对处理不服的，可以提出申诉或者控告。当然，该条款并未明确利害关系人的当事人地位，但在法律层面确立了利害关系人的异议权，为利害关系人的涉案财产辩护提供了权利基础。

第一，辩护律师应以《反有组织犯罪法》第四十九条为中心，在要求办案

[①] 有学者分析，案外人（利害关系人）异议主要包括以下情形：一是异议人提出涉案财物被错误扣押自有合法财物；二是异议人提出涉案财物系自己善意取得；三是异议人提出自己是财物的合法共同权利人；四是异议人提出被告人使用的犯罪工具是自己合法所有。参见李蓉、邹啸弘：《涉案财物异议人诉讼地位探析》，载《湖南社会科学》2016年第5期。

机关保障利害关系人诉讼权利的前提下,积极向办案机关表达实体性异议意见。

第二,针对利害关系人参加诉讼、表达意见的问题,可以结合《中共中央办公厅、国务院办公厅印发〈关于进一步规范刑事诉讼涉案财物处置工作的意见〉的通知》第十二条有关保障案外人诉讼权利的相关规定——"人民法院应当通知其参加诉讼并听取其意见"争取在专门的涉案财产处置程序中发表意见。

第三,无救济则无权利,《反有组织犯罪法》第四十九条第二款规定利害关系人异议权的救济措施,即对已作出的财产处理有权提起申诉或控告,其内含了利害关系人的上诉权、申诉权等救济权利。

刑罚执行中共犯连带退赔责任的追偿问题浅析

庄丹丹　李　静[*]

一、连带责任模式的基本概念

连带责任模式是"部分实行全部责任"的刑法原则在共犯退赔问题上的显化，所有共犯均对全案违法所得承担退赔义务，即参与共同犯罪的人员，均需对所有共犯的全部实行行为及法律后果承担退赔责任。该责任模式讲究整体性，将所有共犯看成一个违法犯罪整体，对整体所造成的损害和经济损失承担连带退赔责任。该种责任模式的应用具有特殊性，当且仅当各个共同犯罪人拒不配合司法机关调查或存在客观上无法查清各自违法所得的独特情况时，才会加以适用。换言之，连带责任模式非必要不启用，是应对司法实践中违法所得查清困局的必然举措和有效解决方案。

二、连带责任模式下的追偿权

连带责任本质是民法概念，《民法典》第一百七十八条第二款规定，连带责任人的责任份额根据各自责任大小确定；难以确定责任大小的，平均承担责任。实际承担责任超过自己责任份额的连带责任人，有权向其他连带责任人追偿。该条规定是为了保证被侵权人的财物返还请求权和赔偿请求权，将财物追索不能的风险转嫁给共同侵权人，既符合公平原则又能满足恢复合法经济秩序的司法需求。鉴于此，刑法学者将连带责任的概念照搬运用在刑法中共犯违法所得的处理问题上。实践中，部分共犯承担全部退赔责任后向法院提起追偿请求，被法院以共犯追偿不属于民事诉讼的受案范围而驳回。笔者认为，既然民法中的连带责任和刑法中的连带责任法理根基相同，均是为了维护社会秩序的

---

[*] 庄丹丹，广东国智律师事务所高级合伙人；李静，广东国智律师事务所实习人员。

同时能达到警戒和风险转嫁侵权责任人和犯罪行为人的法律效果，从责任分配公平的角度出发，每个共犯均应为自己的犯罪行为承担相应的退赔责任，若是剥夺共犯一方退赔后的追偿权，无异于变相消除了共犯该部分退赔责任的承担，既不符合罪责刑相适应原则，也不符合刑法追求公正的价值取向和司法目标。

三、连带责任模式下刑事退赔

连带责任模式下的刑事退赔是指任意共犯均对共同犯罪的全部违法所得承担退赔义务，无论是共犯中的一人或数人承担了全部退赔责任，均产生其他共犯退赔责任消灭的法律效果。换句话说，若某个共犯或数个共犯全额履行了退赔义务，那么其他共犯便不再需要承担退赔责任，这样的安排不仅确保了被害人能够获得足够的赔偿，也简化了法律实施过程。此种连带责任模式体现了法律对共同犯罪行为的综合处理，通过明确共犯承担连带退赔责任，促使犯罪分子必须承担相应的经济负担，进而强化了法律的威慑力和公正性。这种模式的有效性也体现在它能够避免因单个共犯的财力限制而影响整体退赔效果，确保了被害人能够及时获得应得的赔偿。

（一）刑事退赔的性质

退赔是司法机关根据《刑法》《刑事诉讼法》进行的刑事司法活动，是因共同犯罪行为而产生，受犯罪后果所影响的，由犯罪行为人所承担的一种刑事责任。该刑事责任在刑法体系上的体现是，独立的对物的强制处理办法，不仅具有恢复财物合法状态的作用，还具有刑罚的性质，且共犯退赔会直接影响定罪量刑的幅度。不应孤立、片面地看待刑事退赔的性质，应从该种刑事责任设立的目的、框架结构、实践中的具体使用及法律后果多方面综合考量，本文所言共犯一方退赔后的追偿问题，就侧重剖析刑事退赔的刑罚属性。

总体而言，刑事退赔具有多重性质。首先，其恢复性体现在通过经济补偿弥补被害人因犯罪行为遭受的财产损失，力求恢复被害人原有的经济状态。其次，刑罚性上，退赔作为刑罚的一部分，除补偿被害人外，还通过经济负担对犯罪人施加制裁，增强其悔罪意识和未来犯罪的震慑力。再次，预防性上，明确的经济后果有助于震慑潜在犯罪者，降低犯罪发生率。此外，公正性方面，退赔机制确保在共犯案件中各犯罪分子按其行为承担相应的经济责任，从而维护法律的公平性。最后，补充性表现在刑事退赔与其他刑罚措施相辅相成，共同实现对犯罪行为的综合惩戒和被害人的全面救济。整体而言，这些性质共同确保了刑事退赔在法律体系中的有效实施和公正应用。

（二）刑事退赔后可予以追偿的范围

《刑法》第六十四条规定，犯罪分子违法所得的一切财物，应当予以追缴或者责令退赔；对被害人的合法财产，应当及时返还；违禁品和供犯罪所用的本人财物，应当予以没收。没收的财物和罚金，一律上缴国库，不得挪用和自行处理。该条即关涉犯罪物品的处理规则。其中，违法所得应当予以追缴或责令退赔，但是法律并未规定退赔的财物来源是否必须为违法所得，即犯罪分子可以违法所得进行退赔，也可以合法财产进行退赔。鉴于共犯一方违法所得本就应予追缴或责令退赔，可知，共犯一方退赔后的追偿范围仅限于该共犯以合法财产承担超过自己违法所得的部分。①

（三）共犯一方退赔后的法律效果

首先，共犯一方退赔后会直接影响该共犯的定罪与量刑幅度，部分法院也会将退赔责任履行完毕作为对本案其他共犯定罪量刑时的考虑因素。其次，共犯一方退赔完毕会导致所有共犯退赔刑事责任消灭，意味着各个共犯因该共犯的退赔行为而不用承担刑法上的退赔责任。再次，司法实践中，共犯退赔被归属于刑事案件违法所得的处理范畴，共犯一方退赔后在各个共犯之间并不产生民事法律关系，这就导致承担退赔责任的共犯无法根据现行法律法规向其他共犯主张超过自己违法所得的部分财物。最后，因退赔责任被共犯一方所承担，刑法上阻断犯罪经济诱因的目的得以实现，客观上，该部分违法所得所导致的经济秩序被扰乱问题得以修复，实质上，承担该部分修复责任的共犯仅为所有共犯中的部分，并非所有共犯都在责任范围内承担起应承担的刑事责任。这就不可避免会带来刑事责任的履行是否公平的问题，下文将深入探讨刑事退赔后共犯内部追偿的正当性问题。

四、刑事退赔后共犯内部追偿的正当性

共犯一方承担刑事退赔责任后，共犯整体对外承担的连带退赔责任消灭。虽然主动承担退赔责任的共犯在定罪量刑上会予以综合考虑，但其他共犯在定罪量刑时或多或少也会因为整体退赔责任的履行而受益，故部分学者主张因退赔的共犯已经在定罪量刑方面受益，不应享有对其他共犯的追偿权的说法不具

---

① 熊波：《论共犯违法所得处理的责任模式》，载《政治与法律》2024年第7期。

有合理性。

(一) 恢复合法财产秩序现实需要

共犯一方退赔后不仅是刑事退赔责任的消灭，还是共犯个人合法财产的损失，若不允许承担退赔责任超过自己违法所得的共犯向其他共犯追偿，势必会导致共犯间出现责任推诿，借机逃避履行的共犯侥幸心理，还会助推消极履责的不良社会风气。反之，若是允许退赔超过自己违法所得的共犯向其他共犯进行追偿，不仅对司法机关恢复合法财产秩序的实际需要大有助益，还能充分发挥法律的激励和保障作用。这种机制确保了每个共犯对其参与的犯罪负全面的责任，还防止了单一共犯因承担过高的退赔责任而遭受不公平的财务损失。

通过允许超出个人违法所得的退赔责任向其他共犯追偿，司法机关可以更有效地实现对违法所得的全面回收，维护受害者的合法权益。这一制度还可促进共犯之间的诚实合作，减少内部争执，从而增强法律对共同犯罪案件的整体治理能力。此外，这种追偿机制对其他潜在犯罪分子也具有警示作用，强调了法律对所有涉罪人员的严肃态度，有助于预防犯罪行为的发生。通过明确责任和追偿路径，法律能够更全面地施加压力，鼓励犯罪分子自觉承担应有的责任，并减少逃避责任的机会。这样不仅能增强法律的威慑力，也能进一步提升社会对法治的信任度和满意度。

(二) 刑法罪责刑相适应原则的必然要求

罪责刑相适应原则认为犯罪分子所犯罪行、所受的刑罚和刑事责任三者是并行的关系，[①] 其中"责"指的是刑事责任，除了要考量犯罪行为本身，还要综合考量其他有关因素。不能一味地关注罪，也不能只关注责，就像本文所探讨的共犯退赔责任问题，不仅是退赔责任的承担问题，还应考量该共犯实施的犯罪行为在共犯中所起的作用，对整个违法犯罪结果产生的影响。就共犯对退赔责任承担连带责任而言，任一共犯都不可能单独造成整体共同违法犯罪结果，亦不应作为单独承担责任的主体，显言之，各个共犯对刑事退赔均负责任，若是剥夺履行退赔责任的一方承担所有共犯的形式退赔责任后无法追偿，则属于变相加重履行退赔责任一方的刑事责任，明显与罪责刑相适应原则不符，不符合责任分配公平的刑法价值理念。

---

① 潘文博：《罪责刑相适应原则的功能考察与规则重述》，载《江西社会科学》2024 年第 6 期。

（三）激励共犯合理分担责任的有效举措

共犯一方承担退赔责任后，不仅有利于司法机关对自己定罪量刑方面的考量，后期还能通过合法途径向其他共犯追偿超过自己违法所得部分的损失，从常理来看，任意共犯都有积极履行该退赔责任的原动力，排除个别共犯间确实无法查清违法所得比例和数额等特殊情况。法律上允许共犯一方退赔后的追偿权，本身就是对各共犯人合理分担责任的一种激励，共犯间协商各自承担退赔数额和比例，往往比司法机关查明各自违法所得容易，通常也不需要通过民事诉讼就能解决问题。现实情况是，法律并未赋予该部分主动履行退赔责任的共犯以追偿权，这就导致有退赔意愿的共犯也因为退赔后无法挽回损失而对退赔责任的承担产生望而却步的退缩心理，更助长了其他共犯故意不主动分担退赔责任的气焰。

五、结语

共犯一方退赔后的追偿问题是共犯违法所得处理的司法难题，虽然部分学者主张追偿权的行使过程中会遇到追偿条件、追偿申请的程序复杂性以及其他操作方面的困难，但是这些都不应成为阻却追偿权成立的正当理由。故，完善相关法律法规，允许承担退赔责任后的共犯一方行使追偿权，契合我国法治现代化建设的现实需要。通过明确共犯之间的追偿机制，可以有效提升司法效率和公平性。具体而言，法律应当详细规定追偿的条件、程序和标准，以便共犯在退赔后能够依法追讨其他共犯的经济责任，从而实现对违法所得的全面清理和责任的公平分配。这不仅有助于保障受害者的合法权益，还能加强对共犯行为的震慑作用，推动法律体系的完善和法治环境的优化。同时，法律的完善也应考虑到实际操作中的可行性，如提供明确的追偿申请流程、设立合理的审查标准，并为追偿方提供必要的法律支持和救济措施。通过这些措施，可以有效减少法律实施中的障碍，使追偿权的行使更加顺畅，从而增强法律公正性和权威性。

被害人在刑事公诉案件开庭审理期间
可否直接向法庭提交新证据

张炯娜 岑 豪[*]

根据《刑事诉讼法》的规定,刑事诉讼中的"诉讼参与人"是指当事人、法定代理人、诉讼代理人、辩护人、证人、鉴定人和翻译人员,而"当事人"是指被害人、自诉人、犯罪嫌疑人、被告人、附带民事诉讼的原告人和被告人。在刑事公诉案件中,双方分别为代表国家提起公诉的检察机关、被告人及其辩护人,在某些类型的案件中被害人及其代理人还会作为诉讼参与人参与到庭审中,在此类已提起公诉的案件中,被害人可否直接向法庭提交新证据呢?

一、指控犯罪的举证主体

根据《刑事诉讼法》第五十一条的规定,在刑事诉讼(本文均指代刑事公诉案件)中"被告人有罪的举证责任由人民检察院承担",这也正是"谁主张谁举证"原则的体现。在起诉至人民法院之前,在案证据已经过侦查(或监察机关的调查)、审查起诉阶段的筛查固定,公诉机关在向人民法院提起公诉时需一并将案卷材料、证据移送人民法院,这些证据就是公诉机关指控被告人犯罪的依据和基础。

二、审判期间向法庭提交新证据的途径

1. 补充侦查

根据《刑事诉讼法》第一百七十五条、第二百零四条的规定,检察人员在法庭审判期间发现案件需要补充侦查的,可以建议延期审理(不得超过两次),经合议庭同意后补充侦查期限(不得超过两次,每次不得超过一个月)届满

---

[*] 张炯娜,广东国智律师事务所合伙人;岑豪,广东国智律师事务所律师。

前，人民检察院要将补充收集的证据移送人民法院，并且保障辩护人、诉讼代理人的阅卷权。《广东省刑事案件基本证据指引（试行）》指出确需补充证据的，可以经过补充侦查，也可以经过变更、补充、追加起诉等程序，而不能直接向法庭提交新证据。

据此可知，补充收集证据向人民法院移交的主体是人民检察院，且有法定时限、次数要求。而作此限定一方面是因为被告人有罪的举证责任由人民检察院承担，另一方面则是经过人民检察院审查筛选后提交的对查明事实、定罪量刑、程序正当有影响的证据才是法庭审理的重点，人民检察院才是控方提交证据的唯一主体。如果允许其他诉讼参与人随意提交未经审核的"新证据"，不仅突破《刑事诉讼法》对举证期限、审限的要求，甚至还可能被有心之人通过不断提出"新证据"来无止境地拖延庭审，影响诉讼效率。

2. 申请调取或出示

《刑事诉讼法》第一百九十七条、《最高人民法院关于适用〈中华人民共和国刑事诉讼法〉的解释》第二百三十八条也仅赋予当事人及其法定代理人、辩护人、诉讼代理人法庭审理过程中的申请通知新的证人到庭、调取新的证据、重新鉴定或者勘验的申请权，并由法庭决定是否同意，并未有被害人可直接提交新证据的相关规定。

《人民法院办理刑事案件第一审普通程序法庭调查规程（试行）》第三十七条规定，对于开庭前未移送或者提交人民法院的证据，控辩双方可以向法庭申请出示，且须经法庭审查是否有出示必要，若对方提出需要对新的证据作准备的，法庭可以宣布休庭并确定准备的时间。在此规定中，只有公诉人、辩护方可以向法庭申请出示，其中并不包含被害人。

3. 人民法院调取

人民法院调取证据的情况通常是法庭对证据有疑问，既可以告知公诉人、当事人及其法定代理人、辩护人、诉讼代理人补充证据或者作出说明，也可以主动向人民检察院调取需要调查核实的证据材料，抑或根据被告人、辩护人的申请向人民检察院调取。在庭审阶段调取证据的主体均是人民法院，有证据存疑，需要补充或作出说明的，应由法庭主动提出。根据人民法院要求补充的证据，也可以理解为人民法院自行调取的证据。

三、被害人是否有提交证据、举证质证的权利

在提起刑事附带民事诉讼的情况下，被害人通常在审查起诉阶段就已把相

关凭证如医疗费单据等作为证据提交给人民检察院，人民检察院审查案件的时候也必须查明有无附带民事诉讼并在起诉至人民法院时一并移送相关材料。被害人自行提交给法庭的证据也仅限于因犯罪行为所遭受的物质损失有关的材料，而非代替公诉人的位置提交指控犯罪的证据，若有需要也应在人民检察院审查后通过补充侦查、变更起诉等方式作为新证据提交。但未提起刑事附带民事诉讼的被害人并无直接提交证据的相关依据。

在笔者曾经办理的一起案件中，被害人及其诉讼代理人并未提起刑事附带民事诉讼，却径行以诉讼参与人的身份在审理期间直接向法庭提交未经审核并用以指控犯罪的新证据，诉讼代理人引用了《最高人民法院关于适用〈中华人民共和国刑事诉讼法〉的解释》第二百三十八条第二项的规定，认为当事人及其诉讼代理人"可以提出证据，申请通知新的证人到庭、调取新的证据，申请重新鉴定或者勘验"。但通过文义解释及体系解释方法可知，当事人及其代理人可以提出的证据仅针对原先起诉时固有的证据，而不包括新证据，此处的"提出"应理解为"出示"，而对于"新的证据"则仅有申请调取的权利。因此，被害人并无权利直接向法庭提交新证据。

关于被害人是否有举证质证权利的问题，《人民法院办理刑事案件第一审普通程序法庭调查规程（试行）》第二十八条载明举证质证的主体为公诉人、被告人、辩护人，始终围绕的是控辩双方，不包括被害人及其代理人。公诉人在此时不仅是代表国家提起公诉指控犯罪，而且承担了代被害人追究被告人责任的角色，因此不应再允许被害人化身第二公诉人突破现行法律规定加重控辩失衡的局面。

四、结语

在刑事公诉案件中，证明被告人有罪的举证责任在公诉人，若公诉人需补充证据或者补充侦查，也需要经过严格的程序进行审查，并且有时限要求。开庭审理后并未有相关规定赋予被害人及其诉讼代理人等主体直接提交新证据的权利，被害人及其诉讼代理人只有提交或调取新证据的申请权，最终均由人民法院决定是否同意调取或补充提交，若在案并无相关申请而被害人却在庭审中进行"证据突袭"，无疑是无视庭审秩序及法律规定的要求。因此，笔者认为依照现行法律规定，被害人在刑事公诉案件审理期间，不能直接向法庭提交证据。

自媒体信息网络传播的著作权犯罪问题研究

吴寿长[*]

随着科技的不断进步，互联网数据及用户数量正以前所未有的速度进行增长。互联网的发展模式也由传统门户网站向直播、短视频等自媒体平台转换。相比传统的门户网站，自媒体平台采用了交互式、可视化的方式，直观地冲击改变了人们的行为模式与消费模式，如"抖音""快手"等短视频平台。在新的发展模式下，知识产权的侵权方式与表现手法也在悄然的发生改变，最终必然导致维权出现取证难与认定难。那么，在面对新模式下的著作权犯罪行为，我们该如何全面的了解、探索和进行立法应对呢？

一、我国对信息网络传播方式侵害著作权的立法进程

1994年，我国通过了《关于惩治侵犯著作权的犯罪的决定》，这是我国通过的第一部专门针对侵犯著作权犯罪而作出的单行法律。随后，最高人民法院于1995年进一步发布了《关于适用〈全国人民代表大会常务委员会关于惩治侵犯著作权犯罪的决定〉若干问题的解释》，对决定进行了进一步的详细规定。在1997年发布的《刑法》中，也同时吸收了《关于惩治侵犯著作权的犯罪的决定》中关于"侵犯著作权罪"和"销售侵权复制品罪"这两个罪名。

但关于信息网络的犯罪问题，直至2001年修订的《著作权法》中，才首次明确"通过信息网络向公众传播"的行为属于可以追究刑事责任的行为之一。虽然最高人民法院、最高人民检察院在2004年出台的《关于办理侵犯知识产权刑事案件具体应用法律若干问题的解释》中进一步将"信息网络传播"评价为《刑法》第二百一十七条的"复制发行"范畴。但是，在面对2000年后信息大爆炸的情形下，我国对信息网络传播等侵犯著作权的刑事犯罪行为，直至2011

---

[*] 吴寿长，广东国智律师事务所高级合伙人。

年,最高人民法院、最高人民检察院、公安部发布《关于办理侵犯知识产权刑事案件适用法律若干问题的意见》,才进行了司法规制。该意见进一步细化了具体的犯罪情节的认定标准,如新增网络环境下点击量与注册会员数的情节标准,同时对"以营利为目的"作出了明确的具体解释,如包括了"刊登收费广告、捆绑第三方作品、收取会员注册费"等情形。

2021年3月1日生效的《刑法修正案(十一)》对于侵犯知识产权犯罪部分进行了较大的调整。其中包含了对侵犯著作权罪的修改,使其能与新修订的《著作权法》进行衔接与呼应。在修改的侵犯著作权罪中,新增犯罪行为类型,正式将通过"信息网络传播"侵犯著作权的行为写入刑法。同时,将"电影、电视、录像作品"的表述统一修改为"视听作品",并进一步提高刑事处罚力度,取消了拘役刑,将最高刑提至10年有期徒刑。

二、对信息网络传播方式侵害著作权犯罪问题的研究意义

通过对侵害著作权犯罪的法律修改进程来看,我国对著作权等知识产权的保护力度正在逐步加强,对于能够入刑惩处的侵犯知识产权的行为外延也呈不断扩大趋势。随着互联网的迅猛发展及信息网络传播方式的不断更新变化,新的作品形式及侵犯方式层出不穷,传统著作权中的概念和列举式的刑法规制模式已经逐渐无法包含全部的新型知识产权侵权关系。因此,研究"自媒体"等新形态下,通过信息网络传播方式侵害著作权的具体内容,并进一步探索和完善"以营利为目的"、达到"情节严重或数额较大"的刑事标准认定与法律适用,对形成较为全面的著作权刑事保护体系,具有较高的研究价值与必要性。

三、信息网络传播方式侵害著作权的特点

笔者通过"威科先行信息法律库"检索"通过信息网络""侵犯著作权罪"得到的刑事判决案例中,经研究发现,除在2020年由于《刑法修正案(十一)》新增入刑出现了较大的增长外,其余年份基本上均保持在年均案件量10件至17件之间。而且,对侵犯著作权罪的审理主要也集中在几个经济发达的省市之中。例如,审理通过信息网络传播方式侵害构成侵犯著作权罪的案件中,上海占比达24.73%,江苏占比达13.19%,广东占比达12.64%。也就是说,这三地审理该类案件的比例即已占了全国的50.56%,比重超过了一半。

通过以上数据分析可以清晰看到,虽然数字时代信息网络的覆盖面广,用

户群体多，但对著作权侵权问题的刑事保护还是主要集中在经济发展比较好的几大省市中。同时，还可以进一步的发现，通过信息网络侵犯著作权被追究刑事责任的比重比较低，可见对于该部分领域内著作权的刑事保护还远远不足。

法律具有滞后性，加之信息网络的多样性与更新速度极快，导致在信息化、交互式的信息网络传播时代，信息网络的刑事保护还存在以下几大问题：(1) 由于技术的复杂性与专业性等特性导致对平台规制难；(2) 数字时代个人获取作品等资源的便利性导致了对个人的侵权规制难，很多人在不知不觉中就有可能侵犯到著作权人的合法权益；(3) 侵权行为人主观目的多元化，甚至在很长一段时间内都看不出其具有营利的目的性；(4) 侵权行为类型多样化。①

四、"自媒体"背景下通过信息网络侵犯著作权的主要表现形式

（一）通过文案、表演内容模仿录播

在自媒体的时代下，每一个人、每一个用户都可以是主播，每一个公开的账号都可以是一个宣传与交互的平台。好的文案，搞笑、新奇的动作与表情等，都可能会迅速成为大家争相模仿或进行二次创作的素材，并发布在各自的账号或平台上，以吸引大家的眼球，进而获得流量、点赞与关注。

对好素材的学习与交流使用本身是属于合法的范畴，但在商业营利与个人行为高度重合的自媒体时代，这种使用是否合法仍值得商榷。但无论如何，具有直接的以营利目的的广告或商业使用，则明显属于网络著作权侵权。

（二）通过"合拍"等方式录播

随着通过"合拍"等方式进行二次创作方式的出现，必然导致在未获得原创作者同意而进行使用合拍的情况下，合拍者就有可能侵犯了作者的改编权、保护作品完整权及信息网络传播权等著作权利。当然，现在很多平台在用户注册或使用时，都会要求用户在线签署有关著作权方面的协议或承诺。但对于特别申明作品或进行跨站合拍、通过个人网站的合拍行为等，则很有可能构成了对原创作者的著作权侵权。

（三）对图案、表情、声音的剪辑与应用

每一个用户或发布者，都可以是短视频的创作者或改编者，但由于图案、

---

① 张燕龙：《数字技术时代我国版权保护的刑事路径思考——以美国版权犯罪立法的转型为参照》，载《政治与法律》2017 年第 4 期。

表情、声音来源及出处不清，一般使用者很难进行识别，因此必然不可避免地涉及侵犯他人著作权的情形，而往往使用者本身并未意识到该问题。

(四) 对影视作品的剪辑与评说

对于这一类影视作品，笔者对此持谨慎态度。由于影视作品的可识别性、原创性、高成本、高收益等特性，决定了一般使用者对其具有更高的注意义务与识别要求。只要未经影视作品的发行人等所有权人的同意或授权而擅自剪辑与运用的，都可能会构成对影视作品著作权的侵权。

(五) 其他方式

以上仅为举例说明，其他各种未经著作权人的许可或授权的营利使用行为，均可认定属于侵犯著作权的行为。情节严重的，就有可能构成侵犯著作权犯罪。

五、新形态下"以营利为目的"的刑事认定

随着我国经济文化生活的日渐丰富，尤其是互联网时代的到来，侵犯著作权罪的形态也明显增加，司法机关已经意识到传统的法律规制已不适应现实的保护需要。因此早在2004年，《最高人民法院、最高人民检察院关于办理侵犯知识产权刑事案件具体应用法律若干问题的解释》第十一条对"以营利为目的"作了较宽的解释，主要包括了"刊登收费广告、捆绑第三方作品、收取会员注册费"三种具体的情形。然而，在现有的新型侵权模式下，收取会员注册费的营利模式正在消亡或归于小众，刊登收费广告及捆绑第三方作品的方式也正在悄然发生改变。除此之外，还出现了许多更加隐蔽、间接的营利模式。因此，需要进一步根据该司法解释所规定的"间接营利"作体系解释，直接认定以某种新型侵权方式实施的间接营利模式也同样属于《刑法》第二百一十七条侵犯著作权罪中所规定的"以营利为目的"的情形。

(一) 新形态下的营利模式

1. 通过信息网络传播侵权方式获得流量

与传统的营利模式不同，在信息网络时代，在自媒体快速发展的今天，流量就是财富，流量就是变现的财富密码。通过先期发布侵权作品或内容吸引多数人点击浏览，进而获得点赞与关注，是自媒体时代下最直接、高效、便捷的侵权方式与获益模式。

我们在这里先不探讨免费网络传播行为是否构成民事侵权的问题，我们要

讨论的是，在自媒体时代下，流量的重要性与价值。由于互联网不受地域的限制，且传播速度极快、受众广等特点，即使不从事任何实质性的营利行为，仅凭借具有大量粉丝量的网络账号本身，就具有极高的经济价值与影响力。当然，也正是基于"自媒体"的特性，具有大量粉丝量的账号也具有一定的人身属性与价值专属性。但不可否认，在自媒体下，即使行为人的侵权行为未发现任何"营利性"，但隐藏于其背后的经济价值不得不重视。因此，具有引流作用的、未有直接营利行为的、侵害著作权的行为，是否可以认定为"以营利为目的"？笔者认为答案是肯定的。

例如，行为人为了提高自己网站的知名度，提高用户的点击量，在自己的网站上未经版权人许可，上传他人的作品为用户提供免费下载。从表面上看，不通过侵权行为向用户收取费用，不满足侵权罪"以营利为目的"的主观要求。但从实质上看，行为人通过实施这一行为来提升运营的网站知名度和点击量，提升网站知名度，行为人可以在网站上发布广告或以会员制的方式进行营利。这种情况就可以认定行为人具有间接营利的目的。[1]

虽然国外多数国家对侵犯著作权犯罪的规定都未以"以营利为目的"，我国学界也多对"以营利为目的"的法律规定提出了或废或改的观点与意见。但笔者认为，即使在现行法律规定的基础上，同样可以参照将"利用信息网络实施侵权行为"解释为"复制发行"的做法，对"通过侵害信息网络传播权等行为方式，提升了其数字账号的价值或流量"等行为，也可以评价为属于刑法所规定的"以营利为目的"。

2. 流量的直接变现行为

如果说大家对带来流量是否可以认定为"营利"仍存在争议的话，那么在引流后的直接、间接营利模式，则应当直接认定为具有"以营利为目的"。目前，通过流量变现的方式有很多，主要集中在以下几种变现模式：（1）广告营销模式；（2）边看边买的电商模式；（3）直播带货模式；（4）达人直播付费模式；（5）站外引流模式；（6）线上线下的互动营销模式。[2]

笔者认为，由于刑法具有谦抑性，对上述变现行为，仍应分两种情况进行判断。（1）单纯通过信息网络传播方式侵犯著作权，在获得流量后即进行变现的，无论流量与变现之间是否存在直接的因果关系，都可推定其先前或之后的

---

[1] 肖禹：《互联网视域下侵犯著作权罪适用疑难研究》，北方工业大学2022年硕士学位论文。
[2] 郭凡：《抖音短视频的商业价值及盈利模式分析》，载《新媒体研究》2018年第12期。

侵权行为具有"以营利为目的"。（2）虽然行为人确实通过信息网络传播方式侵犯著作权的行为，但由于其本身具有较高的人气或流量，粉丝及流量明显来源不一的，应当通过技术手段核查侵权行为与流量、获益之间的直接因果关系，并对该部分进行单独核算认定。

（二）"以营利为目的"数额、数量的计算依据

1. 针对非以直接营利为目的的侵权行为，可以通过自其发生侵权行为之时起，至案发时所增加或引流的 IP 数量、粉丝量、点赞量等，参照《最高人民法院、最高人民检察院、公安部关于办理侵犯知识产权刑事案件适用法律若干问题的意见》第十三条"（二）传播他人作品的数量合计在五百件（部）以上的；（三）传播他人作品的实际被点击数达到五万次以上的"所规定的定罪处罚标准进行计算适用即可。

2. 通过侵权行为引流的 IP 数量、粉丝量、点赞量尚达不到入罪标准，但存在直接营利行为的，以《最高人民法院、最高人民检察院、公安部关于办理侵犯知识产权刑事案件适用法律若干问题的意见》第十三条"（一）非法经营数额在五万元以上的""（五）数额或者数量虽未达到第（一）项至第（四）项规定标准，但分别达到其中两项以上标准一半以上的"所规定的定罪处罚标准进行适用即可。

3. 通过侵权行为引流的 IP 数量、粉丝量、点赞量尚达不到入罪标准，且不存在直接营利行为的，则应该根据其间接营利的方式及获利数额进行综合分析判断。

六、"五万次以上"点击量追诉标准的修改必要性

由于互联网的特性，决定了网络侵权作品具有传播速度快、传播范围广的特点。加上当前我国网络用户人数规模已达亿级单位，"五万次"的点击量，对于具有"万级别"以上粉丝或点赞量的博主或达人来说，简直瞬间可成。更何况，时下网络传播的范围也不再仅限于熟人圈子，而是基于大数据算法，根据个人浏览习惯、地域特点等运算规则进行智能推送，这实际上将会在一定程度上弱化了侵权的指向性。而且，刑事追究并不是著作权侵权的唯一保护方式，权利人仍可以通过行政、民事赔偿等途径得到救济。因此，针对以信息网络传播方式侵害著作权的入罪标准，笔者认为应当显著高于线下的入罪标准，将线下标准简单类比适用于线上，忽视了线上、线下的侵权行为差异，是属于不合

理地对网络传播侵权行为的降维打击。①

　　鉴于信息网络传播的特性及海量用户的特点,应当在现有法律的基础上,对"以营利为目的"的入罪要求做扩大解释,将可以带来流量、提升账户或网站价值等间接行为明确评价为属于《刑法》第二百一十七条所规定的"以营利为目的"。同时,建议显著提高《最高人民法院、最高人民检察院、公安部关于办理侵犯知识产权刑事案件适用法律若干问题的意见》第十三条中所规定的关于"五万次以上"点击量的入罪追诉标准下限,以求适应时代的发展变化,真正达到罪责刑相适应。

---

① 刘艳红:《时代网络犯罪的代际特征及刑法应对》,载《环球法律评论》2020年第5期。

组织参与国（境）外赌博罪的司法认定

孙志伟　张炯娜[*]

《刑法修正案（十一）》于 2020 年 12 月 26 日通过，并于 2021 年 3 月 1 日正式施行，其中第三十六条修改了《刑法》第三百零三条，即提高了第二款规定的开设赌场罪的法定刑，并增设第三款："组织中华人民共和国公民参与国（境）外赌博，数额巨大或者有其他严重情节的，依照前款的规定处罚。"即增设了组织参与国（境）外赌博一罪。在持续深入打击新型跨境赌博犯罪的背景下，如何对组织参与国（境）外赌博罪这一新罪名进行准确的司法认定，对严格遵守罪刑法定、罪责刑相适应等原则具有必要性。

一、组织参与国（境）外赌博罪的由来

《检察日报》公布的《2021 年 1 至 6 月全国检察机关主要办案数据》[①] 显示，在《刑法修正案（十一）》新增的 17 个罪名中，自 2021 年 3 月 1 日起施行以来，全国检察机关共对触犯其中十个罪名的 2085 人提起公诉，其中组织参与国（境）外赌博罪 2 人，位列第九位。而经笔者检索中国裁判文书网，我国法院系统判决认定组织参与国（境）外赌博罪的案件数量极少。

从数据上看，目前组织参与国（境）外赌博罪似乎还未正式适用于司法实践中，但实际上该罪名典型的行为模式——在境外赌场通过开设账户、洗码等方式，为中国公民赴境外赌博提供资金担保服务，是当前司法实践中最常见的跨境赌博犯罪模式之一，而此前司法机关常常对适用赌博罪还是开设赌场罪存在较大的分歧，为了解决实践中的适用混乱问题，组织参与国（境）外赌博罪应运而生。

要了解组织参与国（境）外赌博罪的关键行为"洗码"，就应该先了解赌业的经营方式。以澳门为例，澳门于 20 世纪 80 年代形成一种针对大赌客的经营方

---

[*] 孙志伟，广东国智律师事务所高级顾问；张炯娜，广东国智律师事务所合伙人。
[①] 参见《检察日报》2021 年 7 月 26 日，第 2 版。

式——贵宾厅承包制。有关研究显示，在过去二十年内，澳门博彩收入的一半以上来自博彩中介人开办的贵宾厅，不少年份超过60%，个别年份甚至超过70%。[1]

澳门的贵宾厅承包制体系由四个行为主体组成：赌场、赌厅承包人、叠码仔、贵宾客。[2] 其中赌厅承包人是通过合约关系，为赌场的某个贵宾赌厅组织客源的赌商，澳门法规称为博彩中介人。叠码仔是为贵宾厅介绍顾客的人，澳门法规称之为博彩中介人的合作人。泥码是只能用于下注不能兑换现金的筹码。与之对应的是现金码，是只能兑换现金不能用于下注的筹码。

贵宾厅业务基本上是通过一个泥码的债务循环链来运作的。赌场借泥码给赌厅，赌厅再把泥码借给叠码仔，叠码仔再把借来的泥码转借给贵宾客，贵宾客再用借来的泥码与赌场赌博。贵宾客在用泥码下注时，如果输了，输掉的是用于下注的泥码；如果赢了，赢来的则是可以兑换的现金码。在贵宾客把手中的泥码赌光后，手边会有一些刚刚赢来的现金码。多数情况下，贵宾客会用这些现金码继续赌下去。此时，贵宾客需要用手中的现金码与叠码仔手中的泥码按一比一比例兑换以便继续赌博。兑换的过程就叫"洗码"。

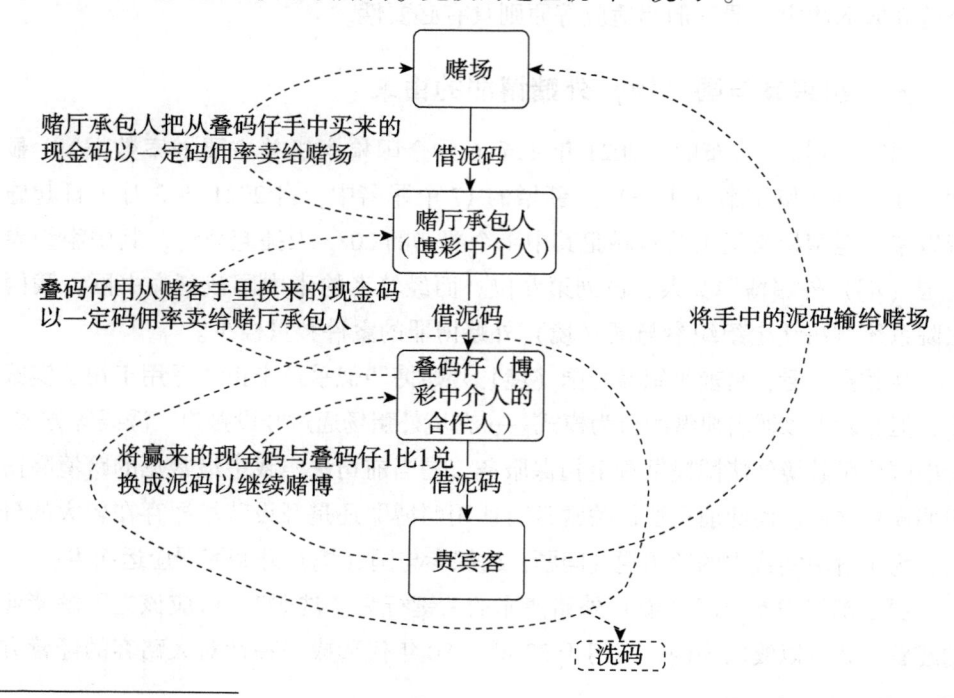

---

[1] 王长斌：《回归后澳门幸运博彩监管法律制度的创新与发展》，载《港澳研究》2020年第3期。
[2] 王五一：《码佣战与贵宾厅承包制的命运》，载《当代港澳研究》2009年第1期。

2004年澳门博彩市场开放后,其他幸运博彩公司纷纷进入贵宾厅市场。为了争取客源,各公司竞相提高"码佣率",从竞争对手那里挖取叠码仔和贵宾客,导致了澳门博彩市场上旷日持久的"码佣战"。若任其发展,可能会给澳门博彩业甚至是澳门经济带来影响。经过多次沟通协调,澳门特区政府在第83/2009号经济财政司司长批示第一条中明确了1.25%的码佣率上限,[①]只要在此标准之下即属合法。

在澳门官方盖章认可码佣合法性的背景下,参与"洗码"的已不仅仅是传统意义上的职业叠码仔,甚至部分赌客在赌博后摇身一变就多了一层叠码仔的身份,他们在赌厅甚至是赌场注资开设账户,赌厅或者赌场根据账户的资金、开设时间、信用度等信息给账户一些权限,如透支筹码、转码佣金、安排车辆接送等,不仅方便了赌客自己前往澳门赌博,还可以让其他人在赌客自己的账户额度内领取筹码并据此收取回报,之后再与相关人员私下结算。由于我国对内地公民出境可携带的现金数量进行限制,此种以信用为基础,以跨境结算为手段的方式为跨境赌博的公民提供了便利条件。此外,叠码仔还会为赴境外赌博的公民提供食宿等一系列附带服务,吸引内地公民出境赌博。但随之而来的是大量赌博资金通过地下钱庄等非法途径流向境外,造成资金恶性外流,对我国内地社会经济秩序和金融安全产生了巨大危害。由此,提供"洗码"、资金担保服务的叠码仔成为打击对象。

二、组织参与国(境)外赌博罪的识别

组织参与国(境)外赌博罪便是打击在跨境赌博链条中起着关键作用的"叠码仔"的有力武器。此罪在形成过程中离不开赌博罪、开设赌场罪在实务上的步步铺垫,在司法认定中容易与聚众赌博型赌博罪、开设赌场罪混淆,进而可能导致定性错误。

(一)与聚众赌博型赌博罪相区别

赌博罪中的聚众赌博规模通常相对较小,聚众者往往是利用自己的人际关

[①] 第83/2009号经济财政司司长批示第一条规定,博彩中介佣金或其他任何方式的博彩中介业务报酬不得高于投注总额(net rolling)的1.25%,不论有关计算基数为何。第90/2022号经济财政司司长批示废止了第83/2009号经济财政司司长批示,明确博彩中介佣金不得高于净转码额总额(net rolling)的1.25%,不论有关计算基础为何。参见澳门特别行政区政府印务局网站,https://bo.io.gov.mo/bo/i/2022/52/despsef_cn.asp#90,最后访问时间:2025年7月19日。

系，组织三人以上赌博，参赌人员相对固定，聚众者与其他参赌人员并没有区别，同样也参与赌博，且一般是由所有参赌人员共同设定赌博规则，并不存在"你必须听我的"这种强制性，参赌人员都可以"坐庄"，组织性较弱，对法益的侵害程度也较小，其法定刑也仅为三年以下有期徒刑、拘役或者管制，并处罚金。与其相比，组织参与国（境）外赌博罪并未对被组织对象的数量提出要求，且组织性更强。

2005年《最高人民法院、最高人民检察院关于办理赌博刑事案件具体应用法律若干问题的解释》（以下简称《解释》）第三条规定："中华人民共和国公民在我国领域外周边地区聚众赌博、开设赌场，以吸引中华人民共和国公民为主要客源，构成赌博罪的，可以依照刑法规定追究刑事责任。"由于2006年《刑法修正案（六）》才规定开设赌场罪，2005年的《解释》所言显然是指将此类行为依照赌博罪追究刑事责任。例如，最高人民法院主办的《人民司法》期刊，曾在2011年刊发过一篇裁判，认为行为人组织他人以电话投注方式参与赌场赌博，并通过赚取洗码费的手段从中抽头渔利的，是以营利为目的的聚众赌博行为，应以赌博罪追究刑事责任。①

如上所述，吸引中国公民在境外赌博并从中获利的行为，不仅侵害了公共秩序这一法益，还会造成资金不受控制地向外流出，危害境内金融安全甚至整个社会经济的稳定，若仅以赌博罪追究相关人员的责任，无法与普通的聚众赌博行为相区分，即将社会危害性更严重的叠码仔与危害性较小的聚众赌博者视为同一量级的砝码，造成罪责刑不相适应的反差，且如此认定并未将该行为在跨国（境）过程中体现出的更强组织性纳入评价范围，有所遗漏。

（二）与开设赌场罪相区别

与赌博罪相比，开设赌场罪中的赌博规模较大，具备一定的公开性，往往是组织不特定的多数人参赌，开设赌场的行为人处于中心地位，一般由其设定赌博规则，有种"我的地盘我做主"的宣称，在赌场范围内拥有话语权，对赌场的经营具有绝对的控制力，其组织性极强，且严重妨害社会管理秩序，因此立法者设置了加重情节升档法定刑，对开设赌场行为予以严惩。

在以打断跨境赌博链条为目的的"断链"行动中，以赌博罪追究叠码仔的

---

① 蒋毅斌、高峰：《组织他人以电话投注参与赌博并赚取洗码费构成赌博罪》，载《人民司法》2011年第20期。

刑事责任被认为过轻，不足以起到震慑作用。故而在"断链"行动如火如荼进行之时，2020 年 10 月 16 日，最高人民法院、最高人民检察院、公安部联合印发《办理跨境赌博犯罪案件若干问题的意见》（以下简称《意见》），明确规定："在境外赌场通过开设账户、洗码等方式，为中华人民共和国公民赴境外赌博提供资金担保服务的，以'开设赌场'论处。"当时的理由是，在境外赌场开设账户、洗码，首先要求行为人以赌场为依托，与赌场共谋或从赌场获利；其次要求实施开设账户、洗码行为是为中国公民赴境外赌博提供资金担保服务，使赌客能够在境外实施赌博行为，这是跨境开设赌场犯罪得以顺利完成的重要组成部分及开设赌场行为人获利的重要方式，可视为组织中国公民赴境外赌博的行为。鉴于该类行为在司法实践中十分常见，危害最为严重，《意见》认为直接规定为开设赌场罪更有利于严厉打击。

但若将开设账户、洗码的行为认定为开设赌场罪，实际上是将叠码仔认定为开设赌场的行为人。由此却是对危害性低于开设赌场者的叠码仔苛以过重的处罚，同样有违罪责刑相适应原则，进而会导致以下两个方面的问题，走向另一个误区。

从行为角度而言，开设赌场罪要求行为人对于"赌场"具有控制能力，能够对赌博场所、赌博从业人员、赌博方式、赌具、赌资等人、财、物要素进行有效管理和控制。而叠码仔的行为，只是为赌客赌博提供便利，实际上不涉及对赌场人、财、物要素的管理和控制。在赌场开设账户、洗码的行为与开设赌场的行为之间存在明显差异。从前述澳门贵宾厅运作的行为模式看，"洗码"行为并非开设赌场行为的重要组成部分，也非赌场获利的重要方式，而账户也仅是根据境外合法经营的赌场的运作模式而开设。

从行为人角度而言，叠码仔与境外赌场经营人、实际控制人、投资人、管理人员及赌厅、赌台的实际控制人员等对赌场和赌厅的控制能力无法比拟。如果将叠码仔的行为评价为开设赌场罪，与相关主体在贵宾厅实际运作中的地位和作用严重不符，最终将导致量刑失衡。境外赌场经营人、实际控制人、投资人、境外赌场管理人员，在境外赌场包租赌厅、赌台的人员，都对赌场、赌厅、赌台具有实际的管理和控制地位。而叠码仔只是单纯通过为赌客赌博提供便利的方式流连于各个赌台、赌厅、赌场之间，在此过程中很难说叠码仔能够对任何一个赌台、赌厅、赌场进行实际管理和控制。

而利用开设的账号，为其他人赌博提供便利并据此收取回报，其行为虽比聚众赌博更甚一步，但与通过组织人、财、物等要素的管理和控制赌场的行为有本质区别，其组织性、危害性重于聚众赌博行为但轻于开设赌场行为，此时以组织参与国（境）外赌博罪来规制叠码仔的行为是坚持罪责刑相适应原则的应有之义。

（三）组织参与国（境）外赌博罪的认定

《刑法修正案（十一）》通过后，对《刑法》第三百零三条增设第三款规定："组织中华人民共和国公民参与国（境）外赌博，数额巨大或者有其他严重情节的，依照前款的规定处罚。"此第三款明显针对叠码仔而设。而后，《最高人民法院、最高人民检察院关于执行〈中华人民共和国刑法〉确定罪名的补充规定（七）》最终将《刑法》第三百零三条第三款罪名定为"组织参与国（境）外赌博罪"。根据该司法解释起草者所作的理解与适用，对于本款，起初考虑不单独确定罪名，根据"依照前款的规定处罚"的规定，适用本条第二款规定的开设赌场罪。主要理由是：该行为可以理解为开设赌场罪的共犯，量刑时可以适用共同犯罪的有关规定；如果单独入罪，反而不利于区别处理，其处罚甚至可能会重于赌场"老板"。但最终将本款罪名确定为"组织参与国（境）外赌博罪"，主要考虑：本款的入罪门槛与开设赌场罪有所不同，且本款规制的是组织中国公民参与国（境）外赌博的行为，该行为类型不能为开设赌场罪所涵盖。故而，有必要对本款单独确定罪名。且本款罪状使用了"国（境）外"的表述，为准确反映罪状，提取本质特征，不宜简化为"组织跨境赌博罪"。①

本罪在犯罪主体、主观方面与前两款罪名并无多大区别，虽然赌博类犯罪的行为人一般都是以营利为目的，但既然罪状未加以规定，在罪刑法定的大前提下，就不能要求"以营利为目的"为该罪成立的必要条件。② 而重点在于客观方面的区分。对于本罪中"组织"的理解，首先要注意其与传统组织犯的区别，本罪在人数上并不要求组织者为多数，一人亦可构成该罪，而被组织的对象也不要求数人，即使是只组织了一名中国公民，只要符合数额巨大或者是其他严重情节的，也可能构成该罪。③ 组织的行为包括召集、招募、拉拢、引诱等多种模式，若是赌客自发结伙前往则不宜认定为组织。由于跨国（境）参与

---

① 曲新久：《〈刑法修正案（十一）〉罪名拟制与适用研究》，载《中国刑事法杂志》2021年第3期。
② 李鉴振：《组织参与国（境）外赌博罪内涵诠释》，载《检察日报》2021年9月16日，第3版。
③ 钱叶六、李鉴振：《组织参与国（境）外赌博罪的教义分析与司法适用》，载《人民检察》2021年第17期。

赌博包含了线上、线下两种形态,组织中国公民参与国(境)外赌博既可以是直接组织中国公民赴国(境)外赌博,也可以是利用信息网络、通信终端等传输赌博视频、数据。而何为"参与",以及达到何种程度的"参与"才足以以该罪处断尚无定论,目前来看是赌客直接下注赌博的居多,更多的"参与"方式则需在实务中逐步予以细化。

三、"前款"的认定

对于"前款"的理解,在《刑法》中,有多处提及"前款",而与此相区别的,关于"前两款"的规定就有 37 处,特别指出系"第一款"的规定就有 43 处,可见"前款"直接指向的就是"前一款",也就是开设赌场罪。

而开设赌场罪共有两档法定刑配置,除了基本犯之外,还有情节加重犯的处罚规定,如此看来,"依照前款"的组织参与国(境)外赌博罪也应当对应入罪情节以及加重情节。但从罪状来看,仅有"数额巨大或者有其他严重情节"单一情节的表述,且开设赌场罪的罪状中对于加重情节仅有"情节严重"的表述,并未纳入"数额巨大"的规定,不免让人产生疑惑。

笔者认为,"依照前款的规定处罚"应仅适用开设赌场罪的第一档法定刑。首先,前述关于另设第三款罪名的原因已明确,组织参与国(境)外赌博行为一定程度上可以理解为开设赌场罪的共犯,《刑法》对主从犯的认定,是以共犯人在共同犯罪中所起的作用为主要标准,兼顾共犯人的分工情况,而相比于开设赌场的实行犯,该行为在地位、作用上仅能算得上是从犯,而从犯情节是法定从轻、减轻情节,在量刑时可平衡两档法定刑间的差距,若将该从犯对应的法定刑再细分为两档,实质上是在从犯里再分裂出"次主犯""次从犯",不仅违反罪责刑相适应的原则,而且人为地制造了定罪量刑的混乱。其次,若只是为了对开设赌场行为与组织参与国(境)外赌博行为设定不同标准的入罪门槛以及加重情节,则另设罪名区分处理并无意义,完全可以在司法解释中明确各种方式不同的标准,2005 年的《解释》第一条关于"聚众赌博"的规定亦如是。再次,满足组织参与国(境)外赌博行为"质"的要求后,罪状中已明确单一情节的表述,在判断是否符合"数额巨大或者有其他严重情节"的"量"的要求时,若依照前款可以适用开设赌场罪的两档法定刑,实质上是变相地就同样的行为超出罪状再次进行评价,不仅有悖于禁止重复评价原则,而且依旧无法与开设赌场罪相区分。最后,赌博罪的最高法定刑为三年有期徒刑,开设赌场罪的第一档法定刑也从三年以下有期徒刑提高至五年以下有期徒刑，而组织参与国（境）外赌博行为的社会危害性、法益侵害性既重于赌博行为，又轻于开设赌场行为，加之某些国（境）外的国家或地区不认为赌博甚至开设赌场是违法犯罪行为的考虑，该罪名不宜在量刑上适用开设赌场罪的两档法定刑，否则容易造成混淆，且可能超出人民大众对其行为的预判，导致认识偏差。

赌博罪、开设赌场罪在司法实践中已适用多年，在丰富的实务经验下，如何准确区分罪名，在正确定性的前提下，使组织中国公民参与国（境）外赌博的行为人的量刑不致重于真正开设赌场的"老板"，既是为了不要偏离立法者最初单独设立该罪的初衷，也是准确贯彻罪责刑相适应原则的需要。

（本文获广东省法学会刑法学研究会 2021 年学术会议优秀论文三等奖）

第二章　行政法理论与实务研究

律师助力推动法治政府建设

陈晓朝　冯艳艳[*]

2012年党的十八大系统提出"全面推进依法治国"。习近平总书记提出："全面依法治国就是要坚持依法治国、依法执政、依法行政共同推进，坚持法治国家、法治政府、法治社会一体建设。"[①] 习近平总书记强调："推进全面依法治国，法治政府建设是重点任务和主体工程，对法治国家、法治社会建设具有示范带动作用，要率先突破。"[②] 将法治政府从法治国家中抽取出来，凸显了建设法治政府的重要性。律师队伍作为法律服务工作队伍，是全面依法治国与中国特色社会主义法治体系建设的组成部分。律师通过提供专业法律服务的方式服务于法治国家建设，助力推动法治政府建设。

一、法治政府建设背景和进程

1978年党的十一届三中全会提出了加强法制建设的目标，确立了"有法可依，有法必依，执法必严，违法必究"的社会主义法制16字方针。党和国家的工作重心转移到经济建设方面，相应地要求通过构建法律制度来保障经济运行，使我国社会、经济、文化等各个领域建设步入法制的轨道。1989年，《行政诉

---

[*] 陈晓朝，广东国智律师事务所高级顾问；冯艳艳，广东国智律师事务所律师。
[①]《习近平在华盛顿州当地政府和美国友好团体联合欢迎宴会上的演讲》，载人民网，http://jhsjk.people.cn/article/27626927，最后访问时间：2025年7月14日。
[②]《坚定不移走中国特色社会主义法治道路　为全面建设社会主义现代化国家提供有力法治保障》，载人民网，http://jhsjk.people.cn/article/32038656，最后访问时间：2025年7月14日。

讼法》的制定确立了行政机关依法行政的观念，《行政诉讼法》的实施，使政府"依习惯政策办事"向依法行政转变。1993年，国务院明确提出"依法行政"的要求，通过发布《国务院关于全面推进依法行政的决定》（1999年）、《全面推进依法行政实施纲要》（2004年）等一系列举措，将依法行政的要求不断明确化和具体化。改革开放以来，法治政府建设主题，实现了从以行政作为政府运作的主要手段向把依法行政作为基本追求的历史性转变，从法制走向法治，"以法治国"把法律作为工具，到"依法治国"把法治作为追求的目标，一字之变，体现了党和国家治国从理念到方式的根本性转变以及党和国家将法治中国建设作为国家治理总目标。

我国正式提出"法治政府"是2004年政府工作报告中提出的建设法治政府的奋斗目标。2004年3月，国务院出台《全面推进依法行政实施纲要》，明确提出建设法治政府的目标。2008年5月12日，国务院作出《关于加强市县政府依法行政的决定》，2010年10月10日，国务院出台《关于加强法治政府建设的意见》，法治政府建设稳步推进，政府的行政管理活动逐步从行政手段向依法行政转变，从"治事"向"治权"转变，由"法制"向"法治"转变。

2012年党的十八大系统提出"全面推进依法治国"，之后，习近平总书记强调："坚持依法治国、依法执政、依法行政共同推进，坚持法治国家、法治政府、法治社会一体建设。"① 习近平总书记将法治政府从法治国家中抽取出来，凸显了建设法治政府的重要性，体现了全面依法治国的新思维。

2014年党的十八届四中全会通过《中共中央关于全面推进依法治国若干重大问题的决定》，提出了全面推进依法治国的总目标，将坚持"三个共同推进""三个一体建设"作为工作布局，提出了法治政府建设的六项核心目标：职能科学、权责法定、执法严明、公开公正、廉洁高效、守法诚信。

2015年，中共中央、国务院印发《法治政府建设实施纲要（2015—2020年）》，把到2020年基本建成"职能科学、权责法定、执法严明、公开公正、廉洁高效、守法诚信的法治政府"作为实施法治政府建设阶段性的总体目标，并提出了落实主要任务的具体措施。

2017年，党的十九大明确提出到2035年基本建成"法治国家、法治政府、法治社会"的目标。

---

① 《习近平：恪守宪法原则弘扬宪法精神履行宪法使命　把全面贯彻实施宪法提高到一个新水平》，载人民网，http://jhsjk.people.cn/article/19791897，最后访问时间：2025年7月14日。

2018年，党中央组建中央全面依法治国委员会，在委员会第一次会议上，习近平总书记强调："建设法治政府是全面推进依法治国的重点任务和主体工程。"[1]

2019年，中央全面依法治国委员会第二次会议指出："法治政府建设是重点任务和主体工程，对法治国家、法治社会建设具有示范带动作用。"并且提出要用法治来规范政府和市场的边界，解决好政府职能越位、缺位、错位的问题，等等。[2]

2020年召开的中央全面依法治国委员会第三次会议上，习近平总书记强调："各级党委和政府要全面依法履行职责，坚持运用法治思维和法治方式开展疫情防控工作，在处置重大突发事件中推进法治政府建设，提高依法执政、依法行政水平。"[3] 在2020年11月召开的中央全面依法治国工作会议上，习近平总书记再次强调，法治政府建设是重点任务和主体工程，要率先突破，用法治给行政权力定规矩、划界限，规范行政决策程序，加快转变政府职能。[4]

自党的十八大以来，根据"全面依法治国"的总体战略部署，得益于中央、国务院及各方面的努力，法治政府建设得到内外强力稳步推进，到2020年基本建成"六项核心目标"的法治政府。目前，我国法治建设已经进入全面系统化建设的新阶段，法治政府建设也在全面系统加紧推进，向科学化、高质量建设目标推进。在此基础上，中共中央、国务院根据"全面依法治国"的总体战略，对法治政府建设如何全面深化推进作出了新的部署：

《法治政府建设实施纲要（2021—2025年）》总体目标要求："到2025年，政府行为全面纳入法治轨道，职责明确、依法行政的政府治理体系日益健全，行政执法体制机制基本完善，行政执法质量和效能大幅提升，突发事件应对能力显著增强，各地区各层级法治政府建设协调并进，更多地区实现率先突破，为到2035年基本建成法治国家、法治政府、法治社会奠定坚实基础。"提出"在新发展阶段持续推进依法行政""强化法治政府建设的整体推动、协同发展"，将总体目标定位为："政府行为全面纳入法治轨道"。

《法治中国建设规划（2020—2025年）》明确："建设法治中国，应当实现法律规范科学完备统一，执法司法公正高效权威，权力运行受到有效制约监

---

[1] 习近平：《论坚持全面依法治国》，中央文献出版社2020年版，第233页。
[2] 习近平：《论坚持全面依法治国》，中央文献出版社2020年版，第252、255页。
[3] 习近平：《论坚持全面依法治国》，中央文献出版社2020年版，第270—271页。
[4] 习近平：《论坚持全面依法治国》，中央文献出版社2020年版，第4页。

督，人民合法权益得到充分尊重保障，法治信仰普遍确立，法治国家、法治政府、法治社会全面建成。到2025年，党领导全面依法治国体制机制更加健全，以宪法为核心的中国特色社会主义法律体系更加完备，职责明确、依法行政的政府治理体系日益健全，相互配合、相互制约的司法权运行机制更加科学有效，法治社会建设取得重大进展，党内法规体系更加完善，中国特色社会主义法治体系初步形成。"

《提升行政执法质量三年行动计划（2023—2025年）》提出："到2025年底，行政执法突出问题得到有效整治，行政执法工作体系进一步完善，行政执法队伍素质明显提升，行政执法监督机制和能力建设切实强化，行政执法信息化、数字化水平进一步提升，行政执法质量和效能显著提高，行政执法的权威性和公信力有力增强，人民群众对行政执法的满意度大幅上升。"

中央全面依法治国委员会《关于进一步加强市县法治建设的意见》指出："力争通过5年时间的努力，党领导市县法治建设的制度和工作机制更加完善，市级立法质量明显提高，市县政府行为全面纳入法治轨道，执法司法公信力进一步提升，领导干部运用法治思维和法治方式深化改革、推动发展、化解矛盾、维护稳定、应对风险的意识和能力明显增强，市县法治工作队伍思想政治素质、业务工作能力、职业道德水准明显提高，群众法治素养和基层社会治理法治化水平显著提升，全社会尊法学法守法用法的浓厚氛围进一步形成。"

从上述文件制定的目标来看，到2025年，面临需要建设完善"职责明确、依法行政的政府治理体系""行政执法体制机制"，并提高"行政执法质量和效能"等相关任务，而在这些目标要求中，推进依法行政、建设法治政府，重点在基层、难点也在基层。市县政府，尤其是县级、乡镇（街道）政府，作为直接服务人民群众的重要平台，是国家法律法规和政策的执行者，其依法行政水平在一定程度上决定了政府整体的法治水平和建设。加强及推进基层政府依法行政进程是法治政府建设不可忽视的关键环节。

二、律师在法治政府建设过程中的作用

2014年10月23日，党的十八届四中全会通过了《中共中央关于全面推进依法治国若干重大问题的决定》，要求"积极推行政府法律顾问制度，建立政府法制机构人员为主体、吸收专家和律师参加的法律顾问队伍，保证法律顾问在制定重大行政决策、推进依法行政中发挥积极作用"。以"法律顾问"的方

式启动了律师参与政府重大行政决策、推进依法行政等法律服务事项，并在其中发挥作用。

律师队伍作为法律服务工作队伍，是全面依法治国与中国特色社会主义法治体系建设的组成部分。"律师队伍是依法治国的一支重要力量"①，律师通过提供专业法律服务的方式服务于法治国家、法治政府建设。

（一）律师以自身优势为政府提供有偿法律服务

律师以第三方法律专业机构的身份同政府签订服务（委托）合同，为政府或者政府部门提供独立的、有偿的、专业的法律服务。因此，律师参与介入法治政府建设，是以合同为依据，通过提供专业有偿法律服务方式，以律师独特优势参与并服务于法治政府建设。

律师为政府提供法律服务的优势之一，是以律师以其独立的身份为政府提供法律服务，不依附任何组织和个人。首先，律师的独立性是指律师的身份独立于政府，即律师既不是政府的工作人员，不受公务员法、政府组织法约束，也不与政府及政府公务员之间形成领导与被领导、上级与下级、服从与被服从的关系。其次，律师为政府提供的法律服务是合同关系，除按合同约定收取律师服务费用外，与政府之间不存在利益关系，双方依合同办事。最后，律师发表的意见独立于政府，即律师提出的观点、发表的见解、发表的意见，不受行政机关各种指令的影响和干预，不受行政机关及其领导意志所左右，应当始终坚持客观公正的态度和立场。律师的独立性，不以服务对象的地位、权力为根据，而是建立在双方合同的基础上的。

律师为政府提供法律服务的优势之二，是律师的专业性。律师的专业优势包括丰富的法律专门知识、熟知法律规则、丰富的经验、熟练的操作技巧。这是大多数普通的政府工作人员所不具备的。即使政府机关里也有法律方面的专业人才，甚至专业水平和专业能力更优于律师，但他们缺乏律师独特的实践、实务操作能力，缺乏律师所具有的执业经验，对不同领域的专业覆盖面不及律师执业领域宽广，尽管他们的专业性与律师的专业性可以互相补充，但无法互相替代。律师特定的身份考虑问题的视角与政府工作人员是有根本区别的。律师的专业性是其服务对象所不具备或者难以具备的。因此，律师应发挥、用好、用足专业优势。

---

① 习近平：《论坚持全面依法治国》，中央文献出版社2020年版，第116页。

（二）律师提供政府法律服务的领域和范围

律师在参与法治政府建设的过程中，服务的范围可涵盖所有由法律授予的政府的职权行为，即政府活动（行为）的全部领域，包括行政决策、行政立法、行政执法、行政审批、行政许可等行政管理、政府治理行使公权力的所有抽象行政行为和具体行政行为。因此，律师参与法治政府建设，提供法律服务的范围实际上是不受限制的。但在目前实务中，最常规的服务仍然是担任政府的常年法律顾问讲法制课和少量传统的咨询性等法律事务，以及代理行政诉讼案件。但近年来，律师参与介入政府事务的业务范围有逐步扩大的趋势，律师参与行政立法，为政府制定起草法规（草案）、规章，制定起草或审查规范性文件，参与重大行政决策、参与行政执法活动、参与处理维权事件、纠纷，为行政机关的行政执法人员做专业培训等，综合性的、重大复杂的法律事务逐步增多，一些政府活动（行为）在前期（内部）的决策、方案制订过程中，已将律师提供的法律意见作为必备且重要的依据。

律师在参与处理政府法律事务，为法治政府建设提供的法律服务过程中，可清楚地感受到法治政府建设的发展和变化，通过政府自身的努力，加上外部力量的推动，特别是律师的参与，使依法行政的观念逐步深入人心，并随着法治政府建设的进程不断深化。目前的地方决策、执法水平都较过去大大提高，尤其体现在用法治来规范政府行为的边界，依法行政水平显著提高。

经过数年的法治政府建设，在目前新的阶段上，也渐渐暴露出新的问题。一些问题是遗留问题，一些问题是政府进行行政决策，在具体实施政府治理、开展行政执法、行政审批、行政许可等活动中出现的新问题。出现这些问题原因有外部的，也有政府自身的。从政府自身找原因，则总体上仍然是未按照依法行政的要求来严格执行，如未主动履职，或者虽然履职，但"惯性决策""惯性执法""机械执法""盲目执法""不作为"或"消极作为"等，越位、缺位、错位的问题仍然存在，特别是基层政府的执法活动，执法人员的综合业务能力总体不高，又缺乏系统的专业培训，执法思维及知识储备未及时更新，导致执法时出现差错，甚至面临极大的违法风险或造成难以解决的遗留问题。

需要说明的是，律师参与法治政府建设，提供政府法律服务作为法治政府建设的一部分已经随"政府法律顾问制度"落地作为一项制度固定下来，但律师参与服务的深度和广度仍然取决于政府本身，即是否让律师参与，主动权在政府手上。因此，律师助力、推动法治政府建设，需要政府加强让律师参与的程度。

三、律师助力推动法治政府建设

建设法治政府，一方面离不开政府自身的努力，另一方面也要充分发挥政府以外的力量的作用。律师队伍作为全面依法治国法治体系建设力量的重要组成部分，是党和政府在律师服务领域联系人民群众，实现依法执政、依法行政的重要途径和方式，是解决矛盾纠纷争议，维护公民、法人和其他组织合法权益，监督促进行政机关依法行使职权的重要途径和方式。律师可以在法治政府建设中，通过律师法律服务助力法治政府建设。

（一）把住政府行为合法性关口，推动行政机关严格依法办事

政府作出的行政决策、行政审批、行政许可、行政执法、行政管理、政府治理等行使公权力的行为，律师进行审查必须坚持"法定职责必须为，法无授权不可为"，以事实为根据、以法律为准绳。对政府行为的实体、程序进行合法性、适当性全面审查，行为实体合法、程序正当的，依法实施，不符合法律、程序不当不得实施，或予以纠正后实施。通过律师"把关"，确保政府明规矩、知行止，全面推进行政机关依法严格规范公正文明行使职权。

为政府提供的法律服务，律师既是政府依法决策、依法行政的智囊和参谋，同时，也是法治政府、依法行政的监督者。对政府可能出现的违法行为，律师在提供法律意见时，应当敢于发表不同意见，要经得起法律检验、经得起历史检验。如果律师丧失独立性，沦为政府决策和政府行为的附议者，发表法律意见时不敢坚守法律底线，违背法治原则和法律规定为政府的潜在违法行为提供背书，不仅承办律师及其律师事务所需要对此承担相应的法律责任，而且，最终伤害的也不仅仅是某一项政府决策、政府行为的合法性、有效性，更重要的是，还会对政府权威和国家法治发展造成不良影响。

从法治政府建设的角度，律师坚守法律底线、独立发表法律意见，才是律师的责任，是律师的立身之本。律师在推进法治政府建设中的角色应当是一道"法律关卡"，这道"关卡"是律师的基本职责。

（二）全面、全过程规范政府权力运行，扎实推进依法行政

全面、全过程规范政府权力运行，推进依法行政，意味着政府行使权力要遵循法律的规定，严格按照程序和权限履行职责，不得滥用权力或者违反法律规定。

实现全面全过程规范政府权力运行，可以从以下几个方面入手：

1. 加强法律文件的制定和修订。要加强法律法规的制定和修订工作，确保法律的科学性、合理性和可操作性。同时，要加强对法律的宣传和解释，提高各级政府工作人员的法律意识和法律素养。

2. 健全权力清单和责任清单制度。政府要建立健全权力清单和责任清单，明确各部门和机构的职责和权限，防止权力过分集中和滥用。

3. 加强监督机制的建设。政府要建立健全各项监督机制，包括内部监督、外部监督和社会监督等。加强对权力运行的监督，及时发现和纠正问题，确保权力的合法性和公正性。

4. 注重信息公开和公众参与。政府要加强信息公开工作，主动向公众提供有关政府行政事务的信息，接受公众监督。同时，要积极引导和鼓励公众参与政府决策和监督，充分发挥社会力量的监督作用。

在实务操作的过程中，由于通常以问题为导向，故在没有出现问题时法律就不介入，出了问题后法律才发挥作用。政府聘请律师提供的法律服务重点也多放在政府行为的事后阶段，即律师更多的是帮助政府应对行政诉讼，或者对有问题的行政行为进行处理等事后补救性的工作，忽略了政府权力运行的整个过程，尤其是对事前和事中行为的合法性缺乏审查把关。因此，在我国已经过多年推进法治建设，依法行政的观念已经深入人心并不断深化的情况下，律师提供法律服务的着力点应当向事前、事中前移，注重行为的"全过程"，使政府权力运行一开始就依法依规，不出问题，即使出了问题，也有充分依据进行应对及弥补，从而在整体上全面优化政府权力运行。

（三）坚持法律先行

强化政府及其工作人员"法律先行"意识，使政府行使权力从机械、习惯、经验执法向全面依法行政转变。现代法治尤其注重程序公正，而执法人员，特别是在行政执法权下沉后，基层执法人员最易忽视的就是执法程序，认为只要实体没有问题，即使在执法过程中违反了程序性规定，也不会对作出的行政行为有实质影响。实际上，程序的作用不仅在于保障法律的正确实施，也是行政活动能顺利推进的重要基础。这也是"依法行政"最重要的意义所在。只有执法内容及程序有相应的法律依据且落实到位，无论出现怎样的后果或遭遇阻碍，政府及其工作部门为实质解决矛盾而制订处理方案时都会占据主动，并且这一主动权不是来源于去"做工作"或者采取利益补偿、让步等措施，而是来源于法律。

"法律先行"是指在政府治理、社会治理和问题解决中，法律应该作为首要的依据和指导。

"法律先行"原则的实施可以保障社会的稳定和公正，确保人民的权益得到保护，同时也为社会管理和问题解决提供了明确的指导和框架。

贯彻"法律先行"，就是政府要主动"找依据"，在行政权力行使的全过程都受法律的约束。

（四）实质性化解矛盾纠纷

实质性化解矛盾纠纷，是指通过采取具体措施和解决办法，从根本上解决矛盾和纠纷，达到双方或多方的满意和和谐的状态。与表面性解决不同，实质性化解矛盾纠纷注重解决问题的本质和根源，而不仅仅是暂时掩盖矛盾或简单处理纠纷。2024年1月1日实施的修订后的《行政复议法》明确将"化解行政争议"作为立法目的之一规定下来。实质性化解矛盾纠纷的特点包括：

1. 根本解决：实质性化解矛盾纠纷要从矛盾和纠纷的根源入手，探寻问题的本质原因，并通过解决这些问题来达到长久的和解状态。

2. 双赢结果：实质性化解矛盾纠纷追求双方或多方的共赢，寻求对各方利益的平衡和最大化。

3. 持久稳定：实质性化解矛盾纠纷要求解决方案具有持久稳定性，能够长期维持双方或多方的和谐状态。

4. 综合性考虑：实质性化解矛盾纠纷需要综合考虑各方的合法权益、社会公共利益、发展需要等多方面因素，寻求最优解决方案。

实质性化解矛盾纠纷的目的是促进社会稳定、公平正义和和谐发展，为各方提供公平、公正、可持续的解决办法，减少矛盾和纠纷的再次发生。

矛盾是普遍存在的，矛盾存在于一切事物的发展过程中。政府的行为，包括行政管理、治理活动、行政执法活动、实施行政许可等活动实质上是解决矛盾、解决纠纷、解决问题的活动，政府的所有行为都是为解决问题而进行的活动。实质上化解矛盾纠纷使解决纠纷的方式除行政复议、行政诉讼等法律手段外，还包括协商、谈判、调解等非法律、非职权手段。律师在为政府提供法律服务，助力政府依法行政的过程中，首先，应同国家工作大局紧密联系在一起，按照依法行政的要求，支持并推动政府依法全面履职。其次，政府依法履行职责，在处理具体违法案件、查处重大、复杂案件、处理各种纠纷，解决矛盾时客观上存在一些短板，而这些短板可以通过律师法律服务具有的独特优势补足。

（五）发挥律师对执法队伍建设的辅助作用

加强执法队伍建设是实现全面深化依法行政的关键。近年来，随着立法速度的加快，已制定和出台了一大批新的行政法律法规，各个行政管理领域基本做到了有法可依。但"徒法不足以自行"，再完备的法律，也需要一支好的执法队伍来实施和运用。在政府执法力量中，存在着执法人员知识储备和执法要求不匹配、执法能力和执法水平不达标等问题。解决这些问题的关键，除了进一步扩充执法人员力量，更重要的是加强对于执法人员的法律知识培训和专业素质教育，建立执法人员学法制度、完善考核机制。执法人员通过对最新的法律法规学习，不断更新自身知识储备，以提高法律素养和执法能力水平。

对于一些县、乡镇（街）行政执法力量不足、综合法律知识水平不高、法制审核人员配比不达标等问题，除适当增加扩充执法力量外，对法律知识可以充分发挥律师法律专业知识丰富的优势，对执法人员进行培训，对于需要具备法律资格的法制审核人员不达标问题，一方面，鼓励执法人员积极参加法律资格类考试，对取得合格成绩的执法人员设立相应的奖励机制；另一方面，可积极引进具备法律资格的律师（法律工作者、专家、学者）作为基层执法力量的辅助和加强，对决策和执法行为的合法性及合理性进行把关。

行政处罚执法状况、分析与对策

陈晓朝 冯艳艳[*]

中共中央、国务院于 2015 年印发并实施的《法治政府建设实施纲要（2015—2020 年）》提出了完善行政执法程序的要求，将落实"三项制度"[①]作为法治政府建设的考核标准。行政处罚作为其中重点规范的执法行为，也是最能体现行政机关执法水平及考验执法人员能力的一项。本文根据在行政处罚执法实务中遇到的典型案例及有关执法统计数据，梳理分析目前行政处罚执法水平的状况和执法问题，提出优化处罚案件办理现状的方法和对策，为执法事项、执法依据、执法流程、执法文书、裁量基准、执法监督、执法信息公示等要素的标准化提供方案，旨在对提高行政执法机关的执法能力、严格规范、公正文明执法及应对 2021 年修订的《行政处罚法》施行后的行政处罚执法行为起到启示作用。

一、行政处罚执法水平整体状况

根据《中国法治政府评估报告（2020）》的统计数据记载[②]，在行政"三项制度"考核指标得分率中，"行政处罚裁量基准制度"和"执法流程细化及公开"的整体得分率都有 40% 以上的增长，而"执法权力清单"和"'双随机、一公开'制度落实情况"等短期考核指标平均得分率也较高，可以反映出行政处罚在程序公正上有显著的提升。以广东省为例，数据显示，在行政处罚、行政强制、行政检查等类型的行政执法行为，总体合格率达到 95% 以上，优秀率

---

[*] 陈晓朝，广东国智律师事务所高级顾问；冯艳艳，广东国智律师事务所律师。
[①] 参见《国务院办公厅关于印发推行行政执法公示制度执法全过程记录制度重大执法决定法制审核制度试点工作方案的通知》（国办发〔2017〕14 号），将推行行政执法公示制度、执法全过程记录制度、重大执法决定法制审核制度，统称为"三项制度"。
[②] 参见中国政法大学法治政府研究院主编：《中国法治政府评估报告（2020）》，社会科学文献出版社 2020 年版，第 115 页。

达到91%。行政处罚虽相对于其他执法类型，在所涉及的法律法规数量、技术标准、取证要求等方面强度高、难度大，但总体评价较为规范，优秀率达92%，仅次于行政检查的94%，处于各类行政执法得分率的高位。

从数据反映出来的广州市、深圳市"珠三角"9市等较发达的城市与粤东西北汕尾市、清远市、云浮市等12个欠发达地级城市执法中依法、依程序、规范程度等差距并不明显，个别欠发达地方的执法依法、规范程度还高于广州市、深圳市，但总体上发达地方执法依法、规范程度略高于欠发达地方。

按不同的执法主体划分，数据反映出市场监管执法机关的执法水平、执法能力、依法执法、规范执法程度高于自然资源、生态环境等执法机关，但各机关的合格率均在90%以上，处于良性状态。

目前行政处罚的整体水平较高与行政执法体制改革密不可分，是各地努力开展行政执法法治化建设的成果，具体表现在：

（一）行政执法"三项制度"在行政处罚执法过程中逐步落实

"三项制度"将执法源头、过程和结果三个关键环节集中，能有效提高政府行政执法效能，切实保障人民群众合法权益，推进国家治理体系和治理能力现代化。按照党中央、国务院的部署，广东省各级根据2017年1月《国务院办公厅关于印发推行行政执法公示制度执法全过程记录制度重大行政执法决定法制审核制度试点工作方案的通知》和2018年12月《国务院办公厅关于全面推行行政执法公示制度执法全过程记录制度重大执法决定法制审核制度的指导意见》，重点在行政处罚领域执法过程中逐步推行行政执法公示制度、执法全过程记录制度、重大执法决定法制审核制度并初步得到落实，显现出良好态势和效果。

1. 目前各级政府、行政执法部门大多采用信息平台、门户网站等多渠道公示执法信息，使行政处罚执法过程更透明高效，社会的知情权和监督权得以保障。

2. 行政处罚执法过程中具有相对完整的各类笔录、照片证据的记录保存等，这是执法全过程留痕、可回溯管理的体现，既提高了执法的公正文明水平，又减少了执法争议。

3. 大部分城市、相关行政部门都明确了法制审核的主体、范围和内容，确保所作出的重大行政处罚决定合法、适当，从而明显降低了行政复议、诉讼的被纠错率。

（二）执法人员的法治意识提高，依法行政观念增强

除行政处罚有关制度的建立健全外，因不服行政处罚行为而被提起的行政复议、行政诉讼以及可能被纠错的后果，让大多数行政执法人员深刻意识到需谨慎行使执法权，严格遵循法律规定，认定事实要客观，执法手段、方式应当适度、合理，且对违法行政所要承担的法律责任和后果有充分的认识。在执法过程中自我约束、不超越权限、依法履职，逐步成为各级行政执法人员的行动自觉，并愿意接受社会及其他方面的监督。

（三）执法人员整体素质提高，对执法队伍的管理更为规范

行政执法人员身处执法工作前沿，其工作观念、工作能力和素质较大程度上决定了行政执法的效果。目前，各地行政执法部门都较为注重对行政执法人员的筛选、培训、教育、考核、建档，定期开展法律知识和业务培训，设立内部竞争机制、奖惩制度，有的还制定了行政处罚自由裁量权规则、规范性文件备案、执法投诉举报等制度，在一定程度上保障了行政处罚案件承办人员的规范执法。

（四）不同区域处罚执法水平差距缩小，发展均衡度提高

根据 2014 年至 2019 年"行政执法"评价统计数据[①]，2019 年行政执法指标得分率及格城市占比达 73%，不但及格数量几年来大幅增加，且沿海城市与内陆中西部城市发展不均衡现象也得到较大缓解。而在广东，因广东省各地经济社会文化发展、治理目标、历史背景等有差异，珠三角城市的处罚水平长期高于其他区域。但近年来，随着各地对行政执法工作日益重视，经不断积累和建设，广东省较发达城市与欠发达城市之间、珠三角地区与其他区域的行政处罚执法水平差距不大，较为均衡，从侧面反映出各级政府、行政执法部门对行政执法工作的重视和持之以恒的推动。

二、行政处罚执法实务案例及问题分析

虽然行政处罚整体执法水平在近几年以来有较大改观，但在行政处罚执法实务中，仍然常见各种执法合法性和规范性问题，而且往往是某一行政部门上下的共性问题。本文列举较为突出的几点问题并选取一些典型案例来予以分析

[①] 中国政法大学法治政府研究院主编：《中国法治政府评估报告（2020）》，社会科学文献出版社 2020 年版，第 120 页。

及说明。

(一) 行政处罚合法性问题

1. 程序问题

在合法性方面，程序不合法是导致行政执法违法较为突出的原因。承办人员未出示有效行政执法证件，查封、扣押、冻结未告知诉权或超过法定期限，未告知作出行政处罚的事实、理由、依据和陈述、申辩的权利，符合听证条件的行政处罚但未告知听证权利等，都是较多出现的外部程序问题。而在内部程序问题上，重大行政处罚决定未经行政机关负责人集体讨论决定、行政处罚未经过法制审核，与重大执法决定法制审核制度的要求相违背。例如，某自然资源局对一宗非法占地案件作出的行政处罚，显示行政处罚听证告知书发出当日有进行集体讨论，但不符合《行政处罚法》第五十七条第二款、第六十五条关于"行政机关负责人集体讨论决定应当在听证之后、处罚决定作出之前"的规定；而且，该案的讨论笔录未注明相关出席人员身份，无法判断其中人员是否包含"行政机关负责人"，是否符合《最高人民法院关于行政机关负责人出庭应诉若干问题的规定》第二条所定义的"行政机关负责人"，成为较为明显的处罚程序缺陷。

2. 主体资格

主体不合法是导致行政执法违法的重要原因。行使处罚权的主体无资格或经办人员无执法资格，是导致行政处罚违法甚至无效的主要原因之一。例如，某生态环境分局针对因未按规定设置排污口、违反水污染防治法的某厂所作出的行政处罚，该分局以自身名义向当事人出具《行政处罚事先告知书》《行政处罚决定书》等，为典型的主体不适格的执法行为。县区一级的生态环境分局大多为市局的派出机构，而派出机构在没有法律、法规、规章授权的情况下，不具有独立主体资格，无权以自己名义独立实施行政执法行为，应当以市局名义对外执法。从部门而言，生态环境部门因较多派出机构，此类行政处罚的问题亦相对较多。

近年来，行政执法改革，行政执法权相对集中，执法权逐步整体下移，各级政府为加强行政执法，对执法队伍进行整合，在这个过程中，限于编制、机构变动等多重因素，出现某些执法机构、执法人员整合不到位，执法力量不足而又要完成繁重的执法任务的矛盾，使一些不具备执法主体资格，没有执法资格证书、未经过行政执法训练的人员进行或者参与行政执法活动，使主体资格不合法、非行政执法人员的人员进行或参与执法成为行政执法违法、不规范问题的多发点。

3. 事实和证据问题

《行政处罚法》第四十条要求行政执法主体作出行政处罚必须查明事实，违法事实清楚、证据充分，而缺少证据的情形呈现多样化，各有不同。例如，某县自然资源局对一宗非法收购滥伐林木案根据《森林法》第四十三条[①]作出行政处罚，该条款规定违法行为限定在林区非法收购明知是盗伐、滥伐的林木，但该案的当事人是在其经营的木材厂进行收购，没有相关证据证明其是在林区内收购，显然执法部门作出的处罚缺少关键事实的认定依据。

4. 适用法律问题

作出行政处罚应当有明确的法律、法规、规章依据，且前述法律依据应准确、具体、有效。法律适用是针对每一个具体案件的事实、证据，结合法律作出判断进而作出处置，如某住房和建设局对当事人骗购国家机关、事业单位住房案中，当事人既不属于国家机关、事业单位职工，涉案房产也不属于国家机关事业单位住房或安居房，该局直接适用当地国家机关、事业单位住房制度改革的有关规定进行处罚，被处罚主体与适用依据不能够对应。

执法人员对一些比较复杂的情况适用错误，究其原因：一是对法律条文理解有误；二是对什么是普通法律，什么是特别法律分辨不清；三是对法律的效力层级、位阶把握不清；四是对法律适用顺序发生错误。而且适用法律错误不限于行政处罚决定的法律依据，有时会出现在行政处罚过程中采取查封、扣押等强制措施以及《行政处罚法》规定的证据保存措施。例如，在某市场监督管理局对某公司涉嫌生产质量不合格产品拟进行处罚时，先是依据《产品质量法》的规定查封了一批库存产品，查封期限30日。但3个月后书面告知当事人，因被查封产品在查封期间进行了检验，检验期间不计入查封期间，故于查封期限届满之日解除查封。解除查封同一日，执法单位又以相同理由对同一批产品作出新的查封决定，该次查封经延长30日至到期前解封，实际查封期限达87天，超过《行政强制法》60日最长时限的规定。

[①] 《森林法》（2009年）第四十三条规定：在林区非法收购明知是盗伐、滥伐的林木的，由林业主管部门责令停止违法行为，没收违法收购的盗伐、滥伐的林木或者变卖所得，可以并处违法收购林木的价款一倍以上三倍以下的罚款；构成犯罪的，依法追究刑事责任。

（二）行政处罚规范性问题

数据显示，行政处罚是各类行政执法行为之中最容易出现程序瑕疵的执法行为。从执法周期、取证、事实认定、法律适用等因素来看，行政处罚程序杂、环节多、难度大、要求高，行政机关往往多关注于处罚决定的合法合理性，却对执法细节的规范性重视不够。例如，某城市管理综合行政执法局因当事人建设项目工程未按规定履行安全职责，拟作出警告并处较大罚款的行政处罚决定。但执法机关的法制部门对该案处罚决定进行法制审核时，仅作出"拟同意"的意见，而未就具体案件情况进行法制审核的相应分析并说明理由，不符合当地关于重大行政执法决定法制审核内容的有关规定，没有对事实、依据、证据、程序、执法人员等内容作出判断后再作出总的意见，规范性欠妥。

例如，某生态环境保护综合执法局对当事人废气排出浓度超标作出较大数额罚款的行政处罚决定，执法机关虽然告知了诉权，却没有在行政处罚决定书上明确告知具体的法院，仅写明"向有管辖权的人民法院提起行政诉讼"，而且该执法机关虽将处罚的相应法律、法规、规章依据名称以及具体条目列出，但未结合案情说明为何本案应采用何种裁量幅度，以及在裁量幅度内最终作出确定的处罚结果的理由。

这些行政处罚案件中的规范性问题五花八门，且同一案件中往往充斥多种程序瑕疵，虽不至于影响到处罚决定的合法性，但都降低了行政处罚的办案质量，与严格规范、公正文明执法的要求不符。这一现象源于部分行政执法部门处罚的执法制度及处罚程序精细化建设健全不到位，个别基层执法人员素质不高、法律意识较差，执法随意性较大。

三、新修订的《行政处罚法》施行后行政处罚执法相关对策和建议

新修订的《行政处罚法》于2021年7月15日施行后，对行政机关作出行政处罚的行为也提出了新的执法要求。在此背景之下，针对前述执法问题提出如下对策和建议。

（一）明确行政处罚实施主体资格，确认执法人员具有有效执法证件并记录在案

为解决行政执法力量不足的现状，新《行政处罚法》进一步补充完善了授权、委托等行政处罚权的实施主体制度。《行政处罚法》第二十条规定："行政机关依照法律、法规、规章的规定，可以在其法定权限内书面委托符合本法第二十一条规定条件的组织实施行政处罚……受委托组织在委托范围内，以委托

行政机关名义实施行政处罚……"行政机关在委托其他组织实施行政处罚时，要完善并严格委托程序、手续，分清责任，必须书面委托及做好委托书的公开。受委托组织和派出机构是不具备独立实施行政处罚的主体资格组织或者机构，其实施行政处罚等执法活动，应特别注意明确自己的位置，确保不能以自身名义对外执法，依法在权限或受托范围内实施行政处罚。

而针对仍存在执法人员无有效执法证件的现象，需注重加快对行政执法人员的培训和对执法资格的核准，充实一线行政执法力量；案件承办人需符合法定数量要求且持证上岗，并及时将有关资格信息记录在案卷、笔录等文书材料中。

（二）梳理、细化及规范行政处罚的外部和内部程序

《行政处罚法》在处罚程序上进行了一系列补充及完善，如告知程序，《行政处罚法》第四十一条、第四十四条、第四十五条等都明确行政机关作出行政处罚决定前，应当告知处罚内容，充分听取当事人意见，保障其行使陈述权、申辩权，否则不得作出行政处罚决定。法律强调告知处罚对象处罚内容、当事人的权利事项，在实务中，恰恰是行政处罚执法人员最不在意、最容易忽视的环节。故而，应强化执法人员在办案过程中充分保障当事人享有的各项权利，包括陈述申辩权、听证权、复议和诉讼权等，并注意将上述权利告知记录在案、让当事人签名盖章确认。

新修订的《行政处罚法》不仅在第六十三条扩大了听证程序的适用范围，还延长了当事人申请听证的期限，同时在第六十五条确定了听证笔录作为处罚决定依据的法律效力等，在行政处罚过程中大大增加了听证程序的运用比重。这种变化要求行政机关对听证程序予以重视，严格按照规定的期限及顺序。实务中，曾有执法人员在行政机关负责人集体讨论已经有决定后才向当事人发出听证通知，听证结束后立即作出处罚决定，即先讨论决定，然后听证，再对当事人处罚，把听证仅作为"走程序"的摆设，对此钻法律空子的行为应视为重大程序违法。

此外，新修订的《行政处罚法》也对"三项制度"进行了增加和完善，行政执法机关在注重外部程序合法规范的同时，尤其不能忽略内部程序的规范性。外部程序中承办人员应符合法定数量和出示执法证件，内部程序中应有行政机关负责人集体讨论和法制审核并且要有可查阅的记录。

（三）注重培养执法人员调查、取证及对证据与待证事实的处理能力

新修订的《行政处罚法》第四十七条规定："行政机关应当依法以文字、音像等形式，对行政处罚的启动、调查取证、审核、决定、送达、执行等进行全过程记录，归档保存。"该新增规定也使执法人员在调查取证过程中需注意相应的细节问题。比如，向当事人、第三人调取证据，应尽量调取原件或经核对无误的复印件、照片等，注明来源并由提供者签名盖章、签署日期，附相关必要说明。其中，物证或视听资料，应尽量取得原物、原始或复制载体，注明制作方法、时间、证明对象、制作人等，音频资料应转化为相应的全文或节选文字。此外，考虑到行使自由裁量权，除收集证明违法事实的证据外，还应注意收集可能影响裁量幅度的相关证据。

执法人员对于认定案件事实的证据，尤其是关键证据，要注意客观性、合法性、关联性和必要性，在受理处罚案件后即明晰调查方案，梳理调查思路，以提高调查取证工作的效率。办案过程中除收集取得书证、物证、询问笔录、记录、鉴定、检验等传统形式的证据外，视听资料、电子数据等证据也需更多应用于执法案卷之中。

（四）重点加强执法人员适用法律、自由裁量权的运用能力

新修订的《行政处罚法》在第四章就行政处罚的适用作出明确规定，包括一部分新增的内容，如轻微不罚、无错不罚、不满 14 岁的未成年人不罚等"不罚"的情形，以及"可以不罚"的情形、"从轻减轻处罚"的情形；第二十九条规定"同一个违法行为违反多个法律规范应当给予罚款处罚的，按照罚款数额高的规定处罚"，这一"罚款就高"规定进一步细化了"一事不再罚"制度等。[1] 这里，执法人员如何精准、完整理解并适用法律条文，处理好"处罚与教育""处罚与纠错"等关系，是行政处罚执法中的难点和问题多发点。

因此，加强行政执法人员的培训是解决法律适用能力和自由裁量权运用能力最重要的方式，还要结合实践经验制定相应的标准和规范，让执法人员有据可查。

（五）注重将行政处罚执法行为规范化、习惯化

在行政处罚执法活动中，按照相应的程序及规定操作，按照规范要求制作相关法律文书，能较大程度促成案件办理的规范化、精细化，日常积累的重复

---

[1] 参见黄海华：《新行政处罚法的若干制度发展》，载《中国法律评论》2021 年第 3 期。

性工作是能成功办理一些复杂案件的基础条件。执法人员应当注意将办案方式、程序、证据、法律适用、文书质量等要求，转化为在行政处罚执法活动中的规定动作和良好习惯，既能将日常规范办案培养出来的办案思维用以解决遇到的疑难复杂案件，又有助于解决执法争议，使行政机关在行政复议、诉讼中不至于陷入被动状态。

政府采购中，如何判定差别歧视待遇

周妍君　金少佳[*]

政府采购通常是指国家机关、事业单位等使用财政资金按法定要求和标准采购货物、工程和服务的行为，是受一定限制、底线清晰的市场交易活动。《政府采购法》第二十二条第二款规定了不得以不合理的条件对供应商实行差别待遇或者歧视待遇原则，如采购项目未平等地给予所有潜在供应商公平竞争的机会，带有明显的倾向性，则违反了上述原则。笔者根据在实践中协助采购代理机构处理的质疑和投诉事项的经验及结合相关案例，就政府采购中如何判定以不合理条件对供应商实行差别歧视待遇作各项要点分析。

【法律依据】

《中华人民共和国政府采购法》

第二十二条第二款　采购人可以根据采购项目的特殊要求，规定供应商的特定条件，但不得以不合理的条件对供应商实行差别待遇或者歧视待遇。

《中华人民共和国政府采购法实施条例》

第二十条　采购人或者采购代理机构有下列情形之一的，属于以不合理的条件对供应商实行差别待遇或者歧视待遇：

（一）就同一采购项目向供应商提供有差别的项目信息；

（二）设定的资格、技术、商务条件与采购项目的具体特点和实际需要不相适应或者与合同履行无关；

（三）采购需求中的技术、服务等要求指向特定供应商、特定产品；

（四）以特定行政区域或者特定行业的业绩、奖项作为加分条件或者中标、成交条件；

---

[*] 周妍君，广东国智律师事务所合伙人；金少佳，广东国智律师事务所高级合伙人。

（五）对供应商采取不同的资格审查或者评审标准；

（六）限定或者指定特定的专利、商标、品牌或者供应商；

（七）非法限定供应商的所有制形式、组织形式或者所在地；

（八）以其他不合理条件限制或者排斥潜在供应商。

《政府采购货物和服务招标投标管理办法》

第十七条 采购人、采购代理机构不得将投标人的注册资本、资产总额、营业收入、从业人员、利润、纳税额等规模条件作为资格要求或者评审因素，也不得通过将除进口货物以外的生产厂家授权、承诺、证明、背书等作为资格要求，对投标人实行差别待遇或者歧视待遇。

在《政府采购法实施条例》第二十条规定的构成对供应商实行差别待遇或者歧视待遇的情形中，（一）（三）（四）（五）（六）（七）比较容易判断，第（二）项具有一定的模糊性，第（八）项属于兜底条款。在政府采购实践中，采购文件往往会要求供应商提供一些资格许可或认证证书，如质量管理体系认证证书、环境管理体系认证证书、职业健康安全管理体系认证证书等，供应商往往也会对采购文件提出疑问或投诉，认为前述对供应商的资质要求属于《政府采购法实施条例》第二十条第（二）项和第（八）项规定的"以不合理的条件对供应商实行差别待遇或者歧视待遇"的情形。

其实，对于是否构成差别或歧视待遇的评判标准，可以参考财政部在2017年公布的政府采购指导案例第4号（××物业消防运行服务项目举报案）[①] 案件的处理意见，即若有关资格许可或认证证书同时满足下述情形，则不属于政府采购法实施条例第二十条规定"以不合理的条件对供应商实行差别待遇或者歧视待遇"的情形：（1）不在国务院取消的行政审批项目目录内；（2）申请条件中没有对企业的注册资本、资产总额、营业收入、从业人员、利润、纳税额等规模条件作出限制；（3）与项目的特殊要求存在实质上的关联性；（4）满足该资格许可或认证证书要求的供应商数量具有市场竞争性。

以下作一一分析：

一、判断是否在国务院取消的行政审批项目目录内

2015年至2016年，国务院先后分四批取消了284项职业资格许可和认定

---

① 《指导案例4号：xx物业消防运行服务项目举报案》，载中国政府采购网，http://www.ccgp.gov.cn/aljd/201711/t20171120_9187897.htm，最后访问时间：2025年7月20日。

事项。

2017年9月12日，人力资源和社会保障部发布《关于公布国家职业资格目录的通知》（人社部发〔2017〕68号），指出："国家按照规定的条件和程序将职业资格纳入国家职业资格目录，实行清单式管理，目录之外一律不得许可和认定职业资格，目录之内除准入类职业资格外一律不得与就业创业挂钩。"附件《国家职业资格目录》共计140项，分专业技术人员职业资格59项（包括准入类36项和水平评价类23项）和技能人员职业资格81项（包括准入类5项和水平评价类76项）。

2020年7月20日，人力资源和社会保障部办公厅发布《关于做好水平评价类技能人员职业资格退出目录有关工作的通知》（人社厅发〔2020〕80号），指出："将水平评价类技能人员职业资格分批有序退出目录，不再由政府或其授权的单位认定发证，转为社会化等级认定。"同时发布附件《水平评价类技能人员职业资格退出目录安排》（水平评价类76项）。

2021年11月23日，人力资源和社会保障部公布《国家职业资格目录（2021年版）》，附件表格明确分专业技术人员职业资格59项（包括准入类33项和水平评价类26项）和技能人员职业资格13项。

因此，如采购文件中要求供应商应具备的资格许可或认证证书仍然属于《国家职业资格目录（2021年版）》中的职业资格，仍需由政府或其授权的单位认定发证，并未退出目录名单，则相关证书并不在国务院取消的行政审批项目目录中，不构成差别和歧视待遇的第一条评判标准。

二、判断申请条件中是否对企业的注册资本、资产总额、营业收入、从业人员、利润、纳税额等规模条件作出限制

这个比较好判断，但需注意一种情况，如采购文件要求供应商提供特定合同金额（如合同金额在100万元以上）的同类业绩证明文件，是否属于差别和歧视待遇？这种情况下，虽然合同金额的限定不是直接对企业规模的限定，但由于合同金额与营业收入直接相关，招标公告中有关供应商特定金额合同业绩条件的设置，实质是对中小企业营业收入的限制，构成对中小企业实行差别待遇或者歧视待遇，违反了《政府采购法》第二十二条第二款和《政府采购法实施条例》第二十条第（二）项的规定。

三、判断与项目的特殊要求是否存在实质上的关联性

从相关法律规定看，法律并非禁止规定供应商的特殊资质和特定条件，只是将特殊资质和特定条件作为采购项目的招投标条件需要受到一定限制，其中之一就是必须因采购项目的特殊要求而规定。如脱离采购项目具体特点和实际需要，则属于排斥合格的潜在供应商，如通用货物或服务项目要求供应商具有建筑工程相关资质；非涉密或不存在敏感信息的采购项目，要求供应商有从事涉密业务的资格，等等。

但如采购项目属于专业化较强的重大公共利益建设项目，涉及人民群众的切身利益，采购人要求的各项资质证书与项目实际相关，且事关该项目建设的质量与成效，在司法实践中法院一般会认定为属于为保证采购项目合同的顺利履行而要求供应商具备的专业技术能力方面的资质，是招标项目的实际需要，具有合法性和正当性，不属于对供应商实行差别待遇或者歧视待遇的情形。

四、判断满足该资格许可或认证证书要求的供应商数量是否具有市场竞争性

首先可以判断采购文件要求的各项资质证书属于资格认定条件还是仅作为供应商的评分项，如仅将相关资格证书作为评分项，并未将以上职业资格证书作为资格条件或实质性条款，则并未限制没有上述资格证书的潜在供应商参与投标，供应商均能参与公平竞争，故不属于对供应商实行差别待遇或者歧视待遇的情形。

但如果采购文件将相关职业资格证书作为资格条件或实质性条款，则还要判断是否存在三家以上的供应商满足，相关证书是否在采购项目开标期间仍在颁发等，如参与投标的供应商中有多家均具备相关证书，所有符合条件的潜在供应商均可进行投标、参与公平竞争，合格供应商之间不存在差别待遇和歧视待遇问题，则以资格许可或认证证书作为资格条件不属于对供应商实行差别待遇或者歧视待遇的情形。

综上，除《政府采购法实施条例》第二十条外，仍可以参考财政部2017年

公布的政府采购第 4 号指导案例[①]的处理意见，若有关资格许可或认证证书同时满足四项要求，则不属于《政府采购法实施条例》第二十条规定的"以不合理的条件对供应商实行差别待遇或者歧视待遇"的情形。

[①]《指导案例 4 号：xx 物业消防运行服务项目举报案》，载中国政府采购网，http：//www.ccgp.gov.cn/aljd/201711/t20171120_9187897.htm，最后访问时间：2025 年 7 月 20 日。

一文学会分辨政府采购和招标投标

周妍君[*]

一、什么是政府采购

《政府采购法》第二条第二款规定:"本法所称政府采购,是指各级国家机关、事业单位和团体组织,使用财政性资金采购依法制定的集中采购目录以内的或者采购限额标准以上的货物、工程和服务的行为。"

根据上述法律规定,同时满足以下三个条件的采购活动属于政府采购,应适用《政府采购法》:

一是采购主体为"各级国家机关、事业单位和团体组织",不包括国有企业。

二是采购资金来源为"财政性资金"。

何谓"财政性资金"?

财政性资金是指纳入预算管理的资金。以财政性资金作为还款来源的借贷资金,视同财政性资金。国家机关、事业单位和团体组织的采购项目既使用财政性资金又使用非财政性资金的,使用财政性资金采购的部分,适用政府采购法及本条例;财政性资金与非财政性资金无法分割采购的,统一适用政府采购法及本条例。(依据:《政府采购法实施条例》第二条)

政府的全部收入和支出都应当纳入预算。行政单位应当将各项收入全部纳入单位预算,应当将各项支出全部以项目形式纳入预算项目库。(依据:《预算法》第四条;《行政单位财务规则》第十八条和第二十条)

事业单位应当将各项收入和支出全部纳入单位预算。(依据:《事业单位财务规则》第十八条和第二十二条)

因此,行政机关、事业单位的所有资金(包括经营性收入),均纳入预算

---

[*] 周妍君,广东国智律师事务所合伙人。

管理，均属于财政性资金，应当纳入政府采购管理范畴。

三是采购标的属于"依法制定的《集中采购目录》内或集中采购目录外限额标准以上"的货物、服务、工程。具体分为以下三种情况：

（1）集中采购目录内的项目，不管预算资金是否在政府采购限额标准以上，都要实行集中采购，必须委托集中采购机构代理采购。

（2）集中采购目录以外的项目，预算金额在政府采购限额标准以上的，实行分散采购，可以委托集中采购机构以外的采购代理机构（社会代理机构）实施采购，也可以由采购人自行采购。

（3）集中采购目录以外的项目，且预算金额在政府采购限额标准以下的，不属于政府采购项目，不需要执行政府采购程序。

属于中央预算的政府采购项目，其集中采购目录和采购限额标准见《国务院办公厅关于印发中央预算单位政府集中采购目录及标准（2020年版）的通知》（国办发〔2019〕55号）；属于地方预算的政府采购项目，其集中采购目录和采购限额标准见各地区制定的地方预算单位政府集中采购目录及标准。其中，广东地区适用《广东省财政厅关于印发广东省政府集中采购目录及标准（2020年版）的通知》（粤财采购〔2020〕18号）。

关于分散采购限额标准和应公开招标数额标准，笔者经整理形成下表，供参考。

预算单位	项目名称	分散采购限额标准	公开招标数额标准	依据文件
中央预算单位	货物和服务项目	100万元以上	200万元以上	《国务院办公厅关于印发中央预算单位政府集中采购目录及标准（2020年版）的通知》（国办发〔2019〕55号）
	工程项目	120万元以上	按照国务院有关规定执行	
地方预算单位（广东地区）	货物和服务项目	100万元以上	400万元以上	《国务院办公厅关于印发中央预算单位政府集中采购目录及标准（2020年版）的通知》（国办发〔2019〕55号）
	工程项目	100万元以上	（1）施工单项合同估算价400万元以上的工程项目；（2）与工程建设有关的重要设备、材料等货物项目200万元以上；（3）与工程建设有关的勘察、设计、监理等服务项目100万元以上。	

*说明："以上"包含本数。

二、什么是招标投标

招标投标是由交易活动的发起方（招标人）提出货物、工程或服务交易的条件和要求，按照法律确定的规则和程序，对众多投标人提交的报价及方案进行评审，择优选择交易对象并确定全部交易条件的一种交易方式，多用于工程建设项目，进行招标投标活动适用《招标投标法》。

而哪些项目属于必须招标的项目呢？

根据《招标投标法》第三条、《招标投标法实施条例》第二条、发改委《必须招标的工程项目规定》、发改委《必须招标的基础设施和公用事业项目范围规定》（发改法规〔2018〕843号）、发改委办公厅《关于进一步做好〈必须招标的工程项目规定〉和〈必须招标的基础设施和公用事业项目范围规定〉实施工作的通知》（发改办法规〔2020〕770号）等文件，明确规定了必须进行招标的工程建设项目（包括项目的勘察、设计、施工、监理等服务，以及构成工程不可分割的组成部分，且为实现工程基本功能所必需的设备、材料等货物的采购）。笔者经整理形成必须招标项目一览表，供参考。

序号	必须进行招标的项目	包括的项目类型		同时需满足的项目金额
1	大型基础设施、公用事业等关系社会公共利益、公众安全的项目	煤炭、石油、天然气、电力、新能源等能源基础设施项目		（1）工程：单项合同估算价在400万元人民币以上； （2）重要设备、材料等货物：单项合同估算价在200万元人民币以上； （3）勘察、设计、监理等服务：单项合同估算价在100万元人民币以上； （4）总承包：工程、货物、服务等任意一项的估算价达到400万元、200万元、100万元，整个总承包发包应当招标
		铁路、公路、管道、水运，以及公共航空和A1级通用机场等交通运输基础设施项目		
		电信枢纽、通信信息网络等通信基础设施项目		
		防洪、灌溉、排涝、引（供）水等水利基础设施项目		
		城市轨道交通等城建项目		
2	全部或者部分使用国有资金投资或者国家融资的项目	使用预算资金200万元人民币以上，并且该资金占投资额10%以上的项目	"预算资金"，是指《预算法》规定的预算资金，包括一般公共预算资金、政府性基金预算资金、国有资本经营预算资金、社会保险基金预算资金	
		使用国有企业事业单位资金，并且该资金占控股或者主导地位的项目	"占控股或者主导地位"，参照《公司法》（2018修正）第二百一十六条关于控股股东和实际控制人的理解执行，即"其出资额占有限责任公司资本总额百分之五十以上或者其持有的股份占股份有限公司股本总额百分之五十以上	

续表

序号	必须进行招标的项目	包括的项目类型	同时需满足的项目金额
		的股东;出资额或者持有股份的比例虽然不足百分之五十,但依其出资额或者持有的股份所享有的表决权已足以对股东会、股东大会的决议产生重大影响的股东";国有企业事业单位通过投资关系、协议或者其他安排,能够实际支配项目建设的,也属于占控股或者主导地位。项目中国有资金的比例,应当按照项目资金来源中所有国有资金之和计算	
3	使用国际组织或者外国政府贷款、援助资金的项目	使用世界银行、亚洲开发银行等国际组织贷款、援助资金的项目	
		使用外国政府及其机构贷款、援助资金的项目	

三、政府采购与招标投标既有区别又有联系

(一) 区别

1. 采购主体不同

《政府采购法》规范的采购主体为各级政府机关、事业单位、团体组织,不包括国有企业;《招标投标法》规范的采购主体没有限制,只要在我国进行招标投标活动的任何市场主体都应适用该法,包括法人或者其他组织,不论单位属性。

2. 采购方式不同

《政府采购法》第二十六条规定了六种采购方式,包括公开招标、邀请招标、竞争性谈判、单一来源采购、询价、国务院政府采购监督管理部门认定的其他采购方式。其中,第六种国务院政府采购监督管理部门认定的其他采购方式为兜底条款,目前有明确规定的是《政府采购竞争性磋商采购方式管理暂行办法》(财库〔2014〕214号)中规定的竞争性磋商采购方式。

《招标投标法》仅规定了两种方式,即公开招标和邀请招标。

3. 适用范围不同

(1)《政府采购法》适用于使用财政性资金采购货物、工程和服务的行为,但有特殊规定:政府采购工程以及与工程建设有关的货物、服务,采用招标方式采购的,适用《招标投标法》及其实施条例;采用其他方式采购的,适用

《政府采购法》及其实施条例。政府采购其他货物、服务的，适用《政府采购法》及其实施条例。

（2）《招标投标法》适用于一切在中华人民共和国境内进行的招标投标活动，多见于建设工程项目的招标投标活动。

（二）联系

从两者的适用范围和内涵看，"政府采购"和"招标投标"存在交叉重叠的情况。在采用招标方式的政府采购活动中，《招标投标法》是《政府采购法》的补充。

四、其他思考

如果非政府机关、事业单位或团体组织采购活动，该项目本不属于政府采购项目，不需要执行政府采购程序，但该单位采用竞争性谈判（或者单一来源采购、询价、竞争性磋商）的政府采购程序来进行采购，则是否应当适用《政府采购法》，包括规定的采购程序、采购合同、质疑与投诉等内容？

在招标投标领域中，如非法定必须招标的项目主动采用招标方式的，根据《招标投标法》第二条的规定，应当适用《招标投标法》。

但在政府采购领域，笔者并未查询到非政府采购项目主动采用政府采购程序的适用法律和程序规定，但从财政部官网国库司留言答复中"国有企业的采购不属于政府采购监管范畴，不适用政府采购法律制度规定""政府采购限额标准以下且在使用财政性资金采购依法制定的集中采购目录以外的项目可以不执行政府采购法的规定，也可参照执行"可以看出，非政府采购项目可自愿参照执行《政府采购法》及采用政府采购程序。同时参照招标投标法的立法思维，且基于政府财政资金应当严于管理和使用，若采购人主动、自愿采用政府采购方式的，宜应主动执行所选采购方式的有关程序规定。

但需强调的是，在非政府采购项目中采用政府采购程序，如供应商认为中标结果侵害自己权益，向采购人提出疑问，因对质疑答复不满从而向财政部门提起投诉，在实践中，财政部门通常会以"非政府采购项目的争议处理不属于政府采购监管部门的法定职责"为由，最终对非政府采购项目的投诉不予受理。也就是说，即便自愿参照执行《政府采购法》的规定，如遇到需由政府采购监督管理部门处理的程序性问题，财政部门通常不予处理，而是建议将相关问题向采购人或其主管部门反映。

六大关键词解读《政府采购合作创新采购方式管理暂行办法》

周妍君[*]

2024年4月24日，财政部发布《政府采购合作创新采购方式管理暂行办法》（财库〔2024〕13号，以下简称《办法》），自2024年6月1日起施行。《办法》的出台，意味着在公开招标、邀请招标、竞争性谈判、单一来源采购、询价、竞争性磋商和框架协议采购七种采购方式之外，增设了一种新的采购方式——合作创新采购方式。

本文旨在结合政府采购的一般程序，介绍《办法》的主要内容。

关键词1　适用情形

合作创新采购是指采购人邀请供应商合作研发，共担研发风险，并按研发合同约定的数量或者金额购买研发成功的创新产品的采购方式，分为订购和首购两个阶段。其中，创新产品应当具有实质性的技术创新，包含新的技术原理、技术思想或者技术方法；对现有产品的改型以及对既有技术成果的验证、测试和使用等没有实质性技术创新的，不属于创新产品。

因此，合作创新采购的重要特征是基于采购人与供应商之间的合作关系，双方共同实施研发，共担研发风险，最终由采购人购买创新产品的采购活动，这已并非单纯的采购活动，因此现行《政府采购法》规定的采购方式已经难以适用，故《办法》探索了一种全新的采购方式。这是以政府采购需求为导向、以采购人与供应商风险共担为基础的创新产品研发和应用推广一体化管理的新型机制。

《办法》第三条将合作创新采购的具体适用限定为三种情形：（1）市场现有产品或者技术不能满足要求，需要进行技术突破的；（2）以研发创新产品为基础，形成新范式或者新的解决方案，能够显著改善功能性能，明显提高绩效

---

[*] 周妍君，广东国智律师事务所合伙人。

的；（3）国务院财政部门规定的其他情形。第三项为兜底条款，为今后财政部根据实际发展需要而调整适用范围留下制度接口。

关键词 2　实施主体和地点

根据《办法》第四条的规定，对符合情形的采购项目，中央和省级主管预算单位可以开展合作创新采购，也可以授权所属预算单位开展；设区的市级主管预算单位需经省级主管部门批准，才可采用合作创新采购方式。

因此，《办法》中对预算机制的要求很高，这是因合作创新采购需符合国家科技和相关产业发展规划以及须落实国家重大战略目标任务，且合作创新采购具有较高的风险，对成本的要求相对较高。

第五条也明确规定，鼓励有研发能力的国有企业、民营企业、外商投资企业、高等院校、科研机构等各类供应商积极参与合作创新采购。

出于优化政府采购营商环境的考虑，《办法》第九条第三款也明确规定，除涉及国家安全和国家秘密的采购项目外，采购人应当保障内外资企业平等参与合作创新采购活动，这也是公平竞争原则的体现。

对于实施地点，《办法》第九条第三款和第四十一条明确规定，合作创新采购的研发活动应当在中国境内进行，指适用《中华人民共和国海关法》的中华人民共和国行政管辖区域，不包括香港、澳门和台湾金马等单独关境地区。

关键词 3　需求管理

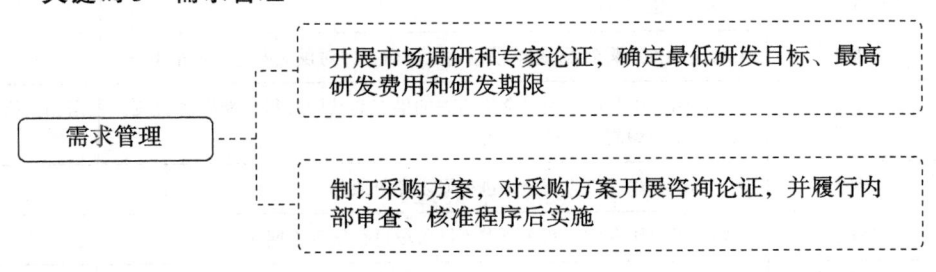

需求管理
- 开展市场调研和专家论证，确定最低研发目标、最高研发费用和研发期限
- 制订采购方案，对采购方案开展咨询论证，并履行内部审查、核准程序后实施

在开展一个采购项目之前，需要了解相关产业的发展情况、供应商的研发能力、科学技术和知识产权现状、所需设备和材料等，这些都需要通过前期的市场调研来完成，之后才能科学设定合作创新采购项目的最低研发目标、最高研发费用和研发期限。

最低研发目标和最高研发费用是贯穿整个《办法》且最为重要的两个概念。《办法》第七条第二款明确规定，最低研发目标包括创新产品的主要功能、性能，主要服务内容、服务标准及其他产出目标，这是为了确保实质性技术创新。

最高研发费用包括：（1）该项目用于研发成本补偿的费用（必须有），包括供应商在研发过程中实际投入的设备费、业务费、劳务费及间接费用等；（2）创新产品的首购费用（必须有）；（3）一定的激励费用（可有可无）。如研发供应商不止一家，最高研发费用应包括给予所有研发供应商的费用。

开展市场调研后，需制订采购方案，主要包括创新产品的最低研发目标、最高研发费用、应用场景和研发期限；给予研发成本补偿的成本范围及该项目用于研发成本补偿的费用限额；是否开展研发中期谈判；供应商邀请、谈判小组组成、评审专家选取、评审方法；研发风险分析和风险管控措施等内容，采购人履行内控审查后实施。

关键词 4 订购和首购

合作创新采购方式分为订购和首购两个阶段。订购是指采购人提出研发目标，与供应商合作研发创新产品并共担研发风险的活动。首购是指采购人对于研发成功的创新产品，按照研发合同约定采购一定数量或者一定金额相应产品的活动。简单来说，订购就是把创新产品研发出来，而首购则是购买研发产品。

一、订购程序

流程步骤	具体内容
步骤 1	采购人组建谈判小组
步骤 2	采购人发布采购公告/邀请书邀请供应商，并对供应商进行资格审查
步骤 3	谈判小组集中与所有通过资格审查的供应商共同进行创新概念交流，根据创新概念交流结果编制研发谈判文件
步骤 4	谈判小组与单一供应商分别进行研发竞争谈判
步骤 5	谈判小组与研发供应商在研发不同阶段进行研发中期谈判
步骤 6	采购人对研发供应商提交的最终定型的创新产品和符合条件的样品开展验收

（一）组建谈判小组

与一般政府采购不同的是，谈判小组没有评审专家的比例要求，只规定由采购人代表和评审专家共五人以上单数组成即可；也不要求采购人需随机抽取评审专家，而是采购人可自行选定相应专业领域的评审专家，评审专家中应当包含一名法律专家和一名经济专家。

（二）邀请供应商并进行资格审查

邀请方式以发布采购公告为原则，符合特定情况可以向供应商发出邀请书的方式，特定情况包括：受基础设施、行政许可、确需使用不可替代的知识产权或者专有技术等限制，只能从有限范围或者唯一供应商处采购。

资格审查方面，与一般政府采购不同的是，合作创新采购的供应商并无三家最低数量的限制，提交申请文件或者通过资格审查的供应商只有两家或者一家的，可以继续开展采购活动。

（三）创新概念交流

创新概念交流是合作创新采购的特定环节，由谈判小组集中与所有通过资格审查的供应商共同进行，各方对创新产品的最低研发目标、最高研发费用、应用场景及采购方案的其他相关内容进行交流。在交流过程中，谈判小组会全面及时回答供应商提问，必要时可以组织供应商进行集中答疑和现场考察。

可以说，创新概念交流是一个集思广益的过程，目的是论证创新方案的可行性。根据创新概念交流结果，采购人编制研发谈判文件，重点内容包括：（1）创新产品的最低研发目标、最高研发费用、应用场景、研发期限及有关情况说明；（2）成本补偿、激励费用、首购数量或金额；（3）评审方法、评审因素以及评审标准；（4）各阶段研发成本补偿的成本范围和金额、标志性成果的响应要求；（5）创新产品的验收方法与验收标准等内容。

（四）研发竞争谈判

研发竞争谈判是合作创新采购的主要环节，由谈判小组和供应商进行谈判，确定研发供应商后与之签订研发合同。主要涉及以下几个步骤：

步骤一：采购人向供应商提供研发谈判文件，邀请其参与研发竞争谈判；

步骤二：供应商根据研发谈判文件编制响应文件；

步骤三：谈判小组集中与单一供应商分别进行研发竞争谈判（这与创新概念交流阶段要求与所有供应商共同进行交流不同）；

步骤四：谈判结束后，谈判小组确定最终的谈判文件并通知供应商，供应商在5个工作日内提交最终响应文件；

步骤五：谈判小组对供应商的最终响应文件进行评审，确定成交候选人，采购人确定研发供应商，最多不超过三家；

步骤六：采购人与研发供应商签订研发合同。

需要注意的是，与一般政府采购中的竞争性谈判不同的是，研发竞争谈判后，供应商不仅可以调整报价，还可以调整响应文件的内容。

（五）研发中期谈判

《办法》第二十四条规定，采购人根据研发合同约定，组织谈判小组与研发供应商在研发不同阶段就研发进度、标志性成果及其验收方法与标准、研发成本补偿的成本范围和金额等问题进行研发中期谈判，根据研发进展情况对相关内容细化调整。研发中期谈判应当在每一阶段开始前完成。

研发中期谈判可能出现两种结果：研发供应商提供的标志性成果满足要求的，进入下一研发阶段；研发供应商未按照约定完成标志性成果的，予以淘汰并终止研发合同。

（六）创新产品验收

《办法》第二十五条规定，对于研发供应商提交的最终定型的创新产品和符合条件的样品，采购人应当按照研发合同约定的验收方法与验收标准开展验收，验收时可以邀请谈判小组成员参与。

二、首购程序

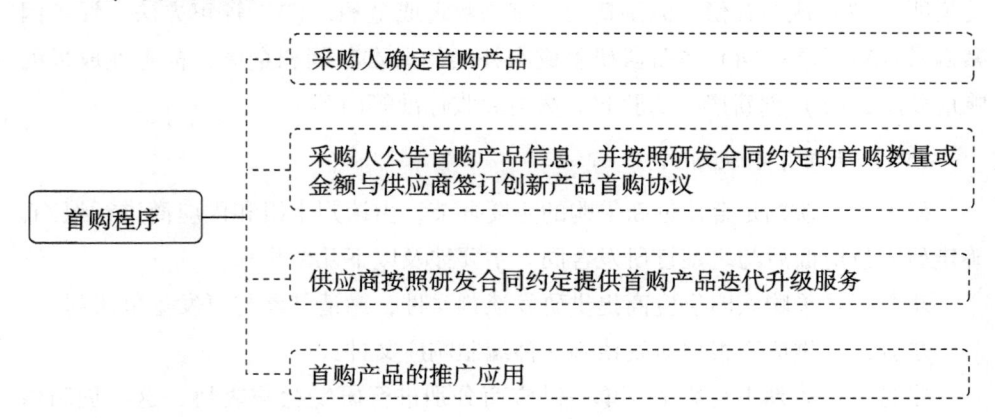

```
                 ┌── 采购人确定首购产品
                 │
                 ├── 采购人公告首购产品信息，并按照研发合同约定的首购数量或
                 │   金额与供应商签订创新产品首购协议
  首购程序 ──────┤
                 ├── 供应商按照研发合同约定提供首购产品迭代升级服务
                 │
                 └── 首购产品的推广应用
```

（一）确定首购产品

如在订购程序中只有一家研发供应商研制的创新产品通过验收，采购人直接确定其为首购产品。如有两家以上研发供应商研制的创新产品通过验收的，采购人应当组织谈判小组评审，最终确定一家研发供应商的创新产品为首购产品。

怎么评审？采取性价比法，综合考虑创新产品的功能、性能、价格、售后服务方案等，按照性价比最优的原则确定首购产品。

（二）签订首购协议

采购人确定首购产品后应公告首购产品信息，并按照研发合同约定的创新产品首购数量或者金额，与首购产品供应商签订创新产品首购协议，作为研发合同的补充协议。

（三）首购产品迭代升级

《办法》第二十七条第一款规定，研发合同有效期内，供应商按照研发合同约定提供首购产品迭代升级服务，用升级后的创新产品替代原首购产品。这与一般的政府采购活动有所不同，一般的政府采购只能按照招投标内容来实际执行，这也是合作创新采购的一大创新之处，主要是考虑到科技的更新迭代过快。

（四）首购产品可进行推广应用

《办法》第二十八条和第二十九条规定了首购产品的推广应用，如其他采购人有需求，可以直接采购指定媒体上公布的创新产品，又如有特殊要求可定制。另外，国务院财政部门将选择首购产品中的重点产品制定相应的采购需求标准，推荐在政府采购中使用；对涉及国家安全的创新产品，可以实行强制采购。

关键词5　研发合同、创新产品首购协议

研发合同是最重要的采购文件，由采购人与研发供应商在竞争谈判后签订，除需具备双方名称、地址、联系方式、项目名称、编号、采购产品数量、单价和总金额，费用的支付方式、时间和条件，产品验收方法与验收标准，售后服务，知识产权条款，风险管控条款，技术秘密条款，合同解除和违约责任，争议解决等采购合同基本必备的合同条款外，还需重点关注和约定：

（1）创新产品的功能、性能、服务内容、服务标准及其他产出目标。

（2）研发成本补偿的成本范围和金额、标志性成果，成本范围包括供应商在研发过程中实际投入的设备费、业务费、劳务费以及间接费用等；如有另设激励费用的，需明确激励费用的金额。

（3）研发进度安排及相应的研发中期谈判阶段划分，以及各阶段研发成本补偿的成本范围和金额、标志性成果。

（4）研发合同期限，《办法》第三十一条规定，研发合同期限包括创新产品研发、迭代升级以及首购交付的期限，一般不得超过两年，属于重大合作创新采购项目的，不得超过三年。

创新产品首购协议是研发合同的补充协议，需要明确：（1）首购产品的功能、性能、服务内容和服务标准；（2）首购的数量、单价和总金额；（3）首购产品交付时间、资金支付方式和条件等。

与一般政府采购不同的是，创新产品首购中，采购人应当向首购产品供应商支付预付款用于创新产品生产制造，预付款金额不得低于首购协议约定的首购总金额的30%，但一般产品采购不强制要求采购人支付预付款。

关键词6　争议解决

《办法》第三十五条规定了合作创新采购的争议解决，供应商认为邀请参与合作创新采购的过程、资格审查的过程使自己的合法权益受到损害的，可以依法提起质疑、投诉。参与研发竞争谈判、研发中期谈判、首购评审的供应商认为研发谈判文件、采购过程和成交结果使自己的合法权益受到损害的，可以依法提起质疑、投诉。

三、结语

综合来看，合作创新采购作为一项全新的政府采购方式，与普通的政府采购程序存在较多差异，《办法》中出现很多新概念和新术语，同时包含了采购方案、研发谈判文件、供应商响应文件、研发合同、创新产品首购协议等大量文件，实际执行中需要结合各种复杂情况具体判断。可以说，《办法》的出台，将有利于推动创新产品从需求、研发到应用推广的一体化管理，更好地支持应用技术创新和科技成果转化。

《公平竞争审查条例》新规解读

周妍君[*]

2024年6月13日，国务院公布《公平竞争审查条例》（国务院令第783号，以下简称《条例》），自2024年8月1日起正式施行。《条例》的制定和实施，将对反垄断法和国务院文件规定的公平竞争审查制度进一步细化并落到实处。

一、公平竞争审查制度的历史沿革

2016年6月1日，国务院发布《关于在市场体系建设中建立公平竞争审查制度的意见》（国发〔2016〕34号），首次提出建立公平竞争审查制度，明确建立公平竞争审查制度的总体要求和基本原则，对审查对象、审查方式、审查标准作出了原则性规定。

2016年12月22日，国务院办公厅发布《关于同意建立公平竞争审查工作部际联席会议制度的函》（国办函〔2016〕109号），正式建立公平竞争审查工作部际联席会议制度，从制度上确立了公平竞争审查的工作规则和要求。

2017年10月23日，国家发展改革委、财政部、商务部、国家工商总局、国务院法制办联合发布《公平竞争审查制度实施细则（暂行）》（已失效），对公平竞争审查制度的具体实施进行了细化和规范。

2021年6月29日，市场监管总局、发改委、财政部、商务部、司法部会同有关部门修订了《公平竞争审查制度实施细则》，要求全面落实公平竞争审查制度，明确要求在制定市场准入和退出、产业发展、招商引资、招标投标、政府采购、经营行为规范、资质标准等涉及经营主体经济活动的具体政策措施时，应当进行公平竞争审查。

---

[*] 周妍君，广东国智律师事务所合伙人。

2022年6月24日,《反垄断法》迎来首次大修,增加第五条规定:"国家建立健全公平竞争审查制度。行政机关和法律、法规授权的具有管理公共事务职能的组织在制定涉及市场主体经济活动的规定时,应当进行公平竞争审查。"公平竞争审查制度正式上升为一项法律制度。

2024年6月6日,国务院发布《公平竞争审查条例》,自2024年8月1日起施行。

二、《条例》的主要内容

(一)审查主体和范围

审查主体主要包括两类,一是行政机关,二是法律、法规授权的具有管理公共事务职能的组织(起草单位)。

审查范围是上述起草单位起草的涉及经营者经济活动的法律、行政法规、地方性法规、规章、规范性文件以及具体政策措施(政策措施)。《条例》首次将法律纳入公平竞争的审查范围,具有重要意义。

需要注意的是,《条例》第四条和第六条规定,国务院统筹、协调和指导全国公平竞争审查工作;国务院市场监督管理部门负责指导实施公平竞争审查制度,督促有关部门和地方开展公平竞争审查工作,确立了国务院市场监督管理部门在负责指导实施公平竞争审查制度中的主导地位。

(二)审查标准

《条例》第八条至第十一条规定了公平竞争审查共四类19项审查标准。起草单位起草的政策措施,应当符合以下要求:

一是不得含有限制或者变相限制市场准入和退出的内容。

二是不得含有限制商品和要素自由流动的内容。

三是没有法律、行政法规依据或者未经国务院批准,不得含有影响生产经营成本的内容。

四是不得含有影响生产经营行为的内容。

部分政策措施虽具有或者可能具有排除、限制竞争效果,但符合下列情形之一,且没有对公平竞争影响更小的替代方案,并能够确定合理的实施期限或者终止条件的,可以出台:

1. 为维护国家安全和发展利益;

2. 为促进科学技术进步、增强国家自主创新能力;

3. 为实现节约能源、保护环境、救灾救助等社会公共利益；

4. 法律、行政法规规定的其他情形。

(三) 审查机制

《条例》第三章第十三条至第十九条规定了审查机制，进一步明确了市场监督管理部门的责任。

1. 拟由部门出台的政策措施，由起草单位在起草阶段开展公平竞争审查；拟由多个部门联合出台的政策措施，由牵头起草单位在起草阶段开展公平竞争审查。

2. 拟由县级以上人民政府出台或者提请本级人大及其常委会审议的政策措施，由本级人民政府市场监督管理部门会同起草单位在起草阶段开展公平竞争审查。起草单位应当开展初审，并将政策措施草案和初审意见送市场监督管理部门审查。

3. 开展公平竞争审查，应当听取有关利害关系人的意见；涉及社会公众利益的，应当听取社会公众意见。

4. 政策措施未经公平竞争审查，或者不符合《条例》规定的，不得出台。

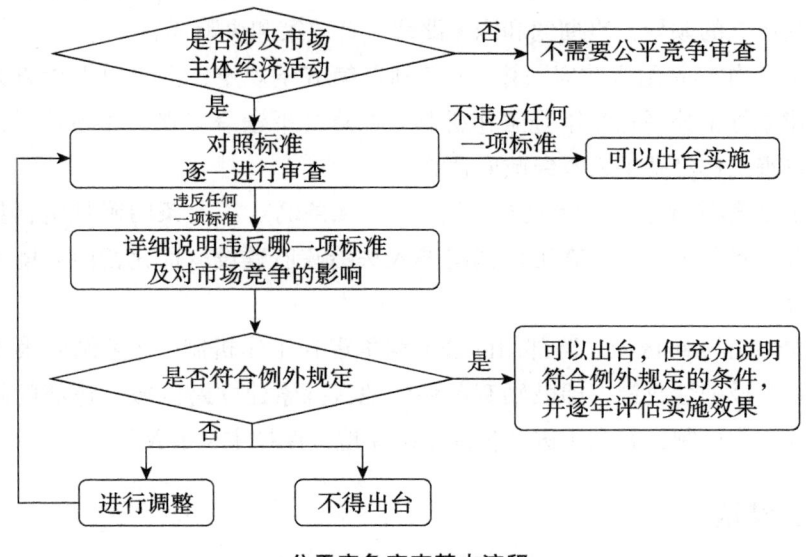

公平竞争审查基本流程

关于公平竞争审查的基本流程，可参考《公平竞争审查制度实施细则》附件1的内容。

（四）监督保障

《条例》为强化监督保障，第四章规定了抽查、举报、督查和约谈等制度。

1. 抽查。市场监督管理部门建立健全公平竞争审查抽查机制，组织对有关政策措施开展抽查，经核查发现违反《条例》规定的，应当督促起草单位进行整改。

2. 举报。对违反《条例》规定的政策措施，任何单位和个人可以向市场监督管理部门举报。市场监督管理部门接到举报后，应当及时处理或者转送有关部门处理。

3. 督查。国务院定期对县级以上地方人民政府公平竞争审查工作机制建设情况、公平竞争审查工作开展情况、举报处理情况等开展督查。国务院市场监督管理部门负责具体实施。

4. 约谈。起草单位未依照《条例》规定开展公平竞争审查，经市场监督管理部门督促，逾期仍未整改的，上一级市场监督管理部门可以对其负责人进行约谈。

（五）《条例》其他亮点

1. 强化党的领导。《条例》第三条第一款明确规定，公平竞争审查工作坚持中国共产党的领导，贯彻党和国家路线方针政策和决策部署。

2. 将工作经费纳入政府预算。《条例》第五条规定，县级以上地方人民政府应当建立健全公平竞争审查工作机制，保障公平竞争审查工作力量，并将公平竞争审查工作经费纳入本级政府预算。

3. 将工作情况纳入法治政府建设考评。《条例》第七条明确规定，县级以上人民政府将公平竞争审查工作情况纳入法治政府建设、优化营商环境等考核评价内容。

4. 鼓励建立跨区域、跨部门的公平竞争审查工作机制。《条例》第十五条提出了一个鼓励性政策，即鼓励有条件的地区探索建立跨区域、跨部门的公平竞争审查工作机制，有利于进一步探索破除地方保护主义的路径。

三、结语

公平竞争既是市场经济的基本原则，也是市场机制高效运行的重要基础。《条例》是对反垄断法和国务院文件规定的公平竞争审查制度的进一步细化，有利于规范各级政府行为，破除地方保护、区域封锁、行业壁垒等情形，有利于公平竞争审查制度落到实处，推进全国统一大市场的建立。

第三章 民商事理论与实务研究

浅析无益拍卖的认定规则与司法实践

李晓莉 伍俊豪[*]

近年来，楼市变化对社会产生了诸多影响，商事领域中房产作为常见的抵押物，在市场不景气的情况下，法院执行案件中常会碰见拍卖所得价款无法支付优先债权和强制执行费用，进而申请执行人无法从拍卖中获得额外的货币受益的情况。禁止无益拍卖的规定既是出于保证申请执行人的理性决策，也是为了保护优先债权人的利益。因为在司法拍卖过程中，财产如果强行被普通债权人推动"贱卖"，将对优先债权人产生不利影响，无益拍卖规则本身是对各方利益的一种权衡。然而，部分法院径直依据"禁止无益拍卖原则"不予拍卖处置查封财产，造成执行案件进入"僵局"。在此情况下，禁止无益拍卖原则是否有坚实的法律基础及迫切的应用必要，需要我们结合法律规则及司法实践，从法律及风险负担的角度进一步厘清。

一、无益拍卖的概念明晰

无益拍卖，是指在执行程序中依据拍卖保留价计算后所得之价款，在清偿优先债权并支付强制执行费用后无剩余可能，无法使申请执行人受益的司法拍卖行为。其司法认定依据为《最高人民法院关于人民法院民事执行中拍卖、变卖财产的规定》第六条规定："保留价确定后，依据本次拍卖保留价计算，拍卖所得价款在清偿优先债权和强制执行费用后无剩余可能的，应当在实施拍卖

---

[*] 李晓莉，广东国智律师事务所律师；伍俊豪，广东国智律师事务所实习人员。

前将有关情况通知申请执行人。申请执行人于收到通知后五日内申请继续拍卖的，人民法院应当准许，但应当重新确定保留价；重新确定的保留价应当大于该优先债权及强制执行费用的总额。依照前款规定流拍的，拍卖费用由申请执行人负担。"这是针对存在优先债权之执行标的拍卖的特别规定。由此可以看出，执行标的上存有优先债权是出现无益拍卖的前置条件，普通债权与优先债权竞合且需让位于优先债权的情况下才有可能出现无益拍卖。

禁止无益拍卖原则，本质上是由法院代替个人作判断，以纠正申请执行人的非理性行为。从《最高人民法院关于人民法院民事执行中拍卖、变卖财产的规定》第六条规定来看，该条款实则将拍卖的决定权配置给了申请执行人，明确了在当事人申请继续拍卖的情况下，法院应当准许，并重新确认不低于优先债权及强制执行费用的保留价。

此规定明确了申请执行人需承担无益拍卖所可能带来的不利后果，当事人申请继续拍卖的，重新确认保留价后因流拍所产生的拍卖费用由申请执行人自行负担，为当事人附加了额外的成本以确保当事人审慎作出拍卖请求。结合人民法院的规定，从风险分配的角度来看，禁止无益拍卖原则并不是强制性的禁止原则，当事人既然承担了决策的不利后果，也应享有最终的拍卖决定权，法院应当充分尊重申请执行人的拍卖意愿。

二、地方司法实践概览

重庆市高级人民法院2021年发布的《关于规范执行财产处置提高变价效率的工作指引（试行）》中，第二十九条对无益拍卖作出了规定："依据合议庭确定的起拍价计算，拍卖所得价款在清偿优先债权和强制执行费用后无剩余可能的，应当在实施拍卖前将有关情况通知申请执行人。申请执行人收到通知后，应在5日内作出决定。申请继续拍卖的，人民法院应当准许并重新确定起拍价，重新确定的起拍价应当大于优先债权及相关执行费用的总额。拍卖、变卖未成交的，委托评估费用等处置费用由申请执行人垫付。申请执行人收到通知后5日内未申请继续拍卖，或者依其申请实施拍卖、变卖未成交的，执行法院应当在5日内将处置权移送优先债权执行法院。优先债权人申请以变卖价抵偿债务的，执行法院可以准许。"

山东省高级人民法院在（2015）鲁执复字第43号审理意见中表明："当出现无益拍卖的情形时，若申请执行人选择继续拍卖，流拍后要承担支付拍卖费用的后果。因此，是否继续拍卖并重新确定保留价的选择权在申请执行人一方，被执行人及其他利害关系人均无权依据本条规定申请重新确定保留价。"

湖北省高级人民法院在（2019）鄂执复 10 号审理意见中表明："根据《最高人民法院关于人民法院民事执行中拍卖、变卖财产的规定》第九条之规定，即便本案存在评估价、可能成交价格低于优先债权之无益拍卖情形，是否继续推进拍卖程序的选择权也在本案申请执行人，异议人无权以评估价格低于抵押权而没有必要采取执行措施为由请求终止拍卖程序。"

广东省高级人民法院在（2018）粤执监 8 号执行裁定中亦提到了无益拍卖属于申请执行人无法从拍卖中获益的拍卖，但并非减损申请执行人利益的拍卖，当事人以此为由请求撤销拍卖，不符合《最高人民法院关于人民法院办理执行异议和复议案件若干问题的规定》第二十一条第一款第（五）项规定的"其他严重违反拍卖程序且损害当事人或者竞买人利益的情形"，该裁定表明了无益拍卖不属于违反拍卖程序、损害当事人或他人利益的情形，并无强制禁止之必要，无益拍卖并不是无效拍卖。

广东省高级人民法院在（2016）粤执复 211 号执行裁定书中载明："其次，涉案房地产抵押与否不影响对该财产的强制执行，只要申请执行人向执行法院申请强制执行，人民法院就应当严格按照《最高人民法院关于人民法院民事执行中拍卖、变卖财产的规定》评估拍卖涉案财产。而且本案的涉案房地产并未评估，价值尚未确定，即使在确定评估价后，该价值低于抵押权人的抵押债权，依照《最高人民法院关于人民法院民事执行中拍卖、变卖财产的规定》第九条规定，经征询申请执行人同意继续拍卖的，执行法院仍可依法对涉案房地产重新确定保留价进行拍卖。本案复议申请人佛山市南海区官窑镇经济发展总公司认为涉案房地产已经抵押给佛山市南海市官窑农村信用合作社，且抵押债权明显高于涉案房地产的价值，依照'禁止无益执行'的基本原则，佛山中院在执行本案中也不应对涉案房地产采取执行措施的主张无法律依据，本院不予支持。"

三、法院不予开展无益拍卖的救济渠道

法院以无益拍卖为由不予执行特定财产，且未履行告知申请执行人程序义务的，申请执行人的救济途径主要有提出执行书面异议、申请复议、执行监督程序申诉、向上一级人民法院申请执行。

一是在法院未出具任何执行裁定时，可提出书面异议。当事人可根据《民事诉讼法》（2023年修正）第二百三十六条规定向负责执行的人民法院提出书面异议以寻求救济。《最高人民法院关于人民法院办理执行异议和复议案件若干问题的规定》第七条进一步规定，当事人、利害关系人对"人民法院作出的侵害当事人、利害关系人合法权益的其他行为"提出异议的，人民法院应当依照《民事诉讼法》（2017年修正）第二百二十五条规定进行审查。

二是在已有以无益拍卖为由停止执行程序的裁定时，可对该裁定提出复议申请。以广东省高级人民法院在（2018）粤执复149号执行裁定为例，该案是通过复议申请途径寻求救济的典型案例。该执行裁定载明：关于本案拍卖是否应该停止。《最高人民法院关于人民法院民事执行中拍卖、变卖财产的规定》第九条规定……依据本次拍卖保留价计算，拍卖所得价款在清偿优先债权和强制执行费用后，无剩余可能。现复议申请人请求继续拍卖，依照上述司法解释规定，云浮中院应当准许，在重新确定保留价后重新拍卖，如流拍，拍卖费用由复议申请人负担。某公司以其对本案拍卖标的物享有优先受偿权为由请求停止拍卖，于法无据。

三是可向上一级人民法院提出申诉，开启执行监督程序。如经过复议后法院仍未纠正错误，当事人仍可通过执行监督程序，向上一级人民法院提出申诉。根据《最高人民法院关于人民法院执行工作若干问题的规定（试行）》《广东省高级人民法院关于办理执行监督案件的指引》第十一条相关规定，当事人可通过执行监督程序，进一步寻求救济。

四是自人民法院收到申请执行书之日起超过六个月未执行的，可向上一级法院申请执行。《民事诉讼法》第二百三十七条规定："人民法院自收到申请执行书之日起超过六个月未执行的，申请执行人可以向上一级人民法院申请执行。上一级人民法院经审查，可以责令原人民法院在一定期限内执行，也可以决定由本院执行或者指令其他人民法院执行。"若法院以无益拍卖为由，拒绝执行且未出具任何法律文书，申请执行人可向上一级法院申请执行以寻求救济。

关于法院以无益拍卖为由，不予拍卖处置查封财产，因其本身无法律依据，申请执行人可通过上述渠道寻求救济。此外，若申请执行人同意不予拍卖处置查封财产，是否影响该财产的保全措施，目前法律法规暂无明确规定。根据"法无禁止即自由"的原则，可以推定若申请执行人仍提交查封、续费申请，则法院需依职权审理并采取保全措施。

四、关于无益拍卖之效益与成本的再认识

对于无益拍卖的理解，不能局限于价款金额的计算上，法院应当在充分尊重当事人意愿的前提下，全方面考量拍卖的成本与效益，做到审慎的提醒义务，帮助当事人作出理性决策。对于无益拍卖，各方应当有以下新认识：

一是对于认定过程，关于拍卖效益的认定，应从广义角度理解。不仅应从预期拍卖价、强制执行费用的角度考虑，更要从风险存续的角度看待，不能简单认为对申请执行人无益。财产的价值需进入市场后才能确定，通过网络所询得的价格尚存有差异，根据拍卖保留价确定的标的价值也不一定准确。拍卖是否有益，不仅要考虑到当个案件申请人的权益，也要考虑（可能同一法院办理的）其他案件申请人的权益。

二是对于耗费司法资源不能仅注重于执行带来的成本，也应当关注执行行为之外的司法资源，如继续查封所需要维系的额外开支与潜在风险。从国家机关的角度来看，简单禁止拍卖而继续查封原来控制的财产，可能会面临因查封、管理失误所带来的财产价值减损、申请人申请国家赔偿的风险。同时，若不处置查封财产，其间亦有可能会收到其他案件原告或申请人的新查封申请，或者出现需处置法院对查封财产情况进行核实、商请移送执行等额外工作，都将会为司法机关带来额外负担。此时，法院及时拍卖查封财产并将处置情况书面告知优先债权人，才是破解执行"僵局"的最优路径。

三是拍卖结果是由真正的市场决定的，在完成拍卖前的一切推测仅具有预测性质的参考作用，在推动拍卖后的流拍后果均由申请执行人自行负担的前提下，法院无权禁止申请执行人作出进一步拍卖的决定。

综上所述，无益拍卖的司法认定规则是在申请执行人并非优先债权人的情况下才开展认定的，人民法院负有审慎的提醒义务且并不享有禁止的权力，若申请人明确需继续拍卖程序的，应当由法院重新确定不低于优先债权及相关执行费用总额的保留价，申请人也应承受流拍所带来的不利后果，在此种情况下人民法院无权裁定停止拍卖程序和查封财产的处置。

裁量驳回制度裁判理由的实证研究

段新瑜　吕志锋[*]

前　言

我国公司决议制度是指公司将个体意志经过法定程序和议事规则吸收、统合、上升为团体意志的制度。公司按照已形成的决议对内治理、对外开展经营，若决议的内容和形成决议的程序存在错误，则不能认为是公司作出的正当合法的意思表示，不应认为其具有相应的法律效力。我国《公司法》第二十五条至第二十七条明确规定，对于股东会、董事会决议效力瑕疵仍采用"三分法"，即存在"决议不成立""决议可撤销""决议无效"三种情况。其中，"决议无效""决议可撤销"针对已成立的决议，"决议不成立"针对自始欠缺成立要件的决议。

同为决议程序的瑕疵，"决议不成立"的程序瑕疵远高于"决议可撤销"，且事后难以治愈，而"决议可撤销"更侧重于保护股东的个体权利，故而可撤销事由限于会议的召集程序、表决方式等轻微程序性瑕疵及决议内容违反公司自治性规范文件的章程规定，由股东自行决定是否撤销。"决议可撤销"立足保护股东程序性权利，并且为公司治理及防止大股东滥用权利损害中小股东利益起到了积极作用。但如果股东动辄以决议程序存在瑕疵为由请求人民法院撤销公司决议，则必然会影响决议的公信力以及公司经营的稳定性和公司运营的效率。有鉴于此，《最高人民法院关于适用〈中华人民共和国公司法〉若干问题的规定（四）》（以下简称《公司法司法解释四》）第四条在"决议可撤销"的制度基础上增加了"决议可撤销的裁量驳回制度"，即人民法院可以根据案件事实综合认定在特殊情形下酌情裁定驳回股东撤销决议的诉讼请求，现

---

[*] 段新瑜，广东国智律师事务所律师；吕志锋，广东国智律师事务所律师。

亦被 2023 年修订的《公司法》第二十六条所吸收。

　　裁量驳回制度在理论上通说有两大要件，其一为公司决议程序瑕疵轻微，其二为该瑕疵对决议未产生实质影响。对公司决议程序轻微瑕疵的认定需要建立在具体程序规则立法目的基础上，判断瑕疵是否有损于规则所蕴含的程序核心价值，同时在实质性认定上需要理解意思民主理念在决议效力认定中的重要地位，判断瑕疵对个体意思及群体意思是否产生不良影响。

　　通过搜集分析自《公司法司法解释四》实施以来法院对该司法解释第四条的适用案例来看，程序轻微瑕疵集中在召集程序和表决方式当中，一些法院对程序轻微瑕疵的理解存在不同认定的现象，而对决议未产生实质影响在裁判中的说理显得非常的简略。2023 年修订的《公司法》虽然将《公司法司法解释四》中裁量驳回制度的规定纳入其中，预示着裁量驳回制度作为公司决议撤销制度的例外规定在构建完善的公司决议瑕疵诉讼体系方面存在着重要作用，只是仍旧没有解决其构成要件的具体判断标准问题。

　　因此，笔者将结合裁量驳回制度在我国得到确立开始的相关案例，对法院援引裁量驳回制度判决驳回原告撤销公司决议诉讼请求的裁判理由进行分析，以探寻裁量驳回制度在司法实践中的适用情况。

一、案例样本概况

　　以 2024 年 3 月 1 日为基准日，在"威科先行"数据库中以公司决议撤销纠纷为案由进行检索，得出判决书 2874 件，在设置裁判起始时间为 2017 年 9 月 1 日进行过滤后得出判决书 1870 件，再以"《公司法司法解释四》第四条""轻微瑕疵""对决议未产生实质影响"为关键字，筛选出案例 287 件，通过逐一阅读、仔细甄别、剔除掉重复及经二审被撤销原判等情形的案例后，二次筛选出以裁量驳回制度驳回撤销公司决议诉讼请求的案例 101 件，其中以裁量驳回制度驳回撤销公司决议诉讼请求的案例且仅经过一审法院审理而未见上诉的案件共 31 件，一审法院以裁量驳回制度驳回撤销公司决议诉讼请求且二审法院审理结果为维持原判的案件共 61 件，一审法院不适用裁量驳回制度撤销公司决议而二审改判适用裁量驳回制度驳回撤销公司决议诉讼请求的案件共 9 件。

二、案例样本所涉公司类型统计

　　以裁量驳回制度驳回撤销公司决议诉讼请求的样本案例中，涉及有限公司的公司决议的案件共计85件，涉及股份公司的公司决议的案件共计16件。探求其原因，可能与有限公司和股份公司的法律性质有关，有限公司凸显人合性，较为封闭，股东多直接参与公司管理，且公司管理水平相较于股份公司可能会低一些，容易引发公司决议瑕疵诉讼；股份公司凸显资合性，股东一般不直接参与公司经营管理，同时法律对股份公司在经营管理方面的约束相较于有限公司多，管理水平较高，降低了程序瑕疵决议诉讼的法律风险。

三、裁判理由分析

在本文搜集到的101个案例样本中，对裁量驳回制度的裁判理由主要涉及以下八个方面：

（一）对决议未产生实质影响

公司决议以资本多数决为原则，法官在对何为程序轻微瑕疵进行阐述时往往会以该程序瑕疵对表决结果未产生实质性影响，或者即便该瑕疵存在也不会改变大多数表决主体对决议事项的态度为由，认定该程序瑕疵属于轻微瑕疵，进而以裁量驳回制度驳回撤销公司决议的诉讼请求。例如，某新能源股份有限公司与珠海市某投资控股集团有限责任公司公司决议撤销纠纷一案〔（2019）粤04民终2943号〕中，法官认为在采取现场和电话相结合的会议模序下，股东大会的计票模式随之采取现场投票、网络投票和微信监票是与会议召开模序相匹配的合理方式，即便不计算网络投票仅现场投票也已经达到了法律和公司章程规定的决议通过比例，故而在会议结束后才统计票数并在微信群公布属于轻微瑕疵，对决议结果未产生实质性影响。

（二）对表决主体（主要是股东）权利未产生实质影响

程序轻微瑕疵是否会导致各股东能否公平地参与、行使表决权，是否会阻碍其作为股东获取所需信息，是法官审理公司决议撤销诉讼最常见的裁判理由。例如，滕州某化工有限公司、黄某某公司决议撤销纠纷一案〔（2022）鲁04民终1316号〕中，法官认为股东会的实际主持人并非过半数以上董事推举的董事，但是该主持人系在该董事在场的情况下主持的股东会，会议主持程序方面的瑕疵并不会直接阻碍股东个人行使投票权之自由，亦对于股东获取所需信息没有直接影响，且所有参会股东对于实际主持人非由过半数以上董事推举无异议。

（三）公司决议撤销前后的利益比较

在公司决议撤销诉讼中，法官往往会考虑公司决议撤销前后涉及的利益比较问题。例如，蒋某与常州某机械科技有限公司公司决议撤销纠纷一案〔（2019）苏04民终2834号〕中，法官权衡了决议瑕疵与决议所生利益之利弊，认为股东会在召集、会议主持等方面的瑕疵事由并不严重，不足以影响决议，考虑到撤销该股东会决议不利于公司、股东的利益，违背了公司的效率原则，故此对于该程序轻微瑕疵应当采取包容的态度，进而维持决议效力。该裁判理由在《公司法司法解释（四）》颁布后并不多见。在利益衡量这一问题上大部分学者认为，裁量驳回制度作为公司决议撤销的例外规定，其客观上起到了维护决议稳定性的作用，设置"未对决议产生实质性影响"这一要件，是在公司法语境下对可能存在的诸多利益冲突进行衡量，在结合程序轻微瑕疵和未产生实质性影响这两个要件考察公司决议有无对公司的自治性和组织性造成损害，以平衡股东利益与公司决议稳定之间的关系。很显然，法官在裁判过程中受到了这一观点的影响。

（四）打破公司僵局

在极为罕见情况下，公司章程与公司法基础理论出现矛盾，如果按照公司章程规定执行极有可能导致公司陷入僵局而无法作出决策时，为了保证公司正常运行，法院在公司瑕疵决议诉讼中会允许决议程序存在违反公司章程规定的瑕疵，但前提是该瑕疵不违背公司法基本原则理念。例如，张某某与泰兴市某化工有限公司公司决议撤销纠纷一案〔（2019）苏1283民初8134号〕中，根据公司章程规定，股东会对相关事项形成决议，必须经全体股东通过。而案涉股东会决议的通过比例为92.87%，法官认为公司章程的该约定实质上违背了公司法资本多数决原则，在除原告外的其他股东均表决同意该股东会决议事项的前提下，表决方式并无明显重大瑕疵。人存在趋利避害的惯性，对于可能对自己产生负面影响的决议事项，都有可能投反对票，如果按照公司章程的该约定进行表决，极有可能因公司无法作出决议进而导致公司陷入僵局。

（五）瑕疵治愈

所谓瑕疵治愈，学界有两种说法。第一种说法是通过事先豁免的方式对决议过程中的某些瑕疵予以豁免或者事中及事后对决议内容予以确认，使得原本存在瑕疵的公司决议得以治愈。第二种说法是因撤销期限届满而未对可撤销决议提出撤销主张的,因除斥期间届满而使得该瑕疵自动治愈。例如,田某某、广州某食品科技有限公司公司决议撤销纠纷一案〔(2019)粤01民终9696号〕中,法官认为股东在股东会召开过程中直接提交新的议案要求进行决议的行为虽然属于程序瑕疵,但是由于与会股东均未对此提出异议且在充分发表意见后行使表决权,视为对该行为的认可,由此而产生的瑕疵得以治愈。很显然,瑕疵治愈与因程序轻微瑕疵而裁量驳回撤销公司决议的诉讼请求的法律效果类似,即公司决议不因瑕疵而效力受损。但是,瑕疵治愈与裁量驳回制度有着明显的区别,因事先豁免或事中事后追认的瑕疵不仅限于程序轻微瑕疵,而因除斥期间届满使得股东丧失撤销公司决议主张权利的瑕疵更加不限于程序瑕疵。因为我国目前尚未规定瑕疵治愈制度,在出现对瑕疵予以认可的时候,裁判者往往将其归入轻微瑕疵的范畴,而裁量驳回制度适用过程中也可能将原本属于程序轻微瑕疵情形的裁判理由归结于瑕疵治愈。

（六）浪费公司决策资源

公司作为营利性法人,是社会主体追求财富的重要投资工具,因此,利益最大化是公司经营的第一要务。商事法律制度与民事法律制度不同之处在于其更加注重效率,由这种价值观衍生出的重要商事规则便是商事外观主义。在这一规则的影响下,公司决议瑕疵诉讼中的裁判者往往要考虑如果诉讼结果不当可能会影响到公司决议成本的增加进而降低商事效率、使得公司对外法律关系处于不稳定状态,使得因信赖该公司决议而与公司进行交易的相对人无所适从。例如,郭某与某数据科技（北京）有限公司公司决议撤销纠纷一案〔(2020)京01民终5555号〕中,法官认为,案涉股东会虽并未按照法律规定由董事会召集,但是股东会的召集仅是表决前的发起程序,非由董事会召集的股东会并不会影响到股东获取参会及表决的所需的信息,即便再召开一次股东会并进行表决,依旧无法改变决议结果,仅以此为由撤销公司决议只会浪费公司决策资源。

（七）新决议替代旧决议

在样本案例中存在某些公司就同一决议事项作出两次以上股东会决议的情形,虽然时间在先的决议在程序上存在瑕疵（如未依法提前15日通知全体股东）,但时间在后的决议在内容上与此前决议一模一样且不存在程序瑕疵,此时,法官会认为因为新决议已经取代了旧决议,旧决议也就不存在撤销的必要了。

（八）重复决议

在样本案例中存在一种情形，即虽然股东会决议存在程序上的瑕疵，如未按照公司章程规定的形式通知全体股东，未参会股东仅在微信群中收到董事会报备的股东会召开时间、地点和决议事项，但是公司决议以资本多数决的方式获得通过，而在诉讼过程中该未参会股东表示即便重新召开股东会依旧会同意决议事项。法官认为，即便重新召开股东会决议，也不会改变之前的决议结果，因此没有必要就同一事项重复决议，也就不存在撤销该决议的必要。

四、结语

法律的生命在于实践，实践的精髓则在于务实。股东会和董事会决议的程序规范性对于维护公司内部秩序和保障股东权益具有至关重要的作用。《公司法司法解释四》出台后，关于公司决议程序轻微瑕疵认定的裁判理由呈现说理言辞相似的现象，这与《公司法司法解释四》就裁量驳回制度构成要件规定法定化有关，且绝大部分裁判理由存在两个共同的问题：（1）裁判理念与说理逻辑存在脱节，在样本案例的裁判理由论述中基本缺乏对程序为何"轻微瑕疵"的论证，在裁判理由为对决议未产生实质影响的一类案例中尤其明显；（2）裁量驳回制度两个法定构成要件之间的关系在司法裁判中现仍缺乏统一的认知，即对于二者是否存在功能上的区分缺乏清晰的理解，进而使得要件设置的规范目的存在模糊性。

另外，通过对样本案例中的法院裁判理由进行分析后发现，有一些案件中存在既未违反法律、行政法规，也未违反公司章程却依旧被判定为程序轻微瑕疵的情形，如会议通知方式、会议通知内容、会议召开形式、决议表决方式、决议内容记录形式等。法律、行政法规及公司章程无法对公司会议中较为细微的程序如能否以微信、短信方式进行会议通知、监票人员的设置、能否使用电子表决方式、决议内容的记录形式等进行全面的规定，但是不能以法律、行政法规及公司章程没有规定为由就径直判断不存在瑕疵，这类瑕疵往往不是直接违反公司法规定，而是需要对公司法相关规定进行法理上的解释，进而判断是否违反公司法法理，这就需要法官进行理论上的解释和说明。即除了对案件事实进行准确描述，更重要的是对瑕疵所违反的规范进行充分的逻辑论证。如此才能在市场经济的不断发展和公司治理结构的日益复杂化的当下，提高判决的权威性，进一步在程序公正和效率之间找到平衡点。

浅析知识产权法的实务判定
——以 AIGC 侵权为背景

吕志锋　王瑞洋[*]

AIGC 全称为 Artificial Intelligence Generated Content，即"人工智能生产内容"，是一种基于生成对抗网络（Generative Adversarial Network，GAN）、大型预训练模型等人工智能技术。AIGC 已从概念走进现实生活，成为新型内容创造、展现以及交互方式。其工作原理是将数据库中的作品数据进行一定程度的形式转换后输入 AIGC 模型，利用 AIGC 模型自主学习能力从中提取有价值的内容，再根据输入的指令生成与之相匹配的学习结果加以输出。

一、AI 绘画的技术原理——以 Stable Diffusion 为例

Stable Diffusion 案中[①]，原告围绕 StabilityAI 公司未经权利人许可，获取与利用其版权作品作为 Stable Diffusion 的"训练图像"展开指控。原告将 Stable Diffusion 模型定性为"一个复杂的拼贴工具"——"将无数受版权保护的图像存储和合并为训练图像后……生成完全基于训练图像的'新'图像"，被告"从使用受版权保护的图像中获得商业利益和丰厚利润"，而数百万权利人则因生成的"新"图像对原作品交易市场的挤占而遭受损失。

Stable Diffusion 模型对版权作品的主要利用行为系"复制"与"改编"。其一，是准备训练数据过程中的复制。由于 LAION-5B 数据库本身并不提供版权

---

[*] 吕志锋，广东国智律师事务所律师；王瑞洋，广东国智律师事务所律师助理。
[①] 艺术家萨拉·安德森（Sarah Andersen）、凯利·麦克南（Kelly McKernan）和卡拉·奥尔蒂斯（Karla Ortiz）代表自己和其他艺术家提起集体诉讼，指控 Stability 公司（稳定公司）、DeviantArt 公司和 Midjourney 公司通过 AI 图片生成程序，爬取自己发布在网络平台上的图片作品，删除相应的版权管理信息，并按照用户指令生成与之相似的 AI 图片，侵犯了自己包括著作权在内的多项财产性权利。引自朱开鑫、张艺群：《"你的 AI 侵犯了我的版权"：浅谈 AIGC 背后的版权保护问题》，https://mp.weixin.qq.com/s/FFVlVmltIdiagM35yzCWIw，最后访问时间：2025 年 7 月 20 日。

作品副本而仅提供版权作品在线 URL 列表的索引，因此在训练 Stable Diffusion 模型前，需要先将作为训练数据的作品从相应网络地址下载并存储，以形成版权作品的副本。

其二，是对作品进行编码后，将其输入至"图像信息空间"的改编。较之于对作品的直接下载与存储，过程对作品进行了噪声添加与编码（压缩），未在"图像信息空间""无差还原"原始版权作品，但其仍保留了作品内容中最关键、本质的特征，应当认定为版权法意义上的改编。

在内容输出阶段，通过 Stable Diffusion 模型生成最终图像，首先，需要先通过"Clip 文本编码器"将用户输入的文本对应至"图像信息空间"的"潜在表现形式"。其次，由经过噪声输出训练的"U-Net 模块"，对该潜在表现形式中添加的噪声进行预测。最后，对该文本的潜在表现形式减去"U-Net 模块"所预测的噪声，根据用户的设定进行若干次"去噪"，最终得到新的图像内容。这一阶段，对原版权作品的利用需结合最终生成内容判断。若去噪与解码后生成的内容，与原作品在表达上构成"实质性相似"，则落入"复制权"的规制范围；若不构成"实质性相似"，而是在保留作品基础表达的前提下形成了新的表达，则可能构成对原作品"改编权"的侵害。

二、我国法律对于 AIGC 生成作品是否可以构成著作权的态度

根据《著作权法》第三条及《著作权法实施条例》第二条规定，受《著作权法》保护的"作品"，是指文学、艺术和科学领域内具有独创性并能以一定形式表现的智力成果。从上述规定可见，AIGC 想要构成受《著作权法》保护的"作品"，需要满足"属于文学、艺术和科学领域""能以一定形式表现""具有独创性""属于人类智力成果"四个构成要件（"作品四要件"）。就 AIGC 是否"属于文学、艺术和科学领域"而言，由于 AIGC 的表达形式主要为文字、图片、视频、音频等，因此往往能够被认为具备"属于文学、艺术和科学领域"这一构成要件。

就 AIGC 是否"能以一定形式表现"而言，主要的判断标准包括：（1）相关内容是否能够被人类所感知，并以一定形式被复制；（2）相关内容是否与"思想"存在区别，构成了具象化的"表现"。此处"思想"与"表现"的区别主要在于创作时能够供作者进行选择的表述范围之大小，即如果针对某种概念只有唯一一种或有限的表述形式，则这些表述应被视为"思想"，而非"表

现"，不能够受到著作权的保护。由于 AIGC 往往以数据的形式进行传输和复制，并且能够生成和人类创作的普通作品外观无异的内容，因此往往能够被认为具备"能以一定形式表现"这一构成要件。基于此，是否符合"独创性"和"智力成果"要件就成了 AIGC 能否构成"作品"的关键。我国理论和实务界普遍认为，基于鼓励创作的目的，《著作权法》应当只保护人类的智力成果，"作品"的独创性需体现人的智力选择与判断。由于在部分 AIGC 产品中，人类仅需要输入简单的提示，AI 就能生成富有细节的内容，人类对最终生成内容的贡献似乎微乎其微，这也是将 AIGC 纳入《著作权法》保护面临的最大的挑战。

（一）若 AI 绘画生成物构成作品，该著作权又当归属于哪一主体

境内 AIGC 服务商大都持类似观点。造梦日记是西湖心辰（杭州）科技有限公司和西湖大学深度学习实验室共同推出的一款 AI 绘画平台。造梦日记通过其服务协议明确："造梦日记所使用的 AI 模型，都采用 MIT 协议开源，在此基础上，我们进行了各种主题风格的深度定制。用户理解并确认，生成内容是基于用户输入指令（如文字描述、参数设置等）及我们的人工智能技术共同作用的结果。根据相关法律法规及知识产权原则，生成内容的版权归属于法律规定的权利人（如适用法律规定的创作者或其他合法权利人）。"[1] 同样的还有 6pen，基于 AI 技术，让你的文本描述变成绘画艺术作品，并可将你生成的作品投稿到有奖展览，在社区中展示，以创造更多价值。6pen 服务也明确"不保留版权"。6pen 不保留版权，由你生成出的作品，如无特殊情况，版权都归属于生成者或 CC0 协议。

AIGC 的创作过程分布于两个环节，其一是编写人工智能程序的环节，其二是补充输入信息的环节，其中后一环节不是必选项。如果所有环节中的人类选择均由同一主体（自然人或法人）作出，如人工智能程序的开发公司，则该主体应当获得相应人工智能生成内容的著作权。

现实的问题可能在于，将 AI 生成过程与人类的"投入或干预"这两个部分完全划分清楚，即 AI 生成过程中的构思和执行主体绝对地划分为"人"与"机器"两个非此即彼的对立面，似乎并没有那么容易。例如，在一些模型中，展示出了人类和机器联合构思、协作执行、共同生成的可能性。人类的提问质量、提问背后所蕴含的人类创造性思维，很大程度上决定了人工智能模型的回答质量，而人工智能背后的模型规模和算法结构又决定了回答呈现的信息量和

---

[1] 参见《造梦日记服务协议》，https: //help.zmrj.art/service.html，最后访问时间：2025 年 7 月 19 日。

准确度。因此，如果 AI 使用者在 AIGC 的生成过程中，所给出的修改、指示和筛选造就了最终答案的独创性，即使最终的内容是由 AIGC "一键生成"，是否也应当被认定为作品并将作者身份授予 AI 使用者确实值得讨论。

（二）独创性与合理使用的争议

AI 绘画生成物在一定情形下会与其深度学习的样本图片在画面（如线条、色彩、光影、整体风格等）上相似。当这种相似构成侵权判断规则所要求的"实质性相似"时，AI 绘画工具的开发者和使用者是否应对样本图片的著作权人承担侵权责任？"实质性相似"的具体判断标准如何界定？

由 Stable Diffusion 判决书可知，从互联网其他来源获取的近 60 亿张训练图片中，大部分是在未经图片所有者或网站运营商同意的情况下获得的。正是"Lion5b"数据集让稳定扩散技术在生成人工智能图像方面声名远播。集体诉讼声称，这侵犯了这些图像的版权所有者的专有权。稳定公司并不否认大量的训练图像是受版权保护的，这就是大规模销售的侵权行为。

原告方论点是，它创建了模型所训练的所有 58.5 亿张图像的潜在图像。这些潜在图像是通过机器学习过程开发出来的，其中一个训练图像与一个特定的单词相关联。然后在训练图像上逐渐引入越来越多的噪声，直到最终整个原始训练图像完全被噪声遮盖。然后进行第二个机器学习过程，逆转这一过程。只是这一次噪声逐渐减少，程序试图构建自己的图像，在视觉上重建它刚刚训练过的原始图像，但它永远无法做到完全复制。本案的核心问题是任何由稳定扩散生成的图像都是模型所基于的训练图像的衍生作品。所谓衍生作品，是指以一部或多部已有作品、翻译作品、电影改编作品、艺术复制品和新版图书为基础而衍生出来的作品。

原告诉讼称，一旦程序经过训练，它的 DataMesh，即包含所有数十亿潜在图像的数据统计网格，就可以通过调节和插值进行操作。为了说明这一点，诉状使用了一只戴帽子的狗吃冰淇淋甜筒的例子。在这个例子中，"一只戴帽子的狗正在吃冰淇淋甜筒"的文字提示是条件数据，它告知模型需要调用哪些潜在图像。通过插值过程，程序会将潜在图像组合成人眼可识别的图像。论据是，这种插值仍然完全依赖于潜在图像，而潜在图像完全来自训练图像，这些训练图像是有版权的，无论最终生成的戴帽子、吃冰淇淋甜筒的狗的图像看起来与任何原始训练图像都完全不同。

但是，如果作品以新的表达方式、含义或信息改变了原作品，或者通过创造新的信息、新的美学、新的见解或新的理解增加了原作品的价值，那么该作品就被认定为改编作品而非衍生作品。改编性作品是指将原版权作品的性质改变到一定程度，使其使用不再构成侵权，因为它服务于一个全新的目的。它不仅仅是衍生作品。衍生作品与变革性作品之间的这种细微差别的重要性怎么强调都不为过。衍生作品需要得到版权所有者的许可，而改变作品则不需要。从这个角度出发，我们可以准确地看待本案的真正问题——使用构成Lion5b数据集的58.5亿张训练图像的稳定性是否构成合理使用。

AI生成的图像内容，有着很大的概率包含并展现出作为训练数据的版权作品的元素及特征。在AI绘画工具的开发阶段，开发者需要提供数以亿计的图片用于构建AI深度学习的数据集，这些图片大多通过算法自动抓取自互联网，开发者基本未取得著作权人的授权亦未支付相应费用，这种复制行为是否构成侵权？开发者们又能否援引"合理使用"条款作为侵权的抗辩。

合理使用是一种积极抗辩，也就是说原告不能提起诉讼。只有当原告提出侵犯版权时，被告才能提出抗辩。合理使用的核心是防止僵化地适用版权法，否则就会扼杀版权法旨在培养的创造力。若认定合理使用，法院要考虑四个因素。首先，法院会考虑新用途的目的和特点是否改变了原有用途。转换性使用必须将原版权作品的性质改变到一定显著的程度，以至于这种使用不再被视为侵权，尽管如此，新的使用被认定为改变性使用并不能保证新的使用是合理的。这是因为法院还要考虑原作品的性质、新作品中使用的原作品的数量和实质内容，其次，还要考虑新用途是否损害了原作品的市场价值。新用途的商业价值不能损害或取代原作品的价值。相反，合理使用要求有高度新颖性、原创性，以及新使用的新目的。

最后，法院在判定合理使用时总是会考虑先例。人工智能图像生成器以前从未出现过，有许多案例值得考虑。有两个案例尤为突出。第一个案例是Perfect10 v. Google①，此案由杂志出版商Perfect10起诉谷歌，谷歌通过其搜索功能提供了Perfect10图片的缩略图。Perfect10随后起诉谷歌侵犯版权。但法院认为，谷歌对缩略图的使用属于合理使用，主要原因是这种使用具有高度的转换

---

① Perfect10公司提供手机背景图片下载服务，Google于2004年开始提供缩图搜索服务，将原来的大图转换成缩图存储在服务器内，通过链接技术使用户通过网络搜寻到缩图进而链接至原图所在网页，进行浏览或下载。Perfect10认为，Google的图片搜索服务，导致其享有版权的图片在搜索结果页面以缩图形式显示，侵犯了其展示权。而Google针对上述指控，则以合理使用为理由加以抗辩。参见Perfect10, Inc. v. Amazon.com, Inc., 508F. 3d1146 (9thCir. 2007)。

性，法院裁定谷歌将图片从娱乐性转换为信息检索性，并指出搜索引擎技术提供了令人震惊的有价值的公共利益，不应该因为可能影响某人的销售而受到损害。这是非常有力的先例。

第二个案例是 Authors Guild versus Google[①]，该案由不同的出版商团体对谷歌提起诉讼，争论的焦点是谷歌将印刷书籍的副本扫描并数字化到在线可搜索数据库中是否侵犯了版权。法院确认了合理使用的定义，指出将书籍数字化、创建搜索功能并在搜索结果中仅显示其中的片段是合理使用。法院还认为，尽管谷歌在新用途中具有商业性质和盈利动机，但文案写作的目的是高度转换性的，并没有破坏原著的市场。谷歌在新用途中具有商业性质和盈利动机这一事实并不重要。谷歌使用的是缩略图，而这些缩略图具有惊人的公共利益价值，这一点并不重要。因为他们对"Lion5b"数据集中的训练图像的使用具有很强的转换性，从而为原始图像创造了新的用途。此外，"稳定性"的这种新用途似乎并没有剥夺版权所有者控制其原创作品并从中获益的权利。

而在涉及美术作品独创性认定的著作权纠纷案件中，我国最高人民法院明确指出：不同种类作品对独创性的要求不尽相同。美术作品的独创性要求体现作者在美学领域的独特创造力和观念，对于既有欣赏价值又有实用价值的客体而言，其是否可以作为美术作品保护取决于作者在美学方面付出的智力劳动所体现的独特个性和创造力，那些不属于美学领域的智力劳动则与独创性无关。[②]

三、结语

人工智能的出现，改变了以人类为主导的传统作品创作方式，引发了诸多著作权问题。全球范围内，与人工智能技术相关的司法实践中，AIGC 可版权性的案件相对较少，综合起来致使 AIGC 在立法与司法层面还有许多有待讨论的问题，如可版权性的认定、作品权属的问题、人工智能生成物的保护与利益平衡问题，等等。对 AIGC 可版权性的认定一方面可以为与之相关的技术纠纷"定分止争"，另一方面也会对文学、艺术、科学领域的版权发展起到指引作用。因此，对 AIGC 所引发的一系列著作权问题亟待著作权法作出回应。

---

① Authors Guild v. Google, Inc., No. 13-4829（2dCir. 2015）.
② 参见最高人民法院（2013）民申字第 1262 号至第 1271 号、第 1275 号至第 1282 号、第 1327 号至第 1346 号、第 1348 号至第 1365 号，载中国法院网，https://www.chinacourt.org/article/detail/2014/04/id/1281638.shtml，最后访问时间：2025 年 7 月 19 日。

保证人向债权人承担还款责任后能否向抵押人追偿

丁 毅[*]

担保人为债务人提供担保并履行了担保义务后，获得了向债务人追索的权利，这被称为担保人的追偿权。本质上，担保人履行担保义务相当于偿还了债务人的债务，债务人对债权人承担的还款责任减少。因此，担保人有权在已承担的担保责任范围内向债务人进行追偿。担保人追偿权的成立需满足两个条件：首先，担保人必须已经向债权人履行了担保责任；其次，担保人履行担保责任与债务人责任的解除之间存在因果联系。

《民法典》以及相关司法解释明确了保证人在承担保证责任后，有权在其承担保证责任的范围内向主债务人追偿，这没有争议。但是对于保证人在向债权人承担了还款责任后如何向抵押人追偿的问题，可以从以下几个方面进行分析。

一、法律规定

《中华人民共和国民法典》

第三百九十二条 被担保的债权既有物的担保又有人的担保的，债务人不履行到期债务或者发生当事人约定的实现担保物权的情形，债权人应当按照约定实现债权；没有约定或者约定不明确，债务人自己提供物的担保的，债权人应当先就该物的担保实现债权；第三人提供物的担保的，债权人可以就物的担保实现债权，也可以请求保证人承担保证责任。提供担保的第三人承担担保责任后，有权向债务人追偿。

第七百条 保证人承担保证责任后，除当事人另有约定外，有权在其承担保证责任的范围内向债务人追偿，享有债权人对债务人的权利，但是不得损害

---

[*] 丁毅，广东国智律师事务所律师。

债权人的利益。

《最高人民法院关于适用〈中华人民共和国民法典〉有关担保制度的解释》

第十三条第二款　同一债务有两个以上第三人提供担保，担保人之间未对相互追偿作出约定且未约定承担连带共同担保，但是各担保人在同一份合同书上签字、盖章或者按指印，承担了担保责任的担保人请求其他担保人按照比例分担向债务人不能追偿部分的，人民法院应予支持。

混合担保情形下，提供担保的第三人承担担保责任后，有权向债务人追偿，其原因在于担保人承担担保责任实质上是为主债务人履行债务，而非履行自身债务，因此只得向因其清偿而得利的主债务人追偿。

二、实务观点

（一）第三人提供物保的情形

混合担保情形下，保证人承担担保责任后能否向抵押人追偿，实践中有三种不同的观点。第一种观点认为，混合担保中担保人之间不享有追偿权，应向主债务人追偿；第二种观点认为，保证人可以向债务人追偿，但不能向抵押人追偿；第三种观点认为，保证人可以向债务人追偿，也可以要求其他担保人清偿其应当分担的份额，包括提供物的担保的第三人。

如果在担保合同中没有约定可以相互追偿，法院通常不支持保证人向抵押人的追偿请求。

案例1：山东某公司与王某某追偿权纠纷一审民事判决书［（2016）鲁0303民初3267号］

裁判摘要：原告代借款人向银行偿还借款本息后可以向借款人追偿；其向借款人不能追偿的部分，也可以向其他共同保证的保证人按比例要求分担。本案所涉借款中与原告同为共同保证人的系刘某某、伊某某、崔某，而被告王某某并非与原告共同向某银行支行提供保证的保证人，而是以其所有的房产为借款人的借款提供抵押担保的抵押人，法律没有规定保证人承担保证责任后有权向抵押人追偿，因此，对于原告要求被告王某某承担其代偿金额六分之一份额的诉讼请求，本院不予支持。且保证和抵押均是为了保证主债权实现的担保方式，保证人代借款人清偿全部借款本息后，主债权已经实现，主债权人也没有再行使抵押权的必要。另外，该抵押的抵押权人为某银行支行，而非原告，即使原告代借款人向某银行支行清偿借款本息后，也不能自然享有该主债权的抵押权。

案例2：赵某等与某公司追偿权纠纷二审民事判决书〔（2020）京03民终1038号〕

裁判摘要：债务人是最终偿债义务人。在存在多个担保方时，如允许担保方承担担保责任后可相互追偿，可能导致多个相互追偿的诉讼程序发生，最终亦导致更多向债务人的追偿的诉讼。故从诉讼经济原则考虑，不应允许担保人之间享有追偿权。

案例3：程某华与付某汉、陈某萍等追偿权纠纷一审民事判决书〔（2023）鄂0804民初849号〕

裁判摘要：作为保证人在承担了保证责任之后，向其他保证人要求分担债务人不能清偿的部分，需要满足下列情形之一：（1）各担保人明确约定相互追偿及分担份额；（2）担保人之间约定连带共同担保或约定相互追偿但未约定分担份额；（3）各担保人在同一份合同书上签字。因原告是依照《保证合同》的约定承担保证担保责任，其仅能依据《保证合同》要求其他保证人分担债务人不能清偿的部分。而被告黄某权、周某为《抵押担保合同》中的抵押人，《保证合同》与《抵押担保合同》是两份不同的合同，所以原告要求被告黄某权、周某按照比例分担债务人不能追偿的部分，缺乏法律依据，本院不予支持。

（二）债务人自己提供物保的情形

《最高人民法院关于适用〈中华人民共和国民法典〉有关担保制度的解释》第十八条规定："承担了担保责任或者赔偿责任的担保人，在其承担责任的范围内向债务人追偿的，人民法院应予支持。同一债权既有债务人自己提供的物的担保，又有第三人提供的担保，承担了担保责任或者赔偿责任的第三人，主张行使债权人对债务人享有的担保物权的，人民法院应予支持。"

同一债权人有债务人自己提供的物的担保，承担了担保责任或者赔偿责任（笔者注：如保证合同无效的赔偿责任）的第三人有权在其承担责任的范围内主张行使债权人享有的担保物权。

案例4：河北某融资担保有限公司与李某甲追偿权纠纷一审民事判决书〔（2024）冀1102民初5610号〕

裁判摘要：被告李某甲以名下车辆为其债务向某商行提供抵押担保，某商行对抵押物享有优先受偿权。《最高人民法院关于适用〈中华人民共和国民法典〉有关担保制度的解释》第十八条第二款规定："同一债权既有债务人自己提供的物的担保，又有第三人提供的担保，承担了担保责任或者赔偿责任的第三人，主张行使债权人对债务人享有的担保物权的，人民法院应予支持。"现原告作为保证人承担担保责任后，主张行使某商行对被告李某甲享有的优先受偿权，符合法律规定，本院予以支持。

（三）保证人行使权利的方式

最高人民法院在（2020）最高法民终1177号民事判决中指出，关于判决是否应明确保证人享有追偿权的问题，一审判决本院认为部分已明确保证人承担责任后，有权向主债务人追偿，但并未在判决主文中明确该项权利，根据《担保法》第三十一条关于"保证人承担保证责任后，有权向债务人追偿"的规定以及《最高人民法院关于适用〈中华人民共和国担保法〉若干问题的解释》第四十二条关于"人民法院判决保证人承担保证责任或者赔偿责任的，应当在判决书主文中明确保证人享有担保法第三十一条规定的权利"的规定，一审判决未在判决主文明确保证人的追偿权有所不当，本院对此予以纠正。虽然相关司法解释已废止，但参照本案例的裁判要旨，仍可延续担保法司法解释的裁判思路。如果法院判决书或调解书中已明确保证人的追偿权，则保证人可以直接依据生效的判决书或调解书向法院申请强制执行，通过执行程序实现追偿权。

案例5：吴某某、孙某某、庄某某追偿权纠纷二审民事判决书〔（2021）闽05民终251号〕

裁判摘要：根据《最高人民法院〈关于判决主文已经判明担保人承担担保责任后有权向被担保人追偿，该追偿权是否须另行诉讼问题请示的答复〉》规定，对人民法院的生效判决书已经确定担保人承担担保责任后，可向主债务人行使追偿权的案件，担保人无须另行诉讼，可以直接向人民法院申请执行。一审法院作出的（2020）闽0502执异2号执行裁定书及本院作出的（2020）闽05执复18执行裁定书对吴某某主张的追偿权作出了处理，且已发生法律效力。现吴某某就该追偿权提起本案诉讼，违反了一事不再理原则，属于重复起诉。

案例6：某公司等非诉执行审查执行裁定书〔（2021）京执复217号〕

裁判摘要：本案中，某公司已依据（2007）朝民初字第05431号民事判决就王某对中行朝阳支行的相关债务承担了连带保证责任，理应依法取得中行朝阳支行对案涉房屋的抵押权。在某公司已经承担担保责任，全部清偿王某对中行朝阳支行的银行贷款后，案涉房屋的变价款优先清偿某公司对王某的追偿权，与执行依据并不冲突。考虑到本案涉及对《处理扣押物品清单》的理解且某公司未提供证据证明北京二中院执行实施部门此前曾拒绝将变价款中对应的抵押权部分优先支付，本院对北京二中院（2021）京 02 执异 157 号执行裁定予以维持，但某公司可以直接向北京二中院申请就变价款优先受偿。

三、结语

根据《民法典》的规定，当事人之间有约定的，债权人按照约定行使担保物权；没有约定的，债权人既可以行使担保物权，也可以行使保证债务请求权。提供担保的第三人承担担保责任后，有权向债务人追偿，但是关于混合担保中担保人之间是否可以互相追偿的问题则没有明确规定。如果当事人对于追偿问题有明确约定，按照其约定处理；未约定的，应当先向主债务人追偿。

担保人承担担保责任后，其有权向债务人追偿，但担保人并不能代替原债权人享有原债权债务中原债权人的权利，其只能在承担担保责任的范围内向债务人追偿。此外，同一债权人有债务人自己提供的物的担保，承担了担保责任的第三人在其承担责任的范围内主张行使债权人享有的担保物权的，人民法院应予支持。

如果法院判决书或调解书中已明确保证人的追偿权，则保证人可以直接依据生效的判决书或调解书向法院申请强制执行，通过执行程序实现追偿权。

在利率转换情形下如何确定担保人的担保责任

丁 毅[*]

2019年8月16日,中国人民银行发布〔2019〕第15号公告,明确要求:"自即日起,各银行应在新发放的贷款中主要参考贷款市场报价利率定价,并在浮动利率贷款合同中采用贷款市场报价利率作为定价基准。存量贷款的利率仍按原合同约定执行。"此后,2019年12月28日,中国人民银行就存量浮动利率贷款的定价基准转换为LPR有关事宜发布公告(中国人民银行公告〔2019〕第30号),自2020年3月1日起,金融机构应与存量浮动利率贷款客户就定价基准转换条款进行协商,将原合同约定的利率定价方式转换为以LPR为定价基准加点形成。为配合中国人民银行的要求,各银行纷纷通过签订利率转换协议等方式,对此前已成立的贷款合同的利率进行转换调整,调整后的利率从表述上与调整前完全不同,由此引起了个别担保人对其应承担的责任的争议。笔者在代理的一宗金融借贷案件中,针对担保人所提出的因贷款利率约定的变化,其不应就增加的范围承担质押担保责任的观点,运用法律及庭审技巧,成功予以反驳,得到了法院的支持。

一、案情简介

(一)案件基本事实

2017年3月20日,某银行(以下简称原债权人)作为贷款人与借款人签订《固定资产支持融资借款合同》,合同约定:借款金额为10.8亿元;借款利率以基准利率加浮动幅度确定,其中基准利率为提款日与借款期限相对应档次的中国人民银行基准贷款利率,浮动幅度为上浮10%;2017年4月至2017年9月,借款人向原债权人提款共计108000万元。

---

[*] 丁毅,广东国智律师事务所律师。

为配合中国人民银行〔2019〕第 15 号公告的要求，2020 年 6 月 17 日，原债权人与借款人签订《关于融资合同定价基准转换的补充协议》（以下简称利率转换协议），约定：每笔融资利率以定价基准加浮动点数确定，其中定价基准为每笔融资的利率确定日前一工作日全国银行间同业拆借中心公布的 5 年期以上贷款市场报价利率（LPR）；已发放融资的浮动点数按下列方式分段确认：（1）借款人于 2017 年 7 月 6 日（含）前提款的借据，浮动点数为加 74 个基点；（2）借款人于 2017 年 7 月 6 日后提款的借据，浮动点数为加 185.0002 个基点；已发放融资的首个利率确定日为本补充协议生效日。

上述利率转换协议签订即生效，2020 年 6 月 16 日全国银行间同业拆借中心公布的 5 年期以上贷款市场报价利率（LPR）为年 4.65%。

2019 年 12 月 23 日，原债权人与质押人签订《质押合同》，合同约定：质押人自愿向原债权人提供质押担保，担保的主债权为借款人于 2017 年 3 月 20 日签订的《固定资产支持融资借款合同》，质押物为质押人所持有的借款人股权，数量为 1520 万元，持股比例为 76%，并于 2020 年 1 月 23 日办理股权出质登记手续。

2020 年 12 月，原债权人所属广东省分行与原告签署《资产转让协议》，约定将包括上述债权在内的多户债权批量转让予原告，并进行债权转让公告。后续，原债权人与原告就本户债权签订《债权转让协议》。至此，原告已合法受让本案原债权人享有的债权。

（二）一审判决情况

2023 年 4 月，广州市中级人民法院作出本案一审判决，内容为：借款人于本判决生效之日起十五日内向原告清偿贷款本金 1019320000 元（本金中的 483 万元已在另案起诉）、利息 29191378.24 元及罚息、复利；原告对质押人持有的借款人 76%（数量为 1520 万元）的股权折价、拍卖或者变卖所得价款，在上述判项债权范围内行使优先受偿权。

（三）主要上诉意见

质押人不服一审判决，向广东省高级人民法院提起上诉，主要意见为：利率转换协议约定的利率加基点数高于原借款合同约定的利率加基点数，合同内容发生实质变更，债务人债务加重；上诉人与原债权人签署的《质押合同》在前，借款人与原债权人签署的利率转换协议在后，且利率转换协议并无质押人的盖章；《民法典》第六百九十五条第一款规定，债权人和债务人未经保证人书面同意，协商变更主债权债务合同内容，加重债务的，保证人对加重的部分不承担保证责任，质押人及保证人均为法律意义上的担保人，在未得到质押人书面同意的情况下，质押人无须对加重的债务部分承担质押责任。因此，质押人不应对利率转换协议中约定加重的利息部分承担质押责任。显然，质押人对债务人所拖欠的本金并没有异议，只是认为因为利率转换协议的签订导致利息增加，其不应就增加部分承担担保责任。

（四）二审法院裁判要旨

首先，利率转换协议是根据中国人民银行改革完善贷款市场报价利率（LPR）形成机制的要求对原合同进行的补充约定，其内容主要是将原《借款合同》中约定的按中国人民银行基准贷款利率浮动调整为按全国银行间同业拆借中心公布的5年期以上贷款市场报价利率（LPR）浮动。由于自2019年8月20日起中国人民银行不再公布贷款基准利率，因此并不能得出利率转换协议约定的利息高于原合同约定的结论。

其次，质押人持有借款人公司76%的股权，为借款人公司的控股股东，对于借款人公司与债权人签订涉案利率转换协议理应知晓且同意。

最后，本案一审中，质押人答辩中明确对质押担保责任无异议，亦说明质押人同意为变更后的利息提供质押担保。因此，质押人的上诉理由不能成立。

（五）二审裁判结果

驳回上诉，维持原判。

二、法律分析

本案二审中主要存在以下几个争议焦点，代理人详细分析如下：

（一）利率转换协议的签订是否加重借款人债务

首先，根据中国人民银行〔2019〕第15号公告，自2019年8月20日起，各银行在浮动利率贷款合同中应采用贷款市场报价利率作为定价基准，不得通过协同行为以任何形式设定贷款利率定价的隐性下限。因此，自2019年8月20日起，金融借贷合同不再采用基准利率，而采用贷款市场报价利率。国家也不再发布或规定贷款基准利率。显然，在没有贷款基准利率的情况下，无法得出采用贷款市场报价利率计算的利息必定高于采用贷款基准利率计算得出的利息的结论。

其次，2020年6月17日签订的利率转换协议约定借款人于2017年7月6日（含）前提款的借据，浮动点数为加74个基点，借款人于2017年7月6日后提款的借据，浮动点数为加185.0002个基点，已发放融资的首个利率确定日为本补充协议生效日。2020年6月16日全国银行间同业拆借中心公布的5年期以上贷款市场报价利率（LPR）为年4.65%。根据利率转换协议计算得出的实际利率分别为5.39%［2017年7月6日（含）前］和6.500002%［2017年7月6日后］，这与借据所载明的利率一致。因此，利率转换协议并未加重借款人债务，也未加重质押人义务。

（二）借款人与债权人签署利率转换协议，借款人的控股股东理应知悉且同意

尽管质押人并没有在2020年6月17日的利率转换协议上签字盖章，但质押人作为借款人的控股股东（持股比例76%，数量为1520万元），其对于原债权人与借款人签署的利率转换协议的内容应当知情且同意，无论利率转换协议的签订是否加重了质押人的责任，质押人均应承担质押担保责任。

（三）质押人在一审答辩中对质押担保责任无异议，应视为对变更后的利息提供质押担保

尽管笔者没有参与本案的一审阶段，但根据一审判决书的内容可知，质押人在一审庭审过程中对本案原告所提出的诉讼请求［其中第5项诉讼请求为：判决确认原告在借款人不清偿第一项的债务时，原告对质押人提供质押的借款人76%的股权（数量：1520万元）拍卖、变卖所得的价款享有优先受偿权］明确表示无异议。该答辩意见不仅记录在庭审笔录中，也在一审判决书中明确记载。显然，质押人在本案一审期间所作的陈述，对其有约束力。即质押人明确表示原告有权对质押人持有的借款人76%（数量为1520万元）的股权折价、拍卖或者变卖所得价款，在上述判项债权范围内行使优先受偿权。现质押人二审中又提出只对部分利息承担担保责任，违背了禁止反言原则，其理由应当不予采信。

（四）未经质押人书面同意加重债务的，质押人是否对加重部分承担责任

根据《民法典》第六百九十五第一款"债权人和债务人未经保证人书面同意，协商变更主债权债务合同内容，减轻债务的，保证人仍对变更后的债务承担保证责任；加重债务的，保证人对加重的部分不承担保证责任"规定可知，

该款明文规定调整的系债权人、债务人与保证人之间的法律关系，仅是对保证责任承担的规范。原告对质押人持有的借款人76%（数量为1520万元）的股权折价、拍卖或者变卖所得价款享有优先受偿权系基于对该股权的质权，不应参照适用《民法典》第六百九十五条第一款规定。因此，一审法院判决原告对案涉股权折价、拍卖或者变卖所得价款在本金、利息、罚息和复利的债权范围内行使优先受偿权完全正确，应予以维持。

三、案件小结

本案争议的焦点问题是以利率转换协议为依据计算的利息是否必然高于以贷款基准利率为依据计算的利息？

由于LPR标准的实施，改变了之前贷款合同中利率的计算标准，在质押人以该主张提出上诉时，表面上确实容易误导法院。通过本案的成功代理，笔者认为有以下几个方面值得注意：

首先，无论是否代理案件的一审，均应对案件一审审理的整个过程进行认真研究，既要研究判决书的内容，也要研究各方当事人的答辩和质证意见。在本案中，质押人在一审答辩中就明确表示对原告的诉讼请求没有异议，其中就包括对原告主张的质押人应承担的质押责任的范围没有异议。质押人的这一答辩意见对其有约束力，在二审期间对其应承担的质押责任的范围提出异议显然违背了"禁止反言原则"。笔者正是在对一审材料进行认真研究的基础上，指出质押人在一审期间已明确承认了其应承担的责任范围。笔者的该观点得到二审法院的支持。

其次，在认真研究案件材料的基础上，运用相关数据反驳上诉人的主张，能起到事半功倍的效果。本案中，上诉人主张以利率转换协议为依据计算的利息高于以贷款基准利率为依据计算的利息，加重了其责任，其不应对加重的责任承担责任。对此，笔者直接运用相关数据予以反驳。按照利率转换协议计算，涉案借款实际利率分别为5.39%［2017年7月6日（含）前］和6.500002%（2017年7月6日后），这一标准正好与借款借据上记载的利率标准一致。显然，按照利率转换协议计算的利息并不必然高于按照原约定的基准利率为依据计算的利息。笔者的这一观点同样得到二审法院的支持。因此，笔者认为，在处理案件过程中，如果采用数据直观表达相应观点，可以让法官一目了然，能够起到事半功倍的效果。

最后，加强专业知识的学习是提高我们办案能力的基础。在本案中，原告所主张的是质押人应承担质押责任，而质押人在二审期间所引用的法律依据（《民法典》第六百九十五条第一款）所调整的针对保证人保证责任范围的规定。笔者通过对相关法律规定的分析论证，认为《民法典》的该规定并不适用于对质押人的范围的认定，该观点得到二审法院的支持。

因此，笔者认为，在从事法律服务的相关业务时，既要加强自身的学习，努力提高自身专业能力，也要有认真细致的工作态度，对案件材料，特别是细节进行充分研究，在有些情况下，运用数据等直观的方式可以起到意想不到的效果。

网购收货地能否作为知识产权侵权案件的管辖法院

王 勃[*]

合理适用管辖权规则确定案件的管辖法院，是案件审判结果公平、公正的重要保障。在涉网购知识产权侵权纠纷中，权利人常常通过网购相关侵权商品的方式向侵权人提起侵权诉讼，并选择网购收货地法院为管辖法院，以节约诉讼成本；而被告则普遍提起管辖权异议，认为网购收货地法院并不享有管辖权。因此，知识产权侵权案件中，网购收货地法院是否享有管辖权需要探讨。

一、涉网购知识产权侵权案件的相关管辖规则

目前，涉网购知识产权侵权案件的相关管辖规则主要有以下六项：

案由	管辖地点	法律依据
一般侵权	侵权行为地（侵权行为实施地、侵权结果发生地）、被告住所地	《民事诉讼法》第二十九条 《最高人民法院关于适用〈中华人民共和国民事诉讼法〉的解释》第二十四条
信息网络买卖合同	合同履行地（有约从约；无约看交付标的方式，通过信息网络交付的——买受人住所地为合同履行地，通过其他方式交付的——收货地为合同履行地）	《最高人民法院关于适用〈中华人民共和国民事诉讼法〉的解释》第二十条
信息网络侵权	侵权行为实施地（实施被诉侵权行为的计算机等信息设备所在地）、侵权结果发生地（被侵权人住所地）	《最高人民法院关于适用〈中华人民共和国民事诉讼法〉的解释》第二十五条
专利权侵权	侵权行为地（制造、使用、许诺销售、销售、进口等行为的实施地与结果发生地）、被告住所地	《最高人民法院关于审理专利纠纷案件适用法律问题的若干规定》第五条

---

[*] 王勃，广东国智律师事务所高级合伙人。

续表

案由	管辖地点	法律依据
商标权侵权	侵权行为的实施地、侵权商品的储藏地或查封扣押地、被告住所地	《最高人民法院关于审理商标民事纠纷案件适用法律若干问题的解释》第六条
著作权侵权	侵权行为的实施地、侵权商品的储藏地或查封扣押地、被告住所地	《最高人民法院关于审理著作权民事纠纷案件适用法律若干问题的解释》第四条

通过对上述规定进行比较分析，可以发现除《最高人民法院关于适用〈中华人民共和国民事诉讼法〉的解释》（以下简称《民诉解释》）第二十条外，其他管辖规则都属于侵权这一范畴。可见，解决网购收货地能否作为知识产权侵权案件的管辖连接点的问题，关键在于厘清网购收货地是否属于侵权行为地。然而，各司法解释所规定的侵权行为地又不尽相同，且实践中各地法院对这些管辖规则的理解与适用存在不同的意见，导致了实务中的疑问。

二、网购收货地法院管辖权异议的三种代表性裁定

实务中，对于涉网购知识产权侵权案件的管辖权异议，总体上存在着否定、肯定和限制性肯定网购收货地作为管辖地点的三种裁定。

（一）否定网购收货地法院的管辖权

在深圳市某电子有限公司与应某侵害外观设计专利权纠纷管辖权异议一案中［（2016）粤03民初2175号之一］，深圳市中级人民法院较为系统详细地论述了网购收货地不宜作为管辖地点的原因：

第一，将网购收货地视为侵权结果发生地违背了民事诉讼法管辖制度中的"两便原则"及"密切联系原则"。一方面，无论是生产地、实际销售地还是被告住所地的法院确定管辖，都比权利人住所地法院更利于对侵权事实的查明以及后续判决的执行。另一方面，若网购收货地法院具有管辖权，权利人可以通过网络购买的方式任意指定收货地，那么理论上国内任一具有相应知识产权侵权纠纷案件管辖权的法院都可作为管辖法院，被诉侵权人则可能面临到全国各地法院应诉的局面，而管辖制度所遵循的"两便原则"将会被架空。

第二，将网购收货地视为侵权结果发生地将与现有民事诉讼制度原理相悖。侵权行为的结果应当是被控侵权人造成的，而不应当由被侵权人人为制造。同

理，侵权行为的结果发生地应当是侵权人实施侵权行为后客观存在的地点，而不应当是被侵权人按照自己的意志人为选择的地点。网购收货地是权利人基于自己的主观意志而掌握控制的，具有较大的随意性和不确定性。如果允许权利人以这种方式人为制造动态管辖连接点，势必会导致管辖连接点的随意化与分散化，也必将导致民事诉讼法上关于地域管辖的规定形同虚设，并使有关当事人对受诉法院的确定缺乏相对稳定的预期，这显然有悖于民事诉讼法关于地域管辖的立法本意。

第三，涉网购知识产权侵权案件的管辖问题不宜适用《民诉解释》第二十条予以规制。知识产权合同属于民事合同的一种，在民法中，引起合同法律关系发生变动的法律事实应当是指当事双方对所缔结合同的成立、变更或履行等发生争议，此种情况才是真正意义上的合同法律纠纷，应当由合同履行地法院管辖。而涉网购知识产权侵权案件的争议不在于合同的履行问题，而在于被告是否实施了侵权行为，即此类案件对于合同履行本身并没有争议，因此不宜适用该条规定管辖。在广东某服饰有限公司与周某商业贿赂不正当竞争纠纷管辖权异议一案中〔（2016）最高法民辖终107号〕，最高人民法院认为，在涉网购知识产权侵权案件中，应考虑知识产权案件的特殊性，优先适用侵犯知识产权案件专门的管辖规定，而不宜适用《民诉解释》第二十条网络合同纠纷管辖的规定来确定此类案件的地域管辖。

第四，《民诉解释》第二十五条主要规制的是信息网络侵权纠纷的管辖问题，主要包括侵害信息网络传播权民事案件和信息网络侵害人身权益民事纠纷案件的管辖问题，故并非所有涉及信息网络的侵权行为都可适用该条确定管辖。例如，在北京某集成有限公司与廊坊市某开关设备有限公司等侵害外观设计专利权纠纷管辖权异议一案中〔（2015）京知民立初字第2454号〕，法院认为并非案件事实与网络有关的侵权行为均属于信息网络侵权行为，信息网络侵权行为具有特定含义和范围，只有侵权人利用互联网发布直接侵害他人合法权益的信息的行为才属于《民诉解释》第二十五条规制的范畴。

第五，若将网购收货地视为侵权结果发生地，实则是将侵权行为与销售行为混为一谈。因为侵权销售行为所造成的直接结果，并不是侵权人通过销售侵权产品获得多少利益，而是通过销售侵权产品而导致权利人丧失了多少可期待利益。因此，在涉网购知识产权侵权案件中，买卖合同一经成立就会使得权利人丧失潜在的交易机会，即合同一经成立销售行为即告结束，至于随后的发货以及收货行为只是合同的履行过程，均与销售行为无关，因此不能将网购收货地解释为侵权销售行为地。

（二）肯定网购收货地法院的管辖权

涉网购知识产权侵权案件属于侵权纠纷，由侵权行为地和被告住所地法院管辖。因此，解决网购收货地法院是否享有管辖权的问题，关键在于厘清网购收货地是否属于侵权行为地。对此，实践中主要存在以下三种观点：

观点一：网购收货地属于侵权结果发生地。被控侵权人通过网络销售被控侵权产品的行为侵害了权利人的知识产权，其将被控侵权产品寄送至权利人选定的收货地，侵权的结果发生，收货地成为侵权结果发生地，法院具备管辖权。例如，在慈溪市某公司与上海某公司侵害外观设计专利权纠纷一案中［（2019）苏民辖终43号］，法院认为慈溪市某公司通过网络销售平台销售涉案被诉侵权产品，与上海某公司通过网络达成买卖涉案产品的合意，慈溪市某公司按照约定将涉案产品运送到南京市向买方交付，致双方交易行为最终完成，收货地系销售行为的结果发生地，具有管辖权。

观点二：网购收货地属于侵权行为实施地。被控侵权人通过网络销售被控侵权产品并采取邮寄方式实现销售目的，销售行为在买方收到货时才完成，故网购收货地可视为整个网络销售行为的延伸地，即属于侵权行为实施地，法院具备管辖权。

观点三：网购收货地既是侵权结果发生地又是侵权行为实施地。例如，在深圳市某电子有限公司与应某侵害外观设计专利权纠纷管辖权异议一案中［（2017）粤民辖终38号］，广东省高院认为，本案属于涉网络知识产权纠纷，应从被诉侵权行为的特点、后果分析认定其侵权行为地。从网络买卖的特点看，网络买卖行为跨地域进行，从买受人下单购买到出卖人发货再到买受人收货，均为买卖行为的组成部分，当买受人作为权利人认为其权益被侵害而提起侵权赔偿诉讼时，买卖双方之间的买卖行为，对于出卖人而言，在性质上已经转化为侵权行为，故网购收货地可认定为侵权销售行为地；而从结果意义上讲，网购中的下单购买、收货，均为销售侵权产品过程中的环节，因销售等侵权行为所产生的不良后果，如使购买者产生混淆与误认、权利人市场份额减少等，已经延伸至收货地，故网购收货地也可认定为侵权结果发生地。

（三）限制性肯定网购收货地法院的管辖权

对于网购收货地能否作为涉网络知识产权侵权案件的管辖连接点问题，应当结合权利人（原告）、侵权人（被告）双方住所地是否在收货地法院辖区范围内进行具体分析，主要存在以下三种观点：

观点一：网购收货地与权利人住所地（原告住所地）一致，则网购收货地应视为侵权结果发生地。即只有在网购收货地与权利人住所地重合的情况下，网购收货地法院才具有管辖权。例如，在蔡某与丹阳市某塑业公司管辖权异议一案中〔（2015）浙辖终字第123号〕，法院认为，网购收货地可以由买家任意指定，具有不确定性，若认为其可以成为案件的管辖连接点，会导致管辖连接点的随意化和分散化，故网购收货地不宜作为涉网购知识产权侵权案件的管辖连接点，但由于本案中的网购收货地系被侵权人住所地，而被诉行为的侵权结果发生地应涵盖被侵权人住所地，故被侵权人住所地法院对本案享有管辖权。

观点二：网购收货地与侵权人住所地一致，则根据"原告就被告"的一般性地域管辖原则，网购收货地法院当然具有管辖权。

观点三：网购收货地与权利人住所地、侵权人住所地均不一致，且与侵权产品的储藏地或者查封扣押地亦不一致的，则网购收货地法院不宜行使管辖权。例如，在相某与东莞市某户外用品有限公司、浙江某网络有限公司侵害发明专利权纠纷管辖权异议一案中〔（2018）津02民初812号〕，法院认为本案中的网购收货地与权利人住所地、侵权人住所地均不一致，如果其可以作为管辖连接点，则赋予权利人任意设置管辖法院的权利，明显违背程序公正，不符合方便确定、诉讼便利的原则，故网购收货地不能作为侵权行为地确定管辖。

三、结语

目前，关于涉网购知识产权侵权案件的管辖问题主要由《民事诉讼法》《民诉解释》以及三个知识产权侵权纠纷司法解释予以规制，而以上诸多管辖规则不完全相同，在具体案件中适用何规则也无统一规定。因此，现实中如发生此类纠纷，还是应该寻求专业人士的相关法律意见，以最大程度地维护自己的合法权益。

"承租人逾期腾房"时出租人救济途径实证研究

——基于162份判决书的分析

王 勃[*]

在房屋租赁纠纷中，往往会出现合同解除或终止后承租人逾期不腾退房屋的情形。此时，若合同有相关约定，通常按照合同约定处理；然而，实践中租赁合同未明确约定"承租人逾期腾房"时出租人救济方式的现象普遍存在。

对此，司法实践中出租人维权途径主要有两种方式，一是采取私力救济，二是通过诉讼途径。采取前种途径维权，出租人可能面临被承租人起诉侵权的风险；采取后种途径维权，由于该问题目前在法律上未有明确的规定，出租人大多依据《最高人民法院关于审理城镇房屋租赁合同纠纷案件具体应用法律若干问题的解释》（2020年修正，以下简称《房屋租赁司法解释》）第四条、第十三条的规定，诉请承租人支付逾期腾房期间的房屋占有使用费。该司法解释仅规定了承租人逾期腾房时应当支付房屋占有使用费，但在出租人的请求权基础、房屋占有使用费问题上并未有明确规定，实践中对此均有不同的观点，导致"同案不同判"现象的存在。

对此，笔者根据本文讨论的重点法条，以房屋租赁合同"承租人逾期腾房"案为研究对象，按照"案件类型—民事案件""文书类型—判决书""案由—房屋租赁合同纠纷""关键词—承租人逾期腾房"层级检索的方式在中国裁判文书网进行检索。在得到检索结果之后，笔者再对搜集的判决书逐份排查，排除内容重复的和主要争议与房屋租赁合同"承租人逾期腾房"无关的案件，最后整理得到的有效案例162个。笔者希望通过对162份判决书的梳理，归纳出司法实践中此类案件里出租人的维权途径、法院关注的重点问题及其裁判结果。

---

[*] 王勃，广东国智律师事务所高级合伙人。

一、司法实践现状分析

房屋租赁合同	出租人维权途径	法院事实认定情况		案件数（个）	支持原告诉请（个）	驳回原告诉请（个）
合同未对解除/终止后承租人物品处置问题有明确约定	诉讼方式	（次）承租人逾期腾房的房屋占有使用费/未及时腾房造成损失的责任	房屋租赁关系终止后，承租人对案涉房屋无权占有使用，继续占有使用案涉房屋应当支付出租人占有使用费/赔偿出租人相应损失	162	154	8
			房屋占有使用费支付标准 合同约定	31	1	30
			合同租金/法院综合考量	90	90	0
			转租合同租金	4	4	0
			市场价格	37	35	2
	私力救济	对出租房屋采取断水、断电、上锁、强制搬离承租人物品等措施	出租人的行为属于侵权行为	1	1	0
			出租人的行为使得承租人即使占有涉案房屋也无法使用涉案房屋进行正常的经营活动，酌情减少房屋占有使用费	1	1	0
			出租人采取上述措施使法院有理由相信出租人已经控制房屋，出租人有减少损失的义务，其就该扩大的损失，无权要求承租人承担	1	1	0

通过上表分析可知，当出租人通过诉讼途径要求承租人给付逾期腾房的房屋占有使用费或相应损失时，法院普遍支持出租人的诉求，被驳回的主要是出租人主张的占有使用费计算标准没有法律依据。此时，案件争议焦点主要集中在房屋占有使用费的支付标准上，此问题现行法律无明文规定，实践中不同法

院有不同观点。

二、私力救济的法律后果

实践中，租赁合同解除/终止后承租人不及时腾退房屋的情况并不鲜见，大多数出租人由于缺乏相关法律知识，往往采取断水、断电、上锁、强制搬离等较为"简单粗暴"的措施来"促使"承租人腾退房屋。然而，此种措施存在一定的法律风险，会使出租人从"守约方"变成"过错方"，陷入被动状态。例如，以下三个案例：

案例1：某集团成都房地产开发有限公司、某餐饮有限公司房屋租赁合同纠纷一案［（2020）川07民终3535号］中，法院认定出租人在合同约定的租赁期限内对出租门面上锁的行为构成侵权，其应承担侵权责任；此外，在合同解除后，出租人在承租人没有按约定到门店收拾物品时径直进行处置的行为系无权处分，出租人应对此承担责任。

案例2：常州市天宁某村经济联合社与刘某房屋租赁合同纠纷一案［（2016）苏04民终2020号］中，出租人于2013年1月起口头通知承租人解除双方的不定期房屋租赁合同，承租人迟迟不腾房，故出租人自2013年10月起采取断电等措施向承租人明示解除双方的租赁关系，要求其迁出涉案房屋。诉讼中，在房屋占有使用费的计算上，法院认定2013年1月至10月期间的占用费按年租金标准10000元计算，而10月以后至承租人办理案涉房屋期间的占用费，由于出租人采取断电的行为，使得承租人即使占有涉案房屋也无法使用涉案房屋进行正常的经营活动，因此在综合考虑全案的基础上，就此段时间的房屋占有使用费的标准按照5000元/年计算。

案例3：某商业城（苏州）有限公司与王某房屋租赁合同纠纷一案［（2014）吴开民初字第523号］中，出租人在向承租人发送的终止合同函件中称，在承租人付清各项应付款前，其有权根据合同约定制止承租人将租赁房屋内的任何物品搬离租赁场所。法院根据函件内容，并结合出租人对房屋进行断电、在前门设置围挡、未能在法院指定期限内对后门封堵问题作出说明等行为，法院有理由相信出租人在合同解除后实际控制了房屋。合同解除后，承租人逾期腾房的，出租人有权要求承租人赔偿相应损失，但本案中出租人控制房屋，拒绝承租人腾空的行为扩大了损失，就该扩大的损失，出租人无权要求承租人承担。

三、诉讼方式

《民法典》第七百三十三条规定："租赁期限届满,承租人应当返还租赁物。返还的租赁物应当符合按照约定或者根据租赁物的性质使用后的状态。"即在房屋租赁合同中,承租人在合同解除/终止后,应承担及时腾退租赁房屋的后合同义务。然而,现行法律并未规定关于承租人逾期腾房时出租人的救济办法。实践中,出租人主要依据《房屋租赁司法解释》第四条、第十三条的规定诉请承租人支付逾期腾房期间的房屋占有使用费。诉讼中,此类纠纷的争议点主要为出租人的请求权基础及房屋占有使用费的支付标准,实践中对此均有不同的观点。

（一）出租人的请求权基础

实务中,关于"承租人逾期腾房"案件中出租人主张返还涉案房屋、支付房屋占有使用费/赔偿损失的请求权基础主要有以下三种观点[1]：

观点一：出租人可行使不当得利返还请求权。不当得利制度是指没有合法根据,取得不当利益并造成他人损失的,应当将取得的不当利益返还受损失的人,返还的不当利益,应当包括原物和原物所生的孳息。在房屋租赁合同中,尤其是涉及转租的案件中,合同解除/终止后,承租人、次承租人不再享有继续占有租赁物的合法依据,其继续占有与使用房屋并获取利益,导致出租人遭受损失,构成不当得利。因此,出租人有权依据不当得利返还请求权要求承租人、次承租人返还占有的房屋以及因占有房屋获得的收益（房屋占有使用费）。

案例1：张某与国家税务总局某县税务局房屋租赁合同纠纷一案［（2019）新23民终1091号］中,法院认为,出租人与承租人之间的租赁合同解除后,承租人、次承租人应向出租人支付占用涉案房屋期间的使用费。而出租人与承租人、次承租人之间无合同关系,因此该使用费实质是一种不当得利。出租人与承租人之间的《房屋租赁协议》解除后,承租人对涉案房屋不再享有收益权能,其仍向次承租人收取租金,对出租人也构成不当得利,均应向出租人返还。

案例2：重庆市某医院与倪某房屋租赁合同纠纷一案［（2017）渝0154民初5119号］中,法院认为,《房屋租赁司法解释》第十八条明确了房屋租赁合

---

[1] 黄海涛、赵卉：《承租人、次承租人逾期不返还房屋之赔偿责任的确定——〈房屋租赁司法解释〉第18条之适用与完善》,载《法律适用（司法案例）》2017年第24期。

同无效，承租人应将房屋返还出租人，实际占有房屋的次承租人负有腾房义务，该次承租人逾期腾房的，构成不当得利，次承租人应当支付房屋使用费。

观点二：出租人可行使合同法上请求权。根据《民法典》第七百三十三条规定，承租人在合同解除/终止后应承担及时腾退租赁房屋的后合同义务，该义务属于法定义务，其未能履行的，出租人有权请求其承担相应的合同法上的责任。

案例1：某律师事务所与某发展有限公司房屋租赁合同纠纷一案[（2020）粤04民终699号]中，法院认为，根据《民法典》第七百三十三条之规定，"租赁期间届满，承租人应当返还租赁物"。即某律师事务所作为承租人，在合同期限届满后逾期腾房的行为违反了租赁合同的附属义务。

案例2：重庆市某医院与倪某房屋租赁合同纠纷一案[（2017）渝0154民初5119号]中，法院认为，根据《民法典》第七百三十三条之规定，租赁期间届满，承租人应当返还租赁物，这个责任也规范在作为出租人时的承租人与次承租人之间的权利义务。

观点三：出租人可行使返还原物请求权。所有权是指所有权人依法对自己的财产享有的占有、使用、收益和处分的权利。在出租人也是租赁标的物的所有权人的情况下，出租人也可以依据自己享有的物权提出请求。房屋租赁合同解除/终止后，承租人、次承租人逾期腾房，属于无正当理由占有、使用租赁物，出租人作为产权人，可以行使所有物返还请求权，并可依据相关规定请求赔偿损失。

案例1：岳某、某经济合作社房屋租赁合同纠纷一案[（2020）浙03民终7106号]中，法院认为，承租人与次承租人签订的转租合同因《合同书》的解除而丧失合同履行的基础，出租人作为所有权人如果认为次承租人继续占有涉案房屋构成无权占有的，应当对实际占用人及其他责任人行使物权保护请求权。

案例2：某公司、某某有限公司房屋租赁合同纠纷一案[（2020）闽0203民初12628号]中，法院认为，出租人与承租人约定的租赁期限已经届满，承租人未返还案涉房屋构成无权占有，某公司作为案涉房屋所有权人，有权请求其返还。承租人逾期腾房给出租人造成损失，出租人有权依法律规定要求其赔偿损失，即支付逾期腾房期间的房屋占用费。

（二）房屋占有使用费的支付标准

《房屋租赁司法解释》第四条、第十三条仅规定了逾期腾房的应支付占有使用费，但该使用费的具体标准如何确定，实践中具有一定争议。主要参照以下几个标准：

1. 租赁合同的租金标准

《房屋租赁司法解释》第四条第一款规定，当事人请求参照合同约定的租金标准支付房屋占有使用费的，人民法院一般应予支持。因此，实践中，当事人约定房屋占有使用费以租赁合同约定租金为支付标准的，或合同未约定房屋占有使用费时直接诉请法院按照租赁合同约定租金为支付标准的，法院普遍支持其诉求。

2. 合同约定标准

实践中，部分当事人会在合同中约定承租人逾期腾房时房屋占有使用费的支付标准，如按合同租金的2倍支付房屋占有使用费等。对此，绝大多数法院认为，逾期交房的违约责任条款，该房屋占用费的计算标准明显高于承租人逾期交房对出租人所造成的损失，应以出租人的实际损失为基础，兼顾合同的履行情况、当事人的过错程度以及预期利益等综合因素，根据公平原则和诚实信用原则予以调整。

例如，朱某与孙某、某公司房屋租赁合同纠纷一案［（2017）苏01民终11014号］中，法院认为，逾期交房的违约责任条款的房屋占用费的计算标准明显高于因某公司逾期交房对孙某、朱某所造成的损失，依法应予调整。法院以孙某、朱某的实际损失为基础，兼顾合同的履行情况、当事人的过错程度以及预期利益等综合因素，根据公平原则和诚实信用原则，酌定某公司按合同约定租金标准的110%向孙某、朱某支付房屋占有使用费136000元。

3. 转租合同的租金标准

根据上表可知，仅有极少数法院支持以转租合同的租金为房屋占有使用费的支付标准。例如，［（2019）沪0115民初12270号］中，法院认为，出租人所主张的10元每平方米每日系其与承租人之间的合同约定，并不能约束次承租人。在审理中，出租人称其在2019年将系争场所周边的房屋对外出租的单价为2.5元每平方米每日，另据其向房产中介询价了解到，与系争场所相同地段相同情况的房屋租赁价格为2.6元每平方米每日。次承租人表示对于出租人对外转租合同以及中介询价的真实性不予认可，建议法院参照其与承租人的合同约定，按照3125元每日的标准计算占有使用费。法院根据双方的意见，认为次承租人所主张的占有使用费计算标准尚属合理，故酌定次承租人逾期返还系争场所期间每日应向原告支付占有使用费 3125 元。

4. 市场价格标准

法院采用此标准的前提是出租人能够提供同类地段同类房屋的租赁市场价格的相关证据，否则法院将不予采纳。

例如，[（2020）甘 0523 民初 880 号] 一案中，法院认为，承租人逾期腾房，应参照房屋占用期间同地段同类房屋租赁市场价格确定逾期占有使用费。

再如，[（2017）湘 31 民终 805 号] 一案中，法院认为，基于司法的社会效果考量，应参照房屋占用期间同类地段同类房屋的租赁市场价格来确定逾期腾房的占有使用费更为适宜，但出租人在案件的审理过程中，未提供同类地段同类房屋的租赁市场价格的相关证据，亦未就该房屋的占有使用费申请评估，故其要求承租人按市场价格标准支付房屋占有使用费的证据不足、理由不充分，法院不予支持。

四、结语

租赁合同中未约定合同解除/终止后承租人逾期腾房时如何处置其遗留物品的，出租人为收回房屋、维护自身权益，同时避免产生争议、招致不必要的法律风险，可以向法院提起诉讼要求承租人限期搬离房屋，但一般不建议随意处置承租人所遗留的物品。实务中，出租人可能存在急于收回房屋出租的情况，考虑到诉讼程序耗时较长，出租人可以采取公证提存的方式进行处置，以减少关于腾退引起的纠纷和风险。现实中，如发生承租人逾期腾房情形，还是应该寻求专业人士的相关法律意见，合法收回房屋，更好地保障自己的权益。

债权人"仅凭金融机构转账凭证"起诉认定借贷关系的实证研究

——基于 187 份判决书的分析

王 勃[*]

民间借贷在促进融资、推动我国经济发展上具有积极作用。然而，在司法实践中此类案件欠缺借款合同的现象普遍存在，诉讼中较常见的是债权人仅凭金融机构转账凭证起诉债务人还款。对此，《最高人民法院关于审理民间借贷案件适用法律若干问题的规定》（法释〔2020〕17 号）（以下简称《民间借贷规定》）第十六条专门对仅有转账凭证的民间借贷诉讼案件证明责任分配进行了相关规定。

为了展示司法实践的最新进展，笔者根据本文讨论的重点法条，选择近几年以来的民间借贷"仅凭金融机构转账凭证起诉"案作为研究对象，按照"案件类型—民事案件""文书类型—判决书""案由—民间借贷纠纷""裁判时间—2021 年 1 月 1 日至 2022 年 12 月 31 日""裁判依据—《最高人民法院关于审理民间借贷案件适用法律若干问题的规定》第十六条"层级检索的方式在中国裁判文书网进行检索。在得到检索结果之后，笔者再对搜集的判决书逐份排查，排除内容重复的和主要争议与民间借贷"仅凭金融机构转账凭证起诉"案关于证明责任分配无关的案件，最后整理得到的有效案例 187 个。笔者希望通过对 187 份判决书的梳理，归纳出司法实践中此类案件里被告抗辩的一般事由、法院事实认定情况、裁判结果以及法院关注的重点问题。

---

[*] 王勃，广东国智律师事务所高级合伙人。

一、司法实践现状分析

原告主张及举证	被告抗辩事由	案件数（个）	法院事实认定情况	支持原告诉请（个）	驳回原告诉请（个）
原告仅依据金融机构转账凭证起诉，主张借贷事实成立	被告未到庭参加诉讼，未抗辩	49	被告未抗辩，原告已完成初步举证责任	46	2
			虽被告未到庭抗辩，但原告没有其他证据佐证双方形成借款合意	0	1
	被告承认原告的诉讼请求、事实和理由	3	被告认可，双方借贷事实成立	3	0
	被告抗辩原告的转账行为系基于双方其他法律关系或系原告偿还之前向被告的借款	135	被告没有提交证据，法院认为原告已初步完成举证责任	11	1
			被告提交了相应证据，但被告提供的证据明显不足以支持他的主张或被告的抗辩不合情理	43	0
			被告提交了相应证据并且证明其抗辩主张合理可能，人民法院根据双方当事人举证情况对事实作出认定	15	65

通过上表分析可知，在被告未到庭抗辩或者认可原告的事实主张时，人民法院普遍直接支持原告的诉讼请求。该类案件被告的抗辩意见主要为原告的转账行为系基于双方其他法律关系或系原告偿还之前向被告的借款，人民法院根据被告提交的证据对证据证明力进行判断后对案件事实作出认定，在被告提供的证据明显不足以支持他的主张时，人民法院普遍直接支持原告的诉讼请求；但在借款人也没有提交证据证明双方之间存在其他法律关系的情况下，依据原

告提交的转账凭证可以认定双方之间存在民间借贷关系的概率比较高。值得注意的是,根据数据统计,在被告提交了相应证据并且证明其抗辩主张合理可能后,出现了完全相反的两种处理结果,原因主要为不同的人民法院对被告举证应当达成何种程度、证明标准如何出现分歧。

二、诉讼中的重点问题

(一)举证责任的分配问题

《民间借贷规定》第十六条专门针对原告仅提供金融机构转账凭证、不能提供借款合意证据的情形下如何分配举证责任作出规定。基于该条规定,对仅有金融机构转账凭证案的举证规则是,在原告不能提供借款合同等表明双方之间存在借贷关系的书面证据,仅提供金融机构转账凭证时,在没有其他合理怀疑的情形下,即应当认为其对与被告之间存在借贷关系完成了初步举证责任;被告没有对原告提出的主张进行否认或者抗辩,或者虽然提出抗辩但并未提供足够的证据进行证明,此时法院可以依据原告提供的证据推定当事人存在债权债务关系;若被告主张该转账是基于双方其他法律关系而为,则被告需对自己的主张证明到"合理可能"标准,否则被告应当承担举证不能的法律后果;但在被告的举证可以初步证明其抗辩主张,动摇对推定事实的确信程度,使借贷合意的存在处于真伪不明状态时,原告仍应就借贷关系的成立进一步举证(高度盖然性标准),在原告不能提供更充分的证据证明双方存在借贷关系时,原告对此承担相应不利后果。因此,前述司法解释并非完全免除提供转账凭证一方当事人关于借贷合意的证明责任,该方当事人本质上仍应对双方之间存在借贷合意承担举证证明责任。

(二)支付凭证的证明力及证明标准问题

实务中关于"仅有金融机构转账凭证"的案件中支付凭证的证明力以及证明标准主要有以下四种观点:

第一种观点为:原告虽能提供其向被告支付借款的转账凭证,但该凭证仅能证明其向被告实际交付了款项的事实,而无法证明该笔资金的性质,不能证明系被告向原告借的借款,即不能证明当事人之间是否存在借贷法律关系。实际上,原告并未完成完整的举证过程,也并未完成其应承担的证明责任,无论被告是否否认原告的主张,原告仍应继续提供证据证明借贷关系的存在,否则应承担相应的法律后果。例如,刘某、曾某等民间借贷纠纷案〔(2022)辽04

民终263号］中，一审法院认为原告提交的向被告转账的银行转账凭证，仅能证明其向被告转账了50000元，不能证明双方之间具备借款的合意，原告未提交其他证据证明其与被告之间存在借款的合意，故其主张的借款关系不成立。

第二种观点为：金融机构的转账凭证对款项的发生和流向具有一定证明力，因而，可以认定原告作为出借人提供其转款给被告的金融机构转账凭证，已经完成了借贷关系成立的初步举证，即原告已经实际履行了支付借款的义务。被告若以该转账凭证系基于其他法律关系为由进行抗辩，从而否认原告提出的借款事实主张，在此情况下，被告所持的抗辩内容，实际上形成了一个新的主张，即双方当事人之间还存在原告所主张的借款关系之外的权利义务关系，而原告所持金融机构转账凭证与案外权利义务关系相对应，此时，被告应当对其主张承担证明责任，但该举证责任的证明标准应当低于高度盖然性证明标准，仅需达到对原告主张的借贷关系产生怀疑即可，若被告未提交证据证明其主张，则不需要原告对民间借贷关系的成立进一步承担举证责任，法院认定原告提交的转账凭证达到高度盖然性标准从而支持原告的诉讼请求。第二种处理意见与第一种处理意见完全相反。例如，李某、张某民间借贷纠纷案［（2022）云01民终1711号］中，二审法院即认为原审被告提出的抗辩理由系一个新的主张，其应当承担相应的证明责任，但其并未提交相应证据证明其主张，应当承担举证不利后果。

第三种观点为：原告提交的金融机构转账凭证能够证明被告已经收到了款项，被告应当就其收到款项的原因作出合理解释并提供证据证明。在被告能够提供证据证明双方并未有借贷合意或事实上不存在借贷事实时，为了防止造成当事人的诉累以及节约司法资源，此时应由法官对原告进行释明，征求原告是否变更诉讼请求，即将请求权基础由民间借贷纠纷变更为请求返还不当得利。

第四种观点为：在原告仅仅依据金融机构的转账凭证提起诉讼时，如果事实难以查明导致事实真伪不明时，法院根据查明的基础事实，依据经验法则，由法官依据自由裁量权分配双方的举证责任。此时，举证责任分配规则并不唯一，法官根据具体案件进行分配。例如，杨某、龚某民间借贷纠纷案［（2021）湘0821民初624号］中，法院认为原告在被告未归还之前欠款的情况下再多次借给被告款项亦不打借据、欠据，不符合日常生活经验法则，依据查明证实的原、被告双方的资金往来存在填卡、过账、借款等多种用途，不能确定全部都是双方借款事实，不予支持原告诉求。

以上四种观点基本上涵盖了我国各地法院在实务中对此问题的处理意见。笔者认为，第二种处理意见降低了原告的证明标准，加重了被告的举证责任；第三种处理意见混淆了释明功能的界限，释明的功能只是保障当事人能充分举证，法官在审理案件时首先应辨别当事人的请求权基础并据此来作出审理，而非法官积极介入当事人举证不能的局面；第四种处理意见过于依赖了法官的自由裁量权，如果过多给予法官自由裁量权，在案情复杂的案件中容易导致"同案不同判"的现象出现。

（三）实务分析

（1）支付凭证的证明效力认识不同

前述统计数据表明，在对于被告未到庭或者未抗辩时，法院普遍认为原告提供金融机构的转账凭证系已经完成了初步的举证责任，即其已履行了借款的实际交付义务，但有的法院根据证明责任分配法理，认为原告仅提供金融机构转账凭证不能证明双方形成借贷合意从而驳回原告的诉请。例如，欧某、杨某民间借贷纠纷案［（2021）湘1202民初7922号］中，对被告主张的38000元借款，因原告仅提供金融机构转账凭证，而未能提供借据等债权凭证或其他短信、微信交流内容印证，法院综合考虑原被告间并非亲友或旧识、前一笔借款原告提交了借据、原告诉状称该笔借款未出具借据而庭审中又陈述该借据遗失前后陈述不一致的事实，结合原告的职业及原告朋友存在向被告购房的情况，不能得出原告2019年12月20日向被告转账38000元的性质系借款之唯一结论。法院认为此属原告对该38000元借贷事实成立的举证不足，故对原告要求偿还该38000元借款的诉讼请求不予支持。

（2）被告否认借贷合意时客观证明责任由哪一方主体承担认识不同

实务中，法官对于被告提供的证据是何种证据，应达到何种证明程度理解不同，处理的结果亦不同。例如，于金某、李某等民间借贷纠纷案［（2021）桂05民终1204号］中，一审法院认为原告仅依据金融机构转账凭证主张借贷关系存在，应当认为其对与被告之间存在借贷关系的事实完成了初步举证。被告以转账系支付双方之前中介合同报酬，从而否认刘某某提出的借款事实主张，被告抗辩的内容实际上是一个新的主张，即双方当事人之间还存在刘某某所主张的借款关系之外的权利义务关系。按照主张权利存在的当事人应当对权利发生的法律要件存在的事实负举证责任的基本原理，被告对于其所主张的双方之间存在中介合同关系，应负相应的举证责任，需要提供证据予以证明。被告主张双方是口头合同而原告否认，被告提交的证据未能证明其主张，此时原告不需要对民间借贷关系的成立进一步承担举证责任。对此，法院根据日常经验法则，认为原告借款给被告比较符合常理，双方之间存在借贷关系的事实具有高度可能性。因此，一审法院认定原告与被告之间存在借贷关系。

然而，二审法院认为原告提供了金融机构的转账凭证，可以初步证明其与被告之间存在借款关系。被告抗辩涉案款项并非借款而系中介费用，应提出反证，被告提供相关证据使法院认为其抗辩有相应的事实依据，具有一定的可信度，使得法院对原告的主张产生合理怀疑。在此情况下，原告应对其主张进一步提供证据予以证明并对被告的抗辩主张予以反驳，而原告未能就双方成立借贷关系的主张作进一步举证，且其行为及表现均与日常借贷习惯不符，故应承担举证不能的法律后果。

四、结语

实务中关于"仅有金融机构转账凭证"的案件中支付凭证的证明力以及证明标准主要有四种观点，《民间借贷规定》第十六条规定实际上是采纳了前述第二种观点，但因现实案件中的复杂性，并非所有法院都径直采纳第二种观点。实践中，由于各个案件情况不同、细节不同，法官的法律素养、法理逻辑不同，选择适用的法条也有所偏差，对证据的在证明力的大小以及如何分配原被告的证明责任方面有自己不同的看法，导致作出的判决也有所不同。因此，针对此类"仅有金融机构转账凭证"的孤证案件，法官内心的裁判逻辑及法律素养会影响案件最终的走向。对于前述支付凭证的证明力以及证明标准的四种观点，笔者更加倾向于第一种观点的做法，但在具体案件中，还应当考虑具体案件情况、法院往常做法、判案法官惯用逻辑，等等。而生产经营中，如有出借款项的事务更应该寻求专业人员的法律支持，规范并明确出借行为，保障自己的权利。

人身损害赔偿纠纷中，已报销的"医疗费"能否主张

张炯娜[*]

在人身损害赔偿纠纷中，"医疗费"通常是受害人要求侵权人赔偿的主要费用之一，《民法典》第一千一百七十九条规定，侵害他人造成人身损害的，应当赔偿"医疗费"等费用。

但随着基本医疗保障制度的普及，以及商业保险的发展，受害人常常在治疗过程中就已通过相关医保制度报销部分"医疗费"，对于该部分已经报销的"医疗费"是否能在人身损害赔偿纠纷案件中主张，司法实务中存在着两种截然不同的观点。

一、观点分歧

第一种观点是仅支持个人缴费部分，即侵权人不需赔偿受害人已报销的"医疗费"部分。

在陈某文诉李某臣生命权、健康权、身体权纠纷一案[①]中，原告陈某文在依法执行查扣"五类车"公务活动的过程中，遭遇被告李某臣驾驶一辆改装且载满货物的三轮车逆行，原告等人示意被告停车接受检查，但被告拒不配合并加速行驶三轮车，导致原告被撞倒在地，右腿被三轮车压住，造成原告轻伤一级的损伤及十级伤残的后果。原告在治疗过程中发生并向被告主张医疗费、误工费、护理费、交通费、住宿费、伙食费、营养费、残疾赔偿金、工伤伤残鉴定费、精神损害赔偿金等赔偿。其中部分医疗费已经公费医疗报销。一审法院在计算医疗费赔偿时仅计算原告个人缴费部分数额，认为"医疗费"应以原告实际支出金额为准，并结合医疗费发票计算得出赔偿额。

---

[*] 张炯娜，广东国智律师事务所合伙人。
[①] 参见（2019）粤 0104 民初 41777 号民事判决书。

第二种观点是侵权人仍需赔偿受害人主张的已报销"医疗费"。

在陈某兵与邱某新、邱某泉生命权、健康权、身体权纠纷一案[①]中，原告陈某兵在其酒厂一楼生产车间作业时，酒厂北面邱某新、邱某泉等被告所有的六楼房屋天台屋顶一角的砖块及瓷砖跌落，坠破原告陈某兵一楼铁皮房的屋顶及铝扣天花板后砸中正在作业的陈某兵头部。陈某兵随即被送往医院抢救，经鉴定陈某兵伤残等级为九级。部分医疗费用已通过商业保险获得理赔。随后原告陈某兵起诉至法院要求侵权人赔偿医疗费等费用，一审法院变更案由为物件脱落、坠落损害责任纠纷。在审理过程中，法院认为本案不足以认定为受雷击影响的不可抗力，适用过错推定原则，被告应就自身不存在过错承担举证责任，但无证据证实被告无过错，故被告应承担侵权责任。对于"医疗费"的主张，一审法院认为，原告通过商业保险获得理赔与原告在本案中提起的侵权之诉系不同的法律关系，被告抗辩应在侵权赔偿中扣减原告已通过商业保险理赔获取的款项，缺乏法律依据，不予采纳。

从上述案例可见，对已经报销的"医疗费"是否能够主张赔偿存在不同看法，但实际上法律法规、司法解释等均没有明确要求"医疗费"需为受害人实际支付，因此实务中出现由于理解不同而作出不同的判决情况。

二、现行规定

根据《最高人民法院关于审理人身损害赔偿案件适用法律若干问题的解释》第六条的规定，医疗费根据医疗机构出具的医药费、住院费等收款凭证，结合病历和诊断证明等相关证据确定。赔偿义务人对治疗的必要性和合理性有异议的，应当承担相应的举证责任。

《社会保险基金先行支付暂行办法》第十一条亦规定，个人已经从第三人或者用人单位处获得医疗费用、工伤医疗费用或者工伤保险待遇的，应当主动将先行支付金额中应当由第三人承担的部分或者工伤保险基金先行支付的工伤保险待遇退还给基本医疗保险基金或者工伤保险基金，社会保险经办机构不再向第三人或者用人单位追偿。个人拒不退还的，社会保险经办机构可以从以后支付的相关待遇中扣减其应当退还的数额，或者向人民法院提起诉讼。

---

① 参见（2020）粤 0118 民初 6563 号民事判决书。

在最高人民法院民事审判第一庭编的《民事审判指导与参考》（总第57辑）[①] 中，对于社会医疗保险已经垫付的医疗费用，受害人能否向侵权人主张赔偿，存在不同的意见：第一种意见认为，该医疗费用受害人不能再行主张赔偿。第二种意见认为，该医疗费用受害人可向侵权人主张赔偿。第三种意见认为，处理医保支付医疗费的侵权案件，应明确两个原则，一是受害人对医保和侵权人的赔偿不能兼得；二是侵权人不能因受害人享有医保而减轻赔偿责任。最高人民法院民一庭同意第三种观点。在人身损害赔偿纠纷案件中，社会保险制度不能减轻侵权人的责任，而被侵权人也不能因侵权人的违法行为而获利。如果已经支付了医疗费的社会医疗保险机构没有参加该案诉讼，人民法院应当向其通知本案的诉讼情况，支持其行使追偿权。

三、支持侵权人赔偿已报销的"医疗费"的理由

笔者认为人身损害赔偿纠纷中，主张侵权人赔偿已报销的"医疗费"应被支持。主要有以下几点理由：

1. 受害人通过医保、商业保险等获得报销与受害人受侵害而提起的侵权之诉系不同的法律关系，不能直接冲抵侵权人因侵权行为所应支付的赔偿额。

2. 若将受害人通过医保等制度报销的部分"医疗费"予以扣减，从而实质上减轻侵权人的侵权责任，不仅不符合医保制度的保障目的，而且变相地成为侵权人的挡箭牌。实际上社会医疗保险机构可以通过扣减后续相关待遇或者行使追偿权的方式填补先行支付额，因此受害人不会因此获益，侵权人也不需重复赔偿。

3. 医保、商业保险等报销部分的费用是基于受害人购买了医疗保险，是受害人履行支付保费的义务而获得的报销费用权利，受害人行使权利却使得侵权人义务减轻无疑是不为大众所接受的。报销有一定的限额，并且有相应的比例，它的使用会影响到受害人以后的就医报销，不能机械地认为受害人实际支付的"医疗费"才是实际损失。

因此，在笔者看来，即使法律尚未明确"医疗费"的赔付是否基于个人实际支付部分，裁判观点也不应偏离人民大众朴素价值观的认知，才能真正让人民群众在每一个司法案件中都能感受到公平正义。

---

① 最高人民法院民事审判第一庭编：《民事审判指导与参考》2014年第1辑（总第57辑），人民法院出版社2014年版，第133—137页。

"竞业限制"的法律概念及适用

胡亘周　郑雅净[*]

随着就业环境变化,"竞业限制"作为我国目前劳动争议纠纷中出现频率越来越高的法律规定,其概念通常是指《劳动合同法》第二十三条第二款的内容,即对负有保密义务的劳动者,用人单位可以在劳动合同或者保密协议中与劳动者约定竞业限制条款,并约定在解除或者终止劳动合同后,在竞业限制期限内按月给予劳动者经济补偿。劳动者违反竞业限制约定的,应当按照约定向用人单位支付违约金。

当前用人单位为了维护自身的竞争优势,一般都会选择与劳动者签订竞业限制协议,但具体来说,竞业限制的适用究竟是如何规定的呢?

一、竞业限制的法律概念

(一)竞业限制的对象

竞业限制的对象是指在用人单位就职时负有保密义务的劳动者,限于用人单位的高级管理人员、高级技术人员和其他负有保密义务的人员。

1. "高级管理人员"的认定

一般情况下可以适用《公司法》第二百六十五条的规定范围,即指公司的经理、副经理、财务负责人,上市公司董事会秘书和公司章程规定的其他人员。但在实践中,也有法院采纳以下观点认定高级管理人员身份。

在(2019)皖民再27号案件中,法院认为,《公司法》(2018年修正)第二百一十六条第一项规定:"高级管理人员,是指公司的经理、副经理、财务负责人,上市公司董事会秘书和公司章程规定的其他人员。"案件中公司作为上市企业,其章程第一百二十四条规定,公司高级管理人员包括公司总经理、副总

---

[*] 胡亘周,广东国智律师事务所高级合伙人;郑雅净,广东国智律师事务所律师。

经理、财务负责人、董事会秘书。被告担任该公司党委副书记、纪委书记、工会主席等职，且按照高级管理人员考核并实行年薪制，属于通常意义上的其他公司高级管理人员，但不属于《公司法》及公司章程规定的高级管理人员范畴。

因此，在规章有明确规定高级管理人员范围时，可以依据规章规定认定高级管理人员。并且，法院在审判竞业限制纠纷案件时，一般都会结合劳动者在公司的工作内容、管理权限、薪资水平等因素综合判断，以此认定是否属于高级管理人员。

2. "高级技术人员"的认定

现行法律法规并没有对高级技术人员作出明确的范围限定，一般情况下是指在企业中从事某项专门技术的、具有一定专业知识的劳动者。但由于技术问题涉及较多保密内容，因此相对于高级管理人员以及其他负有保密义务的人员，高级技术人员的认定争议较小。

例如，在（2016）沪0115民初72382号案件中，劳动者主张其并非高级管理人员、高级技术人员或其他负有保密义务的人员，亦不接触公司的核心技术，公司亦未按月支付竞业限制补偿，故劳动者无须履行竞业限制义务。法院认为，首先，就主体而言，劳动者在公司工作期间，担任底盘开发部技术人员，三份劳动合同中均约定其岗位为专业技术，在《保密及竞业限制协议》中亦明确其为高级技术人员，故劳动者符合竞业限制的主体要求。

3. "其他负有保密义务的人员"的认定

法律规定中提及的"其他负有保密义务的人员"，该款属于兜底条款，能对一些既非高级管理人员，也非高级技术人员的劳动者进行竞业限制约束。但该条款并非万能，用人单位在适用该条款时，也应当遵循合法合理的原则，不应无限制扩大适用于普通劳动者，应当就劳动者存在接触商业秘密的可能性进行充分举证。

例如，（2022）苏04民终3321号案例中，法院认为，竞业限制协议签订主体，针对的仅限于高级管理人员、高级技术人员和其他负有保密义务的人员，并不以职位高低一概而论，而应以实际从事岗位的性质、是否能接触到商业秘密为审查基础，如职务属于技术开发、销售、财务等敏感岗位，具有接触用人单位技术秘密或经营的便利等，才可以成为竞业限制协议的主体。根据本案双方提供的证据及陈述，劳动者的工作岗位曾多次调整，其并不能够接触或掌握公司的核心商业秘密以及与知识产权相关的技术秘密,故其不属于竞业限制协议签订的主体。

此外,竞业限制义务主体的认定,特别是对"其他保密义务的人员"的认定问题,需要结合立法目的,实际上是保护用人单位商业秘密和劳动者合法权利的平衡,用人单位需要严格把握签署竞业限制协议的必要性以及签署对象的范围,在证明劳动者系"其他负有保密义务的人员"时需要承担更多的举证责任。

(二)竞业限制的期限

《劳动合同法》第二十四条规定竞业限制的期限不得超过二年,该期限目的在于保护劳动者的再就业权利,避免因长期竞业限制影响劳动者再就业问题。

若用人单位与劳动者约定超过两年的竞业限制期限,超过二年的部分属于无效内容,对劳动者不具有法律约束力。虽然用人单位与劳动者对于竞业限制期限的约定属于合同自由的范畴,但劳动者的自由择业权属于劳动者的重大权益。因此,在劳动者生存权与合同自由之间,劳动者生存权的顺位更为优先。

(三)竞业限制经济补偿

《劳动合同法》规定,用人单位可以在劳动合同或者保密协议中与劳动者约定竞业限制条款,并约定在解除或者终止劳动合同后,在竞业限制期限内按月给予劳动者经济补偿。

关于竞业限制补偿的标准,一般用人单位与劳动者间有约定的依约定,没有约定或者约定不明的,根据《最高人民法院关于审理劳动争议案件适用法律问题的解释(一)》第三十六条规定,"当事人在劳动合同或者保密协议中约定了竞业限制,但未约定解除或者终止劳动合同后给予劳动者经济补偿,劳动者履行了竞业限制义务,要求用人单位按照劳动者在劳动合同解除或者终止前十二个月平均工资的30%按月支付经济补偿的,人民法院应予支持。前款规定的月平均工资的30%低于劳动合同履行地最低工资标准的,按照劳动合同履行地最低工资标准支付"。

综上,可以得出一个初步结论,即竞业限制协议中未约定补偿金标准或者约定不明确的,用人单位给劳动者发放的每月补偿金不得低于劳动者在合同解除或者终止前十二个月平均工资的30%,也不得低于劳动合同履行的最低工资标准,各地法院普遍也是参考上述标准,除非存在地方性规定的补偿金标准。因此,在确定补偿金标准时,应当留意劳动合同履行地是否出台此类地方性规定。

二、竞业限制的违约责任

(一) 用人单位可请求劳动者返还竞业限制补偿金

2023年4月27日，广东高院发布了一批劳动争议典型案例①，其中某电子公司诉甘某劳动争议一案，东莞市中级人民法院审理认为，甘某和某电子公司签订的竞业限制协议书中对竞业限制义务、竞业限制补偿金以及违约金进行了约定，是双方的真实意思表示。甘某从某电子公司离职后在竞业限制期限内到存在竞争关系的某科技公司工作，违反了竞业限制义务，需向某电子公司归还已经支付的补偿金。且法院指出，负有竞业限制义务的劳动者在竞业限制期限内入职存在竞争关系的其他用人单位，属于违反竞业限制义务的行为，应承担相应的违约责任。因此，结合甘某离职前的工作岗位、工资水平及某电子公司每月支付的竞业限制补偿金的标准，甘某应向某电子公司支付违约金。

上述案例的发布，为广东省内的裁判方向确立了一个标准，即劳动者违反竞业限制时，应当归还已经收取的补偿金。故在实务中，建议用人单位在与劳动者签订竞业限制协议时，应在劳动者违反竞业限制的违约责任中，将返还补偿金的条款予以涵盖。

(二) 用人单位可请求劳动者支付竞业限制违约金

竞业限制违约金是用人单位追究劳动者竞业限制违约责任的重要方式。用人单位与劳动者签订竞业限制协议时，大多数用人单位会选择以具体金额、工资的倍数、补偿金的倍数或者用人单位实际损失等标准确定违约金。现行法律法规并未对竞业限制违约金设定上限，但司法实践中，法院在认定竞业限制违约金时一般是在尊重当事人的意思自治的原则下，结合劳动者的工资水平、劳动者的过错程度、用人单位的实际损失、用人单位已支付的补偿金金额等多方面因素，对违约金进行调整，通过法律检索，竞业限制普遍的违约金标准较多采纳劳动者年收入1—3倍的标准。

在（2022）甘0103民初4529号案例中，法院认为竞业限制违约金具有"惩罚性"，即通过对劳动者的再就业自主权作出限制，进行事先预防以达到保护用人单位商业秘密的目的。但是约定的竞业限制违约金过高或者过低，都不利于双方权利义务的平衡，更不利于竞业限制制度的有效发挥。本案中，公司

---

① 《广东高院发布劳动争议典型案例》，载《广州日报》2023年4月28日，第A3版。

并未依法向劳动者支付竞业限制的经济补偿，劳动者在职期间的月工资为4700元，与公司要求其承担的1000万元违约金的数额对比过于悬殊，显失公平。

因此，用人单位在约定违约金金额时不宜将标准定得过高，但也不宜过低，建议用人单位在设置违约金条款时，综合考虑劳动者的收入水平和竞业限制补偿金标准，将违约金金额设置在前述标准的三倍以上，这样即便法院根据案情对违约金金额进行调整降低，也能给法院提供一个较高的基准。

（三）用人单位可请求劳动者继续履行竞业限制义务

《劳动合同法》第四十条规定，劳动者违反竞业限制约定，向用人单位支付违约金后，用人单位要求劳动者按照约定继续履行竞业限制义务的，人民法院应予支持。简言之，劳动者不能以已支付违约金为由，主张不再履行竞业限制义务。

但在实务中，即便用人单位请求劳动者继续履行竞业限制义务，多数情况下竞业限制协议都会面临期限届满导致无法继续履行的结果。因为从用人单位发现劳动者违反竞业限制，到提起劳动仲裁，再到一审、二审阶段，经过前述种种程序，竞业限制协议两年期限往往已届满，此时用人单位再请求劳动者继续履行竞业限制协议已无合理基础。

在（2020）粤0606民初26441号、26442号案例中，法院认为，因劳动者系于2019年3月17日与公司解除劳动关系，依照法律的规定竞业限制义务履行的法定期间为两年，而至法院作出判决时，劳动者的竞业限制义务已届满，因此法院认定双方的竞业限制协议于2021年3月17日终止，劳动者无须继续履行竞业限制义务，法院径行判决认定双方的竞业限制协议于2021年3月17日终止。

因此，在上述情况中，用人单位即便请求劳动者继续履行竞业限制义务，法院也不再予以支持。

三、规章制度中竞业限制条款的效力

实务中，许多用人单位为了图省事，会直接在公司规章制度中规定竞业限制条款，如《员工手册》《员工规章》等。若此时劳动者违反了竞业限制规定，用人单位能否仅凭规章制度作为依据，要求劳动者承担竞业限制义务呢？

目前实务中存在下列两种情况：

情况一：规章制度中设定竞业限制义务被认定无效

该情况下，法院认为竞业限制义务属于用人单位与劳动者之间的约定义务，同时竞业限制会影响劳动者的生存权和自由择业权，需要双方平等协商后达成合意，才对双方均具有约束力。并且，用人单位的劳动规章制度是其单方制定的、约束全体员工的内部规则，而竞业限制义务会因劳动者岗位而存在差异，因此将竞业限制条款统一规定在规章制度中无法保障劳动者竞业限制约定的具体化，不具有契约属性。

部分法院认为用人单位在规章制度中设立竞业限制条款不应被认定为成立竞业限制协议，即便劳动者对规章制度进行签收行为，也不代表劳动者接受其中的约束及限制。因为竞业限制协议是用人单位和劳动者对劳动者竞业限制的具体内容、期间及用人单位支付补偿金标准达成一致意见的合意，其本质是双方在平等自愿的基础上协议一致，对各自的权利义务进行一定的安排。

情况二：规章制度作为劳动合同附件时，竞业限制条款有效

该情况下，法院认为规章制度经过合法合理的民主程序制定并且已经向劳动者公示，内容不违反法律强制性规定，此时用人单位将规章制度作为劳动合同的附件组成部分，应当具备与劳动合同相同的法律效力，属于双方平等协商一致达成的意见，因此规章制度中的竞业限制约定对双方均具有约束力。

部分法院认为，符合下列条件时，对规章制度中设定竞业限制义务有效：

1. 规章制度经过合法合理的民主程序制定且向劳动者公示。

2. 用人单位与劳动者在劳动合同中约定了将规章制度作为劳动合同的附件。

3. 在合理期限内，劳动者对规章制度内容未提出异议。

4. 用人单位实际履行竞业限制义务中的补偿金支付义务。

只有满足上述条件，规章制度才可能转化为劳动合同的内容，认定双方对竞业限制约定已经达成合意。

笔者认为，规章制度中设定竞业限制条款应当无效，除非用人单位与劳动者在劳动合同中明确约定了将规章制度作为劳动合同的附件，那么规章制度已经完成转化，成为劳动合同的组成内容，此时规章制度中竞业限制条款可以有效。这也是符合目前实践中主流观点的。

由于竞业限制对劳动者生存权、自主择业权的限制较大，而且实务中规章制度的制定还是以用人单位单方制定为主，用人单位对于各方面规定掌握较大自主权，容易在不经意中对劳动者权益造成损害。另，竞业限制的对象、范围、

补偿金等事项因劳动者的个体差异而不同，因此笔者认为不应当通过事先制定的规章制度对劳动者进行约束，特别是对规章制度制定后新入职的劳动者来说，其并未参与规章制度的制定，在此情形下让劳动者被动接受竞业限制义务的约束，无法体现双方平等协商的合意。

因此，笔者建议用人单位应与劳动者进行个别协商，最好是在劳动者入职之初，就与劳动者协商竞业限制协议，并尽早签订，避免在劳动者入职后或者离职前拒绝签订竞业限制协议。并且对竞业限制范围、地域、期限、补偿金、违约责任等事项作出明确约定，以便于在后续履行过程中对双方进行约束，维护自身的合法权益。

四、竞业限制的适用情形

司法实践中，竞业限制的适用情形较为复杂、多样，本文仅就两个典型问题进行分析。

（一）公司高管加班并请求公司支付加班费，是否必然被支持

高级管理人员作为公司的重要成员，常常需要承担更多的责任和工作量。因此，许多公司的高级管理人员都有加班的情况。然而，对于公司是否应该支付高级管理人员的加班费，却存在不同的看法和争议。

1. 高管人员特殊性分析

从理论层面来看，公司高级管理人员依然属于劳动者的范畴，高级管理人员存在加班事实时，公司应该支付其加班费。但是，高级管理人员具备与普通职工不同的工作特性。第一，高级管理人员的工资普遍比较高；第二，高级管理人员的工作涉及战略规划、业务决策等管理层职能。故从实践层面来看，高级管理人员的工作时间无法被简单地限定在一般的工作时间范围内，也由于这种工作特性，使得高级管理人员加班费的计算标准变得相对复杂。而根据《关于企业实行不定时工作制和综合计算工时工作制的审批办法》第四条规定，企业对高级管理人员可以实行不定时工作制。同时《工资支付暂行规定》第十三条规定，实行不定时工时制的劳动者不执行关于加班费的规定。

值得强调的是，上述审批办法第四条中对"高级管理人员"的认定，应严格适用《公司法》（2018年修正）第二百一十六条对"高级管理人员"的界定，即"指公司的经理、副经理、财务负责人，上市公司董事会秘书和公司章程规定的其他人员"，而不是仅依据双方当事人在劳动合同中的约定或双方当事

人的"自认"。

因此，公司高级管理人员若主张加班工资的，应当先考察公司是否依法对公司高级管理人员执行了不定时工作制，如劳动合同条款是否明确约定了不定时工作制、是否依法向相关部门取得审批、是否实际上执行不定时工作制，等等。

2. 实务案例裁判方向

实务中，对于高级管理人员加班费问题，大致包括以下三种情况，其中前两种情况也适用于普通员工：

（1）公司与高级管理人员明确约定工资中包含加班工资的，不予支持加班费［参考案例：（2016）粤03民终字第8203号］

如公司与高级管理人员签订劳动合同时，已在劳动合同明确约定工资中包含加班工资，考虑到高级管理人员的工资水平相对较高，因此法院一般情况下会尊重双方当事人的意思自治，因此在这种情况下，高级管理人员以公司未支付加班费或者加班费支付不足额为由主张加班费或加班费差额的，不予支持。

实际上，部分地区对于高级管理人员与公司约定年薪制，后主张公司支付加班费的情况，原则上亦不予支持。因为高级管理人员有别于普通员工，基于其工作性质、工作岗位、报酬构成等因素所决定，高级管理人员的工作时间不宜用法定工时标准衡量，尤其是实行年薪制的高级管理人员，难以认定加班事实的存在。所以，用人单位高级管理人员作为劳动者向用人单位主张加班费的，原则上不予支持。

（2）公司与高级管理人员约定实行不定时工作制，且已办理行政审批手续的，不予支持加班费［参考案例：劳动人事争议典型案例（第一批）（人社部函〔2020〕62号）典型案例13］

如果公司已经与高级管理人员约定实行不定时工作制，并且依法向相关机关办理行政审批手续的，法院对高级管理人员要求公司支付加班费的请求不予支持。

但是，在实务上需要注意行政审批手续的获批时间。如果高级管理人员要求公司支付不定时工作制获批时间以外时间的加班费，那么不排除法院会支持其请求。下述案例的主体虽然是普通员工，但是对高级管理人员依然具备参考价值。

(3) 公司与高级管理人员约定或实际执行不定时工作制，但未办理行政审批手续的，需综合考量实际执行情况再决定是否支持［参考案例：（2015）济民一终字第 796 号］

如果公司与高级管理人员约定或者实际执行不定时工作制，但是未经过相关劳动部门审批手续的，一般会根据具体情况分析，不会必然排除公司支付加班费的义务。但是，通过案例检索，笔者发现大部分的判决都不会由于不定时工作制未经审批就直接支持高级管理人员加班费的诉请。

另，由于区域差异性，目前广东地区依然要求企业部分岗位因生产特点或工作性质不能实行标准工时制度的，需要企业申请、劳动保障行政部门批准后，才可以实行不定时工作制。① 但北京地区则认为高级管理人员执行不定时工作制，无须经过相关劳动部门审批手续。②

因此，公司应当制定合理的高级管理人员管理机制，如需要与高级管理人员约定不定时工作制，应当在劳动合同予以明确，且依法向相关行政部门申请审批，建立一个公平、透明的高级管理人员管理机制，有助于吸引和保留高级管理人员，推动公司实现长期可持续的成功。

（二）企业能否对在职期间的职工进行竞业限制

实践中，许多用人单位会与职工约定在职期间的竞业限制条款，此类约定是否有效，法律并无明确规定。那么职工在职期间是否也能适用竞业限制呢？若能适用，是否存在实务上的争议呢？

1. 职工在职期间竞业限制的适用问题

董事、高级管理人员在职期间的竞业限制义务属于法定义务。《公司法》第一百八十三条规定："董事、监事、高级管理人员，不得利用职务便利为自己或者他人谋取属于公司的商业机会。但是，有下列情形之一的除外：（一）向董事会或者股东会报告，并按照公司章程的规定经董事会或者股东会决议通过；（二）根据法律、行政法规或者公司章程的规定，公司不能利用该商业机会。"因此，董事、高级管理人员的竞业限制义务属于法定义务，即便没有专门约定，

---

① 广东省劳动和社会保障厅《关于企业实行不定时工作制和综合计算工时工作制的审批管理办法》（粤劳社发〔2009〕8 号）第二条第一款规定，企业部分岗位因生产特点或工作性质不能实行标准工时制度的，经企业申请、劳动保障行政部门批准，可以实行不定时工作制或综合计算工时工作制。

② 《北京市企业实行综合计算工时工作制和不定时工作制的办法》（京劳社资发〔2003〕157 号）第十六条第二款规定，企业中的高级管理人员实行不定时工作制，不办理审批手续。

在职期间的董事、高级管理人员也依然受到竞业限制义务的约束。

普通职工在职期间也可以通过约定适用竞业限制义务。目前，实务上的主流观点认为，竞业限制可以包含在职期间与离职后两个期间。支撑该观点的理由有如下两点：

（1）法无禁止即自由

《劳动合同法》第二十四条规定："竞业限制的人员限于用人单位的高级管理人员、高级技术人员和其他负有保密义务的人员。竞业限制的范围、地域、期限由用人单位与劳动者约定，竞业限制的约定不得违反法律法规的规定。在解除或者终止劳动合同后，前款规定的人员到与本单位生产或者经营同类产品、从事同类业务的有竞争关系的其他用人单位，或者自己开业生产或者经营同类产品、从事同类业务的竞业限制期限，不得超过二年。"

其中第一款规定竞业限制的期限，可以由用人单位与劳动者约定，只要竞业限制的约定没有违反法律法规的规定。第二款规定在解除或者终止劳动合同后，劳动者应当遵守竞业限制义务，最长不超过二年。

从上述款项可以看出，虽然法律规定了劳动者在解除或终止劳动合同后的竞业限制期限，但是并未对在职期间的竞业限制约定作出禁止，故法律并没有排斥用人单位与劳动者协商约定在职期间的竞业限制。因此，在法律法规未作出明确禁止的情形下，应当允许当事人意思自治，在平等自愿的基础上约定竞业限制。

（2）劳动者应当遵守诚实信用原则和忠实义务

《劳动合同法》第三条第一款规定："订立劳动合同，应当遵循合法、公平、平等自愿、协商一致、诚实信用的原则。"

诚信、敬业是社会主义核心价值观，是构建和谐、稳定劳动关系的基石。用人单位与劳动者双方的信赖基础尤为重要，法律规定劳动者应对用人单位负有忠实义务，不得恶意损害用人单位的合法权益。

因此，劳动者在职期间的竞业限制义务是基于诚实信用原则和忠实义务而产生的，即便用人单位与劳动者约定了在职期间竞业限制义务，但在职期间劳动者从用人单位领取劳动报酬，故也不会对劳动者的就业权、生存权产生不良影响。

综上，对于非董事、高级管理人员的普通职工，用人单位可以通过双方协商约定，要求劳动者在职期间履行竞业限制义务。

2. 职工在职期间竞业限制的补偿金问题

在职期间，补偿金的对价作用没有适用基础，笔者认为用人单位可以不予支付在职期间的竞业限制补偿金。

相关的司法判例也支持了这一观点。在（2018）京民申2291号案件中，北京高院判决认为，现有法律并未对在职期间劳动者竞业限制义务作出明确规定，该案参照适用《劳动合同法》第二十三条及第二十四条规定，并结合劳动合同约定、劳动者职业道德及诚实信用原则，法院综合认定双方约定的竞业限制条款具有法律效力。张某作为威某公司员工，其在威某公司工作期间，负有竞业限制约定义务和法定义务之并存。劳动合同约定的义务应当恪尽职守，且在用人单位已经充分保障劳动者就业机会、薪资待遇、工作场所等权利情况下，若对在职期间竞业限制未约定经济补偿金作否定评价，则与法律所追求的公平、诚信的价值理念相悖。在（2019）京0105民初7874号案件中，法院认为，在职期间用人单位已经充分保障劳动者就业机会、薪资待遇、工作场所等权利，不宜支付在职期间竞业限制补偿金。在（2019）粤19民终6258号案件中，法院认为，竞业限制的经济补偿是对应离职后竞业限制期限内所应当支付的，不适用于在职期间的竞业限制，即使没有约定离职后竞业限制的经济补偿，也不影响在职期间竞业限制条款的效力。

3. 职工在职期间竞业限制的违约金问题

目前，在职期间竞业限制的违约金请求在实践中能否得到支持存在较大争议，主要分为两种观点。

（1）在职期间约定竞业限制违约金无效

在（2015）沪一中民三（民）终字第212号案件中，法院认为，从劳动合同法相关规定来看，由劳动者承担违约金必须有法律的明确规定，不允许用人单位和劳动者随意约定。目前法律仅规定劳动者离职后违反竞业限制协议约定，应按约定向用人单位支付违约金，未明确在职期间劳动者违反约定的保密义务需要支付违约金，故原审法院认定本案不属于可约定违约金的情形适用法律正确。劳动者违反劳动合同中约定的保密义务给用人单位造成损失的，用人单位可通过赔偿实际损失的方式获得救济。

该观点认为，在法无明文规定在职期间内劳动者违反约定需要支付违约金的情况下，不允许用人单位和劳动者随意约定违约金，加重劳动者义务，有违公平原则。

（2）在职期间约定竞业限制违约金有效，但违约金的数额需结合违反竞业限制协议的期间、在职期间工资收入、违约的主观恶意等酌情认定

在（2019）京01民终923号案件中，法院认为，首先，针对用人单位与劳动者约定的竞业限制条款约束的期间，《劳动合同法》第二十三条并未作出局限于劳动合同解除或终止后的限定，故在法律法规并未对劳动者在职期间负有竞业限制义务作出禁止性规定的情形下，应当尊重双方的意思自治。其次，负有保密义务的劳动者在职期间，尚从用人单位领取劳动报酬，密切接触用人单位的商业秘密或知识产权，故在职期间相较于离职后从事竞业行为的情形更为严重，从竞业限制的立法本意上考量，亦不应作出少于后者的救济途径的理解。因此，基于佟某与华某公司的竞业限制协议约定，在职期间及离职之后24个月内均应当负有竞业限制义务。对于违约金金额，法院综合考量佟某违反竞业限制协议的期间及程度、佟某转让易某公司股权及变更法定代表人、佟某在职期间工资收入等情况，酌定予以确定。

综上，该观点认为，在职期间约定竞业限制违约金有效，劳动者违反在职期间竞业限制义务的应当支付违约金。其中违约金的数额可以结合违反竞业限制协议的期间、在职期间工资收入、违约的主观恶意等酌情认定。

在进行企业人事管理时，建议用人单位明确约定劳动者在职期间的竞业限制义务，同时约定违约金，违约金金额应当结合劳动者的工资水平、用人单位的实际损失等多方面因素。在违约金得不到法院支持的情况下，亦可以向劳动者主张损害赔偿，以便寻求多种救济方式。

竞业限制与商业秘密保护之八大辨析

胡亘周　郑雅净[*]

竞业限制与商业秘密保护作为两种不同的规则，许多用人单位与劳动者签订协议时经常将其混同，虽然二者之间有许多共通之处，但从适用方法来看，二者还是具备明确的区分界限。

本文将从二者的法律依据、适用对象、规制行为、约束期限、对价支付、救济程序、举证责任和法律责任八个方面区分竞业限制与商业秘密保护。

一、法律依据

竞业限制是基于《劳动合同法》第二十三条产生，要求用人单位与劳动者双方达成合意约定竞业限制义务，若双方无约定即无竞业限制义务；而商业秘密保护是基于《劳动合同法》《反不正当竞争法》《民法典》等产生的法定义务或者劳动合同的附随义务，无论用人单位与劳动者之间是否签订商业秘密保密协议，劳动者仍然应当承担保守商业秘密、不得侵犯商业秘密的义务。

二、适用对象

竞业限制的适用对象仅限于用人单位的高级管理人员、高级技术人员和其他负有保密义务的人员；商业秘密保护的适用对象除了竞业限制适用对象范围之外，用人单位还可以与雇佣的任何一个劳动者约定商业秘密保护。《反不正当竞争法》（2025 年版）第十条第二、三款规定，经营者以外的其他自然人、法人和非法人组织实施前款所列违法行为的，视为侵犯商业秘密。第三人明知或者应知商业秘密权利人的员工、前员工或者其他单位、个人实施本条第一款所列违法行为，仍获取、披露、使用或者允许他人使用该商业秘密的，视为侵犯

---

[*] 胡亘周，广东国智律师事务所高级合伙人；郑雅净，广东国智律师事务所律师。

商业秘密。这扩大了原规定的适用范围。因此，若员工与第三人共同侵犯企业的商业秘密时，该员工及第三人都属于责任主体。

从上述规定可看出，商业秘密拥有"对世权"，而竞业限制则必须依据合同相对性，其属于"对人权"。

三、规制行为

竞业限制是对劳动者择业权的限制，要求劳动者不得入职相关企业、从事相关业务或者经营相关产品等。其中，用人单位追究劳动者的违约责任，并不必然以劳动者泄露商业秘密或者违法使用商业秘密为前提条件，只要劳动者违反竞业限制协议约定，即可追究其违约责任。反之，商业秘密保护要求劳动者履行保密义务，限制劳动者通过不正当手段获取商业秘密或者限制劳动者披露、使用或者允许他人使用其所掌握的商业秘密，但并没有禁止劳动者入职或从事相关行业工作，没有限制劳动者的择业权。并且，除了直接侵权人之外，还可能会存在教唆、引诱、帮助他人违反保密义务的间接侵权人，此类行为也是商业秘密保护的规制行为，相对来说竞业限制一般情况下不会关联到第三人的责任。

四、约束期限

基于上述规制行为的区别，竞业限制与商业秘密保护的约束期限存在明显不同。

由于竞业限制是直接限制劳动者择业权的行为，故为了维护劳动者的平等就业权，避免因为长期竞业限制影响劳动者再就业，法律规定竞业限制期限最多约定两年，超过两年的部分无效，劳动者无须再负有竞业限制义务；而商业秘密保护的目的是保护企业的商业秘密，只要该商业秘密尚未公开，劳动者就始终背负保密义务，该期限具备长期性，从双方建立劳动关系开始直到劳动关系解除以后，劳动者都需要履行保密义务，除非该商业秘密公开。

五、对价支付

用人单位与劳动者约定竞业限制义务后，便需要在解除或者终止劳动合同后，在竞业限制期限内按月给予劳动者经济补偿，该经济补偿便是劳动者履行竞业限制义务的金钱对价；但是，商业秘密保护在没有特殊约定的情况下，用人单位无须支付金钱对价，基于其法定义务的属性，即便没有支付金钱对价，用人单位依然可以要求劳动者履行保密义务，并且在劳动者违反保密义务时，追究其法律责任。当然，用人单位可以与劳动者另行约定保密义务的金钱对价，作为加强劳动者履行保密义务的意愿的手段。

六、救济程序

竞业限制纠纷作为劳动争议，根据《劳动争议调解仲裁法》第五条之规定，应当适用仲裁前置程序，对仲裁裁决不服的，除另有规定外，才可以向人民法院提起诉讼，一般由基层人民法院管辖；而商业秘密保护属于知识产权案件范畴，无须仲裁前置，可以由法院直接受理，并且一般由中级人民法院管辖，经最高人民法院批准的也可由基层人民法院管辖。除民事诉讼的救济途径外，用人单位还可以以劳动者违反保密义务涉嫌构成侵犯商业秘密罪为由，追究劳动者的刑事责任。

在实践中，经常出现用人单位在主张劳动者违反保密义务的诉讼中，同时主张劳动者也违反了竞业限制义务的案例，在这种情况下，法院只会就有管辖权的部分进行审理，对需要仲裁前置的竞业限制纠纷部分不予审理。

七、举证责任

在商业秘密保护中，用人单位提起的一般是侵权之诉，对此法院需要审理查明企业商业秘密的存在、用人单位是否对商业秘密采取保密措施、员工日常工作是否能够接触企业商业秘密、员工是否泄露或使用了企业商业秘密等，对于用人单位的举证责任相对较大；而用人单位主张劳动者违反竞业限制时，一般只需要举证证明员工实施了违反竞业限制协议的行为，同时法院也只会审查劳动者的行为、经济补偿是否按期支付、违约金金额是否过高等，判断劳动者是否入职与原用人单位存在竞争关系的企业，或者是否经营与原用人单位相同业务或者销售相同产品等，并不会对商业秘密的存在和保护措施等进行实质性审查。

八、法律责任

违反竞业限制约定时，用人单位可以要求劳动者返还竞业限制补偿金、支付竞业限制违约金、继续履行竞业限制义务，上述均属于违约责任的范畴。

但当劳动者侵犯企业商业秘密时，劳动者需要承担的法律责任，就不仅仅是违约责任等民事责任，甚至可能需要承担行政责任和刑事责任。首先，在民事责任部分，《反不正当竞争法》（2025年版）第二十二条第三款规定，"……经营者故意实施侵犯商业秘密行为，情节严重的，可以在按照上述方法确定数额的一倍以上五倍以下确定赔偿数额。赔偿数额还应当包括经营者为制止侵权行为所支付的合理开支。"并且第四款规定："……权利人因被侵权所受到的实际损失、侵权人因侵权所获得的利益难以确定的，由人民法院根据侵权行为的情节判决给予权利人五百万元以下的赔偿。"其次，在行政责任部分，侵犯商业秘密的，由监督检查部门责令停止违法行为，没收违法所得，处十万元以上一百万元以下的罚款；情节严重的，处五十万元以上五百万元以下的罚款。最后，在刑事责任部分，可能涉嫌构成侵犯商业秘密罪，情节严重的，处三年以下有期徒刑，并处或者单处罚金；情节特别严重的，处三年以上十年以下有期徒刑，并处罚金。综上，可以看出侵犯商业秘密的法律责任相对违反竞业限制约定来说更为严格。

竞业限制与商业秘密保护虽然存在上述各种区别，但是在实务中，二者经常被讨论是否存在请求权竞合的问题。例如，在杭州市中级人民法院审理的（2014）浙杭民终字第62号案件中，即杭州恒某网络技术服务有限公司（以下简称恒某网络公司）诉王某某竞业限制纠纷二审判决中，用人单位恒某网络公司起诉王某某，主张其违反竞业限制约定的同时，用人单位也向法院提起侵害商业秘密纠纷诉讼，要求王某某立即停止侵犯商业秘密并赔偿经济损失。对于恒某网络公司提起竞业限制纠纷诉讼是否属于重复诉讼的问题，二审法院认为：首先，关于恒某网络公司提起本案诉讼是否属于重复诉讼的问题。竞业限制约定是针对负有保密义务的劳动者在劳动关系结束后一定期限内不得到与原用人单位有竞争关系的其他单位任职，或者自己开业生产或者经营同类产品、从事同类业务的行为而言，限制的是负有保密义务的劳动者在离职后的工作领域范围。认定劳动者是否构成违反竞业限制约定的违约行为，仅需考察该劳动者离职后的工作单位以及工作性质与原用人单位的生产经营是否存在竞争关系，不以该劳动者是否侵害原用人单位的商业秘密为条件。而在杭州市西湖区人民法院（2011）杭西知初字第935号及本院（2013）浙杭知终字第95号案中，恒某电子公司、恒某网络公司的诉讼请求所针对的是王某某以不正当手段获取恒某电子公司、恒某网络公司的商业秘密，并提供给某软件有限责任公司使用的侵权行为。两案中的诉讼请求所依据的法律事实并不相同，并不存在请求权竞合的问题。王某某违反竞业限制的约定，即应承担违约责任。这与其是否另行存在侵害恒某电子公司及恒某网络公司的商业秘密的侵权行为无关。王某某就此提出的上诉理由不能成立。

竞业限制与商业秘密保护虽然极为相似，但是二者始终是不同的，因此在劳动者既违反竞业限制协议，也违反商业秘密保密义务时，若用人单位分别提起违约之诉与侵权之诉，该情况也不存在请求权竞合，因此不构成重复起诉。

在实践中，作为用人单位，应当要准确理解竞业限制与商业秘密保护之间的共性与个性，在与劳动者约定明确竞业限制时，也应当注重保护企业的商业秘密，采取严谨的商业秘密保护措施，正确利用竞业限制与商业秘密保护相关的法律制度，维护自身合法权益。

劳动者入职原用人单位的客户或供应商是否违反竞业限制义务

胡亘周　黄展鹏[*]

一、前言

实践中，劳动者可能会为了更优渥的薪资待遇和更大的职业发展前景，选择入职原用人单位的客户或者供应商。因此，有的用人单位为防止劳动者该种行为带来的经济损失，会在竞业限制协议中限制劳动者入职原用人单位的客户或者供应商，否则视为劳动者违反竞业限制义务。那么，此类约定是否有效呢？本文将从法律规定和实务案例的基础上，对以上问题进行分析。

二、尽管法律规定并未限制竞业限制范围，但仍蕴含了以合理性为前提的法理

我国《劳动合同法》第二十四条第一款规定："……竞业限制的范围、地域、期限由用人单位与劳动者约定，竞业限制的约定不得违反法律、法规的规定。"事实上，客户或供应商与原用人单位并非只存在合作关系，也可能存在竞争关系。经济学说就有横向竞争关系与纵向竞争关系之分，纵向竞争关系强调上下游企业仍然存在竞争关系，如某生产企业直接越过上游批发商，找到批发商的上游零售商，以获得更大的零售利润。即使不存在竞争关系的情况下，劳动者完全可以利用其掌握原用人单位的商业秘密来帮助客户或供应商在商业谈判中取得信息优势，也可以唆使和诱导客户或供应商减少与原用人单位的业务往来。如此看来，法律规定并未限制竞业限制的具体范围，而是将其交由用人单位与劳动者约定具有一定的合理性，这也符合实践中用人单位的顾虑。换言

---

[*] 胡亘周，广东国智律师事务所高级合伙人；黄展鹏，广东国智律师事务所律师助理。

之,《竞业限制协议》如体现双方真实意思表示,且不违反效力性强制性法律规定,是不是就一概被认定为有效呢?尤其是,劳动者作为完全民事行为能力人,理应知晓其法律后果,在享受权利的同时,也要承担相应义务。

然而,一方面,我们应当考虑到劳动者面对单位时往往处于天然弱势地位,尤其是入职初的劳动者,为了保住工作,很有可能违背其真实意思签订不平等协议,而劳动法律法规更将保护劳动者的合法权益作为原则性规定;另一方面,结合《劳动合同法》第二十四条规定上下文来看,限制的是劳动者到与本单位生产或者经营同类产品、从事同类业务的有竞争关系的其他用人单位,或者自己开业生产或者经营同类产品、从事同类业务的竞业行为。可见,我们仍然要围绕"竞争关系"这一核心要素来对该类约定进行探讨。由此看来,该类约定并非一概有效,我们需要对该类约定的合理性进行审查,也就是说客户或者供应商与原用人单位是否构成竞争关系。

三、司法实践中判断是否存在竞争关系的主要要素

司法实践中,人民法院对竞业限制协议中有关禁止劳动者入职原用人单位的客户以及供应商条款合理性的判断,主要体现为以下两种:一是直接约定禁止劳动者离职后入职原用人单位的客户或供应商,二是具体列举禁止劳动者离职后入职原用人单位的客户或供应商的名单。结合上文分析,第二种情况较之第一种情况更具备合理性,但约定是否有效也不能一概而论,最核心的标准还是在于通过判断是否存在竞争关系,从而分析该条款的合理性。根据司法实践,主要从以下几个方面进行全面、客观判断:

第一,双方营业执照记载的经营范围是否存在重叠。以(2014)常民终字第466号案件为例,劳动者就辩称,现公司是原用人单位的配套供应商,为其提供产品,既不存在业务范围的重合,也不存在竞争行为,没有侵犯原用人单位的利益,主张不构成同业竞争,也不属于竞业限制的范围。但人民法院根据供应商与原用人单位的经营范围判断,认为两公司之间存在竞争关系,故劳动者行为已违反了其与原用人单位之间的竞业限制约定,应当按约定承担违约责任。

第二,客户或供应商单位的实际经营业务与原用人单位的经营范围是否存在重叠。以(2023)苏02民终5119号案件为例,法院就认为企业有关于经营范围的登记仅是其创立之初就经营方向的初步规划,并不代表企业实际的业务

领域，且两家公司不存在实质的竞争关系，劳动者新入职的公司主营业务为医疗领域，而原用人单位的主营业务是光伏领域，由于实际经营范围不一致，劳动者并未违反竞业限制义务。

第三，客户或供应商单位是否为劳动者与原用人单位明确约定的竞争对象，或者可否参考竞争对象名单推导出客户或供应商单位可能与原用工单位具有竞争关系。仍以（2023）苏02民终5119号一案为例，法院就通过竞业限制协议所列73家竞业限制企业来分析，名单上的企业均未在国家药品监督管理局注册备案，该73家竞业限制的公司均不涉及医疗领域，因此，劳动者新入职公司与原用人单位不存在竞争关系。

第四，客户或供应商与原用人单位的客户群体是否存在重合。这可以从产品受众、服务对象是否存在一致关系或替代关系进行判断。以最高人民法院190号指导案例——王山诉万得信息技术股份有限公司竞业限制纠纷为例，人民法院认为，若两家企业的服务或产品相似，而客户群体又存在重合，一定程度上可以表明二者所提供的服务或所生产的产品在市场上处于紧张的竞争关系，或构成同业竞争。同时，裁判要点提出，劳动者提供证据证明自营或者新入职单位与原用人单位的实际经营内容、服务对象或者产品受众、对应市场等不相同，主张不存在竞争关系的，人民法院应予支持。

当然，如前文所述，劳动者也有可能入职不具有业务竞争关系的客户或供应商，但以其掌握原用人单位的商业秘密来帮助原用人单位的客户或供应商在商业谈判中取得的信息优势，从而损害用人单位正常情况下所能获得的商业利益。这种情况下，劳动者有没有可能会被认定为违反了竞业限制义务呢？很遗憾，我们暂未检索到相关判例。当然，法律规定是以"竞争关系"为核心要素，而"竞争关系"并不限于前述业务重叠、客户相同的情况，因此我们认为仍有可能会被认定为劳动者违反了竞业限制义务，该问题还有待进一步探讨。值得强调的是，用人单位可以尝试以侵犯商业秘密为由，追究劳动者侵权责任。

四、法律建议

总而言之，对于劳动者入职原用人单位的客户或者供应商的情况，判断标准最后还是落到客户或者供应商与原用人单位是否存在竞争关系上这个参照点。鉴于司法对竞争关系愈发精细化的审查，这也对用人单位的竞业限制制度的建构提出了新的要求。为了确保竞业限制协议的有效，我们建议，用人单位可以关注以下内容：

首先，结合劳动者的实际业务开展情况，为劳动者能接触到客户或者供应商进行"量身定制"的竞业范围限制，以应对司法实践对条款的合理性审查。当然，用人单位在限定劳动者未来任职范围时，也要以真实的竞争关系为基础，不可盲目扩大范围，损害劳动者择业自由。

其次，向员工就有关原用人单位的客户或者供应商的竞业限制范围作出合理的解释和说明，如提供存在竞争关系的客户或供应商名单以及合理理由，从而提升劳动者对于竞争者或潜在竞争者的识别，同时也要留存好相关的书面证据。

最后，竞业限制条款应当明确劳动者不能以任何方式帮助客户或者供应商实施直接或间接的竞业行为，损害原用人单位的经济利益。

直接的竞业行为如利用原用人单位的商业秘密，帮助客户或供应商实施与原用人单位相同或相类似的竞争业务；间接的竞业行为如利用原用人单位的商业秘密，帮助客户或供应商与原用人单位有竞争关系的其他单位进行业务来往等。

能否以劳动者亲属存在竞业行为
为由认定劳动者违反竞业限制义务

胡亘周　黄展鹏[*]

实践中，由于许多劳动者会以近亲属的名义来进行竞业行为，劳动者的竞业行为的隐蔽性也越来越高。因此，为防止劳动者利用近亲属身份实施竞业行为，规避竞业限制义务，用人单位可能会在竞业限制协议中约定，除不允许劳动者实施竞业行为外，也不允许劳动者的近亲属实施竞业行为，否则将视为劳动者违反竞业限制义务。那么这类约定有效吗？能否以劳动者亲属存在竞业行为为由认定劳动者违反竞业限制义务？

一、根据法律规定及合同相对性，劳动者亲属并非竞业限制制度的法定主体

一方面，根据《劳动合同法》第二十三条的规定，用人单位可以与高级管理人员、高级技术人员和其他负有保密义务的人员订立竞业限制协议。因此竞业限制义务的主体应当具备两个法定条件：一是与用人单位构成劳动关系的劳动者；二是负有保密义务。也就是说，竞业限制义务的主体仅针对负有保密义务、与用人单位建立劳动关系的劳动者，由于劳动者亲属并非法定限制主体，竞业限制协议对劳动者亲属并无法律约束力。

另一方面，从合同相对性原则来看，竞业限制协议是用人单位和劳动者签订的合同，签署主体才需要履行合同义务。同理，协议签署主体以外的第三人也不能主张协议权利，第三人违反协议义务的，也无须因此承担违约责任，协议的违约责任只能由用人单位和劳动者承担。以（2023）粤 0106 民初 44 号一案为例，法院认为，劳动关系具有相对性，竞业限制条款不能约束劳动者以外

---

[*] 胡亘周，广东国智律师事务所高级合伙人；黄展鹏，广东国智律师事务所律师助理。

的亲属或其他第三人，竞业限制条款对劳动者近亲属无效。又以（2019）鲁06民终6998号一案为例，法院认为，劳动合同中的竞业限制条款将劳动关系之外的劳动者父母和相关亲属作为劳动合同义务人和赔偿责任人，违反法律规定，冲击公民和社会对劳动关系基本秩序的认识，违背善良风俗。显然，上述案例中均认为竞业限制条款对劳动者近亲属无效。劳动者的亲属并非劳动者本身，并不是法定的竞业限制对象，竞业限制对象也不能不当扩张至劳动者亲属。

从法院的论证思路来看，第一个争议焦点的结论通常是根据合同的相对性原则，协议中关于劳动者亲属禁止存在竞业行为的条款不发生效力。但这还远远尚未结束，法院会开始讨论第二个争议焦点，劳动者亲属存在竞业行为时，签订协议的劳动者是否需要就此承担违约责任。换句话说，该约定不对劳动者亲属发生效力不意味着劳动者就万事大吉，不需要承担竞业限制义务。

二、特殊情况下，劳动者亲属存在竞业行为的，会被认定为劳动者违反竞业限制义务

尽管亲属并非竞业限制协议的签署主体，但特殊情况下，若存在劳动者"换马甲"的方式，在竞业限制期限内假借近亲属名义来实施竞业行为的，劳动者仍应承担违反竞业限制义务的违约责任。以（2018）粤民申10909号一案为例，法院认为，劳动者母亲已有70多岁，无任何经商和开拓业务的经历，却作为竞业公司的法定代表人。同时，竞业公司相关业务合同的签名记录显示，劳动者确实参与了竞业公司的实际经营活动，因此法院最终认定该劳动者存在违反竞业限制义务的行为。和上述案例对比，此类案件中，实际上将劳动者认定为竞业行为的实际参与人，故认定劳动者违反了竞业限制义务。

结合案例检索结果，我们发现法院主要基于以下两个方面要素综合判断题述问题：一是劳动者与近亲属远近关系，如父母、子女以及夫妻关系，关系愈近，被认定劳动者假借近亲属的名义实际实施竞业行为而违反竞业限制义务的可能性就愈高；二是近亲属竞业行为相关信息，如亲属过往工作经历、与竞业行为相关知识技能掌握情况、竞业行为起止时间等，如果不能说明亲属竞业行为的合理性，无法排除劳动者假借亲属名义进行竞业行为的高度盖然性，法院极有可能认定劳动者违反竞业限制义务。

以劳动者配偶的竞业行为为例，法院会基于劳动者与配偶关系的特殊性，认定劳动者违反竞业限制义务。例如，在（2020）粤03民终14309号一案，竞

业公司由劳动者配偶经营，劳动者则与竞业公司存在利益关联。该竞业公司也没有相反证据证明生产产品的技术来源于劳动者之外的第三方，从夫妻关系的一般生活常理推断，竞业公司生产经营的产品技术来源于劳动者。劳动者任职用工单位期间为竞业公司生产经营同类产品提供技术支持，显然违反了竞业限制的约定。又如，在（2020）沪01民终13707号一案中，法院认为，劳动者不可能毫不知情其配偶对竞业公司的大额持股行为，劳动者亦无证据证明夫妻财产各自独立，可以认定配偶的持股行为系夫妻双方共同行为，进而认定劳动者存在竞业行为，违反竞业限制义务。同时，裁判要旨提出，劳动者配偶持股行为是否构成该劳动者违反竞业限制义务，应综合考虑行为发生时间、业务重合性、夫妻财产独立状况、劳动者本人技术条件等。在原用人单位已提供初步证据使法官产生劳动者存在隐蔽竞业行为的合理怀疑时，可根据具体案情将举证责任适当分配给劳动者。若配偶行为与劳动者存在实质牵连关系，行为间接与劳动者自身技术有关，在无其他相反证据情况下，可认定劳动者违反竞业限制协议。值得注意的是，本案例系人民法院案例库的参考案例。

可见，在劳动者一方无相反证据证明夫妻各自财产独立、配偶一方对另一方竞业行为不知情的情况下，法院会基于夫妻间财产共同的利益绑定以及家庭生活经营的密切联系，认为配偶一方难免会对竞业信息、渠道进行共享，由此推定配偶一方的竞业行为系夫妻双方共同行为，认定劳动者违反竞业限制义务。然而，劳动者在实践中为规避以上法律风险，在离职后可能会"假离婚"，再以配偶为名义实施竞业行为，而这种方式定然会导致用人单位更难举证。

三、法律建议

如在劳动者假借近亲属名义实施竞业行为的情况下，用人单位希望主张劳动者承担违约责任有充分合同依据的，用人单位可以事先在竞业限制协议中做如下约定：

第一，将竞业限制义务约束的对象适当扩大，但并不意味着劳动者近亲属需要因此承担违约责任，而是明确限制在劳动者近亲属实施竞业行为的情况下，劳动者承担违约责任，如劳动者配偶实施竞争业务的行为视同劳动者本人违反竞业限制义务。

第二，要求劳动者承担关于近亲属身份信息、履职情况的披露义务以及注意义务，如劳动者应如实披露其近亲属是否名义上甚至事实上实施了竞业行为，不如实披露视为劳动者违反竞业限制义务。

第三，严格禁止劳动者假借他人名义进行竞业行为，如劳动者不得以任何方式利用第三人名义从事竞业行为，需要结合劳动者的报告义务一并拟定合同约定。

通过上述案例分析我们可得知，即使协议做如是约定，也不一定会被法院支持。另外，由于劳动者离职后，本身已经脱离了用人单位的直接管理，这种情况下，要用人单位举证证明员工直接实施竞业行为的举证难度较大。故实践中，法院一般会先行要求用人单位承担初步举证责任，证明劳动者亲属存在竞业行为和劳动者违约的关联性，再由劳动者对用人单位的举证进行合理性解释说明的审判模式，从而判断劳动者是否存在以亲属名义进行竞业行为的事实。

同时，尽管维权工作任重而道远，但用人单位仍应注意事先留存相关证据。例如，与劳动者相关的证据，如本人提供劳动期间的技术水平、工资收入、所任职务、在职时长以及用人单位已支付的经济补偿金等。又如，和劳动者近亲属相关的证据，如劳动者近亲属的范围、相应竞业行为造成的实际损害、竞业行为发生的时间和己方业务的重合性等。否则，用人单位仅凭劳动者亲属存在竞业行为，直接主张劳动者违反竞业限制义务，但又无法提供相应证据的，将会面临较大的败诉风险。

第四章　涉外涉港澳业务理论与实务

以港澳地区的遗产管理人制度延伸，探讨法典时代下遗产管理人制度实体和程序互济

曾小丽[*]

我国人口结构正加速进入老龄化社会，社会老龄化程度不断加深。[①] 为顺应社会发展、完善法治制度建设，以及在民意导向等多维度因素的影响下，《民法典》新设立了遗产管理人制度。这一制度是现代民事继承中的重要制度，填补了我国内地在遗产管理领域的空白，对完善中国特色社会主义法律体系具有重要意义。本文拟从司法实务的角度对遗产管理人制度进行探讨。

一、我国内地现行的遗产管理人制度

（一）遗产管理人制度的意义

从广义来看，在经济快速发展的时代背景下，遗产权益不仅涉及继承人和被继承人的利益，还涉及被继承人债权人的利益和社会经济秩序安全等方面。[②] 遗产管理人制度实际上是私有财产的传承和再利用。

从实体权利上看，遗产管理人"管理"的权利和义务之基础前提是需要控制遗产，如控制存在困难的，至少应知悉遗产的现状。因此，"管理"的

---

[*] 曾小丽，国智君联（南沙）联营律师事务所律师。

[①] 张雨红：《党建引领下社工服务介入老龄化社区居家适老化改造的策略与建议》，载《科学咨询（科技·管理）》2022年第23期。

[②] 杨立新：《我国继承法修订入典的障碍与期待》，载《河南财经政法大学学报》2016年第5期。

核心要义不仅是法律意义上的构建，还是对遗产的实际权利之实现，包括对遗产的有效管控以及最大限度避免遗产损失、实现并保障继承权向所有权有效转化等。

(二) 遗产管理人的"管理"边界

"管理"应存在法律意义上可实施管理行为的客体，从本质上看即需存在"人"。《民法典》第一千一百四十五条规定，应看被继承人生前有无明确指出遗嘱执行人或遗产管理人并明确提出该遗嘱执行人或遗产管理人应履行的具体行为，如有约定应按约定，如无约定则按法定。因此，在遗产管理人确定的情况下，才可进一步探讨该遗产管理人可具体实施的"管理"行为。现行有效的法律及司法解释没有关于遗产管理人管理行为、职责和内容进行具体规定的情况下，以《民法典》第一千一百四十七条作为基础点，要求遗产管理人的处分行为应为善意、合理，符合专业判断，以维护遗产价值不受侵害为前提；该条文同时对遗产管理人的职责进行"实施与管理遗产有关的其他必要行为"的兜底性规定，但何谓"必要"并没有进行任何的定义。

再进一步探讨，《民法典》第一千一百四十八条既规定了遗产管理人的权利和义务，也明确了一般情况下遗产管理人在履行职责忠诚办事的情况下无须就遗产的损失承担赔偿责任，但因遗产管理人的故意或重大过失导致遗产减损造成继承人、受遗赠人、债权人损害的，则应承担相应的民事责任。[1] 由此可看出，遗产管理人依职权履行职责的范围和内容与"管理"的边界和范围密切相关。

显然，我国《民法典》中仅以五个条文对遗产管理人制度进行设计，尚未能全面覆盖到实体领域的适用，也没有涉及诉讼领域的衔接，尤其是在设立遗产管理人角色后对非讼程序与诉讼程序的开展等问题需要进行完善。因此，我国内地现行的遗产管理制度仍有待进一步完善，《民法典》虽从上位法明确设立遗产管理人制度，但从上层设计到实践落地，仍有不断校正之必要。

---

[1] 罗师：《〈民法典〉视域下遗产管理人制度实务问题研究》，载《社会科学动态》2022年第7期。

二、遗产管理人在现阶段实体法和程序法衔接问题的现状检视

设立遗产管理人制度的立法宗旨是维护和保障包括继承人、债权人在内等遗产权益人的合法利益。《民法典》虽从实体法上赋予遗产管理人权利和职责，但对其内涵涉及明显不足。特别是从程序上看，现行有效的法律法规未能赋予与遗产管理人相匹配的地位和功能。

（一）实体法虽对遗产管理人的产生方式进行规定，但与实践仍存在差距

《民法典》第一千一百四十五条对遗产管理人的选定遵循明确的顺序机制：若存在遗嘱执行人，则指定的人优先成为遗产管理人；若遗嘱未指定遗嘱执行人，可由继承人共同推选遗产管理人；在缺乏继承人或所有继承人均选择不担任遗产管理人的情况下，按照法定程序由被继承人生前所居住地的民政部门或村民委员会来担任遗产管理人。

《民法典》第一千一百三十三条第一款"自然人可以依照本法规定立遗嘱处分个人财产，并可以指定遗嘱执行人"，即自然人可按照个人意愿在订立遗嘱时同时指定遗嘱执行人。但《民法典》亦同时设定了遗嘱种类，包括自书遗嘱、代书遗嘱、打印遗嘱、录音录像遗嘱、口头遗嘱、公证遗嘱，如立有数份遗嘱在内容相抵触的情况下，以最后的遗嘱为准。《民法典》下公证遗嘱不再具有优先效力，即使经公证的遗嘱指定遗嘱执行人的，根据《民法典》第一千一百四十二条规定，只要有订立在后的遗嘱就可能存在变更遗嘱执行人的情况。因此，在法典时代下，自然人生前通过订立遗嘱的方式指定执行人的首要前提是遗嘱效力问题。但目前，我国内地尚未设立规范、完善的遗嘱检验制度，对于以何种形式认定遗嘱的效力并无明确的法律和程序性规定。所以，在继承开始后，如何有效认定遗嘱执行人为遗产管理人存在着不可忽视的实务难度。此外，法律还规定了如对遗产管理人的确定有争议的，可由利害关系人向人民法院申请指定遗产管理人。[1]

（二）确定遗产管理人的权利外观模糊不清

我国《民法典》明确规定了遗产管理人的产生方式，该规定与《民法典》第六章继承编遥相呼应、形成闭环。但现行法律中，并无对确认遗产管理人的身份进行明确规定，更没有对遗产管理人证明文件作出具体的规范。

---

[1] 王歌雅：《〈民法典·继承编〉：制度补益与规范精进》，载《求是学刊》2020年第1期。

但确定遗产管理人身份材料是开展后续遗产管理工作的前置条件，在目前遗产管理人诞生机制存在缺陷的情况下，对于其权利外观如何认定仍存在缺陷和不足。

遗产管理人制度并非我国内地首创，在全球范围内尤其在英美法系和大陆法系国家中均有较为完善的遗产管理人制度，我国港澳地区亦有较为完善的遗产管理人制度。以我国香港地区为例，香港《遗嘱认证及遗产管理条例》第10章第Ⅲ部[①]对遗产管理人的认证、授予作出了明确规定。依据香港法例，无论是负责遗产管理的专业人士还是遗嘱指定的执行者，都需遵循法定程序先向香港高等法院下设的遗产承办处提交遗嘱认证申请，在高等法院正式颁发"遗产管理授权书"或"遗嘱执行授权书"后，被授权的个人或机构才可以受托人身份接管遗产，并承担起管理职责，确保遗产能够依据法律规定分配给合法的继承人，或严格遵循逝者遗嘱中的指示进行妥善处理。从上述法律规定上看，在我国香港地区对于遗产管理人身份的确认具有明确的标准和法定流程，亦有可证明遗产管理人身份的具体证明文件。

对于如何确认遗产管理人的身份文件，我国内地并无具体的法律认定标准。《民事诉讼法》第十五章特别程序第四节关于"指定遗产管理人案件"的具体规定，从法律效力上看由人民法院作出的生效法律文书是确认遗产管理人身份的最强效力文件，但在没有法律文书的情况下，对于遗产管理人的权利外观认定问题则存在一定的实务难度。被继承人依法可在生前通过订立遗嘱的方式指定遗产管理人或遗嘱执行人，同时自然人可以自书、代书遗嘱、打印、录音录像、口头或公证的方式订立遗嘱，那么对于非公证的遗嘱如何在实务中明确遗嘱所涉的遗产管理人或遗嘱执行人身份则存在很大难度。在没有统一的标准的情况下，对遗产管理人身份的权利外观应如何认定没有具体的法律标准。

（三）遗产管理人在司法诉讼中的地位不明

遗产管理人制度可有效落实执行和妥善规制的发展愿景必然基于民事法律关系的实体和程序搭配和交融。《民法典》第一千一百四十七条赋予了遗产管理人处理被继承人债权债务的权利[②]，但赋予遗产管理人处理债权债务这一权

---

① 参见中华人民共和国香港特别行政区《遗嘱认证及遗产管理条例》，https：//www. elegislation. gov. hk/hk/cap10! sc? xpid=ID_ 1438402523218_ 001，最后访问时间：2025年6月23日。

② 朱昀：《论〈民法典〉中遗产管理人的职责》，甘肃政法大学2022年硕士学位论文。

利的同时，现行的程序法并未给予遗产管理人的诉讼权利。具体为：遗产管理人能否提起或参与有关遗产的诉讼？遗产管理人的诉讼权利如何界定？如具备参与诉讼的资格，遗产管理人在诉讼中的地位是什么？遗产管理人是否可委托代理人参加诉讼？在《民法典》及相关司法解释尚未作出明确规定时，势必导致司法实务中的处理差异且无统一的处理标准。

（四）遗产管理人制度在司法诉讼中实体和程序方面存在的实施缺陷

2023年修改的《民事诉讼法》增加了关于指定遗产管理人案件的具体规定，在第一百八十四条中增加"指定遗产管理人案件"适用特别程序的具体规定并在第十五章第三节后增加第四节"指定遗产管理人案件"。该节进一步细化规定关于指定遗产管理人案件的具体内容，包括：利害关系人申请指定遗产管理人应向被继承人死亡时住所地或者主要遗产所在地基层人民法院提出；人民法院受理审查应按照有利于遗产管理的原则，如被指定的遗产管理人死亡、丧失行为能力或者存在其他无法继续履行遗产管理职责情形的，利害关系人可向人民法院申请另行指定遗产管理人以及申请撤销遗产管理人资格并另行指定遗产管理人等。

从《民事诉讼法》修改中可以看出，我国内地正努力全面修订与遗产管理人制度相匹配的程序法。但进一步考量和分析，所涉的遗产管理人案件远不止有由利害关系人提起指定遗产管理人的特别程序案件。仅从实体规定来看，《民法典》第一千一百四十七条就规定遗产管理人应履行的职责包括处理被继承人债权债务，故以上述职责内容作为基准点做进一步分析。遗产管理人在管理被继承人财产的过程中，是否可作为"原告"的身份而就债权提起诉讼，或由债权人在具体案件中把遗产管理人作为案件当事人而提起诉讼，甚至起诉要求遗产管理人履行职责等。在法院没有经过特别程序认定遗产管理人身份的情况下，是否可按照《民法典》第一千一百四十六条的规定确定继承人之一作为遗产管理人？更深层的问题是法院是否可主动适用遗产管理人制度。显然，现行法律尚未明确是否必须经过由利害关系人先行提起特别程序请求指定遗产管理人的情况下才可以进入具体诉讼等。

民事法律体系中，实体规范与程序规范之间存在不可分割的紧密联系，实体规则的演进历程深刻地推动着程序规则的革新与发展。具体而言，民法领域内对遗产管理人身份、地位及职权的深入理解和明确界定，不可避免地会渗透到诉讼实践之中，成为影响诉讼程序构建的重要因素。而诉讼法中的具体条款设计，正是为了确保遗产管理人制度能够在司法实践中得以顺利、高效地实施，从而为其有效运作提供坚实的法律框架和基本的操作指南。由此可见，遗产管理人制度虽已初步构建但与司法实践尚未"适配"的难题亟待解决，当下亟须完善和细化相关问题以进一步确保遗产管理人制度得以实施和有效运用至司法实务中。

三、比对我国港澳地区遗产管理人的诉讼地位

遗产管理人制度绝非我国内地始创的"本土化"产物，域外的制度早已发展，立法规定和司法实践也相对较为成熟。

香港法例第10章《遗嘱认证及遗产管理条例》对遗产管理人制度进行了明确规定。在我国香港地区，"遗产管理人"包括遗产管理人、遗嘱执行人、遗产代理人、遗产管理官等。其中，《遗嘱认证及遗产管理条例》第Ⅴ部第五十三条"遗产代理人的起诉权利，除其他条例的条文另有规定外，遗产代理人对所有归属死者及在死者去世后尚存在的诉因均有相同的起诉权力"[1]，即根据香港法例明确赋予了遗产管理人的诉讼地位并明确规定了其享有的诉权。

我国澳门地区现行有效的《民法典》（为区别我国内地的《民法典》，以下简称《澳门民法典》）第五卷继承法第一编继承总则第八章"遗产之管理"、第四编遗嘱继承第八章"遗嘱之执行"对待分割财产管理人以及遗嘱执行人的权利、职责和义务进行了详细规定。《澳门民法典》第一千九百一十六条、第一千九百二十五条至一千九百二十七条规定，待分割财产管理人依法可以享有处置待分割财产的权利，包括行使继承人诉权、提起要求管理财产的占有之诉、债的收取、财产管理分配等。因此，在我国澳门地区亦有遗产管理人享有行使诉权的明确规定。

《中华人民共和国涉外民事关系法律适用法》（以下简称《法律适用法》）第三十四条规定遗产管理等事项，适用遗产所在地法律；《最高人民法院关于适用〈中华人民共和国涉外民事关系法律适用法〉若干问题的解释（一）》第十七条规定，涉港、涉澳的民事关系的法律适用问题，应参照涉外民事关系法律适用规定。根据上述规定，涉及我国港澳地区遗产管理事项应适用该区域的法律规定，在司法实务中亦有部分经典案例。

---

[1] 参见中华人民共和国香港特别行政区《遗嘱认证及遗产管理条例》，https：//www.elegislation.gov.hk/hk/cap10! sc? xpid=ID_ 1438402524466_ 002，最后访问时间：2025年6月21日。

在（2020）粤19民终3941号案件中，香港特别行政区居民李某在2013年购买位于东莞市樟木头镇某商铺，并签订《房屋买卖合同》。合同签订后，李某付清全部购房款但一直未办理过户手续，案涉商铺一直登记在原产权人名下。2017年，李某在香港去世，其配偶徐某提起诉讼，请求协助办理案涉商铺房地产权转移登记手续。但一审判决驳回徐某的诉讼请求。后二审经审理查明认为，徐某提交了继承遗产声明书、死亡证明、结婚证书、李某父母的死亡证明以及香港法院颁发的遗产管理人任命书，可以证明徐某系李某的遗产管理人。徐某作为李某的遗产管理人，权利和义务应依据香港法律确定，因此查明徐某具有提起本案诉讼的主体资格。李某生前购买案涉商铺已经交付，仅因李某生前未办理案涉商铺产权转移登记手续，但其要取得案涉商铺的所有权的合同目的并未改变。故改判原产权人协助办理商铺房地产权转移登记手续。上述案件是第五批粤港澳大湾区跨境纠纷典型案例之一，是我国内地人民法院依照香港法律确认遗产管理人身份，保护香港特别行政区居民在内地的财产权益典型案例。①

四、以粤港澳大湾区的实务问题为起点，探析现阶段关于遗产管理人的司法互认制度

广东省与港澳地区地理位置接近，人员和经济往来频繁，粤港澳大湾区政策推动了区域融合，促进了跨境婚姻和家庭增长。在"一国两制"框架下，内地与港澳地区司法互认制度加强了法律实务交流。

香港法例第10章《遗嘱认证及遗产管理条例》② 对香港遗产管理人的证明文件进行了明确规定，从现行实务案件来看我国内地人民法院有依照香港法律确认遗产管理人身份的典型案例。2024年1月29日起施行的《最高人民法院关于内地与香港特别行政区法院相互认可和执行民商事案件判决的安排》（以下简称《内地与香港法院互认执行民商事案件的安排》）第三条第二项"继承案件、遗产管理或者分配的案件"暂不适用本安排。从文义解释上看，在内地或香港经法院审理并作出民事判决书的继承案件、遗产管理或者分配的案件不

---

① 广东法院第五批粤港澳大湾区跨境纠纷典型案例之十，载广东法院网，https：//www.gdcourts.gov.cn/gsxx/quanweifabu/anlihuicui/content/post_ 1047684.html，最后访问时间：2025年6月21日。
② 参见中华人民共和国香港特别行政区《遗嘱认证及遗产管理条例》，https：//www.elegislation.gov.hk/hk/cap10! sc? xpid=ID_ 1438402524466_ 002，最后访问时间：2025年6月21日。

能直接进行司法互认，但并无否定香港法院颁发遗产管理人任命书等文件的法律效力问题。而澳门地区，现行主要依据的是 2006 年 2 月 13 日通过的《最高人民法院关于内地与澳门特别行政区相互认可和执行民商事判决的安排》（以下简称《内地与澳门互认和执行民商事判决的安排》）开展两地司法互认的相关工作，但上述安排中并无涉及关于澳门地区的"待分割财产管理人"（遗产管理人）身份证明文件的确认情况。

再进一步分析，随着中国内地居民在香港与澳门地区持有资产的情形增加，如内地居民根据相关法律规定指定遗产管理人后，如何在港澳地区实现身份的互认亦是亟待解决的司法实务问题。

《民事诉讼法》对指定遗产管理人作出了具体规定。对于依法向法院请求确认指定遗产管理人的，由人民法院依法通过适用特别程序进行审理后作出法律文书。根据《内地与香港法院互认执行民商事案件的安排》第四条以及《内地与澳门互认和执行民商事判决的安排》第二条的具体规定，安排中所称"判决"在内地包括但不限于判决、裁定等，但对于在内地法院通过适用特别程序进行审理后作出的法律文书是否必然属于上述两个安排所称的"判决"范围并无明确的界定。

经济的蓬勃发展驱动着法律规则的不断创新与完善。在当前粤港澳大湾区经济一体化迈向纵深发展的时代背景下，构建并加速完善遗产管理人司法互认制度，已成为推动区域经济法治化进程、促进财产有序传承与管理、深化司法合作与互信的关键举措。因此，区域法治建设为维护跨境家庭与个人的财产权益提供坚实法律保障，引领区域法治与经济发展迈向更高层次的一体化新境界。

五、以司法实务为起点，初探遗产管理人制度在程序上的完善

遗产管理人制度在时代发展步伐和现时困境等多重作用中应运而生，妥善处理遗产是遗产管理人制度设立的初衷，与之相对应的应当是赋予遗产管理人独立的法律地位。因此，本文以司法实务为起点，初探遗产管理人制度在程序性上的完善。

（一）提升遗产管理人在诉讼中的法律地位与自主性，以增强其执行遗产管理职责的独立性和有效性

在现行有效的法律中，尚未规定遗产管理人在涉及遗产管理人纠纷的诉讼

案件中的地位。① 解决纠纷的首要步骤是确定纠纷各方当事人，启动诉讼的前提条件即明确诉讼当事人，而当事人作为诉讼主体是获得司法救济的重要前提。从法理上分析，适格的当事人应同时具备实体权利和基本的诉讼权利。以此为起点，遗产管理人亦应在管理遗产期间享有提起或参与遗产诉讼纠纷的权利，并可以实施一定的处分行为。

《民法典》第一千一百四十五条至第一千一百四十九条对遗产管理人的责任、选任和获得报酬等进行明确规定，但并无规定遗产管理人可实施上述行为的具体路径。无论是债权人向遗产管理人主张债权而涉诉，还是遗产管理人向债务人主张债权而提起诉讼，均需由遗产管理人这一"人"予以实施。所以，只有遗产管理人对涉诉案件有诉求和抗辩权的情况下，才可以明确遗产管理人具有正当当事人的诉讼地位，享有诉权。

（二）完善民事诉讼法上的程序性规定，以期达到程序法上破局的基本目的

《民法典》已实现了遗产管理人制度从无到有的阶段，但从上层设计到实践落地仍有不断校正之必要。而与遗产管理人制度相匹配的程序法，则是确保实体法有效落地、执行、实施的重要保障。《民事诉讼法》第五章对诉讼参加人作出明确规定，当事人、法定代理人可以委托一人至二人作为诉讼代理人代为参加诉讼，但尚无明确遗产管理人是否可直接作为诉讼参加人参与诉讼或由遗产管理人另外委托具体专业知识的诉讼代理人参与诉讼等。《民事诉讼法》虽在特别程序规定中增加了关于指定遗产管理人的内容，但仍没有关于遗产管理人是否具有诉讼主体资格的具体规定。

一般情况下，权利主体对其名下财产或根据法定或约定依据拥有管理和处分的权限，从而具备了参与诉讼的法律地位。鉴于《民法典》这一实体法已明确授予遗产管理人的"管理"职能与资格，因此，遗产管理人也相应地被赋予进行与遗产管理相关诉讼活动的权利和地位。那么就应该从程序法上确立遗产管理人的当事人资格，以确保遗产管理人制度有效落实。

（三）探寻与破产管理人相类似的遗产管理人制度，以期进一步完善遗产管理人制度

"管理"在我国现行法律下并不是首次出现的概念，正如破产管理人制度在我国现行法律框架范围内由来已久。我国《民事诉讼法》规定诉讼权利主体

---

① 马文方：《〈民法典〉遗产管理人制度法律适用研究》，河南大学2022年硕士学位论文。

可包括基于身份权而引起的诉讼主体以及基于财产管理权或处分权而引起的诉讼主体。① 股东代表之诉以及破产管理人即典型的因财产管理权而引起的诉讼请求。《企业破产法》第二十五条规定破产管理人可管理破产财产并代表债务人参加诉讼、仲裁或者其他法律程序，即从法律上确定破产管理人之诉讼主体资格。《民法典》第一千一百四十七条已赋予遗产管理人处理被继承人债权债务的权利，有"实施与管理遗产有关的其他必要行为"的兜底条款②，因此遗产管理人制度亦可参照《企业破产法》的具体规定，明确遗产管理人可参加诉讼、仲裁或者其他法律程序的权利，把主张债权债务而实施的必要诉讼行为囊括其中。

（四）探索在大湾区启动遗产管理人互认制度的先行试点制度，以前线实务案件驱动三地司法制度的协同工作

着力构建内地与港澳地区间遗产管理人身份的互认桥梁，实现跨区域认证的程序性工作无缝对接。具体而言，当遗产管理人已在其所属法域内获得有权机关的正式认证文件时，应确保该认证在大湾区其他成员地区得到即时、有效的承认与执行，同时明确赋予遗产管理人在新法域内相应的权利与义务，从而极大地方便大湾区居民处理跨境遗产事务，促进区域内人员、财产流动的自由与便捷，为区域一体化进程注入新的活力与动力。

六、结语

新确立的遗产管理人制度的推行是民事继承法律体系中的一个重要里程碑。这一全新的制度不仅深刻体现在尊重并实现被继承人的个人意愿，还确保私有财产平稳过渡和传承。

正如习近平总书记所强调的"法律的生命力在于实施"，遗产管理人这一制度的成功实施离不开实体法与程序法的紧密配合与相互支持。在司法实践中，遗产的处理往往牵涉复杂多面的利益关系。然而，当前实体与程序规定的细致度尚显不足，遗产管理人的选任标准、职责范围、监督机制等方面尚需进一步明确，许多实际操作中的难题有待通过实践的积累与深入的总结来逐步解决。

---

① 于宗楷：《我国遗产管理人制度研究》，江南大学 2023 年硕士学位论文。
② 马文方：《〈民法典〉遗产管理人制度法律适用研究》，河南大学 2022 年硕士学位论文。

本文旨在对遗产管理人这一新兴制度进行初步的理论探讨，并结合上述具体案例，分析遗产管理人在实际操作中可能面临的挑战与解决方案，期望能为遗产管理人制度在促进公民财产有序传承与管理方面发挥关键作用贡献一份力量。期待未来随着实践经验的积累，该制度能更加完善并有效服务于社会，为更多家庭和企业带来安心与保障。

（本文曾获得第四届遗嘱与遗产继承论坛暨第二届遗产管理人论坛联合征文三等奖、广州市律师协会2023年度"理论成果奖二等奖"，并在受邀出席的由中华全国律师协会、中国老年学和老年医学学会联合主办的"守护夕阳红"老年人权益保护法律服务交流会议上进行分享）

涉港案件中股东代表公司诉讼的管辖问题

周妍君[*]

一、涉外民事案件的认定

《最高人民法院关于适用〈中华人民共和国民事诉讼法〉的解释》（2022年修正，以下简称《民诉法解释》）第五百二十条规定了涉外民事案件的认定规则："有下列情形之一，人民法院可以认定为涉外民事案件：（一）当事人一方或者双方是外国人、无国籍人、外国企业或者组织的；（二）当事人一方或者双方的经常居所地在中华人民共和国领域外的；（三）标的物在中华人民共和国领域外的；（四）产生、变更或者消灭民事关系的法律事实发生在中华人民共和国领域外的；（五）可以认定为涉外民事案件的其他情形。"第五百四十九条规定："人民法院审理涉及香港、澳门特别行政区和台湾地区的民事诉讼案件，可以参照适用涉外民事诉讼程序的特别规定。"

根据上述规定，涉外民事案件的认定标准，可从主体、客体以及法律关系三项要素判断，满足任一要素的，即可认定为涉外民事案件，涉港澳台案件参照适用涉外民事诉讼程序的特别规定。但需注意的是，以上要素的主体，应限于实际行使权利和承担后果的当事人，不包括股东代表诉讼。股东代表公司诉讼中，由于股东代表的是公司的利益，最终胜诉利益也归属于公司，故即便股东具有涉外要素，但如果公司为境内企业，在并不符合其他涉外要素的情况下，该案件也不属于涉外案件。

---

[*] 周妍君，广东国智律师事务所合伙人。

以笔者代理的一起案件为例：一家香港公司的股东系内地公司，内地股东认为香港公司的董事在执行公司职务时签署了违反公司规定的公司决议，给香港公司造成损失，因香港公司董事的户籍地和主要资产均在内地，为方便起诉和执行，内地公司遂以自己名义在内地法院提起诉讼，要求香港公司的董事承担赔偿责任。由于被告（香港公司董事）的户籍地在内地，最终内地法院予以立案，案由定为"损害公司利益责任纠纷"。该案中原告内地股东代表了香港公司的利益，实际行使权利和承担后果的主体为香港公司，同时由于原告主张的侵权事实发生在香港，而香港地区参照适用涉外民事诉讼程序的特别规定。

二、涉港案件中股东代表诉讼的管辖问题

股东代表诉讼，也称"股东衍生诉讼"或"股东派生诉讼"，是指董事、监事、高管或他人侵犯公司合法权益，给公司造成损失，但公司怠于行使权利的，股东作为公司的投资人，有权为了公司的利益以自己的名义直接向人民法院提起诉讼，案由一般定为"损害公司利益责任纠纷"。

根据《民事诉讼法》第一百二十二条的规定，起诉必须符合适格原告、明确被告、具体诉请和事实理由、属于法院受理和管辖范围四个条件，在笔者代理的上述案件中，适格原告和法院管辖范围均存在一定问题。

（一）内地股东未取得香港原讼法庭的许可，其无权代表公司提起诉讼，并非适格原告

1. 涉港案件中，涉及法人的股东权利义务事项，应适用登记地法律即香港特别行政区法律规定

案涉纠纷系侵害公司利益纠纷，受侵害的对象为公司，侵害公司利益纠纷的相关诉讼的责任及后果均由公司承担，故侵害公司利益诉讼本应由公司提起以救济自身权益。仅在公司未提起或不能提起相关诉讼时，根据相关法律规定，公司股东才得以代表公司提起诉讼。故股东代表公司提起诉讼救济公司权益，系法律赋予公司股东的权利。

根据《涉外民事关系法律适用法》第十四条的规定，法人及其分支机构的民事权利能力、民事行为能力、组织机构、股东权利义务等事项，适用登记地法律。因本案第三人的登记地位于香港，故在确定内地公司作为香港公司的股东是否有权提起诉讼时，应适用香港特别行政区《公司条例》的规定。

2. 根据香港法律规定，股东代表公司起诉前必须取得香港原讼法庭的许可，在未取得许可之前股东无权代表公司提起诉讼

【香港《公司条例》关于股东代表诉讼的规定】

第 14 部　保障公司或成员权益的补救

732. 公司的成员或有联系公司的成员可提起或介入法律程序

（1）如有人对某公司作出不当行为，该公司的任何成员或该公司的有联系公司的任何成员若获得原讼法庭根据第 733 条批予的许可，即可代表该公司，就该行为在法院提起法律程序。

（2）如因对某公司作出的不当行为，以致该公司没有就任何事宜提起法律程序，该公司的任何成员或该公司的有联系公司的任何成员若获得原讼法庭根据第 733 条批予的许可，即可代表该公司，就该事宜在法院提起法律程序。

（3）如因对某公司作出的不当行为，以致该公司没有努力继续进行或没有努力中止任何法律程序，或没有努力在任何法律程序中抗辩，该公司的任何成员或该公司的有联系公司的任何成员若获得原讼法庭根据第 733 条批予的许可，即可介入在法院进行的该法律程序，以代表该公司继续进行或中止该法律程序，或在该法律程序中抗辩。

（4）就根据第（1）或（2）款提起法律程序而言，其诉讼因由归属有关公司。任何该法律程序，均领以该公司的名义提起，而有关济助（如有的话），亦须是代表该公司寻求的。

……

733. 原讼法庭所批予的提起或介入法律程序的许可

（1）原讼法庭可应某公司的任何成员或某公司的有联系公司的任何成员的申请，为第 732（1）、（2）或（3）条的目的而批予许可，前提是原讼法庭须信纳——

（a）从该申请的表面上看，向该成员批予许可看似是符合该公司的利益；

（b）就——

（i）根据第 732（1）或（2）条要求批予提起法律程序的许可的申请而言，有须予认真处理的问题须作审讯，后该公司本身并未提起有关法律程序；或

（ii）根据第 732（3）条要求批予介入法律程序的许可的申请而言，该公司没有努力继续进行或没有努力中止有关法律程序，或没有努力在有关法律程序中抗辩；及

(c) ［除非原讼法庭已根据第（5）款批予许可］该成员已按照第（3）款送达书面通知予该公司，而该通知符合第（4）款的规定。

（2）原讼法庭如——

(a) 就根据第 732（1）或（2）条要求批予提起法律程序的许可的申请而言，信纳有关成员已行使任何普通法权利，就同一的讼案或事宜，代表有关公司提起法律程序；或

(b) 就根据第 732（3）条要求批予介入法律程序的许可的申请而言，信纳有关成员已行使任何普通法权利，介入有关公司属诉讼一方的有关法律程序，则可拒绝批予许可。

……

香港《公司条例》就股东代表诉讼的主要规定在第 14 部"保障公司或成员权益的补救"第 4 分部"就对公司所作的不当行为提出衍生诉讼以寻求补救等"中的第 731 条至第 738 条。根据第 731 条至第 738 条的规定，股东能否代表公司通过诉讼对董事、高管侵犯公司利益主张和行使权利，取决于是否能取得香港原讼法庭的许可，该许可是内地股东在内地法院提起诉讼的前提。股东主张进行衍生诉讼，必须先行向法院提出申请，原讼法庭将依据香港《公司条例》第 733 条的规定对股东申请进行严格审查，以确定股东是否具备取得诉讼代表权的许可条件（阶段一），股东取得许可后方可代表公司对董事、高管提起诉讼，请求法院就主争议进行审理（阶段二）。也就是说，在原讼法院许可前，股东并不享有诉讼代表权。因此，如内地股东并未向香港原讼法院提起任何许可申请，则内地股东提起一审诉讼的前提条件尚未成就，即内地法院对案涉纠纷不具有管辖权。

（二）法院管辖上，如原告诉请的特征性义务来源及所寻求救济的基础来源于公司的组织行为或决议行为，一般认为属于公司诉讼，应由公司住所地人民法院管辖

根据《民诉法解释》第二十二条规定，因公司股东名册记载、请求变更公司登记、股东知情权、公司决议、公司合并、公司分立、公司减资、公司增资等纠纷提起的诉讼，依照《民事诉讼法》第二十七条规定确定管辖。《民事诉讼法》第二十七条规定，因公司设立、确认股东资格、分配利润、解散等纠纷提起的诉讼，由公司住所地人民法院管辖。可见，以上法律规定的纠纷更多涉及公司的组织行为或决议行为，存在与公司组织相关的多数利害关系人，涉及

多数利害关系人的多项法律关系的变动,且胜诉判决往往产生对世效力。

因此,在司法实践中,并非与公司有关的诉讼,都由公司住所地人民法院管辖。损害公司利益责任纠纷中,如属于具有给付之诉性质的诉讼,并不具有组织法上纠纷的性质,也不涉及多项法律关系,司法实践中更倾向于此类案件属于侵权纠纷,应以侵权行为地或被告住所地法院管辖。但如果原告所提诉请的特征性义务来源及所寻求救济的基础来源于公司的组织行为或决议行为,诉请将影响多数利害关系人的多项法律关系的变动,查明案件需涉及查阅公司文件、注册登记信息等情形,则更倾向于认为属于公司诉讼,应由公司住所地人民法院管辖。

本案为股东代表香港公司起诉董事滥用权利造成公司损害的纠纷,原告主张被告签署的公司决议内容违反香港法律规定、侵犯香港公司利益,属于因公司决议内容涉嫌违法的公司纠纷,按照法律规定和司法实践,应由公司所在地法院即香港法院管辖。

(三)即便内地法院具有管辖权,根据不方便法院原则,本案也应由香港法院管辖

"不方便法院原则"系指对国际民事案件具有管辖权的一国法院根据其国内法或国际条约,从当事人与诉因的关系以及诉讼便利等角度考虑,认定审理该案不方便,因而放弃管辖权的情形,是协调国际民事管辖权的一项重要制度。人民法院审理涉及港澳台的民事诉讼案件,可以参照适用涉外民事诉讼程序的特别规定。《民诉法解释》第五百三十条规定了"不方便法院原则"的具体规则:"涉外民事案件同时符合下列情形的,人民法院可以裁定驳回原告的起诉,告知其向更方便的外国法院提起诉讼:(一)被告提出案件应由更方便外国法院管辖的请求,或者提出管辖异议;(二)当事人之间不存在选择中华人民共和国法院管辖的协议;(三)案件不属于中华人民共和国法院专属管辖;(四)案件不涉及中华人民共和国国家、公民、法人或者其他组织的利益;(五)案件争议的主要事实不是发生在中华人民共和国境内,且案件不适用中华人民共和国法律,人民法院审理案件在认定事实和适用法律方面存在重大困难;(六)外国法院对案件享有管辖权,且审理该案件更加方便。"

适用不方便法院原则的前提是内地法院对案件本身享有管辖权,只是因被告提出更方便外国法院管辖的请求或管辖异议才可审查,且必须同时符合《民诉法解释》第五百三十条规定的六项要件才可适用该条规则。

本案当事人之间并不存在选择内地法院管辖的协议，本案也不属于《民事诉讼法》规定的内地法院专属管辖范围。案涉争议为是否侵犯第三人香港公司的利益，而非侵犯原告利益，原告仅仅是作为香港公司的代表提起诉讼，最终法律后果由第三人香港公司承担。且本案争议的主要事实不是在内地发生，而是在香港发生，查清案件事实需要香港法院到香港各职权部门进行调查后作出认定。综合分析来看，本案同时符合《民诉法解释》第五百三十条规定的不方便法院原则，应由香港法院管辖更为方便。

作为被告香港公司董事的代理律师，笔者代为向法院提交了管辖权异议申请以及相关证明材料，最终一审法院采纳了笔者的代理意见，裁定驳回了原告的起诉，原告上诉后，二审法院最终裁定驳回上诉，维持原裁定。

柬埔寨投资法律体系解析与实务指引

吴悦艺[*]

柬埔寨作为东南亚地区经济增长最快的国家之一，凭借其开放的投资政策、战略性的地理位置以及日益完善的基础设施，正吸引着全球投资者的持续关注。然而，复杂的法律环境、多元的文化背景以及仍在发展中的司法体系，使得许多外国投资者在进入市场时面临诸多挑战。本文基于柬埔寨现行法律框架与实践经验，系统梳理投资过程中涉及的核心法律领域，包括劳动用工制度、贸易与海关规则、商事企业组织形式以及土地权属制度，旨在为投资者构建全方位的法律认知体系，规避潜在风险，实现合规经营。

柬埔寨的法律体系以宪法为根本，融合法国大陆法传统与本地习惯法特征，形成独特的混合型法制结构。在投资领域，政府通过《投资法》《商事企业法》《土地法》等基础性法律构建起制度框架，同时积极参与东盟经济共同体、区域全面经济伙伴关系协定（RCEP）等多边合作机制，不断优化营商环境。值得注意的是，柬埔寨在劳动权益保护、外资准入限制、土地所有权规制等方面存在显著的特殊性，这些制度设计既体现国家主权保护意识，也反映其作为发展中国家的阶段性特征。投资者需深入理解这些制度的底层逻辑，才能在法律允许的边界内实现商业利益最大化。

一、柬埔寨劳动用工制度的合规要点与实践挑战

投资柬埔寨最主要的方式是在当地设立公司或者其他实体，而经营公司或者其他实体首先面临的第一个问题就是雇佣工人，如何处理劳资问题是每一个到柬埔寨的投资者应当重点关注的。根据柬埔寨1997年《劳动法》的有关内容，介绍柬埔寨的就业劳工制度，尤其对劳动法主要条款、劳动者的权利、外

---

[*] 吴悦艺，广东国智律师事务所高级合伙人。

籍雇员等问题的详细介绍，以期对投资者正确处理劳工问题提供更多帮助。

（一）《劳动法》简介

柬埔寨劳动法体系以 1997 年颁布的《劳动法》为核心，该法共 18 章 396 条，全面规范劳动关系各环节。《宪法》第三十六条确立"劳动者享有组织工会、罢工及集体谈判的法定权利"的基本原则，而《劳动法》则通过具体条款将这一原则转化为可操作的制度安排。在劳动合同管理方面，法律允许采用书面或口头形式订立合同，但对合同期限作出严格限制：固定期限合同最长不得超过两年，且仅允许续签一次，超期后自动转为无固定期限合同。这一规定直接影响企业的用工策略，许多纺织企业为规避长期雇佣责任，采取"两年轮换制"用工模式，但这种做法可能引发劳动监察部门的合规审查。

（二）相关劳动法规则

1. 劳动合同的终止

解雇补偿制度构成劳动法最严苛的环节。具体期限的劳动合同通常在约定好的日期终止。但是，如果双方达成一致协议，而且这种协议是在劳动监察员在场并由合同双方以书面形式达成的，则可以在期限届满日之前终止。如果双方不同意，则只有在合同发生严重不当行为或不可抗力时，才可在合同期限届满日之前解除。如果雇主仅出于本条第一款和第二款所述以外的原因而单方提前终止合同的，则工人至少有权获得等同于其在合同终止前应得报酬一样多的赔偿（第七十三条）。

期限不明确的劳动合同可以根据合同一方的意愿终止而终止（各种例外情况除外）。合同的终止，必须由意图终止的一方当事人提前书面通知另一方当事人（第七十四条）。雇主单独以自己的意愿终止合同，没有事先通知或者不符合事先通知期限的，则课以雇主承担向工人补偿等同于正式通知期限内工人本应得到的工资和各种福利的赔偿的义务（第七十七条）。

2. 工资

薪酬体系实行分级保障机制，最低工资标准由劳资政三方组成的全国理事会每年协商确定。工资支付规则强调现金优先原则，要求每月至少分两次发放，且不得晚于次月 15 日支付上月工资。工龄津贴制度要求企业每年为工作满一年的员工增加 1 美元月薪，这对人员流动性高的劳动密集型企业构成持续性成本压力。

3. 假期

工时与休假管理体现国际劳工标准与本地实际的结合。法定工时标准为每日 8 小时、每周 48 小时,夜班时段（22 时至次日 5 时）工资上浮 30%。加班费计算实行分级制：日常加班按 1.5 倍时薪支付,夜间及周末加班按 2 倍计算,法定节假日则需支付 3 倍报酬。休假体系包含周休、年假、特殊事假三重保障,其中年假天数随工龄递增,每满三年增加一天,这对企业的人力资源规划提出精细化要求。

4. 外籍雇员

外籍雇员管理采取保护主义政策。根据《外籍雇员管理细则》规定,企业聘用外籍人员需满足三个条件：持有有效护照与居留许可、通过职业健康检查、岗位无法由柬埔寨公民胜任。工作许可分为 A（管理岗）、B（专业岗）、C（非技术岗）三类,年费分别为 100 美元、150 美元、200 美元,且每类岗位外籍员工比例不得超过 10%。这要求投资者在项目筹备阶段就需精确计算用工结构,建立本地化培训体系。

5. 工会

工会与集体谈判制度构成劳资关系的敏感领域。法律规定 8 人以上企业必须设立工人代表,罢工权虽受法律保护,但需提前 7 天向劳工部报备。2022 年某汽车配件厂工人罢工事件中,因组织者未按规定程序申报,导致罢工被法院裁定为非法,5 名工会代表被追究刑事责任。这提示企业需建立常态化的劳资对话机制,定期与工会代表协商工作条件,避免矛盾升级。同时,法律禁止雇主干预工会活动,这要求管理层在劳动关系处理中保持专业克制。

二、投资柬埔寨贸易与海关制度的操作要点与税收筹划

投资柬埔寨,贸易活动不可或缺,了解柬埔寨的贸易和海关制度,有利于外国投资者在合法合规的前提下进行正常的商贸活动,笔者通过翻译柬埔寨的贸易与海关制度,尤其关注其关税、海关申报、进出口程序及东盟自由贸易协定下的优惠税率等问题,以期为投资者的进出口行为提供法律参考。

（一）一般税率

柬埔寨海关体系以 2007 年修订的《海关法》为基础,建立起与国际接轨的现代化管理制度。关税税则采用协调制度（HS 编码）,税率分为 0%、7%、15%、35% 四档,其中药品、教材等民生用品享受零关税,而汽车、奢侈品等

则适用最高税率。增值税统一按 10%征收，但根据《投资法》规定，合格投资项目（QIP）可申请设备进口免税优惠。

（二）出口进口程序

进出口程序经过电子化改革，效率显著提升。海关总署推行的海关数据自动化系统方案（ASYCUDA）系统实现申报、审单、缴税全流程在线办理，西哈努克港的货物平均清关时间缩短至 48 小时。根据 2023 年海关报告，进口货物实物查验率已从 2018 年的 35%降至 20%，出口查验率维持在 13%左右。但需注意，海关对纺织品、农产品等敏感商品仍实施重点监管，这要求企业必须建立专业的报关团队，定期参加海关组织的税则归类培训。

（三）税收优惠政策

原产地规则是享受贸易优惠的关键。欧盟"除武器外全部免税"（EBA）方案要求产品本地增值率达 40%，服装类商品可累计东盟国家原料价值；美国普惠制（GSP）则规定区域价值成分不低于 35%。出口管理费制度经历多次调整，2023 年服装类产品费率从 10%降至 7.5%，反映政策扶持导向。投资者需建立动态监测机制，及时获取商业部每月发布的费率调整通告。

自由贸易协定网络带来显著红利。东盟商品贸易协定（ATIGA）使汽车配件、钢铁制品等商品关税从 35%逐步降至 5%，某中资汽配企业在金边经济特区设厂，利用区域价值链优势将生产成本降低 18%。中柬自贸协定则对 340 多种农产品实施零关税。因此，建议企业建立税则数据库，对比最惠国税率与自贸协定税率，优化供应链布局。

三、商事企业制度的架构选择与治理规范

投资柬埔寨的外国投资者十分关心通过什么方式进行投资，尤其是在柬埔寨如何通过设立符合自身需求的商事企业进行投资活动。因而有必要了解柬埔寨的商事企业制度，特别是对柬埔寨《商事企业法》的解读，因此笔者通过翻译柬埔寨相关商事企业制度，尤其对投资者关注的相关问题进行详细介绍，以期为投资者提供决策参考。

（一）公司类型与简介

柬埔寨《商事企业法》确立有限公司、合伙制企业、外资企业三种基本组织形式。有限公司细分为私人有限公司与公众有限公司，其中私人有限公司股

东人数上限 30 人且禁止向公众募股，适合中小型投资者；公众有限公司可公开发行股票，但需满足最低注册资本 10 万美元的要求。值得注意的是，51% 以上股份由柬籍自然人或企业持有的公司可获得"本地企业"身份，这对参与土地交易、特许经营等项目具有决定性意义。

（二）公司内部组织架构

公司治理实行董事会中心主义。私人有限公司应当具备 1 名或者 1 名以上的董事，而公众有限公司则至少需要具备 3 名董事。股东可通过一般决议的方式投票选举董事，董事会成员应当通过多数表决的方式从其成员中选举董事会主席。任何超过 18 周岁的适格自然人均有可能被选举为董事。董事任期两年可连任，拥有制定商业战略、任免高级管理人员、发行公司债券等核心权力。

董事会负责管理公司的业务和事务，根据法律的规定，董事行使以下权利：

（1）聘任和解聘公司经理，决定经理的具体职权、薪酬和其他补贴；

（2）签发票据、债券或者公司的其他债务凭证；

（3）向公司股东提议对公司章程进行修改或者删除，以及公司与其他主体的并购或者合并的协议；

（4）向公司股东提议对公司进行解散或者清算等。

四、土地制度的权属规则与开发策略

随着共建"一带一路"倡议的继续推进，越来越多的投资者将目光投向了东南亚国家柬埔寨，而投资的重要关注点之一则在于柬埔寨的土地，不管是土地租赁或者土地权利的获取，均离不开其土地制度。因此，笔者详细翻译了柬埔寨土地制度的重要条款，涉及柬埔寨 2001 年《土地法》《民法典》等重要法律，涵盖所有权、租赁、抵押、土地特许等重要制度，以期对国内投资者了解柬埔寨土地制度有所裨益。

（一）土地所有权

柬埔寨《宪法》第四十四条明确禁止外国人及外资持股超过 49% 的企业取得土地所有权，这一规定将多数外资项目导向租赁市场。2001 年《土地法》创设的"占有确权"制度允许 1989 年后连续五年和平占有土地的自然人申请所有权，但需通过地籍委员会核查。这要求投资者在土地交易前必须委托专业机构开展权属追溯调查。

(二) 土地特许制度

土地特许是根据《土地法》第四十八条所规定的，给予任何自然人或者法人或者集体占有土地和行使其权利，由有权当局决定签发的法律文件所创设的一种权利。

在柬埔寨，存在三种类型的特许土地：社会特许土地、经济特许土地和使用、开发或者开采特许土地。其中的社会特许土地，受益者可以建造居所或者为生存而耕种国家土地。经济特许土地，受益者可平整土地以做工业或者农业开发之用。使用、开发或者开采特许土地包括了采矿特许、建造港口特许、机场用地特许、工业发展特许和渔业特许用地，但不受2001年《土地法》调整（《土地法》第四十九条和第五十条）。使用、开发或者开采的特许土地是由2007年10月19日颁布的特许法律所规范调整的。

土地特许仅仅是因特许合同而创设的权利，不能基于占有土地的事实而产生。土地特许必须是在占有土地前由有权当局，如国家或者公共的土地集体或者已获特许的土地所有权人的公共机构所签发的在特定的法律文件上所创设的。特许必须在土地管理、城市规划和建设部（MLMUPC）处登记。土地特许可在不符合法律要求的情况下由政府决定予以撤回。特许的土地面积不得超过1万公顷，最长存续期在99年内。

(三) 经济土地特许制度

经济土地特许权因其与投资的高度关联性而值得特别的关注。

1. 调整经济土地特许的法律框架

调整经济土地特许的编号146二级法令在2005年12月27日签署生效，规定了标准、程序、机制以及开启和授予新的经济土地特许的管理机构，以监管所有经济土地特许合同的履行和审查在该二次法令生效前的经济土地特许，以符合2001年《土地法》的规定。

2. 特许经济土地的抵押和权利转让

柬埔寨于2007年8月29日正式实施的《长期租赁与特许经济土地抵押及权利转让二次法令》明确规定，投资者在申请或转让长期租赁权及经济土地特许权时，必须遵循严格的法定程序；只有已在土地登记机关完成不动产登记的土地方可成为特许标的，且土地管理、城市规划和建设部须核发统一格式的《土地特许证书》，该证书须强制载明不动产类型、具体面积、地理位置坐标、土地所有权人及受益人身份信息、特许期限等核心条款，作为特许权利合法化的唯一凭证。在无特许合同特别约定或法律明文禁止的情况下，受益人可依法对特许土地及其上建造的建筑物、构筑物等附属不动产设定抵押担保，或通过协议转让其权利；但债权人仅能依据债权关系主张追索权，不得以任何形式主张特许土地的所有权，亦无权直接处置债务人通过特许取得的不动产权益。此外，所有抵押设立、权利转让或合同变更行为均须以土地管理、城市规划和建设部的登记备案为生效前提，确保权利变动的合法性与公示效力，同时防止未经审批的私下交易，维护土地特许制度的规范性和市场秩序的稳定性。

（四）土地租赁

柬埔寨《民法典》对永久租赁制度及相关土地权利作出系统性规定：根据第二百四十七条规定，永久租赁期限原则上不得超过50年，若原约定超过此期限则自动缩短至50年，且续约时需重新计算期限（自续期日起仍不得超过50年）。若承租人连续3年未支付租金（第二百五十条），出租人有权单方解除永久租约。关于权利流转，永久租赁权可通过有偿或无偿方式分配、处置，承租人享有转租及继承权利（第二百五十二条）。租约届满时，除非承租人损毁不动产或根本性改变其性质，否则无须恢复原状；同时，出租人可无偿取得租赁期间不动产上的添附物所有权（第二百五十四条）。对于2001年《土地法》实施前已存在的长期租约，若《民法典》生效后剩余租期超过50年，可依原协议继续有效（优先于第二百四十七条限制）；但剩余租期超过99年的，权利存续期自《民法典》适用之日起统一调整为99年（第四十一条）。此外，基于2001年《土地法》第一百二十条第三款或第一百三十九条登记的使用权或居住权，即使《民法典》第二百七十七条要求权利人实际行使权利方可对抗第三人，此类经登记的权利仍可直接对抗第三人（第四十三条），凸显特殊登记制度的优先效力。上述规则通过衔接新旧法律、明确权利边界及例外情形，构建了兼顾历史遗留问题与现行法律秩序的完整框架。

五、结语

柬埔寨法律体系在开放中保持主权特征，呈现"劳动保护严格、贸易便利优先、企业治理规范、土地管制审慎"的复合型特征。建议投资者建立四维合规框架：劳动领域注重工会协商，贸易环节善用自贸协定，企业架构平衡控股权，土地开发合规获取特许。随着东盟经济共同体深化，柬埔寨正从成本洼地向区域枢纽转型，提前进行法律适配的企业将赢得战略先机。

斯里兰卡法律体系与投资环境研究

吴悦艺[*]

引 言

斯里兰卡的法律体系与投资环境是历史传统与现代制度交织的产物。作为南亚地区的重要枢纽，其法律渊源融合了殖民时期的罗马荷兰法、英国普通法以及本土习惯法，形成了独特的混合法律体系。与此同时，斯里兰卡凭借战略地理位置、开放的投资政策和逐步完善的基础设施，成为共建"一带一路"倡议中备受关注的投资目的地。本文系统梳理斯里兰卡的法律体系与投资环境，为投资者提供全面参考。

一、斯里兰卡法律渊源的多元性与历史演进

斯里兰卡的法律体系根植于殖民历史与多民族社会的现实。16世纪至20世纪的殖民统治为该国引入了西方法律传统，而本土习惯法与宗教法则在历史长河中展现出顽强的生命力，形成了多元共生的法律格局。它包括了罗马荷兰法（Roman Dutch Law）、英国法、康提法（注：康提是斯里兰卡16世纪旧都，距离首都科伦坡约115公里，是斯里兰卡的文化中心）以及塞萨瓦拉迈法（Thesawalamai Law）（注：Thesawalamai Law 维基翻译为：斯里兰贾夫纳半岛卡泰米尔居民的传统，在1707年荷兰人殖民统治时期被编撰成法典，是习惯法的集合）等内容。

（一）罗马荷兰法的奠基作用

荷兰殖民时期（1656—1796年）引入的罗马荷兰法，构成了斯里兰卡私法体系的核心。这一法律体系本质上是罗马法与荷兰习惯法的混合体，尤其在财产法、合同法与侵权法领域影响深远。1799年英国殖民当局通过《司法宪章公

---

[*] 吴悦艺，广东国智律师事务所高级合伙人。

告》确认了罗马荷兰法的普通法地位，但规定在法律缺漏时适用英国法。这种双重法律渊源导致司法实践中需在罗马荷兰法原始文献、荷兰法学家的权威著作与英国判例法之间进行权衡。例如，在财产纠纷中，法官可能同时援引罗马法的绝对所有权原则与荷兰习惯法中的永佃权制度。

（二）英国法的补充与渗透

英国殖民时期（1796—1948年）通过系统性立法重塑了程序法与公法领域。1833年《司法宪章》建立了现代法院体系，引入对抗制诉讼程序；1883年《证据条例》全盘移植英国证据规则；1900年《刑法典》则以印度刑法典为蓝本，但保留了鞭刑等特色刑罚。商法领域的法律移植尤为显著，1899年《公司法》虽参照英国立法，却保留了荷兰法中的董事连带责任条款，形成独特的混合型公司治理结构。

（三）本土习惯法的存续

斯里兰卡的本土法律传统在殖民与后殖民时代展现出强大韧性。1707年荷兰殖民当局编纂的《塞萨瓦拉迈法典》，将泰米尔社群的传统习惯成文化，确立了财产继承中的性别差异原则（女性仅继承动产）与家族土地债务隔离制度。该法典在1947年《泰米尔人婚姻与继承法》中实现现代化改造，但其核心条款仍被当代法院援引。康提法则通过"终身使用权""劳役抵租"等原则影响土地法律关系，2003年《土地改革法》中的征收补偿机制即源于传统的"王室征用权"概念。

二、现代司法体系的层级架构与功能

斯里兰卡实行的法院制度从一开始就不断发生变化。在僧伽罗国王时期就存在着一个复杂的法院制度，当时的国王就是司法等级制度的最高统领。即使在葡萄牙统治期间，也在村庄一级建立了"Gam-Sabhas"法院（注：维基翻译为人们讨论本地治理和发展以及村庄计划等的公共集会场所），由政府官员组成的法院和军事法院也逐步建立。在荷兰殖民统治时期，各种法院已经存在。荷兰人根据刑事司法管辖权，将其统治下的各省份分为三个区域。英国人在接替荷兰人后一开始将刑事案件提交军事法庭审理，但后来在原本荷兰人已经建立起民事法院的科伦坡、加勒和贾夫纳等地又成立了更高级别的刑事法院。

在1801年的司法宪章公告中，锡兰最高法院成立了，随后在1833年司法宪章公告中作了某些修改，最终促使1899年第1号法院法令颁布。根据该法令规定,最高法院、地区法院、请求法院(Court of Request)和警察法院被设立。然后,这被 1973 年第 44 号的《司法法》所废止。根据该法案,废止了旧的法院系统,建立了新的法院系统,现行斯里兰卡的法院系统是根据 1978 年的《宪法》和《司法法》的规定所建立的。某些具有司法管辖权和准司法管辖权的机构也被建立,如上诉法院和初级法院,具有首先管辖权的农村法院、刑事司法委员会和特别总统委员会。目前旨在解决争端的调解委员会也成为斯里兰卡司法系统中不可或缺的组成部分。

斯里兰卡的司法体系以 1978 年宪法为基础,构建了四级法院系统。

三、投资法律框架的开放与规制

斯里兰卡自 1977 年经济自由化以来,逐步构建了以《投资委员会法》为核心的外资法律体系,2015 年加入 WTO 后加速与国际规则接轨。

(一)外汇管制的自由化改革

2017 年《外汇法》废除 1953 年的严格管制,确立"负面清单+事后备案"管理模式。利润、股息与本金可自由汇出,外资企业可开立离岸账户,仅军工等 6 个敏感领域需事前审批。改革后,斯里兰卡在全球资本流动指数中的排名从第 89 位跃升至第 47 位,2022 年吸引外商直接投资 17.3 亿美元。

(二)战略发展项目的政策激励

2008 年《战略发展项目法》为关键领域投资提供"超国民待遇",包括 25 年所得税豁免、设备进口关税全免与快速审批通道。科伦坡港口城项目获中国交建 14 亿美元投资,汉班托塔工业园入驻企业享受 15 年免税期,预计能创造 10 万个就业岗位。[1]

(三)重点领域的监管框架

2021 年《外商投资目录》划定负面清单:零售业外资持股上限 40%(注册资本不低于 500 万美元),教育机构需教育部特许,数字项目强制数据本地存储。土地政策方面,2014 年《土地法》允许工业用地租赁 99 年,年租金为地价的 0.25%,但农业用地转让需国家土地委员会审批。税收体系差异化设计:出口企业享受"5 免 3 减半"优惠,高科技企业研发费用可 200%加计扣除。

---

[1] 《科伦坡港口城项目创造了技术奇迹》,https://www.chinaports.com/portlspnews/b64adf2f-8c7a-49ad-8e8c-160b84d183a6,最后访问时间:2025 年 7 月 20 日。

四、投资合规建议

（一）准入阶段的系统性尽调

在进入斯里兰卡市场前，企业需对行业准入限制、土地权属及本地化要求进行深度核查。根据斯里兰卡《外商投资目录》，零售、教育、农业等领域存在外资持股比例限制（如零售业外资不得超过40%且注册资本需达500万美元），而典当、小额零售（低于100万美元）等则完全禁止外资进入。对于土地权属，需通过斯里兰卡土地改革委员会（LRC）获取三维地籍图，并借助卫星遥感技术核查生态红线，尤其是宗教遗址周边5公里范围内禁止商业开发。此外，制造业项目需承诺雇佣70%本地员工（经BOI认证可降至50%），管理层族裔比例需符合《民族和解法案》的平衡要求。

（二）运营期的风险管理

在劳动合规方面，斯里兰卡《工资委员会条例》规定行业最低工资标准（如2023年纺织业日薪为2300卢比），并强制要求企业遵守宗教节日休假安排。当地工会影响力强大，可能通过罢工或舆论施压干预企业经营，因此需建立常态化劳资沟通机制。外汇风险对冲需依托科伦坡离岸市场的NDF远期交易工具锁定汇率，跨境关联交易定价须符合OECD转让定价指南，年利润汇出超过500万美元需提前向斯里兰卡央行备案。环境合规要求企业每季度监测工业废水排放，危险废物处置须通过政府指定承包商，环评报告需包含僧伽罗语和泰米尔语双语版本。

五、结语

斯里兰卡法律体系与投资环境的独特性，既体现历史传统的延续，也反映现代化转型的挑战。对于投资者而言，理解其法律多元性与司法实践特点，是规避风险、把握机遇的关键。通过深度本土化策略与动态合规管理，投资者可在这片充满潜力的南亚热土上实现可持续发展。

中柬律师通力合作，拆穿土地交易骗局
——柬埔寨柏威夏省土地交易尽调办案小记

吴悦艺[*]

2018年3月8日，广东国智律师事务所与亚洲柬埔寨法律集团、柬埔寨（中国）广东商会签署"一带一路"法律服务战略合作协议，本人有幸作为经办律师对接柬埔寨律师，也由此与柬埔寨律师就法律层面上共同传承睦邻友好的时代使命进行了充分的互动，并因此建立了深厚友谊。

在践行国家共建"一带一路"倡议过程中，作为中方律师，本人深刻体会到与"一带一路"共建国家律师跨国合作和交流的重要性，并逐步意识到中方律师在服务中国企业和公民"走出去"过程中肩负着保驾护航的重要使命。

本文是由笔者本人作为中方律师，在中国企业"走出去"过程中经历的真实案例编撰而成，作为共建"一带一路"实践法律共同体的一分子，期望以自身的实践总结经验教训，为更好地维护中方企业在海外的正当权益略尽绵薄之力。

一、事起：柬埔寨土地综合开发生态农业项目

2018年10月中旬，我突然接到一通声称来自某企业（以下简称A公司）的"张经理"的电话，起初还以为是诈骗电话的我对此并无兴趣，草草应答了事。但时隔两天，我再次接到"张经理"的电话，"张经理"在电话中异常焦急，多次强调公司对项目的高度关注和项目推进时间的紧迫性，急需法律上的帮助，因此要求尽快与我见面详谈。我抱着怀疑的态度答应与他见面。

一周后，我在律所办公室接待了A公司的张经理与另外一位负责人刘总，二人向我介绍了项目如下具体情况。

---

[*] 吴悦艺，广东国智律师事务所高级合伙人。

A公司是某地一家实力雄厚且具有一定知名度的集团企业，专注农业发展和产业投资，2016年起积极响应国家共建"一带一路"倡议，多次走出国门到柬埔寨进行投资项目的实地考察。在此过程中，A公司经人介绍认识了声称是柬埔寨王国某政府部门的"领导"，双方就如何在柬埔寨王国某地面积达5000公顷的土地运营开发利用一事达成了初步合作意向。柬方表示信心满满、项目开发前景乐观，并要求A公司尽快投入1150万美元进行开发运营，希望将该项目打造成一个集林业开发、农作物种植、牧禽渔养殖及相关产品生产加工、国际贸易于一体的综合性产业园区。

A公司在深入论证后积极推进项目，于2018年9月再次组织公司相关人员前赴柬埔寨与柬方进行谈判，并且签署了《土地项目合作开发意向书》。意向书签署后，柬方合作方一直敦促A公司按照意向书的约定及时投入项目启动资金，并且多次催促A公司支付投资款。A公司因项目重大、投资金额巨大且细节方面未能敲定等原因犹豫不决，因此希望我为其该项目的境外投资提供必要的法律帮助。

二、经过：中柬律师合作，做好土地尽职调查

我在接受委托后第一时间联系了柬埔寨S律师，S律师作为对接中国项目的负责人也在第一时间作出了回应。中柬律师通力合作，为委托方A公司提供专业、系统的法律帮助。

1. 组织成立律师专项小组，对柬埔寨语法律文件进行系统整理和法律研判

A公司提供了在与柬方合作方谈判、磋商过程中的诸多文件，其中不乏一些用柬埔寨语书写的法律文件，这给我的梳理、审核工作带来了极大的障碍。因此我只能求助于S律师，S律师在认真阅读A公司提供的柬埔寨语法律文件后，立即组织熟悉柬埔寨语的华裔律师成立专项小组，对相关文件进行翻译、梳理和解释，并通过英文与我进行密切沟通。

在柬埔寨律师的帮助下，我们逐步厘清和理解A公司与柬方合作方的系列文件，从而发现了合作所涉地块的一系列至关重要的法律问题：案涉土地的性质和现状如何？是否允许外国人进行开发经营？是否有前置审批程序？

2. 对法律文件进行抽丝剥茧、审慎审查，提出对土地进行法律尽职调查的专业建议

我们在仔细审阅双方往来文件时发现案涉土地可能属于柬埔寨王国"社会

特许经营土地"（Social Concession Land），非常有必要对该土地进行法律尽职调查，以保障交易的合法合规性，切实维护中方合法权益。

在与 A 公司充分沟通、阐明利害关系的基础上，A 公司决定委托柬埔寨律师对案涉土地性质和土地现状进行法律尽职调查。因案涉土地地处偏僻且存在土地地籍资料缺失和管理不当等问题，土地尽职调查工作存在很大的难度和阻碍。

3. 通过法律尽职调查发现与项目土地相关重要事实

柬埔寨律师在接受委托后通过各种途径对案涉土地进行了全面、深入调查，不仅远赴当地进行实地考察，还走访了当地省一级的政府官员，并且向当地土地地籍管理政府部门了解情况，最终厘清了交易环节的重要法律关系，以及与项目相关的重大事项。而这些情况，都是柬方合作方没有如实披露的、关系到项目能否推进落实的关键问题。

案涉土地中的 1000 公顷土地属于"社会特许经营土地"（Social Concession Land），根据柬埔寨法律规定，可以通过合法方式交易，转让至拥有柬埔寨国籍的个人或者公司名下。但剩余的土地均为森林所覆盖，目前属于未开发状态且权属不明，通过实地勘察我们发现在该地块上还存在村民占用部分土地进行耕种的情形。

三、分析：柬埔寨土地性质分类揭开骗局

我们与柬埔寨律师在尽职调查的基础上结合涉及柬埔寨土地性质的法律法令的具体规定进行了系统的事实整理和法律分析，得出如下结论：

1. 柬埔寨土地性质分类至关重要，不同性质的土地在开发、使用上的法律程序和法律后果截然不同

柬埔寨《土地法》（2011 年）、《特许经济用地 146 号法令》及《特许社会用地 19 号法令》将柬埔寨土地分为特许经济用地（Economic Land Concession，ELC）和特许社会用地（Social Land Concession，SLC），这两种不同性质的土地有着截然不同的法律程序和法律后果。

特许经济用地是指允许受让人长期租用并且勇于开发产业范围内的农业，如大规模种植、饲养动物以及修建工程等为了农业耕种之需要所能实施的各种活动，土地可通过法律途径获得（如长租形式），但只限于国家私有土地。

特许社会用地是指为了响应社会目的而允许受益者在获取的土地上建造居所或者为了生存之需而耕种。居住用地的接受者必须在 3 个月内建造永久居所及家庭成员必须每年至少 6 个月时间固定居住在此，种植用地的接受者必须在接受土地后的 12 个月内开始耕种并在此后持续地使用土地。

特许社会用地是利用国家私有财产授予穷人，尤其是缺乏土地的穷人、残疾人和残疾军人、复员军人或者因在执行公务时，致残或者死亡军人的家属，以及因公共基础设施发展而搬迁或因自然灾害而受影响的家庭。特许社会用地必须在占有或者种植前通过明确的法令授予，且必须通过土地管理、城市计划和建设部（MLMUPC）注册完成。

2. 结合柬埔寨土地相关法律法令，提醒委托人本项目在土地方面存在巨大法律风险

首先，柬埔寨合作方虽然提供了一份关于特许农用地的申请书，但该申请书仅仅是向当地省长提出，并非官方批准该土地为特许经济用地，因此该份所谓的法律文件不具有法律效力，不能得出案涉土地可用于开发经营的结论。

其次，柬方律师向当地官员核实该 5000 公顷土地作为特许经济用地的可能性，官方回复披露的重要法律风险是，上述土地已部分被村民非法侵占和使用当中，如果村民提出居住要求的话，政府将考虑给予他们该地的所有权。

最后，因上述土地未完成特许经济用地批准手续，仍属国家财产，A 公司与柬方合作方所签署的《土地项目合作开发意向书》因协议标的物（特许用地）不存在而导致双方并无合作基础，该协议无法执行，因此该协议项下的任何投资或者资金投入均存在巨大风险。

四、结论：广州涉外律师为中国企业"走出去"保驾护航

我们在尽职调查项目过程中及时地为 A 公司提供了与案涉土地及投资相关的法律规定和法律意见，叫停了 A 公司即将汇出的第一笔投资款，为 A 公司挽回了 8000 多万元的经济损失。A 公司看到了我们对客户委托事项的尽心尽职和专业高效的服务，并对我们最后在 A 公司投资上给出的客观法律意见给予了高度的评价和赞赏，也让我们作为广州涉外律师为中国企业"走出去"保驾护航增添了不少信心。

我们相信在国家共建"一带一路"倡议和粤港澳大湾区建设不断推进的背景下，广州涉外律师和涉外法律服务必将迎来新的重大发展机遇。本人作为一

名涉外律师，不仅感受到广州涉外律师在中国企业"走出去"过程中的使命和担当，也充分认识到广州涉外律师在中国企业和个人的境外投资经营工作中所发挥的重要的保障作用，这些都将促使我继续不留余力地为广州涉外法律服务贡献自己的一份力量。

（本文为广州市律师协会2021年"维护中方海外权益，广州律师在行动"征稿内容）

·第二编·
经典案例

第二章

国家结构

第一章 刑事辩护经典案例

提起刑事附带民事诉讼助力公安执法维权
——何某某被故意伤害提请抗诉、上诉改判案

周卓豪　张炯娜[*]

一、案情介绍

2021年1月，广州市公安局民警何某某参与走私专案收网执法行动并依照任务安排对黎某某实施检查。黎某某在民警已向其表明身份并要求不要动的情况下，暴起持刀攻击民警，致使何某某颈部受伤（经鉴定为左颈总动脉破裂，损伤程度重伤一级）。经广州市公安局维护民警执法权威办公室、广州市律师协会委派，代理人协助被害人何某某提起刑事附带民事诉讼。一审法院认定黎某某构成假想防卫，以过失致人重伤罪判处其有期徒刑一年九个月。代理人认为一审判决在事实认定、法律适用和量刑上均存在错误，在对案件材料进行严谨分析、论证的基础上，积极与公安机关、检察机关沟通，从事实、法律、社会影响等多角度深入剖析一审判决的错误之处，推动黄埔区人民检察院提出抗诉并得到广州市人民检察院支持抗诉；在二审过程中，代理人据理力争，向合议庭充分说理，最终成功改变案件定性，二审法院以故意伤害罪判处黎某某有期徒刑七年并赔偿民警何某某相关治疗费用。

---

[*] 周卓豪，广东国智律师事务所高级合伙人；张炯娜，广东国智律师事务所合伙人。

二、争议焦点

1. 公安民警的执法行为是否具有正当性、合法性？

2. 被告人是否主观明知民警执行公务仍暴力袭警，是否构成正当防卫或假想防卫？

3. 对被告人的伤害行为造成的伤害结果，是否能因公费医疗已报销医疗费用而免除被告人相应的赔偿责任，因受到犯罪侵犯是否一律不能主张精神损失赔偿？

三、代理意见

一审判决不顾在案证据显示民警向被告人黎某某表明身份并要求其不要动的情况下仍暴起持刀攻击执法民警致何某某重伤一级的客观事实，径行认定黎某某不确知何某某是民警而否认其故意伤害的主观故意，不仅在定罪上错误定性为过失致人重伤罪，在量刑上也有所失衡。

（一）本案应定性为故意伤害罪而非过失致人重伤罪

1. 黎某某对何某某等民警身份是确实明知的

黎某某一直试图掩饰其主观上明知何某某等的民警身份，但其不仅自身供述存在自相矛盾的地方，与执法记录仪视频显示的客观事实也存在明显矛盾。黎某某在其供述中屡次表示何某某等民警除了问他手机密码就没跟其说其他话或者表明身份，又称枪击后对方才自称是警察，当侦查人员以执法记录仪显示的客观情况讯问黎某某为何已经看到、听到对方有表明是警察了还表示不清楚，为何还要持刀刺向警察时，其只能以当时因为紧张、控制不住的谎言来搪塞，甚至不承认执法记录仪显示的其说过"警察，早讲啦"的话语。一审判决亦认可民警进入宿舍后已多次宣告身份叫黎某某冷静，黎某某亦给予言语回应，与执法记录仪显示一致，可见黎某某主观上对何某某等的民警身份是确实清楚的，只是为了逃避罪责而多番掩饰。

不仅如此，黎某某曾供述一进门就有男子用铁棍敲打他的头部并抢走其手机，又称其被敲打倒趴在茶几上才操起刀乱挥，而后又称是看见两名男子举起棍想打其的样子其才拿起水果刀往摔倒在地的男子面部刺去，在庭上更是谎称持刀前已遭民警持警棍袭击，甚至否认其有持刀捅刺行为，都是为其"正当防卫"的谎言做掩饰。但事实上执法记录仪的视频显示的是，在黎某某持刀上挑刺伤何某某之后，民警才用警棍击打其头部以解救何某某，黎某某系主动拿刀伤害何某某而非被击打之后拿刀，并无误认为遭受不法侵害的可能性，本案不存在假想防卫，而是黎某某试图用谎言编织其正当防卫的虚假幻象。

可见，无论是三名案发现场的执法民警的陈述，还是现场的执法记录仪视频均显示，黎某某对何某某等的民警身份是明知的，在民警向黎某某多次表明警察身份后，黎某某也做出"警察，早讲啦"等回应，但其在明知何某某民警身份的情况下却突然无故持刀攻击何某某，在何某某负伤后黎某某仍咄咄逼人朝何某某猛刺，另两位执法民警因此才用警棍击打黎某某以解救何某某，何某某在黎某某手持警棍对峙并有前移动作后才对其开枪，黎某某在主观上有明显的故意伤害的故意。但其供述前后矛盾，在庭上更是推翻之前的供述，否认对何某某实施的伤害行为，可见其没有丝毫悔改之意。

2. 何某某等民警已充分示明身份

何某某等民警在案发时系在开展走私专案收网行动，行动前该走私专案处于高度保密状态，何某某等民警根据行动部署要对可疑人员进行控制，做到第一时间人机分离，因无特定抓捕对象，在控制黎某某时又遭到其手推、脚踹反抗，在情况紧急的情况下，能做到这种程度的示明身份已经是尽力而为，一审判决却苛责民警在进入宿舍的当时未表明身份，而是在控制黎某某的过程中表明身份，而忽略了客观情境的危险性、紧急性。

一审判决认为的黎某某神情、动作显示其处于"意外""恐慌"的状态，并非因民警未充分示明身份使其误会遭遇抢劫，在案证人证言显示，黎某某的其他同事在民警示明身份后都配合执法，唯独黎某某本人反应激烈，且黎某某曾因故意伤害罪被判入狱，不能排除其因前科劣迹而在面临真正的警察时有恐惧和过激行为，不能因黎某某个人的反常行为反过来怪责民警的正常执法行为。但无论如何，何某某等民警既已示明身份，黎某某知晓之后还是实施了持刀故意伤害何某某的行为。

3. 黎某某具备一定的反侦查意识及能力，具有社会危害性

黎某某在供述中提及其晚饭后喝了一两左右的酒，但案发时间已逾四小时，酒劲早已散去，当时房间内灯光明亮，黎某某应当处于清醒状态，其完全可以做出正常、合理的反应配合民警调查，但黎某某却强烈反抗并持刀伤害何某某，加之其曾因故意伤害其前妻而被判入狱，从生效判决可知，黎某

某仅因发现来看望女儿的前妻袋里有刀，在未确定前妻有伤害其的意图且人身尚未遭到任何不法侵害的情况下就用脚踩、踢等暴力手段致其前妻脾脏断裂被切除等重伤后果及五级伤残。可见，黎某某具有一定的暴力倾向，无论其是否知道面对的是何人，其也常以暴力手段对待，具有社会危害性，且其每次故意伤害他人都以正当防卫作为辩护理由，可以说积累了一定的"正当防卫"的辩护经验，不能排除其熟能生巧地再次以"正当防卫"为由掩饰其故意伤害他人的主观故意。

综上，黎某某有明显的故意伤害何某某的主观故意，客观上也造成了何某某重伤一级的后果，应当以故意伤害罪追究其刑事责任。

（二）一审判决量刑失衡，不符合罪责刑相一致原则

一审判决在错误将故意伤害罪定性为过失致人重伤罪的情况下，量刑上也明显失衡。

黎某某曾因犯故意伤害罪被广东省徐闻县人民法院判处有期徒刑四年，应酌情从重处罚，在本案中亦造成何某某重伤的结果，检察院建议对黎某某判处有期徒刑五年的量刑建议并无不当。一审法院认可检察院指控的主要事实清楚、证据确实、充分，却忽略事实关键，片面采纳有利于黎某某的陈述，认为检察院指控罪名不当，将本案定性为过失致人重伤罪，判处黎某某有期徒刑一年九个月的刑罚，不符合罪责刑相一致原则，无法起到惩罚犯罪的作用。对何某某等民警而言，更是无法在本案中感受到公平正义。

（三）黎某某应支付何某某因其伤害行为而进行治疗产生的医疗费28417.2元

根据《最高人民法院关于审理人身损害赔偿案件适用法律若干问题的解释》（2022年修正）（以下简称《人身损害赔偿解释》）第六条第一款规定，医疗费根据医疗机构出具的医药费、住院费等收款凭证，结合病历和诊断证明等相关证据确定。赔偿义务人对治疗的必要性和合理性有异议的，应当承担相应的举证责任。

从医院出具的相关诊断报告、治疗记录可见，黎某某用尖刀连续刺向何某某身体的行为导致何某某颈部刀刺伤、左膝挫裂伤、休克、头皮裂伤，其中最危及生命的便是左侧颈总动脉裂伤，"住院病案首页"显示何某某进行的"左颈部外伤探查术"手术级别为Ⅳ级（4级），即风险高、过程复杂、难度大的重大手术，若抢救不及时，就可能有生命危险。黎某某侵害了何某某的身体权、健康权，应对其侵权行为造成的损害后果负责，不应因何某某系民警享有公费

医疗保障而减轻其侵权赔偿责任。

1. 受害人通过公费医疗获得报销与受害人提起刑事附带民事诉讼中的侵权关系系不同的法律关系，生命健康无法用金钱衡量，不能直接冲抵抑或填平侵权人黎某某的赔偿额。

公费医疗系为了保障国家工作人员而实行的一种社会保障制度，而侵权损害赔偿属于私法救济，二者并不冲突。

各地也不乏关于民事赔偿与通过保险等制度报销两者不相冲突、两者均可主张的规定。虽然公务员不适用《工伤保险条例》等劳动者与用人单位之间的规定，但民警享受的公费医疗及单位提供的医疗补助实质上也是一种国家保障，与民警通过主张侵权损害赔偿进行民事救济并不冲突，何某某在本案中作为被侵权人，依然适用公民"法无禁止即可为"的原则，可以主张侵权损害赔偿。

2. 若将公费医疗报销部分予以扣减从而减轻侵权人的侵权责任不仅不符合社保制度的保障目的，也不应将侵权人的责任转嫁给社会医疗保险机构等保障部门，实际上社保机构可以另案行使追偿权，受害人不会因此获益，侵权人也不会重复赔偿。

因此，黎某某应承担何某某因其故意伤害行为就医产生的医疗费。一审判决认为何某某个人没有实际承担相应费用而仅支持 34.4 元医疗费，且认为公费医疗部分费用可由公费医疗机构另行向侵权人黎某某主张，系混淆了不同的法律关系，也与司法审判实践不相符，应予以纠正。

（四）黎某某应支付何某某精神损害赔偿金 20000 元

根据《民法典》第一千一百八十三条第一款的规定，侵害自然人人身权益造成严重精神损害的，被侵权人有权请求精神损害赔偿。《人身损害赔偿解释》第一条第一款也明确规定，因生命、身体、健康遭受侵害，赔偿权利人起诉请求赔偿义务人赔偿物质损害和精神损害的，人民法院应予受理。何某某从鬼门关前走一遭，在本案发生后也常因担心家人的安全夜不能寐，造成相当程度的精神损害，虽然这种伤害是无形的，但无疑会持续影响何某某及其家人以后的生活。《民法典》作为社会生活的百科全书，对被侵权人的精神损害予以关注并保障，但一审判决以精神抚慰金不属于受理范围而不予支持，本案黎某某的犯罪行为侵害了何某某的身体、健康，是对人身权益的侵害，仍然适用《民法典》及相关司法解释的规定，主张精神损害赔偿金于法有据、合情合理。

结合《最高人民法院关于确定民事侵权精神损害赔偿责任若干问题的解

释》（2020年修正）第五条关于精神损害赔偿数额的确定因素，本案侵权人黎某某暴力抗拒执法，具有较大过错。且黎某某的侵权行为造成受害人何某某重伤一级的严重后果。根据广东省高级人民法院发布《广东省2021年度人身损害赔偿标准》的规定，受理诉讼法院所在地广州属于一般地区（全省平均水平），2020年城镇居民人均可支配收入为50257元。何某某提出精神损害赔偿金20000元的诉求并无不当。

综上，请求审判庭以事实为依据，以法律为准绳，判如所请，依法维护上诉人何某某的合法权益。

四、案件结果和理由

二审判决撤销一审判决关于定罪量刑及刑事附带民事赔偿部分的判项，将一审定性的过失致人重伤罪改判为故意伤害罪，判处被告人黎某某有期徒刑七年，并赔偿何某某医疗费、护理费、住院伙食补助费、交通费、营养费共计人民币3780.15元。

1. 故意伤害执法民警主观故意的认定，应着眼于被告人实施伤害行为时是否已明知对方执法民警身份，而不应被被告人事后试图掩饰伤害故意的伪装表现而迷惑，也不应因被告人本人伤势情况影响其是否构成犯罪或构成何罪的判断。

2. 注意故意伤害行为与伤害结果间的违法性因果关系，在因果关系成立的前提下，被告人才需承担因其伤害行为造成的伤害结果进行治疗的相应费用。

3. 在代理刑事附带民事诉讼案件时，代理律师应充分发挥专业能力，体现律师价值，及时协助被害人从事实与法律出发推动检察机关对错误判决启动抗诉程序。而检察机关对于事实认定错误、法律适用错误、量刑畸轻的法院判决，应依法履行检察监督职责，提出抗诉。

五、案例评析

本案中，被告人黎某某屡次谎称主观不明知执法民警的身份，黎某某及其辩护人在三次庭审中均辩称以为是遭遇入室抢劫才实施的正当防卫行为，甚至将案件发生的责任归于执法民警未示明身份、采取过度的执法手段。但却忽略执法记录仪等证据显示的客观事实，即执法民警已充分示明身份，黎某某在实施故意伤害行为时已明知何某某等执法民警的身份，执法民警是在遭遇黎某某持刀攻击之后才以警棍击打、开枪示意、枪击黎某某大腿的方式控制紧急、危险的局面。然而一审法院被黎某某及其辩护人的说辞迷惑，错误认定黎某某系假想防卫，错误定性为过失致人重伤罪，在其有故意伤害前科劣迹的情况下，判处黎某某有期徒刑一年九个月，明显罪责刑不相适应。

由于一审判决在事实认定、法律适用和量刑上均存在错误，代理律师及时协助被害人何某某向一审法院提交《刑事附带民事上诉状》，向一审公诉机关提交《提请抗诉申请书》《提请抗诉申请书补充意见》，从事实、法律、社会影响等多角度深入剖析，多次与有关单位沟通及进行法律研讨，推动黄埔区人民检察院提出抗诉并得到广州市人民检察院支持抗诉。在本案二审的过程中亦据理力争，向合议庭点明本案关键在于黎某某实施故意伤害行为时是否明知执法民警的身份，而不在于其事后的辩解，最终成功改变案件定性，二审法院以故意伤害罪判处黎某某有期徒刑七年并赔偿民警何某某相关治疗费用。

刑事附带民事诉讼不同于一般的民事诉讼，其依附于刑事诉讼，应当在刑事案件立案后及时提起。作为被害人诉讼代理人的律师在介入案件后应及时掌握刑事诉讼的各个关键节点，并在相应阶段推动案件办理，如在本案中，代理律师及时协助被害人提起刑事附带民事诉讼，在一审错判后积极推动检察机关启动抗诉程序，促使二审改判。

在代理刑事附带民事诉讼案件时，代理律师不应仅着眼于民事赔偿的主张，还应关注赔偿的前提——被告人涉嫌犯罪的定性是否准确，即被告人是否构成犯罪以及构成何罪。根据司法解释规定，对附带民事诉讼作出判决，应当根据犯罪行为造成的物质损失，结合案件具体情况，确定被告人应当赔偿的数额。因此，需着重论证被告人行为与损害结果间的违法性因果关系，在因果关系成立的前提下，被告人才需承担因其犯罪行为造成的损害结果的相应赔偿。

让人民群众在每一个司法案件中感受到公平正义，不应将为人民服务的公安民警排除在外，若任由错误的一审判决生效执行，让执法者流血又流泪，又如何要求他们为人民群众生命财产安全保驾护航。

代理律师除了帮助当事人应对诉讼，还应协助当事人及时反馈意见，推动检察机关依法履行检察监督职责对错误判决启动抗诉程序，充分发挥代理律师推动检察机关全面履行法律监督职责的作用。通过维护公安执法权威的工作，促进警律关系良性互动，为构建法律职业共同体注入积极因素。本案中，代理律师积极推动检察机关启动抗诉程序、促使二审改判，不仅维护了公安执法权威，而且维护了社会公平正义。实现了法律效果、政治效果、社会效果的统一。

（本案例荣获广州市律师协会2022年度"业务成果奖二等奖"）

诈骗案辩护要点之诈骗"数额"认定
——李某某诈骗案

朱山川　卢　肯[*]

一、案情简介

原一审判决认定，2018年3月，被害人A某急需资金进行借贷。过程中，被告人李某某通过虚假给付制造银行流水的方式虚增被害人A某借款金额。在被害人A某实际得款55万元的情况下，被告人李某某依据所虚增的借款金额要求被害人A某向其还款144万元，才同意涂销对被害人A某的房产抵押登记。后被害人A某通过介绍认识被告人付某再次借贷，以归还被告人李某某欠款。据此被告人李某某非法获利人民币89万元。法院认定李某某犯诈骗罪，判处有期徒刑十二年，并处罚金15万元，追缴犯罪用资金144万元。

李某某上诉后，申请人二审时接受委托，经专业梳理在案流水（利用思维导图、可视化图表等方式），在原一审审判、公诉、辩护方均未发现诈骗数额计算错误的情形下，首次提出诈骗数额计算严重错误，李某某实际获利仅14.2万元等辩护意见。后二审法院撤销原判，发回重审。在公诉机关又补充起诉李某某涉嫌参加黑社会性质组织罪事实、其他二宗诈骗罪事实、一宗敲诈勒索罪事实后，重审一审判决仍采纳申请人辩护意见，认定公诉机关指控诈骗数额错误，按存疑有利于被告人原则认定被告人仅获利14.2万元，数罪并罚后判处李某某有期徒刑六年，并处罚金8万元，追缴违法所得14.2万元，李某某致信申请人表示感谢。重审一审判决作出后，李某某未上诉，公诉机关未抗诉。其他同案人上诉后，重审二审维持原判。

---

[*] 朱山川，广东国智律师事务所高级合伙人；卢肯，原广东国智律师事务所律师。

二、辩护意见

首先，辩护人认为在案客观证据证实李某某获利仅 14.2 万元，原一审判决事实认定明显错误。其次，原一审判决适用法律错误，李某某等人的行为不符合"套路贷"式诈骗的行为模式。被害人也没有因李某某等人的行为陷入认识错误。

（一）原一审判决认定李某某获利数额明显错误

一审判决认定，在被害人 A 某实际得款 55 万元的情况下，李某某要求 A 某向其还款 144 万元，因此李某某获利 89 万元。经辩护人仔细梳理本案银行流水后发现，A 某实际得款远远高于 55 万元。

根据 A 某陈述，李某某是先转账一笔资金到她的账户，然后一起前往银行将资金全部提取成现金，然后再从现金中提取部分的钱给她，给到的现金和留在银行账户的资金才是她的实际借款。

经辩护人梳理李某某、A 某银行流水显示：本案中李某某共转账 153.8001 万元给 A 某。其中留在 A 某银行账户中的资金共 74.8001 万元，取现共 79 万元。据 A 某所述，李某某会从现金中提取部分的钱给她，而这部分的钱共 55 万元。辩护人梳理银行流水后再次发现，李某某在 A 某账户取现时间前后，其本人银行账户会有存现记录，借款期间共存现 24 万元。上述银行流水可以与 A 某的陈述相互印证，证明 A 某现金部分共取得 55 万元，再加上留存在 A 某账户的部分，A 某实得借款共计 129.8001 万元。A 某最后还款 144 万元，李某某实际获利约 14.2 万元，远低于原一审判决认定的 89 万元。

（二）原一审判决适用法律错误，李某某等人的行为不符合"套路贷"式诈骗的行为模式，被害人也没有因李某某等人的行为陷入认识错误

根据最高人民法院、最高人民检察院、公安部、司法部《关于办理"套路贷"刑事案件若干问题的意见》规定，套路贷式诈骗有其固定"套路"。一般要经历下述步骤：诱使或迫使被害人签订金额虚高"借贷"协议→制造资金走账流水等虚假给付事实→故意制造违约或者肆意认定违约→恶意垒高借款金额→软硬兼施"索债"。

首先，在案证据显示，李某某与其他同案人并不认识，没有联系方式更未曾谋面，没有也不可能与付某等人合谋实施套路贷式诈骗行为。

其次，李某某等在案同案人并未实施直接威胁 A 某财产法益的行为。本案

中向 A 某实施诉讼索债方式的是证人邹某。而邹某与本案同案人之间没有任何合谋行为，也没有共同诈骗故意，也确实损失了 610 万元。也就是说，本案中真正遭受财产损失的，只有邹某和王某。A 某本人并未遭受实际财产损失，这也是一审法院要求其缴纳人民币 2700000 元的原因。

最后，被害人也没有因李某某等人的行为陷入认识错误。行为人实施了"套路"，亦并不必然意味着被害人因为"套路"而陷于错误认识进而处分财产，后者出于追求借款之目的而在明确认识"套路"手段前提下作出财产处分的情形在实践中并不鲜见。本案多处证据显示，A 某正是属于第二种情形，是在其没有工作、没有收入，本无经济能力偿还贷款，又贪图享乐、沉迷高消费的情况下为了尽快拿到可供其挥霍的资金而选择主动"被套路"。

三、判决结果

重审一审法院认定采纳辩护人辩护意见。重审一审判决认定，根据 A 某的报案陈述、证人唐某的证言，并结合银行流水，可以认定 2018 年 3 月 13 日至 6 月 22 日，李某某共向 A 某放款 153.8 万元，其中李某某在 A 某放款当天存现 24 万元，结合 A 某的报案陈述称李某某向其放款后要求其取现交还给李某某，且该部分事实与唐某的证言能够印证，故李某某存现的 24 万元应从 A 某实际到手的钱款中予以扣除。A 某收到李某某转账后的部分资金支配行为不能证实去向是李某某及其所属公司，不能认定为李某某及其公司虚增的债务。综上，依据现有证据，依据疑点利益归于被告人的原则，认定 A 某从李某某处实际到手 129.8 万元。

重审一审判决数罪并罚后判处李某某有期徒刑 6 年，较原一审判决结果刑期减少一半。重审二审法院对该结果予以维持。

四、案例评析

（一）仔细梳理银行流水，确定原审一审判决认定诈骗金额严重错误

申请人阅卷后发现，被害人 A 某曾提及从李某某处获得的借款部分用于自己消费。于是对 A 某和李某某名下银行卡流水进行详细梳理。发现高达 74.8 万元的借款被 A 某用于个人消费。此部分被 A 某个人消费的借款被一审判决忽视。即李某某实际借款给 A 某 129.8 万元，获利仅有 14.2 万元。

一审判决忽略了留在 A 某银行账户里的资金部分及其实际使用情况，从而

导致认定的获利金额存在明显错误。据此，申请人向二审法院提出辩护意见，该辩护意见后被二审法院采纳，全案发回一审法院重新审判。

（二）坚决维护当事人合法权益，生效裁定量刑大大低于原一审判决

案件发回一审后，公诉机关又补充起诉了李某某其他涉嫌犯罪事实，包括涉嫌参加黑社会性质组织罪事实、其他二宗诈骗罪事实、一宗敲诈勒索罪事实。

一方面，申请人继续原有辩护意见并指出李某某获利金额远远小于支付本金，本案不宜定罪。另一方面，针对公诉机关补充的事实，依法提出从轻的辩护意见。最终李某某被判犯参加黑社会性质组织罪、诈骗罪、敲诈勒索罪，三宗诈骗罪共判处有期徒刑三年九个月，数罪并罚后判处李某某有期徒刑六年，并处罚金8万元，追缴违法所得14.2万元。重审一审判决作出后，李某某未上诉，公诉机关也未抗诉。其他同案人提出上诉后，重审二审法院驳回上诉，维持原判。

（三）办案过程负责细致，高频率、高密度会见当事人，及时为当事人答疑解惑，并取得较好法律效果，赢得当事人的感谢，充分展现了广州律师负责的执业操守

申请人担任当事人原二审、重审一审、重审二审辩护人期间，保持高频率、高密度会见当事人，做到与当事人案件走向及时沟通、辩护方向及时交流、关键证据及时核对。同时做到案件处理与生活照顾并重，会在每次会见时预留时间与当事人谈心，缓解羁押时间长导致的心理焦虑问题。

申请人尽心尽责的办案态度，为该案取得良好效果打下坚实的基础，申请人也因尽心尽责的办案态度，赢得了当事人的感谢，充分展现了广州律师负责的执业操守。

五、结语和建议

诈骗类刑事案件通常会存在巨量的银行流水。辩护律师需要在海量的银行流水中抽丝剥茧，通过逻辑规则和经验法则找寻案件漏洞，在精细化辩护下充分维护当事人合法权益。

犯罪主观意图的辩护要点
——林某涉嫌贩卖毒品罪一案

王楚豪　黄昭湖[*]

一、案情介绍

林某偶有吸食毒品,因吸毒人员王某的举报而被抓获。公安机关认为林某以贩养吸,根据从林某手机提取的微信聊天记录和转账记录,认定其自2020年1月至被抓获期间,先后多次向吸毒人员汤某贩卖10克冰毒、向宋某贩卖2克冰毒、向王某贩卖17克冰毒,共计贩卖29克冰毒。其中2克是经王某举报后,由侦查机关在快递柜查获。经鉴定,快递柜查获的毒品检出甲基苯丙胺成分。

二、本案争议焦点

1. 本案林某的行为是贩卖毒品还是无偿代购毒品?
2. 林某的行为不构成贩卖毒品是否构成非法持有毒品?

三、双方意见

审查起诉阶段,公诉机关根据起诉意见书,认为林某贩卖甲基苯丙胺(冰毒)10克以上并具有向多人多次贩卖毒品的情节,因此认定林某构成贩卖毒品罪,拟建议判处有期徒刑四年至四年六个月。

而辩护人认为,林某仅有代购行为,没有牟利目的,除在控制下交付而被查获的2克冰毒外,其余购买毒品、交付毒品的行为既不构成贩卖毒品罪也不构成非法持有毒品罪,而对控制下交易的2克毒品,由于存在"犯意引诱",应当依法从轻处罚。具体理由如下:

---

[*] 王楚豪,广东国智律师事务所高级合伙人;黄昭湖,原广东国智律师事务所律师。

（一）林某系与其他三名吸毒人员"搭单"（拼单）购买毒品，该行为本质上是代购行为

1. 其他吸毒人员向林某转账时间早于林某向上家购买毒品的时间。王某等人均是通过微信方式先向林某转款，林某再向上家下单购买毒品，而不是林某先向上家购买毒品再向王某等三人出售毒品。

2. 从林某与王某之间多次的微信聊天记录截图等证据可以得出因上家不卖散货，林某与王某等人共同"搭单"（拼单）向上家购买毒品的事实，故林某的行为为代购而非贩卖。

3. 被告人的供述也显示仅存在代购行为。林某曾于2020年8月7日和8月28日供述称，其有将冰毒给过他人，但没有牟利，只是代为收取款项，再转给上家代购毒品，而上家发货时也会按照他们购买的数量分开独立包装，且上家发货既有寄到林某住址也有分别寄到王某、汤某各自地址的情况。

4. 王某、汤某的证言不足以证实林某存在贩卖毒品的行为。虽然王某、汤某在《询问笔录》中均称毒品系从林某处购买，但是他们的证言均未提及"搭单"购买毒品的事实。因此，上述两人的证言未能如实陈述事实真相，其指控与聊天记录相悖，不能作为证明林某贩卖毒品的依据。

（二）在案证据无法证明林某在代购过程中有牟利行为

1. 在案没有林某向上家购买毒品的转账记录和聊天记录，没有证据证明林某存在低买高卖的牟利行为。相反，却有林某与王某之间的聊天记录反映出林某属于无偿的代购行为。

2. 通过阅卷可以发现，林某与另外三人（王某、汤某、宋某）均是普通吸毒人员，由于上家对购毒有数量要求（5克起），而他们吸食量较少，根本不需要那么多毒品，彼此间又是相识较长时间的朋友，因此相互之间形成共同出资拼单购买毒品的主观意愿，并由林某一人代购的客观事实。王某等人的证言也未反映林某从中牟利。

（三）根据相关法律规定，对于不以贩卖、牟利为目的的代购行为或接收毒品行为，不应以贩卖毒品罪论处

2008年最高人民法院《全国部分法院审理毒品犯罪案件工作座谈会纪要》（大连会议纪要，已失效）指出：有证据证明行为人不以牟利为目的，为他人代购仅用于吸食的毒品，毒品数量超过《刑法》第三百四十八条规定的最低数

量标准的，对托购者、代购者应以非法持有毒品罪定罪。即不应以贩卖毒品罪论处。

以及 2015 年最高人民法院《全国法院毒品犯罪审判工作座谈会纪要》（武汉会议纪要）（已失效）第二条第一款第四项规定，购毒者接收贩毒者通过物流寄递方式交付的毒品，没有证据证明其是为了实施贩卖毒品等其他犯罪，毒品数量达到《刑法》第三百四十八条规定的最低数量标准的，一般以非法持有毒品罪定罪处罚。代收者明知是物流寄递的毒品而代购毒者接收，没有证据证明其与购毒者有实施贩卖、运输毒品等犯罪的共同故意，毒品数量达到《刑法》第三百四十八条规定的最低数量标准的，对代收者以非法持有毒品罪定罪处罚。

（四）林某不构成贩卖毒品罪的同时，亦不构成非法持有毒品罪

因非法持有毒品罪的客观要件要求行为人每次持有海洛因或者甲基苯丙胺 10 克以上或者其他毒品数量较大，而本案证据显示林某等人每次购买的冰毒数量均未达到 10 克以上，因此林某不构成非法持有毒品罪。

（五）控制下交易的 2 克毒品存在"犯意引诱"，应当从轻处罚

从王某的证言及视听资料中清晰显示王某向林某购买 2 克毒品的整个过程均在侦查人员的控制之下，连用于购买毒品的钱款也是侦查人员给他的，本案明显存在"犯意引诱"的情况。2008 年最高人民法院《全国部分法院审理毒品犯罪案件工作座谈会纪要》指出：行为人本没有实施毒品犯罪的主观意图，而是在特情诱惑和促成下形成犯意，进而实施毒品犯罪的，属于"犯意引诱"。对因"犯意引诱"实施毒品犯罪的被告人，根据罪刑相适应原则，应当依法从轻处罚。

在审查起诉阶段，辩护人主动和公诉人联系启动认罪认罚程序，通过电话及约见方式多次与公诉人交流，就本案的定性及量刑充分交换意见，争取对林某从轻处罚。辩护人向公诉机关提交了书面法律意见及一份最高人民法院的刑事审判参考指导案例供公诉人参考并建议刑期为有期徒刑 8—10 个月。过了一个星期左右，我们终于收到公诉机关的回复，经公诉机关研究，我们的辩护意见被采纳了。基于这种情况，被告人同意认罪认罚并签署了认罪认罚具结书。

四、案件结果和理由

本案由一开始公诉机关建议量刑有期徒刑四年至四年六个月，再到后来采

纳辩护人的法律意见,改变量刑建议为有期徒刑九个月,而法院最终判决林某犯贩卖毒品罪,判处有期徒刑九个月,并处罚金 3000 元。

五、案例评析

在本案中审查起诉的最初阶段,检察机关保留侦查机关的起诉意见,指控林某构成贩卖毒品罪,涉案毒品数量达到 29 克且具有向多人多次贩卖毒品的加重情节,拟提出有期徒刑四年至四年六个月的量刑建议。辩护人经过多次会见、详尽的阅卷,结合本案毒品犯罪的特征,确立根据林某主观意图及实际客观行为,对涉案毒品交易情况进行归纳分类,厘清林某在所指控的 29 克毒品之中不同的行为性质的辩护策略。以在案微信聊天记录、转账记录等关键证据为突破口,提出除控制下交易的 2 克毒品外,林某仅存在拼单、无偿代购毒品的行为,不构成贩卖毒品罪亦不构成非法持有毒品罪的辩护意见并以存在"犯意引诱"情节请求从轻判处。

辩护人从证据出发,注重审前辩护,厘清案件事实,积极与公诉机关沟通,提出法律意见及引用刑事审判参考指导案例进行有效抗辩,促使检察机关采纳辩护意见,变更量刑建议,而当事人对辩护效果亦表示认可,自愿作出认罪认罚,最终法院亦对林某判决有期徒刑九个月,取得了各方满意的良好辩护效果。

本案的成功,既来源于辩护人的专业和尽职,亦来源于办案单位对辩护权的尊重和保障。刑事审判的目的在于"让无罪的人免于起诉、让有罪的人得到公正审判",而这一目的的实现,有赖于控、辩、审三方正确适用法律的专业精神,"让人民群众在每一个司法案件中感受到公平正义"的职业操守,有赖于相互尊重的沟通机制。辩护律师作为法律共同体的一员,在办理每一具体案件时,应充分发挥专业素养,既维护当事人的合法权益,也维护法律的正确实施和社会的公平正义。

(本案例荣获广州市律师协会 2020 年度"业务成果奖")

公诉罪名改自诉罪名之辩护

——李某某涉嫌盗窃不起诉案

王楚豪　王烁豪[*]

一、案情介绍

2019年9月，李某某为某停车场安装进出口闸机设备及智能停车收费系统，在系统投入使用后，该停车场所产生的停车费会自动提现至系统联系人即停车场老板黄某某名下的银行卡内。2020年，因黄某某注销银行卡导致停车费无法提现，李某某协助黄某某处理，黄某某为方便管理、防止再次发生提现失败的情况，便出具了相关材料，将系统联系人变更为李某某，由李某某将自身名下银行卡绑定到系统，用于接收停车费，再由李某某转回给黄某某。后因李某某公司经营困难，其将2020年12月31日至2021年3月15日期间的停车费432480.5元擅自用于公司经营，未能归还黄某某，黄某某遂报案处理，公安机关以李某某涉嫌盗窃罪立案侦查、移送检察院审查起诉。

二、本案争议焦点

李某某将停车费占为己有的行为是否构成盗窃罪？

三、双方意见

（一）侦查机关意见

李某某以非法占有为目的，以秘密窃取手段将被害人的停车费占为己有，应当构成盗窃罪。

---

[*] 王楚豪，广东国智律师事务所高级合伙人；王烁豪，广东国智律师事务所合伙人。

(二) 辩护人意见

辩护人认为李某某的行为不构成盗窃罪，理由如下：

1. 李某某是在被害人黄某某的授权下代为收取、保管涉案停车费

根据在案证据，黄某某为方便停车费提现、避免再次发生提现失败的情况，同意将系统联系人变更为李某某，将联系人权限交给李某某，在变更之前，李某某已明确告知黄某某：在变更联系人之后，必须绑定联系人本人名下银行卡用于提现停车费，方符合人卡一致。对此，黄某某已经知悉，明确同意由李某某担任系统联系人并提供李某某名下银行卡接收停车费，再转回给黄某某。这一事实，在案有李某某供述、黄某某陈述以及黄某某盖章出具的《关于变更微信商户联系人的请求》《微信支付商户联系人变更函》等证据相互印证。

因此，在案证据清楚显示，李某某是在黄某某的授权下，代黄某某收取、保管涉案停车费。

2. 涉案停车费一直处于李某某占有、控制之下，并不属于盗窃罪的犯罪对象

盗窃罪，是指以非法占有为目的，窃取他人占有的财物的行为，其犯罪对象是"他人占有的财物"，而在本案中，李某某基于黄某某的授权代为收取、保管涉案停车费，涉案停车费在案发时早已处于李某某的占有、控制之下，显然，李某某无法窃取自身已经占有的财物，涉案停车费自然无法成为李某某盗窃的犯罪对象，本案指控李某某构成盗窃，理据不足。

3. 李某某合法占有涉案停车费，并未破坏原有的占有关系，不符合盗窃罪客观构成要件

盗窃罪的客观构成要件是：违反财产占有人的意思，利用窃取手段取得他人所占有的财物，建立新的占有，即利用窃取手段→破坏原有的占有关系→建立新的占有关系。而在本案中，涉案停车费一直处于李某某的占有之下，占有关系并未发生变动，也不存在"原占有关系被破坏"一说，因此，李某某未利用窃取手段破坏他人对财物的占有，不符合盗窃罪客观构成要件，本案不应认定其构成盗窃罪。

4. 李某某并无非法占有目的

首先，根据李某某供述，其是因公司经营出现困难，便将代为保管的停车费暂时用于发放工资等周转用途，主观上只是出于暂时挪用、以解燃眉之急的想法，并无占为己有、拒不返还的意思。

其次，在黄某某催要停车费后，李某某也及时归还了大部分款项，对于因周转问题无法一次性归还部分，其亦准备在短期内归还完毕，最终在公安机关立案侦查之前，将余款结清，始终没有逃避、拒不返还的故意。

因此，李某某系出于缓解资金周转困难的目的，将代为保管的停车费暂时用于经营周转，并未用于赌博、消费挥霍等，在挪用后也及时归还，从一系列客观表现看，李某某并无非法占有目的。

5. 即使认定李某某具有非法占有目的，亦应认定该目的是产生于其代为保管、控制停车费之后

即使认定李某某具有非法占有目的，亦不意味着其构成盗窃罪，虽然盗窃罪与侵占罪均要求行为人具有非法占有目的，但行为人非法占有目的的产生时间，也是区分两罪的关键，盗窃罪要求行为人在自身占有、控制他人财物之前就具有非法占有目的，而侵占罪则是行为人在已实际控制他人财物之后才产生将财物非法占为己有的故意。

回到本案，李某某清晰供述其是在代黄某某收取、保管停车费后公司突发经营困难，才产生挪用停车费的想法，在此之前其并无挪用、侵占停车费的任何意思。因此，李某某主观故意是产生于控制停车费之后，这并不符合盗窃罪的主观构成要件。

综上，辩护人认为，从李某某是接受黄某某的委托代为保管涉案停车费、在案发前李某某已经实际控制涉案停车费、李某某主观故意产生于控制停车费之后等等事实，足以认定李某某不构成盗窃罪，即使构成犯罪，仅可能构成侵占罪。

6. 侵占罪属于亲告罪，属于自诉案件，不属于公诉案件，被害人已出具谅解书及自愿撤案声明，本案依法应作不起诉处理

根据《刑法》第二百七十条第三款的规定，侵占罪属于告诉才处理（亲告罪）。根据《最高人民法院关于适用〈中华人民共和国刑事诉讼法〉的解释》第一条的规定，告诉才处理的案件属于自诉案件，应由当事人直接向人民法院提起自诉。如前所述，李某某在本案的行为即使构成犯罪，亦应认定为侵占罪，而侵占罪属于自诉案件，故本案不应由检察机关作为公诉案件处理。

再者，根据《刑事诉讼法》第十六条第四项的规定，依照刑法告诉才处理的犯罪，没有告诉或者撤回告诉的，不追究刑事责任，已经追究的，应当撤销案件，或者不起诉，或者终止审理，或者宣告无罪。本案中，被害人黄某某已

向李某某出具谅解书，对李某某行为表示谅解并表示自愿放弃追究李某某的责任，实质上黄某某已经以出具谅解书的方式撤回对李某某的告诉，后又出具了自愿撤案声明，再次明确自愿撤回告诉的意愿。本案被侵犯法益和社会关系已经得到修复，社会矛盾已然化解，因此，根据《刑事诉讼法》规定，本案依法应对李某某作不起诉处理。

综上，辩护人认为，本案指控李某某构成盗窃罪为定性错误，即使认定李某某具有非法占有目的，亦应结合全案事实，认定其构成侵占罪，同时鉴于被害人已经撤回告诉，根据《刑事诉讼法》及司法解释规定，本案依法应对李某某作不起诉处理。

四、案件结果和理由

检察院最终采纳辩护人全部意见，改为认定李某某构成侵占罪，并结合被害人已经撤回告诉，最终决定对李某某不起诉。

五、案例评析

本案系盗窃罪与侵占罪定性争议的典型案例，盗窃罪与侵占罪在犯罪构成、行为手段等方面存在诸多相似之处，在实践中易产生混淆，极易导致对行为人定性错误，因两罪量刑差距较大，盗窃罪最高可判处10年以上甚至无期徒刑，而侵占罪作为亲告罪却具有法定不起诉的条件，若混淆两罪，将给行为人带来天差地别的结果，导致严重失衡，有违司法公正，故本案的成功办理，对同类案件具有较强的参考意义。

在办理此类案件时，首先，辩护律师应从定性入手，解决盗窃罪与侵占罪的区分问题，从犯罪对象不同、行为人客观行为不同、行为人主观故意产生时间不同等要素入手，说明行为人之行为应构成盗窃罪或是侵占罪。其次，在提出定性辩护意见之后，辩护律师还应敏锐把握侵占罪属于亲告罪这一特殊属性，确立"争取法定不起诉"这一办案目标，积极与被害人沟通，争取"被害人撤回告诉"这一法定情节，再根据亲告罪被害人撤回告诉的相关法律规定，进一步向办案机关提出撤销案件、不起诉或宣告无罪等请求，最终水到渠成，方可取得对当事人最为有利的案件结果。

在本案中，辩护律师通过细致认真的阅卷工作，采取循序渐进的辩护方式，首先，结合在案证据与事实，破除行为定性的壁垒，一针见血地提出行为人不应构成盗窃罪,先让当事人免于适用盗窃罪的定罪处罚规定,免于3年以上10年以下的处罚,为后续的辩护奠定了坚实的基础。其次,在提出定性辩护之外,辩护律师根据侵占罪属于亲告罪以及亲告罪的相关规定,提出被害人出具的谅解书足以表明其自愿撤回告诉,请求检察机关依法对当事人作不起诉处理。在发现上述意见得到检察机关初步支持后,辩护律师"趁热打铁",积极协调当事人与被害人沟通,促成被害人出具自愿撤案声明,并向检察机关提交补充法律意见。经过反复、耐心的沟通,最终检察机关全面采纳辩护意见,认定当事人构成侵占罪,并对当事人作出法定不起诉,本案的办理效果得到了当事人的充分认可。

在刑事辩护实务工作中,专业、尽责、依法提出当事人无罪或罪轻的证据和意见是辩护律师的天职。在办理案件时,辩护律师应当积极探求有效辩护方案,抱着"办理案件便是办理他人人生"的负责态度,使辩护意见能够得到事实、证据、逻辑、法律规定方面的支撑。良好的辩护效果,来源于辩护律师扎实的专业知识,源于对案件事实、证据的反复咀嚼、精准把握,最终还应落实到与办案单位的有效沟通,才能实现辩护意见得到办案机关的采纳,最大限度地为当事人争取合法利益。

当下,我国已然进入"轻罪化时代",化解社会矛盾、优化社会治理成为刑事司法的重要职责。因此,在刑事审判实务中,控、辩、审三方应当时刻保持良好、常态化的沟通机制,构建相互尊重、平等对待的法律共同体,致力于化解社会矛盾,维护司法公正,实现"让人民群众在每一个司法案件中感受到公平正义"的目标。辩护律师作为法律共同体的一员,应顺应时代潮流,紧跟时代发展步伐,努力提高专业素养,勤勉履行辩护职责,增强辩护责任意识,以精益求精的态度完成刑事辩护工作,为推动新时代法治建设贡献力量!

(本案例荣获广州市律师协会2023年度"业务成果奖二等奖")

盗窃罪与职务侵占罪的定性之辩

——薛某某涉嫌职务侵占案

王楚豪　王烁豪[*]

一、案情介绍

被告人薛某某为某餐饮娱乐公司仓管员，负责公司酒水出入仓库工作，2020年10月至12月期间，薛某某与同案人勾结外部酒商，多次将公司仓库内的酒水运出，置换成酒商提供的相同品牌及规格的低档酒放回仓库，共计获利48000元。2021年1月至2月期间，薛某某以同样的方式单独作案，再次获利25000元。2021年2月27日薛某某到公安机关接受调查，2月28日，公安机关以涉嫌盗窃罪将薛某某刑事拘留。经鉴定，薛某某从被害单位中拿走的酒水价值为345564元。

二、本案争议焦点

1. 薛某某与外人共同窃取公司酒水，应当认定为盗窃罪还是职务侵占罪？
2. 薛某某对被害单位承担退赔责任范围应当如何认定？

三、双方意见

（一）侦查机关及公诉机关意见

侦查机关认为，薛某某以非法占有为目的，联合他人通过秘密窃取手段盗取财物，应当以盗窃罪追究其刑事责任。公诉机关认为，薛某某之行为，造成被害单位价值345564元的财产损失，薛某某应当以345564元为范围对被害单位承担退赔责任。

---

[*] 王楚豪，广东国智律师事务所高级合伙人；王烁豪，广东国智律师事务所合伙人。

（二）辩护人意见

1. 薛某某行为应当构成职务侵占罪，而非盗窃罪

从薛某某的身份及作案手段等案件事实出发，辩护人认为薛某某的行为依法应定性为职务侵占罪，而非盗窃罪。职务侵占罪区别于盗窃罪的关键之处，一是在于行为人是否属于单位员工，二是在于行为人是否利用职务上的便利侵占单位财产，所谓"利用职务上的便利"，是指行为人利用自身在单位担任职务所形成的主管、保管或者经手单位财物的权力。

首先，薛某某是通过网上招聘、面试等程序正式进入被害单位工作，在单位安排下担任仓管员一职，负责接收、保管仓库中的酒水，因此，薛某某系被害单位的员工、符合职务侵占罪的主体要求；其次，薛某某作为仓管员，享有接收、管理仓库酒水的职权，其在管理酒水的过程中将酒水运出，置换低档酒并获利的行为，显然是利用了自身仓管员的权力及其职务所形成的便利条件，这符合职务侵占罪的行为特征；最后，在广东省范围内、全国范围内所发生的类似案例及典型案例中，对于行为人利用自身职务对单位财产所形成的主管、保管或经手权力，将单位财产占为己有的行为，均认定为职务侵占罪。

故此，薛某某的行为依法应认定为职务侵占罪，侦查机关认定其构成盗窃罪系定性错误。

2. 本案不应直接以被害单位被拿走的酒水价值345564元作为犯罪数额，也不应认定薛某某以上述数额向被害单位承担退赔责任

在职务侵占犯罪中，被害单位的实际财产损失数额，是定罪量刑的关键情节。在本案中，薛某某从被害单位仓库拿出的酒水价值达30多万元。但辩护人认为，本案存在一定的特殊性，不宜径直以该数额作为定罪量刑依据，本案的两个关键事实对犯罪数额的认定造成了重大影响。

首先，薛某某虽将仓库中的酒水运出，但其是通过以假换真的方式，在将真酒运出后，又将相同数量、品牌、规格的低档酒运回仓库，由被害单位正常销售。而直至案发时，被害单位已将大部分低档酒售出，仅剩余价值2万余元的低档酒扣押在案。因此，辩护人认为，薛某某所换回的低档酒大部分已被正常售出，被害单位已收回相应的销售对价及利润，除在案尚未售出的低档酒外，被害单位并无其他实际损失。职务犯罪所保护法益为单位财产所有权，该法益应当是实际发生且可计算的，公诉机关提出本案被害单位可能出现的商誉损失或因消费者维权所造成的损失，仅仅是预期利益及损失，既未实际发生，亦无

法确定实际数额，故该利益并不属于职务侵占罪所保护的法益范围。因此，本案不宜径直以薛某某运出置换的酒水价值作为其犯罪数额。

其次，我国法律规定的赔偿制度，无论是在民事诉讼还是刑事诉讼范畴，都是以弥补实际损失为原则。诚如前述，被害单位已将大部分换回的酒水售出，并收回对价及利润，实际损失并不大，若以薛某某拿出的全部酒水价值作为其退赔数额，将会出现被害单位通过刑事程序获得远超其实际损失的情况，这有违责令退赔的制度精神。而被害单位的商誉损失以及消费者可能主张权利造成单位损失，既未实际发生，又无法确定具体数额，被害单位完全可待其实际发生后通过民事诉讼等途径获得救济，不应在刑事诉讼中予以调整。因此，本案不应认定薛某某以其运走的全部酒水价值去承担退赔责任。

3. 本案在适用主刑、附加刑时应当遵循"从旧兼从轻"原则

《刑法修正案（十一）》于2021年3月1日正式施行，对职务侵占罪的条文内容作出重大修改，量刑幅度从原有的两档调整为三档，并增设罚金刑，其中犯罪数额较大的，从旧法的五年以下有期徒刑或拘役调整为三年以下有期徒刑或拘役。本案薛某某的犯罪行为发生于《刑法修正案（十一）》实施之前，但进入司法程序是在《刑法修正案（十一）》实施之后。辩护人认为本案的量刑，应当适用"从旧兼从轻"的原则，作出有利于薛某某的判处。

首先，在主刑方面，薛某某犯罪情节达到了"数额较大"的量刑标准，适用旧法量刑在五年以下，适用《刑法修正案（十一）》则是在三年以下，本案虽然发生在《刑法修正案（十一）》施行之前，但适用《刑法修正案（十一）》规定量刑显然更轻、更有利于被告人，根据"从旧兼从轻"原则，本案应当适用《刑法修正案（十一）》，在三年以下有期徒刑或拘役的量刑幅度内对薛某某进行处罚。

其次，在附加刑方面，《刑法修正案（十一）》在职务侵占罪条文中增设罚金刑，但辩护人认为，"从旧兼从轻"是"有利于被告人"原则的体现，该原则不仅适用在主刑，还应适用在附加刑，根据该原则，本案应当适用旧法对薛某某不予判处罚金刑。退一步而言，即使主刑、附加刑一并适用《刑法修正案（十一）》的规定，亦应考虑法律规定的修改、"从旧兼从轻"原则及薛某某缴纳罚金的能力、认罪认罚的良好态度，在罚金数额方面给予其最大限度地从轻从宽。

四、案件结果和理由

法院最终采纳辩护人意见,认为薛某某利用职务上的便利,将单位财产非法占为己有,应当认定为职务侵占罪,且在认定薛某某"侵占单位财物345564元、获利近5万元"的情况下,并未判处薛某某向被害单位承担任何退赔责任,同时仅判处薛某某罚金1万元。

五、案例评析

根据事实和法律,提出犯罪嫌疑人、被告人无罪、罪轻或者减轻、免除其刑事责任的材料和意见,维护犯罪嫌疑人、被告人的诉讼权利和其他合法权益,是刑辩律师的职责所在。在刑事辩护实务工作中,辩护律师应围绕事实、证据、法律法规等核心要素展开辩护,对当事人行为性质作出正确判断,并寻求事实、证据及法律规定的支撑,才能使得辩护观点得到办案机关的支持,最大限度地保护当事人的合法利益。

在本案侦查阶段,当事人因涉嫌盗窃被刑事拘留,根据涉案金额可能被判处十年以上有期徒刑,令家属十分担忧。辩护律师经过多次会见,向当事人了解案件事实,准确把握盗窃罪与职务侵占罪的区别点,向侦查机关提出当事人不应构成盗窃罪的意见,成功改变了定性,辩为轻罪,为案件的后续进程奠定良好基础。在审查起诉阶段,辩护律师通过查阅案卷,针对单位损失金额、法律修改等核心要点,向检察机关提出意见,并充分适用认罪认罚制度,积极沟通,促使检察机关采纳辩护意见,最终达成协议,当事人自愿认罪认罚,检察机关提出十一个月有期徒刑的量刑建议。在审判阶段,辩护律师提出当事人具有自首、认罪认罚等从轻、减轻情节,得到法院的采纳,并进一步就罚金、责令退赔等刑罚提出辩护意见,取得"仅判处当事人罚金1万元且无须退赔"的良好效果,不仅令当事人获得轻判,也极大地减轻当事人及其家属的经济负担。本案最终取得令各方均满意的良好辩护效果。

良好的辩护效果,来源于辩护律师扎实的专业知识,源于对案件事实、法律规定的精准把握,也源于辩护律师尽责尽职的工作,与办案单位的有效沟通。

本案中,辩护律师从犯罪构成的要件出发,结合案件事实,及时改变侦查机关对案件的不当定性,充分运用"认罪认罚"制度,让检察机关出具合乎理想的量刑建议,以"从旧兼从轻"原则及退赔制度精神正确适用的意见,使当事人得到从轻判处。同时，辩护律师通过书面、电话、当面等方式积极沟通，促使办案机关采纳辩护意见，最大限度保护了当事人的合法权益。

　　刑事审判的目的在于"让无罪的人免于起诉、让有罪的人得到公正审判"，在刑事审判实务中，控、辩、审三方应当时刻保持良好、常态化的沟通机制，构建相互尊重、平等对待的法律共同体，致力于化解社会矛盾，提升司法公信力，实现"让人民群众在每一个司法案件中感受到公平正义"的目标。辩护律师作为法律共同体的一员，应充分努力提高专业素养，勤勉履行辩护职责，切实维护当事人的合法权益，维护司法公正和社会公平正义。

（本案例荣获广州市律师协会2021年度"业务成果奖"）

非法买卖外汇案件的罪与罚

——蔡某某涉嫌非法经营案

孙 宁[*]

一、案情介绍

2019年年初至2020年11月，石某某、张某某、蔡某某变相买卖外汇，赚取交易外汇金额的中间差价，并约定以4∶4∶2的占比进行分成。其中石某某与蔡某某系同胞兄弟。

案件中，当事人蔡某某作为财务人员，按照石某某（负责寻找上游客户购入美元）、张某某（负责寻找下游客户售出美元）指示转账、记账，买卖当天的费用点数由石某某、张某某商定。

侦查阶段，某市人民检察院在批准逮捕决定书中追加洗钱罪。后案件移交某区进行管辖，某市公安局某分局经审计认定非法经营额为650814620.49元，非法获利600827.56元。同时，将蔡某某纳入利益集团，以主犯论；审查起诉阶段，经有效辩护与沟通，某区人民检察院依法认定当事人蔡某某在共犯行为下，案涉非法经营金额为325423802.23元，非法获利600827.56元，依法认定从犯地位；审判阶段，在指控认定事实的基础上，降低非法获利额至325400元，从而减少罚金基数。最终一审判决认定蔡某某非法经营金额为325423802.23元，非法获利额为325400元（蔡某某份额为65080元），判处有期徒刑三年，罚金70000元。

二、本案争议焦点

1. 在非法经营外汇中，换汇款项来源有可能涉及走私犯罪赃款，同时构成

---

[*] 孙宁，广东国智律师事务所合伙人。

洗钱罪的，是否应该数罪并罚？

2. 是否能仅依据共犯人之间按比例分成模式计算收入，就不加区分，直接以主犯定？

3. 非法买卖外汇案件中，"对敲型外汇"非法经营额如何计算？

4. 违法所得存有争议的情况下，自制利润统计表总额是否可以直接用作认定依据，以及是否有其他违法所得认定方式？

三、辩护意见

（一）蔡某某依法不构成洗钱罪

1. 蔡某某案涉行为，不存在明知的主观故意，不符合洗钱罪的构成要件，依法不应当认定为洗钱罪。

首先，蔡某某不存在了解资金来源中存在走私犯罪的可能性。据起诉意见书中称，"犯罪嫌疑人石某某主要负责寻找上游客户进行购买美元（或港币），犯罪嫌疑人张某某负责联系国内有美元需求的下游客户，同时提供收取人民币的账户给下游客户"，同案犯石某某、张某某分别负责资金来源的上下游，蔡某某虽进行了非法买卖外汇行为，但仅仅实施会计记账与转账行为，既不了解也不对接上下游客户资源，无法了解到客户资金性质属于走私犯罪所得的赃款赃物。

其次，案涉走私的客户陈某某在最初是合法经营冻品的，汇兑外汇也是直接与石某某对接，未与蔡某某对接。同时，陈某某、张某某、石某某等人的供述中不存在对蔡某某的指控。

再次，蔡某某所提供的账户是为非法经营，而非为陈某某提供洗钱的便利。据蔡某某本人供述，其对于转账、收款所使用的银行卡并没有特意区分专项用途，均是根据石某某、张某某二人的指示，对案涉款项进行会计行为。而陈某某本人也曾说过，蔡某某是给石某某、张某某打工的，其仅就转款、记账事务进行会计工作，并不对接资金链的信息。

最后，陈某某汇兑外汇所使用的为非本人账户，这些人员与蔡某某也并不相识，蔡某某无法识别案涉银行开户人员身份。在案证据显示，陈某某购买外汇所使用的账号为陈某、王某、林某、钱某等人的银行账号，这些人员并不与蔡某某相识。据陈某某供述，"他们不认识石某某这些人的"，并且使用此些账号并不是固定的。

综上，蔡某某客观上不能认识到案涉款项所涉走私犯罪，并不具有洗钱罪的主观故意。

2. 退一步讲，即使办案机关有其他证据可以证明蔡某某确实涉嫌洗钱罪，根据司法解释的规定，本案仅应以非法经营罪一罪定罪量刑。

《最高人民法院、最高人民检察院关于办理非法从事资金支付结算业务、非法买卖外汇刑事案件适用法律若干问题的解释》（法释〔2019〕1号）第五条规定："非法从事资金支付结算业务或者非法买卖外汇，构成非法经营罪，同时又构成刑法第一百二十条之一规定的帮助恐怖活动罪或者第一百九十一条规定的洗钱罪的，依照处罚较重的规定定罪处罚。"本案中蔡某某案涉行为不存在洗钱，即使确有证据证明有洗钱的行为，依据该司法解释，本案应从一重罪，以非法经营罪一罪进行定罪处罚。

综上，结合司法解释明文规定、本案的情节以及蔡某某本身积极坦白、悔过态度诚恳等，应当依法变更蔡某某案涉罪名仅为非法经营罪一罪。

（二）蔡某某依法应当被认定为从犯

蔡某某主要听从石某某、张某某指示，仅实施案涉记账行为，涉案地位为辅助性、次要性的，可替代性强，依法已被认定从犯，应当从轻或减轻处罚。

在案证据显示，蔡某某的涉案行为主要为听从同案人石某某、张某某的指示，进行转账、记账的会计行为，不涉及寻找资金源、客户源等的重要环节，蔡某某所从事的涉案行为具有极强的可替代性；蔡某某之所以参与到分红体系中来，实际上是因为其与石某某为同胞兄弟，石某某基于亲情才会给予他20%分红比例，同时该分红比例下的款项是为蔡某某的全部工资，设定比例也是石某某认为收入不稳定下无法保证约定固定工资的足额保证，且并不超过正常工资水平；据陈某某供述，"我只认识石某某、张某某、蔡某某三人，其中石某某、张某某是合伙的老板，蔡某某是为他们打工的"，也明确了蔡某某的身份地位。

《刑法》第二十六条第一款、第二十七条第一款规定，组织、领导犯罪集团进行犯罪活动的或者在共同犯罪中起主要作用的，是主犯。在共同犯罪中起次要或者辅助作用的，是从犯。可见《刑法》对主从犯的认定，是以共犯人在共同犯罪中所起的作用为主要标准，兼顾共犯人的分工情况。仅仅因为"比例分成"，不加区分就认定为主犯，显然有违刑法规定。

实践中，司法机关对于财务人员等受雇佣参与犯罪活动，没有在犯罪活动中获取非法利益的打工者基本不予处理，或仅以证人身份作为案件事实证据链条上的一环；即使是作为同案犯处理，考虑到其系受雇帮助他人从事犯罪活动，在共同犯罪中起次要作用，也基本被认定为从犯。根据《最高人民法院关于统一法律适用加强类案检索的指导意见（试行）》《最高人民法院关于完善统一法律适用标准工作机制的意见》，并综合法院对其他相近犯罪情节受雇佣人员的判决情况，某区人民检察院依法认定蔡某某非法经营罪从犯地位，符合法律规定与司法实践。

（三）非法经营额不应以买进、卖出额重复计算

外汇对敲，是指行为人在境内收取客户的人民币，再将等额的外汇存入客户指定的境外银行账户，资金在境内外实行单向循环，双方形式上进行的不是人民币和外汇直接买卖，而实质上已完成买卖外汇的一种行为。根据法律规定和结合司法判例，外汇对敲属于变相买卖外汇，情节严重的，以非法经营罪定罪处罚。

在本案中，石某某与张某某通过在香港设立的某公司转账以及指示交付等方式实现了外汇的对敲，但并未设立资金池。对于有无资金池，非法买卖外汇的经营额是存在巨大差异的。在有资金池的情况下，买入卖出的时间性、空间性、对应性都存在巨大的差异，需要提前囤积大量外汇资金备用，实践中将其买入、卖出的金额叠加计算，存在一定的依据，因为具有留存性。但在本案中，案涉交易均是采用即时性、对应性，未提前储备，案涉款项仅在账户短暂留存，甚至一些款项是直接指示交付，不应当对案涉款项进行重复计算。

在与检察院沟通交流后，公诉机关依法采纳我方律师的意见，将原有重复计算的部分扣除掉，仅以售出外汇价格（包含手续费）的统计金额计算。

（四）违法所得金额存有争议时，以非法经营额的千分之一计算

庭审时，被告人张某某及其辩护人突然提出，用以认定违法所得的依据即蔡某某制作的《每日利润表》数据有误，并未扣除掉基本开支和相关费用，在此前蔡某某并未提及该事。因本案中，蔡某某作为主要财务人员，进行前期的数据统计，再将数据交给张某某、石某某确定。

张某某方在提出该问题后，因确实属于事实不清部分，我方律师对此进行深一步发问，核实《每日利润表》中的数据是为简单售出—买入的结果，并未扣除掉实际开支，且却又存在实际开支，并使法官对起诉的违法所得部分产生怀疑，最终采纳辩护人的观点。

法院认定：鉴于目前暂未有其他证据证实三人合作期间总共实际的获利情况，结合三被告人供述的各自获利情况也难以确定，依据《最高人民法院、最高人民检察院关于办理非法从事资金支付结算业务、非法买卖外汇刑事案件法律若干问题的解释》第七条的规定，应按非法经营金额的千分之一认定三人合作期间总共获利为人民币 325400 元。即石某某、张某某的违法所得均为人民币 130160 元，蔡某某的违法所得为人民币 65080 元。

四、案件结果

本案中，在审查起诉阶段争取到减少罪名、认定从犯，量刑建议为三年的良好结果。一审阶段，在维持原本结果的基础上，广东省某市人民法院依法认定，蔡某某违法所得由原本指控的 120165.51 元降低为 65080 元，罚金也仅为 70000 元。

五、案例评析

由于一审判决在适用法律、认定事实方面准确，罚当其罪。当事人及家属都十分满意，未上诉。另外，本案无法争取缓刑的主要原因是蔡某某及其妻子都作为财务人员参与非法经营犯罪。蔡某某妻子在案发时已有身孕，被取保及判处缓刑，检察院、法院已经基于人道主义对其妻子从宽处理，故蔡某某无法被判处适用缓刑。

庭审结束时，我方律师主动向法官提出让当事人视频看望女儿的恳求，并得到了法官的许可。蔡某某被羁押在看守所时，小女儿还未出生，大女儿也才两岁，正值需要父亲关爱的年纪。庭审当时，恰逢两个女儿都在外等候，我方律师基于人道主义提出该请求，本怀着尝试心态，没想到法官同意了该请求，蔡某某也得以见到了自己的女儿，极大地增强了他积极改造、早日回归家庭的信念。

（本案例荣获广州市律师协会 2022 年度"业务成果奖"）

毒品犯罪死刑适用辩护

——翁某涉嫌贩卖毒品案

陈进兴　陈浩纯　张雪莹[*]

一、案情简介

广州市人民检察院指控：被告人翁某、廖某贩卖毒品，数量大（涉案的毒品数量共计4983.5克），并以被告人翁某、廖某涉嫌贩卖毒品罪，向广州市中级人民法院提起公诉。

广州市中级人民法院依法审理后，于2015年8月18日作出刑事判决。被告人翁某、廖某不服，提出上诉。广东省高级人民法院依法组成合议庭对本案进行审理后，认为原判部分事实不清，证据不足，并于2017年5月2日作出刑事裁定，撤销原判，发回重新审判。广州市人民检察院补充起诉，广州市中级人民法院依法另行组成合议庭审理本案，于2017年11月28日作出刑事判决。

宣判后，翁某、廖某不服，提出上诉。广东省高级人民法院于2019年8月3日作出刑事裁定：驳回上诉，维持原判，并依法将判处翁某死刑，剥夺政治权利终身，并处没收个人全部财产的刑事判决报请最高人民法院核准。

最高人民法院于2021年6月23日作出刑事裁定，不核准上述裁定，撤销上述裁定，发回广东省高级人民法院重新审判。（最高人民法院核准期间，由我所陈进兴律师担任翁某的辩护人）

最终，广东省高级人民法院判决撤销原审对翁某的死刑判决，改判为死刑缓期两年执行。（发回广东省高级人民法院重新审判期间，由我所陈浩纯、张雪莹律师担任翁某的辩护人）

---

[*] 陈进兴，广东国智律师事务所高级合伙人；陈浩纯，广东国智律师事务所高级合伙人；张雪莹，广东国智律师事务所律师。

二、争议焦点

1. 被告人翁某是否存在如实供述自身犯罪事实、帮助查明同案人廖某的犯罪事实等从轻情节？
2. 被告人翁某是否应判处死刑立即执行？

三、辩护策略

（一）在原案细节中捕捉细微之处

在深入挖掘案件细节时，一方面虽然本案涉及的毒品数量巨大，但绝大部分毒品已被公安及时缴获，未流入社会造成更严重的危害。另一方面被告人一审虽然未如实供述，但重审一审阶段，其痛改前非，如实交代犯罪事实，并积极指控另一个同案犯廖某的犯罪事实。其指控内容中涉嫌毒品数量较大，对查明同案犯廖某的其他犯罪事实起到关键作用。虽然不能认定为立功，但在是否适用死刑立即执行时应予以考量。

关于作用和地位方面，被告人翁某被列为第一被告人，刑事责任最大。但经仔细核实，本案两宗贩毒案的犯意提出者均是同案犯廖某，购买毒品的客户均由同案犯引荐提供给被告人翁某。结合过往的一些共同犯罪案件中，犯意的提出者通常会被认定为主犯，因此本案中两人地位作用至少是相当。

关于主观恶性方面，公诉机关指控被告人前后两次贩毒相隔时间短，主观恶性极大。但被告人翁某在抓捕过程中没有逃跑或抗拒行为，在重审期间痛改前非，如实供述全部犯罪事实，积极指认同案犯，认罪、悔罪态度相对较好。相反地，同案被告人同案犯廖某则口供反复，拒不认罪，主观恶性相对更大。既然同案犯廖某未判死刑立即执行，那么对翁某也应该"刀下留人"，有利于体现公正、公平。

（二）在法律中反馈人生无奈

经深入了解被告人的犯罪动机，其因家庭需要抚养四名未成年子女，且父母生病需医治，经济多方面重压下铤而走险，走上犯罪道路。即便如此在犯罪过程中，翁某曾劝同案犯廖某不要再卖毒品，早有改邪归正意愿，并非罪大恶极无可救赎。

（三）充分阐释毒品犯罪的死刑适用政策

虽然本案涉及毒品数量大，但毒品数量不是毒品犯罪案件量刑的唯一情节。

在考虑本案是否判处死刑立即执行时，应当综合考虑毒品数量、犯罪情节、危害后果、被告人的主观恶性、人身危险性以及当地禁毒形势等各种因素，做到区别对待。本案被告人翁某具有多个可酌定从轻处罚的量刑情节。

在会见过程中，针对被告人此前供述不老实、思想包袱重、避重就轻的问题进行耐心释法说理，让其如实供述，积极向法官表示认罪伏法的态度。

从发挥刑罚的教育改造作用的角度，结合翁某的犯罪动机、家庭经济背景、文化程度等自身因素，请求法院对翁某从轻处罚，给予其一个改过自新的机会。

四、案件处理结果

报请最高人民法院复核阶段，最高人民法院经过依法审理，采纳了律师意见，鉴于翁某能如实供述犯罪事实，同时结合本案具体情节，对其判处死刑，可不立即执行，依法不予核准死刑立即执行。发回广东省高级人民法院重新审判。

在广东省高级人民法院重新审判阶段，广东省高级人民法院采纳了律师意见，认为翁某坦白交代，认罪态度好，对查明同案人廖某的部分犯罪事实起一定的作用，判决撤销原审对翁某的死刑判决，改判为死刑缓期两年执行。

五、案例评析

死刑一旦执行便无可挽回，在我国现阶段仍保留死刑的情况下，应慎重适用死刑。最高人民法院在本案死刑复核中贯彻宽严相济的刑事政策，坚持少杀、慎杀的死刑政策，彰显尊重生命、保障人权的司法理念。在最高人民法院不予核准死刑立即执行，发回重审后，广东省高级人民法院撤销原审死刑判决，并对翁某改判为死刑缓期二年执行，案件的办理取得良好的法律效果与社会效果。

（陈进兴律师因代理该案荣获广州市律师协会2021年度"业务成果奖"
陈浩纯、张雪莹因代理该案荣获广州市律师协会2023年度"业务成果奖"）

"法律不强人所难",法定犯中犯罪主观故意的认定

——广州某公司砍伐古树案无罪辩护

伍志坚[*]

一、案情简介

广州某房地产有限公司在施工过程中,因砍伐 6 株树木(其中 1 株荔枝树的树龄为 135 年,属百年古树)被公安机关指控涉嫌危害国家重点保护植物罪,移送至广州市某区人民检察院审查起诉。

二、争议焦点

广州某房地产有限公司是否具备犯罪主观故意?是否具备砍伐"古树"的故意?

三、辩护意见

本案中,辩护人主要提出以下辩护意见:

虽然《起诉意见书》指控:"本案涉案的 6 株树木中,其中 1 株荔枝树的树龄为 135 年,属百年古树",并据此认为本案涉嫌危害国家重点保护植物罪,但是,仔细查阅本案证据材料之后就会发现,涉案被砍的荔枝树没有悬挂"古树"铭牌,而且,无论是犯罪嫌疑人/单位,还是某经济联合社,以及行政主管部门,均不知道涉案荔枝树为"百年古树",本案显然不具备犯罪的主观故意,不具备砍伐"古树"的故意,不构成危害国家重点保护植物罪。具体事实和理由如下:

---

[*] 伍志坚,广东国智律师事务所高级合伙人。

（一）被砍的荔枝树没有悬挂"古树"铭牌，嫌疑人/单位有理由相信涉案荔枝树不是"百年古树"

涉案被砍的荔枝树没有悬挂"古树"铭牌，事实清楚、证据确凿，不仅有报案人的陈述、当地村民的陈述、施工作业人员的陈述可以证实，也有公安机关《现场勘验笔录》以及行政主管部门案发后出具的《情况说明函》可以证实。

（二）砍树之前，行政主管部门在两次《复函》中均明确告知：砍伐区域没有"古树"

本案中，为了调查了解砍伐区域内有无"古树名木"，经济联合社曾经两次征求行政主管部门的意见，行政主管部门（住房和城乡建设局）分别于2020年7月24日、8月24日两次书面《复函》经济联合社，明确告知："现场——核实查看"，砍伐区域内"没有我标段登记在册的古树名木存在"。

（三）经济联合社在《林木采伐公示》中明确表示：砍伐区域没有"古树"，而且，村民从来没有提出异议（认为砍伐区域存在"百年古树"）

本案中，经济联合社分别于2020年8月7日、9月21日两次发出《林木采伐公示》，明确：林木采伐范围内无登记在册的古树名木存在，符合采伐条件，现予以公示；如有异议，请以书面形式反映。但是，既没有任何村民，也没有其他任何单位、个人对此提出过任何异议。

（四）个别村民报案时自称被砍两棵"百年古树"，缺乏可靠性，不能作为定罪根据

"百年古树"的认定有相应的法律规定和法定程序，应当由有权机关来认定，而不是由民间机构、个人随意主观认定。如果因为村民提出（认为）涉案荔枝树是"100年以上"，就将其作为认定"古树"的依据、作为本案的定罪依据，这将导致管理秩序的严重混乱——今后涉及树木管理和砍伐时，到底是以个别村民的口头陈述为准，还是以行政主管部门的认定、公告为准？

（五）涉案荔枝树的砍伐行为具有合法性/正当性

根据相关法律规定，采伐房前屋后零星林木，不需要申请采伐许可证；另外，经济联合社曾经两次发出《林木采伐公示》，足以证明经济联合社同意采伐涉案果树林木。因此，涉案荔枝树的砍伐行为具有合法性/正当性。

（六）关于"期待可能性"与"法律不强人所难"——嫌疑人/单位有理由相信涉案荔枝树不是"百年古树"，本案不具有砍伐"古树"的故意，不构成危害国家重点保护植物罪

犯罪嫌疑人/单位作为非专业人员/机构，无法从外观上判断涉案荔枝树的"树龄"；即使是专业人员，如果不借助专业仪器和设备，也无法判断树龄。而且，广州市已经对"百年古树"进行多轮（不少于六轮）调查、公告并悬挂"古树"铭牌。因此，根据工作经验和生活经验，嫌疑人/单位有理由相信，涉案荔枝树没有悬挂"古树"铭牌，其树龄不到100年，仅是普通的荔枝树。

"法律不强人所难"，既然连林业专家在古树普查过程中、园林行政主管部门在工作中都无法判断涉案荔枝树为"百年古树"，那么，如果对普通企业/公民施加判断"树龄"的义务和责任、要求普通企业/公民去准确判断"树龄"，这显然超出了普通民众的"期待可能性"。

综上，危害国家重点保护植物罪是故意犯罪，嫌疑人/单位在主观上不具备砍伐"古树"的故意，本案不构成危害国家重点保护植物罪，刑罚作为最严厉的惩罚措施，其适用不可不慎。

四、案件结果

广州市某区人民检察院于2022年6月27日作出《不起诉决定书》，认为广州某房地产有限公司虽然实施了砍伐树木的行为（被砍伐树木为3株荔枝树、3株龙眼树，其中1株荔枝树树龄为135年），因其不具有犯罪故意，不构成犯罪，决定对广州某房地产有限公司不起诉。

五、案例评析

本案中，辩护人紧紧围绕嫌疑单位/嫌疑人不具备犯罪主观故意，深入挖掘现有证据，对公安机关提供的用于指控犯罪的证据进行深入细致的分析和研究，从中找出对嫌疑单位/嫌疑人有利的事实和证据（如相关行政主管部门的两次《复函》、经济联合社的《林木采伐公示》等），从多个角度、多个维度展开详细论述，并以"期待可能性"与"法律不强人所难"进行理论升华总结，认为本案不具备犯罪主观故意，嫌疑单位/嫌疑人不具备砍伐"古树"的故意，本案不构成危害国家重点保护植物罪。检察机关最终采纳了辩护人的辩护意见，并对嫌疑单位作出不起诉决定。

从本案的办理过程来看，有以下几点特别值得总结：

第一，辩护律师要善于从控方的现有证据中寻找对辩方有利的证据和线索，在阅卷过程中，辩护律师一定要认真仔细，睁大眼睛，不要放过任何对辩方有利的细节，并充分利用这些有利的细节去发掘证据，甚至寻找更进一步的证据。这些细节往往会成为案件扭转局面的关键突破口。本案中，公安机关调取的两份"砍伐区域没有古树"的行政主管部门《复函》，就是我们辩护的重要事实支点。

第二，辩护律师要对案件涉及的相关法律规定、司法解释和刑法学理论进行全面、深入、系统的研究，只有熟练掌握相关刑法学理论和司法实务知识，辩护过程中才能做到收放自如、灵活运用，抓住核心、直击要害，成功说服检察官采纳律师的辩护意见。

第三，要注意加强与办案单位的有效沟通交流。在与检察机关的沟通交流过程中，不要空泛地谈法律意见和辩护观点，而应该讲事实、摆证据，详细列举、具体展示控方现有证据中对嫌疑单位/嫌疑人有利之处，做到言之有据，这样更容易取得检察官的信任、理解和支持。

"排除合理怀疑"在死刑案件辩护中的运用
——林某涉嫌贩卖毒品罪案

伍志坚[*]

一、案情简介

广州市人民检察院在《起诉书》中指控：被告人林某雇佣某甲帮助其租赁房屋存放并贩卖毒品，林某指使某甲租赁房屋，林某再将毒品存放于该房的保险柜内，用于吸食和贩卖。因前述房屋长时间未支付房租，房东会同物管人员一起将该房房门撬开，清理物品时，在房间放置的保险柜内发现疑似毒品（经鉴定检验：白色晶体若干包，净重10余公斤，检出甲基苯丙胺成分；白色块状物1包，净重若干克，检出海洛因成分），遂向公安机关报案。此外，林某还多次雇佣某甲帮助其运送、贩卖毒品。广州市人民检察院认为，被告人林某无视国家法律，贩卖毒品甲基苯丙胺、海洛因，数量大，其行为触犯了《刑法》第三百四十七条第二款第一项，犯罪事实清楚，证据确实、充分，应当以贩卖毒品罪追究刑事责任。

鉴于涉案被查获的毒品甲基苯丙胺数量超过10公斤，如果检察机关指控的贩卖毒品罪名成立，被告人可能面临死刑。

二、争议焦点

林某是否构成贩卖毒品罪？是否存在贩卖毒品的具体事实？

---

[*] 伍志坚，广东国智律师事务所高级合伙人。

三、辩护意见

从本案证据来看，指控林某构成贩卖毒品罪，证据不足。本案没有任何证据足以证实林某参与实施了贩卖毒品行为，也没有任何证据能够证明本案被查获的毒品受林某控制或者占有。本案证据"不能排除合理怀疑"，应当判决林某无罪。

（一）涉案保险柜以及毒品包装上没有林某的任何指纹

本案中，经公安机关现场勘验、检查，用于存放毒品的保险柜以及毒品包装上均没有林某的任何指纹或者生物特征。

（二）没有任何人指证林某将毒品存放在涉案保险柜

本案中，包括某甲在内，没有任何人"看见"或者"听说"林某曾经利用涉案保险柜存放毒品。

（三）没有任何证据可以证明林某参与"使用""租赁"涉案房屋

1. 没有任何证据可以证明林某"控制使用"涉案房屋

（1）本案中，没有任何证据可以证明，林某曾经"控制使用"过涉案房屋，该房屋的"邻居"也从来没有见过林某出入该房屋。

（2）更重要的是，与林某可能存在关联的车辆也从来没有在"某大厦小区出入口或者地下车库的行车轨迹"。

2. 没有任何证据可以证明林某参与过涉案房屋的"租赁""支付租金"以及"居住使用"

（1）没有任何证据可以证明林某参与过涉案房屋的"租赁"

本案中，无论是出租方、中介，还是物业管理，均没有任何证人或者其他证据可以证明，林某曾经参与过涉案房屋的"租赁"。

某甲辩称，租赁涉案房屋是受林某的"指使"，明显缺乏证据予以支持，既没有短信、微信等通讯记录可以证实，也没有承担支付租金的证据予以佐证。

（2）没有任何证据可以证明涉案"租金"来源于林某

如果涉案房屋是由林某"租赁"或者"指使租赁"，那么，林某就需要向房东或者某甲支付租金，然而，本案中，却没有任何证据可以证明，林某为涉案房屋直接或者间接支付过"租金"。

（四）某甲为了方便自己贩卖毒品而租赁涉案房屋，具有高度合理性

1. 某甲系贩毒人员，且其贩毒行为与林某无关

某甲贩卖毒品案已经法院作出判决并发生法律效力，根据该生效裁判文书认定的事实，某甲系贩毒人员，而且，某甲前往深圳贩毒，不是受林某的雇佣或者指使，是某甲自己实施的，与林某没有任何关系（详见该生效判决书相关内容）。

因此，上述事实经生效判决予以确认，足以作为定案根据；在前述生效判决没有被推翻之前，不能认定某甲系受林某指使前往深圳贩卖毒品。

2. 某甲为了贩卖毒品而租赁涉案房屋，其可能性远远高于林某

由于某甲系贩毒人员，因此，如果涉案房屋内确实藏有毒品，那么，完全有理由相信某甲是为了方便自己贩卖毒品而租赁房屋。

退一万步，某甲为了方便贩毒而租赁房屋，其可能性也远远高于本案林某。

（五）牙刷上的DNA生物成分，不能证明林某参与毒品活动

如果林某居住使用涉案房屋并使用保险柜，必然会留下毛发、指纹、衣服等证据。但是，涉案房屋内没有留下林某的任何毛发、指纹或者衣服，这显然与所谓"林某控制使用涉案房屋"自相矛盾。

牙刷究竟如何进入涉案房屋，是某甲带入房间，还是通过其他途径带进来，事实不清、证据不足。不能仅凭一个来源不明的"牙刷"就认定林某构成犯罪。

（六）林某在"酒店"的开房记录，足以证明林某没有参与"租赁"涉案房屋

根据公安机关查到的开房记录，林某来广州是在酒店开房，如果涉案房屋是林某租赁的，那么，林某根本就没有必要去"酒店"开房。

（七）本案证据不能排除合理怀疑——涉案毒品可能来源于林某之外的其他人

1. 涉案毒品可能来源于"阿L"——"阿L"也在使用涉案房屋和保险柜

根据某甲供述："阿L"也在使用涉案房屋和保险柜。因此，涉案毒品也可能来源于"阿L"。不能因为"阿L"在逃，就让林某来承担刑责。

2. 涉案毒品可能是×年×月16日"换锁"之后才进入房间——涉案房屋于×年×月16日就已经被"换锁"，直到次月18日才报案，长达一个多月完全由案

外人员"管理、控制"

根据 D 某《询问笔录》：涉案房屋在×年×月 16 日就已经被"换锁"，直到次月 18 日才报案，在长达一个多月的时间里，该房屋完全处于案外人员的实际"管理、控制"之下。其间，何人、何时曾经进入过涉案房屋，是否曾经搬出、搬入过相关物品，事实不清、证据不足。

涉案毒品以及保险柜到底是在×年×月 16 日"换锁"之前搬入涉案房屋，还是在"换锁"之后才搬入涉案房屋，现在缺乏证据予以证实。

3. 涉案毒品可能来源于"小轿车"——涉案保险柜"从一辆小轿车上卸下来"，并不是从案涉房屋直接搬出来，保险柜"来源"存疑

根据开锁匠 P 某《询问笔录》：我看到一个棕色的保险箱，从一辆小轿车上卸下来，放在路边的树底下，之后我就用开锁工具，把保险箱的门打开了。

很明显，涉案保险箱是"从一辆小轿车上卸下来"的，不是从涉案房屋直接搬出来的，该保险柜是否由小轿车从其他地方运送到案发地点，事实不清、证据不足。

4. 涉案毒品可能不是从"保险柜"中取出——涉案保险柜被"打开"之后，未在案发地点进行"现场勘验检查"，而是交由案外人将"打开"的保险柜运到派出所才进行清点

根据 D 某《询问笔录》：社区民警到场后，我们就叫来开锁师傅把那个保险柜打开了，打开后就看到里面有一袋白色的物品，还有一些衣服，出于安全考虑，我们在场的没有人去动那个保险柜里面的东西，只是动手把那个保险柜从楼上搬到我公司的车上送到了派出所，之后在派出所的大厅，在我和公司的保安队长的见证下，民警把保险柜里的东西一一拿出来进行清点。

（1）涉案保险柜被"打开"之后，虽然发现可疑物品，但是，公安机关并没有立即进行"现场勘验检查"，导致最有价值的案发现场被破坏。

（2）从案卷中的照片来看，在开锁的过程中，公安机关也没对现场进行警戒、隔离，保险柜内的物品存在被"污染""掉包"的可能。

（3）保险柜被"打开"之后，并不是由公安民警控制管理，而是将打开后的保险柜交由案外人控制、保管和运输，在运输过程中，保险柜内的物品同样存在被"污染""掉包"的可能性。

在保险柜被打开之后、运到派出所之前，保险柜处于"失控"状态，任何人都可以从保险柜内取出物品，也可以向保险内放入物品，保险柜内的物品存

在被"污染""掉包"的可能性，本案证据显然"不能排除合理怀疑"。

综上，涉案保险柜以及毒品包装上没有林某的任何指纹，也没有任何人"看见"或者"听说"林某曾经利用涉案保险柜存放毒品，没有任何证据可以证明林某曾经参与"使用""租赁"涉案房屋。相反，某甲作为贩毒人员，其为了方便自己贩卖毒品而租赁涉案房屋，具有高度合理性，而且，本案毒品来源存在诸多疑问，明显"不能排除合理怀疑"。

四、审理过程及结果

广州市中级人民法院经审理认为，公诉机关提供的证据足以确实、充分地证实侦查机关从涉案房屋的保险柜内查获的毒品甲基苯丙胺、海洛因是被告人林某或者林某伙同其他同案人存放的，被告人林某非法在房屋内存放毒品甲基苯丙胺、海洛因，其行为构成非法持有毒品罪，判决林某犯非法持有毒品罪，判处无期徒刑，剥夺政治权利终身，并处罚金10万元。

林某不服，向广东省高级人民法院提出上诉。广东省高级人民法院经审理认为，原审判决部分事实不清、证据不足，裁定撤销原审判决，发回重审。

广州市中级人民法院重审过程中，广州市人民检察院变更起诉决定书指控林某犯非法持有毒品罪，向广州市中级人民法院变更起诉。另，经广州市人民检察院提审，林某就非法持有毒品罪自愿认罪认罚，并签署认罪认罚具结书。广州市中级人民法院经重审后认为，林某如实供述非法持有毒品的事实，愿意接受处罚，可以从轻从宽处罚，判决林某犯非法持有毒品罪，判处有期徒刑十五年，剥夺政治权利五年，并处罚金10万元。

五、案例评析

本案时间跨度较长，涉及案件材料也较多。辩护人接受被告人林某的委托后，依法为其作无罪辩护。通过查阅卷宗材料、会见被告人林某了解案件情况、分析案件证据材料后，辩护人发现指控被告人林某贩卖毒品罪的证据不足。因此，辩护人从公诉机关提供的证据不足以证实林某存在贩卖毒品的具体事实等情节出发，充分利用"排除合理怀疑"的证明标准，依法维护林某的合法权益。

广州市中级人民法院最终采纳了辩护人的辩护意见，依法认定林某不构成贩卖毒品罪，是一次比较成功的辩护。

NFT失窃案何以突破传统盗窃罪的认定边界

——以苏某某、梁某某涉嫌盗窃罪一案为例

黄艺威　孙志伟　茅冰清[*]

一、主题提要

本案为元宇宙领域的刑事案件，被告人苏某某、梁某某被公诉机关指控通过数据抓包、远程屏幕镜像等技术手段盗窃他人 WAX（网络游戏虚拟商品交易平台，又称公链）链上某游戏账号内价值人民币 2385441.51 元的游戏装备 NFT（on-Fungible Token，非同质化代币），在 Atomic Hub 交易市场抛售后得到 waxp（WAX 平台基础代币，俗称"蜡币"），再售卖为 USDT（泰达币，是一种将加密货币与法定货币美元对标挂钩的虚拟货币），并最终通过币商兑换成人民币。若构成盗窃罪，依据相关法律规定，属于数额特别巨大，可能会被判处十年以上有期徒刑或者无期徒刑，且最高可能被判处 4770883.02 元罚金。作为被告人梁某某的辩护律师，提出本案应当以非法获取计算机信息系统数据罪进行定性，获得一审法院采纳。二审阶段，检察院对一审定性进行抗诉，二审法院认可辩护人关于定性的意见，最终仍认定梁某某犯非法获取计算机信息系统数据罪，判处有期徒刑六年，并处罚金人民币 40 万元。

二、案情简介

被告人苏某某、梁某某被指控通过数据抓包手段获取到被害人高某电脑的跳板服务器 IP 地址和游戏登录密码，通过远程屏幕镜像技术获取电脑控制权限，秘密登录被害人高某在 WAX 上某游戏账号，窃取其游戏装备 NFT，在 A-

---

[*] 黄艺威，广东国智律师事务所高级合伙人；孙志伟，广东国智律师事务所高级顾问；茅冰清，广东国智律师事务所律师。

tomic Hub 交易市场抛售后得到蜡币,再售卖为泰达币,并最终通过收购泰达币的刘某某兑换成人民币,构成盗窃罪。其中,被告人苏某某、梁某某被指控盗窃被害人高某游戏装备的价值为人民币 2385441.51 元。经有效辩护,一审法院认定被告人苏某某、梁某某构成非法获取计算机信息系统数据罪。即便检察院对定性进行抗诉,二审法院仍维持认定被告人苏某某、梁某某构成非法获取计算机信息系统数据罪。

三、争议焦点

本案应定性为盗窃罪还是非法获取计算机信息系统数据罪?

四、辩护意见

(一)案涉游戏装备不具备财产属性

1. 案涉游戏装备的本质属性是数据

根据 2009 年 6 月 4 日文化部、商务部联合出台的《关于加强网络游戏虚拟货币管理工作的通知》规定,网络游戏装备、游戏币等虚拟财产的特征有以下三个:(1)存在媒介的限定性,脱离了特定的网络游戏即没有任何价值;(2)价值认同的不确定性,对于非网络游戏玩家或者不同网络游戏的玩家而言,网络游戏虚拟财产就不具有经济价值或价值不一;(3)价值无法进行客观衡量,即使同一个网络游戏的同一个虚拟财产,也可能因交易玩家的不同而导致交易价值不同。而财物作为犯罪行为指向的物品,需要具备管理可能性、转移可能性、价值性三个基本特征。本案游戏装备 NFT 不是实物,也无法进入现实世界,与刑法意义上的有形、无形财产存在着明显的差异;且缺乏稳定性,没有现实的效用性,其本身的特征依据现有法律难以构成刑法上的财物。由此可见,案涉网络游戏虚拟财产明显区别于刑法上的"财物"。

2. 案涉游戏装备应作为计算机信息系统数据予以保护

最高人民法院研究室主任周加海在《〈关于办理盗窃刑事案件适用法律若干问题的解释〉的理解与适用》中明确:"虚拟财产的法律属性是计算机信息系统数据,对于非法获取计算机信息系统数据的行为当然可以适用非法获取计算机信息系统罪定罪量刑。"同时,周加海也指出:"对于盗窃虚拟财产的行为可以按照非法获取计算机信息系统数据等计算机犯罪定罪处罚,不应按盗窃罪处理。"① 最高人民法院研究室也在《关于利用计算机窃取他人游戏币非法销售获利如何定性问题的研究意见》中明确指出，利用计算机窃取他人游戏币非法销售获利行为，目前宜以非法获取计算机信息系统数据罪定罪处罚。该研究意见虽于 2012 年作出，但此后最高人民法院并未有任何不同意见。这代表了最高人民法院对案涉行为定性的意见，各级人民法院均应参照适用。在这种情况下，如果将案涉游戏装备解释为盗窃罪的犯罪对象"公私财物"，适用盗窃罪以定罪处罚，则会超出当前司法解释的权限。

因此，当前法院主流观点认为不能将虚拟财产等于财产，而应按数据处理。在罪刑法定原则下，虚拟财产还没有进入刑法，其法律属性是多元的，不能简单等同于财产、数据或货币，宜将之作为权利束处理。行为人通过木马程序等手段侵入计算机信息系统，盗取游戏装备、游戏币的行为，根据行为人的手段及获利数额，在符合《最高人民法院、最高人民检察院关于办理危害计算机信息系统安全刑事案件应用法律若干问题的解释》规定的"情节严重"的情形下，应当以非法获取计算机信息系统数据罪定罪处罚。

（二）案涉游戏装备价格难以认定

1. 案涉游戏装备价格波动极大

虽然案涉游戏装备曾转换成虚拟货币，但需要明确的是，本案所侵犯的对象并不是虚拟货币本身，而是游戏装备 NFT。与虚拟货币具备相对公认以及市场普遍接受的价格相比较，游戏装备的价格变动极大，目前涉案游戏更是不再更新、无人维护，相关游戏装备价值贬损极为严重。根据辩护人所提交的证据材料，第一次庭审前五天，也就是 2023 年 2 月 8 日到 2 月 13 日这段时间，电锯和挖机的价格只有案发时的四万分之一，渔船的价格只有案发时的三万分之一，可见案涉游戏装备价格波动极大，不具备财物所应具备的"价值性"这一基本特征。

2. 本案缺乏价格认定依据

网络游戏装备、游戏币等虚拟财产在价值方面缺乏一个普遍认可、相对客观的衡量标准。在价格认定方面，主要存在四种观点。第一种观点主张按照被害人购买价格确定，主要针对用户从网络服务商或者第三人处购买的价格相对

---

① 胡云腾、周加海、周海洋：《〈关于办理盗窃刑事案件适用法律若干问题的解释〉的理解与适用》，载《人民司法》2014 年第 15 期。

稳定、不因用户的行为而发生价值变化的虚拟财产。第二种观点主张按照被告人销赃的数额确定，主要针对用户通过游戏练级、通关等方式获得的虚拟财产，或者购买后经过升级使其价格大幅变化的虚拟财产。第三种观点主张按照价格认证机构认证的价格确定。虚拟财产因品质和稀缺程度不同而对应着不同的财产价值，其价值由虚拟世界里的自由交易市场决定，现在的虚拟财产交易市场或者平台已经趋于成熟，各类虚拟物都有公认且可以为人所接受的市场价格。第四种观点主张以平台交易价认定虚拟财产的价格。交易平台实时反映虚拟财产的价格变化情况，以犯罪时的交易平台价格认定能够较为准确体现行为人实施犯罪行为时的社会危害性。

然而，本案并无价格认证部门出具的价格认定结论，关于被害人高某购买的价格也无法确定（高某并非以人民币购买，而是以虚拟货币转化），关于销赃数额同样无法确定（本案缺乏直接证据证实销赃数额）。此外，本案虽有平台交易价格，但平台交易价格波动极大，也不宜直接对案涉游戏装备的价格进行认定。并且，本案西湖区价格认定事务中心也明确，该游戏装备无法在游戏中交易，只能通过 Atomic Hub 网站转换成虚拟货币才能变现，不予认定案涉游戏装备的价格。因此，案涉游戏装备价格难以认定，不宜以盗窃罪定罪判处。

（三）货币政策和金融监管的限制

在处理涉及虚拟货币案件中，除了要考虑事实层面虚拟货币的经济价值，更重要的是需要考察这些虚拟货币交易是否被包括各部门法在内的整体法秩序所接受。要跳出刑法的狭窄视野，结合我国货币政策和金融监管的要求，才能得出结论。

最近十年我国对虚拟货币的监管政策不断收紧，整体法秩序对于比特币财产属性的看法分为三个阶段。第一阶段，认可虚拟货币作为虚拟商品具有财产属性。2013 年中国人民银行、工业和信息化部、中国银行业监督管理委员会、中国证券监督管理委员会、中国保险监督管理委员会《关于防范比特币风险的通知》明确规定比特币不能作为货币在市场上流通使用，但承认其性质上是一种特定的虚拟商品。第二阶段，明确交易平台支配的虚拟货币不具备财产属性，仅认可虚拟货币在个人交易方面具有财产属性。2017 年《关于防范代币发行融资风险的公告》再次强调比特币等虚拟货币不具有货币属性，指出比特币等虚拟货币发售、流通进行融资行为的非法性，并明确禁止交易平台上所有比特币等虚拟货币的兑换、买卖、定价、中介等服务。第三阶段，完全否定虚拟货币等虚拟财产的财产属性。2021 年 9 月，中国人民银行、中央网信办、最高人民法院、最高人民检察院、工业和信息化部、公安部、市场监管总局、银保监会、证监会、外汇局等十部门联合发布《关于进一步防范和处置虚拟货币交易炒作风险的通知》，对比特币等虚拟货币管控更加严格，将虚拟货币相关业务活动定义为非法金融活动一律严格禁止，也即交易平台上比特币的业务活动均为非法活动而一律禁止，同时规定"任何法人、非法人组织和自然人投资虚拟货币及相关衍生品，违背公序良俗的，相关民事法律行为无效，由此引发的损失由其自行承担"。

考虑到国家整体的金融监管政策倾向，虚拟货币相关业务活动已被明确定义为非法活动而一律禁止，个体间的交换不受民法保护，同时也是违反公序良俗的。虽然虚拟货币仍具经济价值，但体现其财物属性的兑换、买卖及定价服务难以为法秩序包容、认可。在现在的金融监管政策下，如果仍通过刑事判决将之评价为财产，相当于直接以刑事判决的方式支持虚拟货币定价、交易，会导致整体法秩序内部出现严重价值冲突，这样的判决恐难取得良好的社会效果。

（四）案涉游戏装备属于非法出版物，不具备我国法律所保护的财物属性

国家新闻出版广电总局办公厅2016年5月24日颁布《关于移动游戏出版服务管理的通知》，根据该通知规定，游戏运营需要版号。只有获得了版号，游戏才可以上线收费，否则只能是不断地免费公测。该通知第十五条还规定："未按照本通知要求履行相关审批手续即上网出版运营的移动游戏，一经发现，相关出版行政执法部门将按非法出版物查处。"此外，CCTV-2财经频道也曾在2021年12月连续两天报道《警惕"元宇宙"骗局》，这两次节目都以涉案游戏举例，认为涉案游戏实际上是打着元宇宙旗号的一种新型骗局。因此，涉案游戏在中国本质上属于非法出版物，体现其财物属性的兑换、买卖等均不被我国法秩序认可，在此背景下不宜将非法出版物作为财物来保护。

（五）本案不宜认定为盗窃罪

如将案涉行为定性为盗窃，将导致一系列棘手问题。一方面，案涉游戏装备价值极其不稳定，审判时的价格仅有案发时价格的几万分之一，且本案无法进行价格鉴定。并且，游戏装备作为一类虚拟财产，仅在某个群体之间流通，脱离这个群体可能分文不值，没有也不可能存在一个能够被普遍接受的价值计算方式。如果将本案定性为盗窃，因盗窃罪属于数额犯，如何认定案涉游戏装备的价格将成为一大难题。另一方面，如果将本案定性为盗窃，等于直接承认作为非法出版物游戏装备的财产价值或变相承认虚拟货币的财产价值，此举明

显有违我国金融监管政策。

反之，若将案涉行为定性为非法获取计算机信息系统数据，则能够更加客观、妥当地评价违法犯罪，更好贯彻罪刑法定原则与罪责刑相适应原则，也能兼顾维护被害人的利益，而绝不是变相认同虚拟货币的货币性质，也不是为与虚拟货币有关的非法金融活动背书。同时，也有助于避免上面提到的价值难以衡量、量刑畸重、权利性质尚不明确等问题，罚当其罪，维护司法的公平公正。

此外，本案中并无任何证据证明梁某某与"成哥"存在盗窃上的犯意联络。根据苏某某和梁某某的当庭供述，是"成哥"说有虚拟币要出售，梁某某并未参与高某的游戏装备窃取及变卖过程（本案无任何证据指向梁某某参与盗窃罪的核心实行行为）。基于一般人对低于市场价虚拟币来源的认知，梁某某最多认识到"成哥"的虚拟币来源不明，存在非法获取的可能性，即梁某某与"成哥"最多可能存在有非法获取计算机信息系统数据的犯意联络。因此，本案不宜认定为盗窃罪，而应定性为非法获取计算机信息系统数据罪。

五、判决结果

1. 上诉人苏某某犯非法获取计算机信息系统数据罪判处有期徒刑六年六个月，并处罚金人民币50万元。

2. 上诉人梁某某犯非法获取计算机信息系统数据罪判处有期徒刑六年，并处罚金人民币40万元。

3. 责令被告人苏某某、梁某某共同退赔被害人高某人民币2385441.51元。

六、案例评析

本案中，辩护律师介入案件时，案件已处于一审审判阶段。于2022年8月29日接受委托，随后便了解到一审法院预计于2022年9月2日开庭审理，辩护律师首先以"本案存在可能需要补充侦查、通知新的证人到庭、调取新的证据等情形"为由，申请一审法院依法延期审理，为有效辩护争取了时间。

后经仔细研究案卷、多次会见梁某某及进行相关检索，辩护律师认为本案属于利用计算机信息技术盗取虚拟货币的行为。该种行为的对象并非传统意义上的财物，而是区块链上一款元宇宙游戏账号中的游戏装备NFT，且销赃方式也与传统方式不同，是先将游戏装备NFT在Atomic Hub交易市场抛售后得到蜡币，再售卖为泰达币，并最终通过收购泰达币的刘某某兑换成人民币。此外，本案的作案手法也与传统意义上的盗窃不同，而是使用了数据抓包、远程屏幕镜像等计算机信息技术手段。因此，本案不应认定为盗窃罪，而应当构成非法获取计算机信息系统数据罪。

辩护律师制作并向检察院、法院提交了《盗取虚拟货币如何定罪检索报告》，对学术观点和刑事审判的观点进行了整理。其中，学术观点包含了"虚拟财产刑事案件司法实务论坛"中各位刑事法官及专家学者的权威观点及相关期刊论文，证明学界主流观点认为应当构成非法获取计算机信息系统数据罪；刑事审判观点则同时包含了认定构成盗窃罪的案例和认定构成非法获取计算机信息系统数据罪的案例，通过分析定罪的裁判理由，结合犯罪事实的异同，论证本案应当构成非法获取计算机信息系统数据罪。同时，辩护律师积极与法院沟通案件定性问题，取得了良好的沟通效果和审判基础。

庭审中，辩护律师在辩护词中再次强调本案应当构成非法获取计算机信息系统数据罪而非盗窃罪。辩护律师从案涉游戏装备是否具备财产属性、案涉游戏装备价格认定、货币政策和金融监管的限制、案涉游戏装备属于非法出版物五个方面论证了本案不构成盗窃罪的原因，再提出本案应将案涉行为定性为非法获取计算机信息系统数据罪，既能够更加客观、妥当地评价违法犯罪，更好贯彻罪刑法定原则与罪责刑相适应原则，也能兼顾维护被害人的利益，罚当其罪，维护司法的公平公正。最终，一审法院采纳了辩护律师关于案件定性的辩护意见，认定本案构成非法获取计算机信息系统数据罪。

后检察院针对案件定性进行抗诉，认为本案应当认定为盗窃罪。辩护律师提交了《撤回抗诉申请书》和书面辩护意见，坚持本案构成非法获取计算机信息系统数据罪。二审法院采纳了辩护律师关于案件定性的辩护意见，维持认定本案构成非法获取计算机信息系统数据罪，判处被告人梁某某有期徒刑六年，并处罚金人民币40万元。

本案中，辩护律师通过与办案单位的有效沟通、提交详尽的检索报告等方法，最终实现了改变定性、获得轻判的良好辩护效果。本案的定性也对新兴的区块链、元宇宙、虚拟货币相关犯罪起到了参考和指导作用。

七、结语和建议

第一，临危受命，成功调整开庭时间。辩护律师于2022年8月29日接受委托，而彼时一审法院已经安排于2022年9月2日开庭审理，且法院及看守所均处于异地,时间紧迫。辩护律师第一时间召开案件研讨会,制定了辩护策略,并紧急前往法院阅卷。同时,辩护律师以"本案存在可能需要补充侦查"为由,递交书面延期审理申请。经过与主审法官当面沟通,说服法官将庭审改期,为有效辩护争取了时间。

第二,成功申请补充证据,为改变定性扎牢基础。经阅卷、会见,辩护律师发现本案存在改变定性及降低参与程度的空间,但梁某某在侦查阶段对案件事实并未交代,导致案件事实无法查清;而检察院、法院亦认为本案无补充证据的必要。结合案件情况,辩护律师书写并递交调取证据申请,多次前往南昌与主审法官、检察官沟通,最终说服法官通知检察院补充证据;而检察院亦按照辩护律师意见补充了梁某某的 2 份讯问笔录及 IP(Internet Protocol,网际互连协议)情况说明,该补充证据成为案件能够改变定性的基础之一。

第三,制作检索报告,增强辩护力度。本案为元宇宙区块链上窃取游戏装备的行为,与传统窃取游戏装备存在明显区别,属于新类型案件,而一审法院对于定性亦存在较大争议。为了达到有效辩护的目的,辩护律师从"窃取元宇宙区块链游戏装备与窃取传统游戏装备的区别""认定构成盗窃罪的判例与本案的区别""认定构成非法获取计算机信息系统罪与本案的一致性"三个方面切入,制作并提交《盗取虚拟货币如何定罪检索报告》。报告中,对虚拟财产刑事案件司法实务论坛中各刑事法官及专家学者的权威观点及相关期刊论文学术观点和刑事审判的观点进行了归纳整理,论述本案应当定性为非法获取计算机信息系统数据罪。据悉,该检索报告在庭审、审委会中发挥了重要作用,有效促进了南昌地区对于同类案件判决的一致性。

第四,制作案件事实流程图,为降低罪责提供基础。经深入研究案卷并与梁某某沟通,辩护律师发现梁某某参与程度可能低于同案人苏某某。但起诉中并未将苏某某、梁某某进行区分,而是作为共同实施犯罪的成员。为了有效说服法院,辩护律师结合证据情况对本案事实进行拆解,并拆解为 8 个流程,绘制成案件事实流程图,注明每个环节的参与人,并在图中标注证据情况,方便法官查阅印证,为二审法院调整梁某某的罪责提供了基础。

第五,充分庭前辅导,取得良好庭审效果。庭审中,梁某某文化程度有限,辩护人根据案件事实与法律规定,在庭审前 1—2 天,对梁某某进行了充分辅导,并合法模拟了庭审流程。庭上,梁某某依法向法庭进行自我辩护,辩护律师也紧紧围绕本案构成非法获取计算机信息系统数据罪还是盗窃罪这一争议焦点，从案涉游戏装备是否具备财产属性、案涉游戏装备价格认定、货币政策和金融监管的限制、案涉游戏装备属于非法出版物五个方面论证了本案不构成盗窃罪的原因，再提出本案应将案涉行为定性为非法获取计算机信息系统数据罪。最终，一审法院采纳了辩护律师关于案件定性的辩护意见，认定本案构成非法获取计算机信息系统数据罪。

第六，二审顶住抗诉压力，成功维持一审定性。一审判决作出后，检察院针对案件定性进行抗诉，认为本案应当定盗窃罪且量刑畸轻。辩护律师获悉后第一时间与检察官沟通，提交了《撤回抗诉申请书》和书面辩护意见，并针对抗诉书、支持抗诉意见进行针对性回应，充分发表辩护意见，最终二审法院采纳了辩护律师关于案件定性的辩护意见，认定本案构成非法获取计算机信息系统数据罪。

第七，以从犯辩护为矛，有效区分罪责。为了帮助梁某某获取低于同案人苏某某的量刑，辩护律师在案件事实流程图的基础上，把梁某某、苏某某及证人证言进行详细比对，进一步发表梁某某参与程度有限、作用较小的辩护意见。虽然二审法院整体调整了刑期，但梁某某的刑期低于同案人苏某某，有效区分了罪责，维护了当事人合法权益。

本案中，辩护律师制定了环环相扣的辩护策略，先从庭审延期出发，再申请补充证据，提交检索报告、案件事实流程图、证据比对表等，与司法机关进行有效沟通，最终实现了改变定性、获得轻判的良好辩护效果。本案的判决，也对新兴的区块链、元宇宙、虚拟货币相关犯罪起到了参考和指导作用。

（本案例荣获广州市律师协会2023年度"业务成果奖"）

第二章 行政法经典案例

构建地方企业信用管理制度的法制化实践
——《A市企业信用促进条例》地方性法规立法起草项目

陈晓朝　丁家平　冯艳艳[*]

一、主题提要

2020年7月，A市发展和改革局委托广东国智律师事务所陈晓朝、丁家平律师带领的起草团队负责《A市企业信用促进条例》（以下简称《条例》）的具体起草工作。

起草团队拟出《条例》征求意见稿后，与市发展和改革局、司法局等组成调研组，在当地实地走访，参与多场立法调研会及企业专题座谈会；之后主持召开省有关部门专家、立法咨询专家、律师参加的专家论证会。在听取参会代表和专家们的意见后，经分析研究及多次审查修改，起草团队按期向委托方交付《条例》送审稿及配套材料。《条例》现已正式发布。

二、基本案情

（一）本项目的代理过程概述

为优化A市营商环境，推动A市经济高质量发展，提高企业的信用意识和有关部门对企业信用的管理水平，2020年5月28日，A市第七届人民代表大会

---

[*] 陈晓朝，广东国智律师事务所高级顾问；丁家平，广东国智律师事务所律师；冯艳艳，广东国智律师事务所律师。

常务委员会第三十六次会议决定将《条例》列为 A 市 2021 年度地方性法规立法计划，并确定 A 市发展和改革局（以下简称市发改局）作为该立法项目的起草单位。市发改局经过筛选，按照规定的程序，最终选择并决定委托广东国智律师事务所（以下简称国智所）负责条例的具体起草工作。

在起草过程中，国智所起草团队收集相关立法资料形成该条例的征求意见稿，在门户网站上全文刊登征求社会公众意见的同时，与起草单位共同成立调研组，指定总经济师为调研组负责人，并邀请市人大常委会法工委派员参加，赴 A 市城区及各县开展立法调研工作，参与多场行政部门代表、基层管理人员的立法调研会、企业代表出席的专题座谈会；同时国智所起草团队也邀请省内著名立法专家在本所召开专家论证会进行研讨，充分听取专业人士意见。

在汇总、对比、分析及确定各方意见的采纳情况之后，国智所起草团队就该条例前后易稿十余次，最终在约定期限内交付全部工作成果（送审稿、注释稿、起草说明、调研报告、法律汇编及其他有关材料），得到起草单位的好评。

交付工作成果后，起草团队还派员参加了市司法局召开的征求意见座谈会、市人大调研组的调研座谈会以及市政府常务会议，除根据会议所征求的有关意见分别进行回复、修改外，根据新颁布的《广东省社会信用条例》内容，对《条例》草案作了相应的衔接、调整，并对《条例》相关配套材料进行完善和修正。

《条例》经会议审议表决获全票通过。

（二）本项目的代理思路

本立法项目的代理思路在于需明确立法目的和具体要求，合理安排项目进度和人员分工，设计制度框架及基本内容后，重点征求相关部门和立法咨询专家意见，并严格按照制定地方性法规的法定程序执行。具体实施方案为：

1. 本项目的立法目的是优化 A 市营商环境，推动 A 市经济高质量发展，提高企业的信用意识和有关部门对企业信用的管理水平，契合 A 市委市政府提出的"奋战三大行动，奋进靓丽明珠"目标要求。本项目虽然是作为 A 市 2021 年地方性法规立法计划项目，但起草单位要求于 2020 年 8 月底之前交付工作成果，故受托律师应自启动项目之日起 2 个月内完成全部送审稿和配套材料。

2. 鉴于本项目期限紧迫，为保证工作质量，起草团队将项目实施具体分为以下几个阶段，并详细到各个时间节点：

第一，起草团队成员到 A 市发改局，同发改局领导研究确定工作方案、条例内容要求与委托合同条款等，评估本项目实施可能存在的风险。

第二，完成国家及省内外相关立法资料收集，初步梳理，提出工作方案、调研提纲（初稿）等，期间双方签订委托合同。

第三，拟出条例送审稿初稿。

第四，起草团队内部研讨、修改、定稿，如条件容许，可穿插进行立法调研工作，提出政府相关部门、企业单位座谈、调研提纲。

第五，征求 A 市相关部门、企业单位意见，进行立法调研，召开座谈会、咨询会等。

第六，召开专家论证会。

第七，完成条例送审稿、注释稿、起草说明、调研报告、意见反馈、立法资料汇编的编写并报送 A 市发改局。

3. 为保证项目顺利完成，国智所起草团队将有关工作进行了分工安排：

第一，起草团队律师负责搜集立法资料、文献，调研、现场走访、研讨会、论证会、座谈会等，起草单位配合、协助实施。上述工作律师以电话、视频、邮件及文书等方式进行，也可以根据需要前往起草单位所在地或实地进行。

第二，起草单位负责召集、组织、安排、主持本市政府及其部门、县区、街道、乡镇和企业单位的征求意见、调研、座谈、咨询会议，起草团队派员参加并配合。

第三，专家论证会由国智所起草团队安排、组织在广州召开，起草单位派员参加。

（三）本项目相关法律规定解读

第一，在立法依据方面，本项目主要包括：《民法典》《企业信息公示暂行条例》《广东省企业信用信息公开条例》《广东省社会信用条例》（草案修改征求意见稿）等。

第二，在参考依据方面，主要为国家政策和其他省市的地方规定，如《国务院办公厅关于加快推进社会信用体系建设构建以信用为基础的新型监管机制的指导意见》《国家发展改革委办公厅关于推送并应用市场主体公共信用综合评价结果的通知》《社会信用体系建设规划纲要（2014—2020 年）》等。

第三，国智所起草团队还借鉴了其他兄弟省市的一些立法经验，如《台州市企业信用促进条例》作为全国第一个企业信用促进方面的地方立法，在 2020 年 3 月颁布实施后产生了很好的社会效果，起草《条例》时也吸收了其中一些条文内容。

第四，在起草过程中，国家发展和改革委员会在2020年7月下旬发布《关于进一步规范公共信用信息纳入范围、失信惩戒和信用修复构建诚信建设长效机制的指导意见》（征求意见稿），起草团队在该新政策基础上，又对《条例》的征求意见稿进行比对、梳理和对照修正。

三、业务难点

国智所起草团队在拟定《条例》初稿过程中，认为该立法起草项目的难点主要在于：

1. 在项目实施当时，国家还没有出台社会信用管理法或企业信用管理法，现行只有2014年实施的行政法规《企业信息公示暂行条例》和广东省2007年颁布的地方性法规《广东省企业信用信息公开条例》，但这两个条例只是规范了公开披露企业公共信用信息的活动，而对企业信用信息的归集采集、异议处理等方面的活动未有涉及。《民法典》虽然有一些关于信用管理的规定，但规定比较原则且分散。总的来说，企业信用促进立法仍缺乏直接的上位法依据，这也是本立法项目所面临的主要挑战。

2. A市企业的诚信氛围与部门监管能力与当前社会发展要求还有一定差距，一方面是本地市场主体的原因，部分企业经营者的信用意识不够强，经营管理理念较为滞后，民营企业普遍规模较小，企业竞争激烈、行业野蛮生长，信用应用还属于初级水平；另一方面是本地有关部门对企业信用信息的归集、披露、应用和管理方面仍是各自为政，未能做到互相配合、有效共享，且有关企业信用的管理规范很少。这一地方实际及社会信用发展程度就意味着，有必要通过严谨的立法将企业信用管理与促进工作纳入法制化的轨道，需建立健全企业信用管理制度。

3. 本立法项目从接受委托到交付工作成果，起草单位要求的完成期限只有不到2个月时间，任务重、时间紧，对起草团队的要求比较高。

四、案例评析

（一）本项目代理意义

陈晓朝、丁家平律师带领的国智所起草团队具有丰富的行政法及立法修订方面的专业经验。该团队多年为广东省人民政府、广东省发展和改革委员会、阳江市人民政府、韶关市人民政府等政府及其工作部门提供常年法律顾问服务，积累了大量立法审查方面的经验；两位律师还曾任职于政府部门长期从事法制工作，熟悉政府立法流程，过去也曾完成多个地方立法项目。显然，国智所起草团队受托承接本立法起草项目有其专业和业务优势。

国智所起草团队制定并交付的《条例》送审稿分为总则，企业信用信息归集、采集和披露，企业信用信息管理，企业信用促进，附则共五个章节，合计四十六条。最终发布实施的《条例》，经团队后续协助审查、修改，删除了章节标题后精简为三十三条，但条款内容基本不变，较为贴合当地立法目标。

（二）本项目代理启示

A市人民政府最终发布的《条例》生效条文与国智所起草团队交付的送审稿相比，无较大变动，显示国智所的工作成果契合该项目的立法目的。起草团队在代理过程中有以下启示：

国智所起草团队针对A市信用发展的不足之处，制定的《条例》不应局限在设定各种鼓励措施上，而应着重于设定出一个切实可行的、符合A市实际要求的企业信用管理的制度框架，将企业信用信息的归集、披露、应用、信用信息处理、守信失信行为的奖惩及其他涉及企业信用的活动纳入法制化规范化的轨道，用制度来约束和促进部门依法监管和企业守信经营，并确定"只有通过建立健全企业信用管理制度，才能有效促进企业信用水平的提高"。该立法思路及重点最终在条文中得到体现，也受到起草单位的支持和认可。这也是今后在类似立法项目中努力达到地方规定"接地气"的思路建议。

规范农村住房建设，助力乡村振兴

——《B市农村村民住房建设管理办法》立法起草项目

陈晓朝　丁家平　冯艳艳[*]

一、主题提要

B市司法局于2019年9月委托广东国智律师事务所，由陈晓朝、丁家平律师组成立法起草团队，负责《B市农村村民住房建设管理办法》的起草工作。

起草团队在拟定初稿后，先后参与市直部门、县区政府的专题调研座谈会，赴当地实地走访座谈，与司法局、住建局等部门代表组成联合调研组远赴湖南省郴州市、资兴市和浙江省嘉兴市开展调研工作，并主持召开省的专家立法论证会。经向社会广泛征求意见和多次审查修改，团队按期完成并交付草案及配套材料。

《B市农村村民住房建设管理办法》已于2020年6月1日施行。

二、案情简介

（一）本项目的代理过程概述

针对B市农村住房建设混乱无序的状况，为加强对B市农村宅基地和村民住房建设的监督管理，规范农村宅基地用地和村民住房建设审批程序，维护村民合法权益，改善农村人居环境，B市政府将《B市农村村民住房建设管理办法》（以下简称《管理办法》）列为2019年政府规章的正式立法项目，并确定B市司法局作为该项目的起草单位。广东国智律师事务所（以下简称国智所）通过政府采购程序受托组建由陈晓朝、丁家平律师带领的起草团队（以下简称

---

[*] 陈晓朝，广东国智律师事务所高级顾问；丁家平，广东国智律师事务所律师；冯艳艳，广东国智律师事务所律师。

国智起草团队），与市司法局共同组成立法起草小组开展工作。

《管理办法》是国智所及其起草团队首次全程实施拟稿、调研、征求意见、修订流程的立法项目。在起草过程中，国智起草团队收集相关立法资料形成该办法初稿，并为进一步补充和完善办法内容，多次在 B 市及当地县区、镇、农村实地调研、召开座谈会议，认真听取行政机关代表、基层管理人员及村民代表的意见；与市司法局、住建局、自然资源局代表组成联合调研组，由副市长带队远赴湖南省、浙江省，以考察当地农村村民建房规划审批管理经验为重点，开展考察工作。

按照立法程序的有关规定，《管理办法》全文通过市政府门户网站、普法网、B 市司法行政微信公众号向社会公众广泛征求意见，同时国智起草团队邀请立法专家召开专家论证会进行研讨，以充分听取专业人士意见。在汇总、对比、分析及确定各方意见的采纳情况之后，国智起草团队就该办法前后易稿十余次，参加多场起草单位组织的改稿会，最终在规定期限内交付全部工作成果（草案修改稿、注释稿、起草说明、调研报告、法律汇编及其他有关材料），得到起草单位的好评。

（二）本项目的代理思路

本项目的代理思路在于需明确立法目的和具体要求，合理安排项目进度和人员分工，设计制度框架及基本内容后，重点征求相关部门和立法咨询专家意见，并严格按照制定地方政府规章的法定程序执行。

第一，本项目的立法目的是加强和规范农村村民住房建设许可审批管理，切实破解农村村民建房混乱无序现状，通过政府立法规范农村村民建房秩序，提升农村人居环境，推动乡村振兴战略实施。由于本项目要求 2019 年年底完成起草工作，2020 年颁布实施，故受托律师应自启动项目之日起 3 个月内完成全部草案和配套材料。

第二，本项目的实施具体分为三个阶段：

1. 前期准备、拟稿阶段。签订委托合同，组成起草团队，拟订立法工作方案，收集文件、资料。拟出管理办法初稿，国智所内部论证，征求主管部门意见，修改并确定初稿。

2. 征求意见、调研、论证阶段。选择若干个县（区）、镇、村，采取走访和座谈会形式征求意见和建议，调研对象为市、县（区）相关部门、基层管理单位人员（执法人员）、村干部、村民代表；将意见建议进行汇总、分类、整理，形成立法调研报告。

3. 修改、完成阶段。根据调研论证意见对文本初稿作进一步修改，形成草案修改稿；撰写起草说明并将相关文件汇编成册；将草案修改稿、起草说明、规章草案注释稿、立法资料汇编一并报送起草单位。

第三，在实施方式方面，国智起草团队律师负责搜集立法资料、文献，参与调研、现场走访、研讨会、论证会、座谈会等，其形式包括前往实地、电话或视频沟通、邮件及文书通知等。

（三）本项目相关法律规定解读

第一，在立法依据方面，本项目主要包括：《城乡规划法》《土地管理法》《建筑法》《土地管理法实施条例》《村庄和集镇规划建设管理条例》《建设工程质量管理条例》《中央农村工作领导小组办公室、农业农村部关于进一步加强农村宅基地管理的通知》等。

第二，B市在农村宅基地和村民建房管理方面曾先后出台了《B市区村民建房用地规划建设管理办法》《B市区村民宅基地审批管理暂行办法》《关于加强B市区农村建房管理的意见》等规范性文件，《管理办法》将上述文件作为参考，同时也就相关内容进行完善以适应本地需要，如《B市区村民建房用地规划建设管理办法》第二条有关适用范围的规定较为狭窄，而《管理办法》规定适用范围为："本市行政区域内农村村民在农民集体土地上新建、改建、扩建、重建住房（以下统称村民建房）及其管理，适用本办法。"与之前相比，进一步扩大了村民住房建设管理的覆盖面，并对"农村村民""村民住房""村民建房"等概念进行界定明确。

第三，在起草过程中，农业农村部、自然资源部于2019年12月12日发布《关于规范农村宅基地审批管理的通知》（农经发〔2019〕6号），在《管理办法》送审之前，国智起草团队将办法内容与新政策进行比对、梳理和对照修正。

第四，《管理办法》严格遵守相关法律法规和规范性文件等，与国家法律、行政法规和省、市的地方性法规、政府规章和政策规定保持一致。

（四）本项目的工作成果

国智起草团队具有丰富的行政法及立法方面的专业经验。该团队多年来为广东省人民政府、广东省发展和改革委员会、广东省邮政管理局、阳江市人民政府、韶关市人民政府等政府及其工作部门提供常年法律顾问服务，审查修改了大量法规、规章、规范性文件，完成多个地方政府规章、地方性法规的立法审查、论证、修订事务。而且，陈晓朝、丁家平律师有在行政机关的工作经历，熟悉政府立法流程，以上都为国智所受托承接本次立法起草项目提供了有利且重要的先决条件。

国智起草团队制定并交付的《管理办法》草案修改稿分为总则，规划、选址及用地标准，用地建房审批，建设管理，监督管理，法律责任，附则共七章五十条。B市政府最终发布实施的办法，经团队后续协助审查、修改，精简为六章四十五条，说明团队所设计的办法框架和安排的主要内容都较为贴合当地实际情况和立法要求。

三、讨论焦点

国智起草团队在拟定《管理办法》初稿（征求意见稿）后，同起草单位共同研究提出以下值得讨论研究的焦点问题，以论证提纲的形式广泛征求有关部门、立法专家及社会各方意见：

1. 草案规定的适用范围是否应包括宅基地管理和村民建房管理两个方面内容？还是只规范后者好？是否还应包括农民公寓建设管理，如何规范？

2. 草案规定的各级政府及政府各部门的职责分工是否明晰、具体，是否具有操作性？市县农业农村主管部门在宅基地管理方面与自然资源主管部门的职责应如何规定？

3. 草案关于宅基地用地审批和建房审批的办理流程规定是否合法、明晰、可行？可否进一步优化、如何优化？

4. 草案规定关于市和县（区）住建行政主管部门在建设管理的分工是否合理？村民建房通用设计图集应当由市级还是县级住建主管部门组织编制？

5. 草案规定村民建造一层住房是否需要有设计图？

6. 镇政府的管理职责和执法职能规定是否合法、合理？镇政府与镇土地管理机构的职责应如何划分？

在起草过程中，国智起草团队所参与的立法座谈会、调研会、论证会等主要围绕上述焦点问题展开。

四、案例评析

第一，B市在《管理办法》制定前，农村村民住房建设无规划、无审批、无监管的"三无"问题仍较突出，农村村民随意占用农地甚至耕地建房的情况仍较普遍。B 市虽出台了一系列相关规范性文件，但时效性较短、效力低，在村民个人建房的申请条件及审批程序上规定亦不够全面、具体，难以有效遏制农村违法建房的现象蔓延。因此，B 市政府急需通过政府规章的形式，建立和完善本地农村宅基地和村民住房建设管理制度。国智起草团队启动该立法起草项目后，通过完成立法项目的前期准备和拟稿阶段，按照立法目的和本地实际情况，成功建议将原定的《B 市农村村民建房规划建设管理办法（暂定名）》标题变更为《B 市农村村民住房建设管理办法》。

第二，通过在省内外的实地调研工作，国智起草团队根据各地发展的成功经验，将一些好的、有益的，又适合 B 市的经验吸收进《管理办法》，提高了立法的针对性，同时还进一步整理、汇总了调研成果，通过《立法工作调研报告》的形式来强调工作重点和推广有关措施，如"强化乡镇一级的施工和专业监管""推动地方民居特色建设，编制及落实免费建房标准图集""充分发挥建房管理委员会、理事会或议事会自治监管作用""切实发挥村规民约的约束作用"等，为推动 B 市农村村民建房规范化管理，提高监管工作效能，提供了参考和借鉴作用，也为日后继续加强和完善农村宅基地和村民住房建设制度奠定了基础。

第三，国内其他省市如北京、上海等地在近年来已先后出台了农村宅基地、村民住房建设管理办法或规定，但广东省在这方面的法规规章还是空白，制定《管理办法》对推动广东省农村宅基地和村民住房建设立法都具有开创性和示范性的意义。国智起草团队本次为 B 市政府制定的《管理办法》，由于缺乏省级直接的上位法依据，为起草工作带来一定的难度，而且定稿过程中新发布宅基地政策也带来额外的工作量。团队通过以往在政府立法方面所积累的专业经验和收集的大量立法资料，以相关法律、国家和省的政策为依据，并参考其他省市的立法实践，对当地农村宅基地和村民住房建设管理拟定出较全面、具体、操作性强的规定。该办法不但成为广东省首部率先制定和实施关于农村宅基地以及村民住房建设具有法律性质的规范（政府规章），而且在立法上有创新性，填补了广东省该领域的立法空白，对今后广东省相关立法项目具有较大的借鉴和参考价值。

第四，国智起草团队所制定的《管理办法》，是目前在广东省较为少见的由律师事务所来具体负责地方政府规章的起草工作，突破了过往律师限于政府立法咨询、立法审查的业务局限，充分发挥了律师参与立法的专业优势，属传统行政和政府法律顾问业务领域的一大创新。《管理办法》的成功出台标志着律师事务所深入参与政府立法项目的良好开端。

实质性解决损失弥补，妥善化解行政争议
——F 供水有限公司诉 Y 县人民政府批准行为行政赔偿案

陈晓朝　陈　佳[*]

一、主题提要

2014 年，党的十八届四中全会提出"健全社会矛盾纠纷预防化解机制"。《行政诉讼法》第一条把"解决行政争议"作为立法宗旨，同时，该法第六十条也规定了行政赔偿案件在坚持自愿、合法的前提下，可以组织当事人调解，表明办理行政诉讼案件，特别是国家赔偿案件应当着眼于"化解行政争议，实质性解决纠纷"。本案政府方代理律师立足于"实质性解决纠纷"，通过准确把握双方矛盾焦点，促成政府与赔偿申请人达成调解，化解了持续长达十多年的矛盾纠纷，做到"案结事了"。

二、基本案情

（一）基本案件事实

2002 年 5 月 31 日，Y 县政府（甲方）与罗某（乙方）签订了《Y 县新自来水厂转让合同书》，约定 Y 县政府将 Y 县新自来水厂转让给罗某，由罗某设立 F 供水公司专营 Y 县城及郊区自来水供水业务，特许专营权期限为 50 年。合同同时约定，当自来水厂的供水能力不能满足县城及郊区发展的需求，且无能力对自来水厂进行技改挖潜扩容时，Y 县政府有权批准设立县城第二家自来水厂，根据甲方制定的发展规划，乙方保证城区发展到哪里，自来水供水管网就铺设到哪里等内容。

2012 年 10 月 12 日，Y 县政府对 Y 县住建局的请示作出《关于建设第二自

---

[*] 陈晓朝，广东国智律师事务所高级顾问；陈佳，广东国智律师事务所律师。

来水厂的批复》，批准建设 Y 县第二自来水厂。2013 年 9 月 25 日，Y 县住建局与 H 自来水有限公司签订《Y 县城第二自来水厂特许经营协议书》，确定 H 公司为 Y 县城第二自来水厂特许经营者。Y 县城第二自来水厂于 2014 年建成并开始营运。

F 供水公司不服 Y 县政府批准建设 Y 县城第二自来水厂的决定，向 A 市人民政府申请行政复议。A 市人民政府于 2014 年 8 月 6 日作出行政复议决定，确认 Y 县政府批准建设第二自来水厂的具体行政行为违法。F 供水公司不服，向 A 市中级人民法院提起行政诉讼，请求撤销上述复议决定。A 市中级人民法院作出行政判决，判决：1. 撤销 A 市人民政府于 2014 年 8 月 6 日作出的 A 府行复〔2013〕23 号《行政复议决定书》；2. 由 A 市人民政府对 F 供水公司的行政复议申请重新作出处理；3. 驳回 F 供水公司其他诉讼请求。A 市人民政府、H 公司不服，向 G 省高级人民法院提起上诉。G 省高级人民法院于 2016 年 8 月 3 日作出行政判决，判决：1. 撤销 A 市中级人民法院（2015）A 中法行初字第 27 号行政判决；2. 确认 A 市人民政府作出的 A 府行复〔2013〕23 号行政复议决定程序违法；3. 驳回 F 供水公司的诉讼请求。

2017 年 11 月 30 日，F 供水公司向 Y 县政府递交《行政赔偿申请书》，请求 Y 县政府赔偿因违法批准建设 Y 县城第二自来水厂给 F 供水公司造成的经济损失共 4073.86 万元。Y 县政府于 2018 年 1 月 29 日作出《不予行政赔偿决定书》，决定对 F 供水公司提出的行政赔偿请求不予赔偿。F 供水公司遂于 2018 年 9 月 10 日向 A 市中级人民法院提起行政诉讼，请求 Y 县政府赔偿因违反行政协议违法批准建设 Y 县城第二自来水厂给 F 供水公司造成的经济损失 4073.86 万元及评估费 30 万元（共计 4103.86 万元）。A 市中级人民法院于 2019 年 2 月 22 日作出行政赔偿判决，驳回 F 供水公司的诉讼请求。F 供水公司不服提起上诉，G 省高级人民法院于 2021 年 5 月 31 日作出裁定，撤销上述判决，发回 A 市中级人民法院重审。

（二）案件处理过程及结果

本行政赔偿案经过一审、二审及重审，其中代理律师代理了本案一审及重审。

1. 一审处理过程及结果

原告 F 供水公司诉请被告 Y 县政府赔偿因违反行政协议违法批准建设 Y 县城第二自来水厂给原告造成的经济损失 4073.86 万元及评估费 30 万元（共计

4103.86万元）。

律师代理意见：（1）已生效的法律文书均确认了Y县政府批准建设第二自来水厂虽存在程序违法，但批准行为产生的实体结果具有合法性，符合公共利益的需要；（2）确有充分证据证明F供水公司存在供水能力不足、未在规定时间内办理延续供水许可手续等问题；（3）建设第二自来水厂符合公共利益和行政管理的需要，故Y县政府享有行政优益权，有权依法变更合同（及行政许可）；（4）F供水公司要求Y县政府赔偿其财产损失4073.86万元，是以《评估报告》的评估结果为依据。但该报告评估经损价值采用收益法，而该方法是估算被评估资产未来预期收益，对未来资产带来的利润或现金流按一定的折现率折为现值。故F供水公司所主张的"损失"为"可得利益损失"，不属于《国家赔偿法》规定的"直接损失"。

案件结果：一审法院采纳了代理律师对于本案原告主张的4073.86万元并非《国家赔偿法》规定的"直接损失"这一观点，最终驳回了原告的赔偿请求。

2. 重审过程及结果

本案二审法院经审理后认为，Y县政府批准建设第二自来水厂的行为已被生效法律文书确认违法，上诉人据此提起行政赔偿诉讼要求Y县政府赔偿其经济损失，属上诉人应有权利。原审法院未综合考虑各方面因素合理确定因违法批准行为导致的上诉人的经济损失，属事实不清。二审法院遂以原审法院"认定事实不清、证据不足"为由发回重审。

案件结果：经法院主持调解，代理律师积极配合，并由律师主动同申请人协商，当事人双方自愿达成调解协议，最终确认由Y县政府在调解书生效之日起30日内向F供水公司支付50万元国家赔偿款，了结本案纠纷。

三、焦点问题评析

本案虽然二审以"事实不清"为由发回重审，但事实不清的问题源于原告F供水公司出于赔偿利益的考虑，对相关必须由其举证证明的事实（如供水量的财务数据等）不愿举证、不肯向法院提供，致使法院不能查清这部分事实，从而无法作出裁判，最终形成事实不清、不能下判的"僵局"。二审裁定提出重审"应优先组织当事人调解，力争实质性解决弥补问题，妥善化解行政争议"，更多的是从当事人合法权益能否实现并"实质性解决行政争议"的角度进行考量的。

（一）损害事实所涉赔偿金额的认定问题

根据《国家赔偿法》的规定，在行政机关的行政行为被人民法院生效判决确认违法后，当事人认为行政机关违法行政行为对自己造成损害并申请国家赔偿时，对以下事实的认定负有举证责任：（1）是否存在因违法行政行为造成的损害事实；（2）应当确定造成损害的具体数额；（3）应当清楚界定损失的性质是直接损失还是间接损失。以上事实由当事人通过举证来证明，依法律程序、自身利益考虑在客观上均存在较大难度，即使法院依职权也不易查明，从而导致当事人请求获得赔偿的权利难以通过法院判决得到保障。

本案中，F供水公司主张Y县政府的违法批准行为对其造成实质损害，并要求Y县政府赔偿其财产损失4073.86万元，是以其委托的第三方公司出具的《评估报告》的评估结果为依据。代理律师结合本案实际情况，经对《评估报告》仔细分析，从不同角度充分论证了该报告评估的损失结果不符合《国家赔偿法》的规定，不能作为其主张国家赔偿的合理依据。

代理律师在代理意见中针对《评估报告》分别阐述了以下几个主要观点：

第一，《评估报告》第八点第（二）项、第（三）项载明：本次评估经损价值采用收益法，而该方法是估算被评估资产未来预期收益，对未来资产带来的利润或现金流按一定的折现率折为现值，不属于国家赔偿法规定的直接损失。

第二，《评估报告》第八点第（三）项载明，估算是以"F供水公司设计供水规模6万立方米/日为未来年经营期内逐步提升的制水产能上限"。其评估前提是以F供水公司设计产能为准而不是其实际产能，F供水公司未来是否可以达到这一产能及相应的扩容能力具有不确定性，而且F供水公司取得取水许可至2016年止（2016年后没有延续取水许可）一直未超过年1000万立方米（日2.7万立方米）的水平。评估依据错误导致评估结果不具有客观性和准确性。

第三，《评估报告》第12页中表格显示，2014年至2016年F供水公司三年共亏损465460.87元，该亏损为经营性亏损。

第四，《评估报告》第16页还表示，评估采用的评估方法为"收益法"，而"收益法是通过估算被评估资产未来预期收益，按适当的折现率将其换算成现值，并以此收益现值作为被评估资产价值的一种方法"。在描述"权益价值评估"过程中，"假设在第二水厂无建立的前提下，将第二水厂一期工程设计的日供水规模水量用户及已知第二水厂铺设管网里程资产并入F供水公司作营运预测,估算在该假设前提状态下的F供水公司股东权益价值"。由此可见,《评估报告》所评估的是原告F供水公司的未来预期收益,选取的都是假设前提,不是原告的实际产能,评估结果不具有客观性,不是《国家赔偿法》所规定的"直接损失"。

第五,评估涉及的财务、经营数据欠缺真实性、合法性和完整性。《评估报告》第22页特别说明,"本次评估委托方及被评估单位提供的与评估相关的财务数据和经营数据未经专业会计师事务所进行审计……",也就是说,由作为委托方的原告提供产权证明文件、资产明细及其他有关资料,评估方仅就数据的合理性进行复核分析,该评估计算结果不具有真实性、完整性、确定性、合法性。

综上事实,根据《国家赔偿法》第三十六条"侵犯公民、法人和其他组织的财产权造成损害的,按照下列规定处理:……(八)对财产权造成其他损害的,按照直接损失给予赔偿"的规定,损失应当是直接损失,可以看得见的损失,现实的已经发生的损失,不是未来的、估算的、可能的、假设的损失。故F供水公司以《评估报告》作为赔偿依据并以此主张的巨额经济损失,并非《国家赔偿法》规定的"直接损失"。因此,F供水公司的损害赔偿主张难以通过国家赔偿程序获得支持,从而也导致F供水公司在十数年间持续诉讼,双方纷争不止。

(二)关于实质性解决纠纷问题

"实质性解决纠纷"是行政诉讼案件的核心所在。《行政诉讼法》第一条把"解决行政争议"作为立法宗旨;第六十条规定行政赔偿案件可以调解,表明办理行政诉讼案件,特别是国家赔偿案件应当着眼于"化解行政争议,实质性解决纠纷"。

本案中,由于F供水公司的损害赔偿主张难以通过国家赔偿程序获得支持,导致各方陷于胶着,当事人"诉完再诉",不仅给双方当事人造成诉累,也加大了法院诉讼工作的压力,极大地浪费了司法资源。因此,本案二审裁定提出重审"应优先组织当事人调解,力争实质性解决弥补问题,妥善化解行政争议"的观点得到代理律师的积极响应。代理律师从"实质性解决行政争议"的角度出发,凭借自身丰富的专业知识及多年执业积累的相关经验,精准把握当事双方之间的矛盾核心,通过劝导、建议、调停等方法逐步做通政府主管领导的工作，积极与原告及其代理律师进行沟通、协商，缓和了双方当事人长期以来形成的对抗情绪，促使双方相互谅解、握手言和，最终就原告主张的 4103.86 万元经济损失以被告向其赔付 50 万元国家赔偿款达成调解，彻底终结了本案长达十余年的胶着局面，最大限度地消除了矛盾，维护了当事人的合法权益，使双方能够真正地"息诉止争"，与此同时，也减轻了法院的诉讼工作压力，最大程度优化了纠纷解决途径，真正做到"案结事了"。

第三章　民商事诉讼经典案例

经济性裁员背景下的人员分流安置实践
——广州某科技股份有限公司人员分流安置项目案

姜　黎　叶　斌　曾小丽　黄艺威　林秋容　王诗雅[*]

一、主题提要

经济性裁员往往涉及众多劳动者的切身利益，如不妥善处理，极有可能引发群体性事件和导致社会不稳定。法律上对经济性裁员的可适用情形、不得裁减人员、履行程序、补偿标准、优先留用和优先录用人员等作出了明确严格的规定。实践中，我们需在先明确用人单位符合经济性裁员规定情形之一的前提下，严格履行经济性裁员的法定程序，同时充分对员工进行相关法律法规宣传，引导员工理解法律、理解用人单位，充分保障员工的知情权，听取员工或工会的意见，处理和应对各种突发性案件和突出问题，根据用人单位的具体情况为用人单位制订合法合规、适当的裁减人员方案并向劳动行政部门报告，依法对可裁员对象进行经济性裁员，同时保护用人单位和劳动者的合法利益。

二、案情简介

广州某科技股份有限公司因行业产能过剩而持续亏损，资金断层，生产经

---

[*] 姜黎，广东国智律师事务所高级合伙人；叶斌，广东国智律师事务所高级合伙人；曾小丽，国智君联（南沙）联营律师事务所律师；黄艺威，广东国智律师事务所高级合伙人；林秋容，国智君联（南沙）联营律师事务所律师；王诗雅，国智君联（南沙）联营律师事务所律师。

营严重困难，公司转让原生产经营地的部分土地使用权及厂房产权，无法继续在该经营地进行生产经营活动，但由于该公司整机模组生产线位于该部分土地上，同时为了进一步提高设备产能，该公司拟将相应生产线整合搬迁至江苏，需对约280名员工进行分流安置，在前期摸查和初步了解过程中，已经有部分职工对分流安置工作不理解，曾在一定范围内出现了劳动者群体性的对立情绪，如不能妥善处理，极有可能引发更大规模的矛盾冲突。为妥善处理该专项事务，公司委托我所提供专项法律服务。

三、律师代理思路

（一）先行摸查广州某科技股份有限公司现状

我所接受委托后，指派律师团队迅速介入，通过现场会议、现场调研、资料收集等多种方式全面梳理了该公司的客观情况。

1. 经济性裁员的客观背景基本符合法律规定，但该公司生产经营发生严重困难、土地及厂房产权转让、产线搬迁、经营方式调整、客观情况发生重大变化的相应证明材料尚明显不足。同时，由于各项证明材料尚未进行系统化的梳理，也未能形成清晰明确的说明材料向工会和职工进行有效说明与沟通。为此，我所律师团队详细审查了该企业近三年财务报表、生产经营数据、土地厂房等固定资产转让的各项交易流程和凭证等，从中提炼出开展经济性裁员具有客观合法性的有效依据。

2. 员工结构较为复杂，涉及此次裁员安置的人员部分属于关联企业员工、部分属于劳务派遣工、部分正式员工曾存在关联企业或劳务派遣公司工作工龄等。同时了解到现有员工情况，绝大部分员工对于经济性裁员和相关劳动法律法规存在不理解，由于员工结构较为复杂，员工诉求不一致，前期已出现不稳定因素端倪，其中还潜藏着许多不稳定、不可控因素。

3. 公司现阶段生产任务尚未全部完成，需要在平稳完成裁员安置工作的同时稳定员工队伍，确保生产计划和生产任务圆满完成。

（二）制定人员安置方案

经了解，本次人员分流安置项目人数众多，高达现有员工比例的30%，我们根据该公司提出的服务需求，结合员工的合理诉求，在充分考虑前期摸查了解到的各项客观实际情况的前提下，按照逐步逐级、从易到难的方式，在法律的框架下，制订了切实可行的分类解决方案。

1. 部分人员相关企业分流安置

由于该企业在广州地区仍保留其他相关生产线，也有其他关联企业能够提供类似工作岗位。在充分征求员工意愿后，对有留用意愿，且符合留用条件的员工专门设计了留用转岗工作方案，通过生产线调岗、关联企业交流等方式，将部分人员进行分离安置。

2. 民主程序与友好协商同步进行

一方面，按照法律法规的规定针对经济性裁员方案的产生，需提前三十日向工会及全体职工说明情况，充分征求工会、职工的意见，充分对员工宣传相关法律法规，解答员工的疑惑，从实质上完成民主程序的各项要求；另一方面，在完成经济性裁员中提前三十日说明情况的程序的过程中，同步进行协商工作，积极听取员工意见，主动与员工友好协商，尽可能以协商一致的方式与经济性裁员名单上的部分员工签署《协商一致解除劳动合同书》，降低通过经济性裁员方式的员工数量，避免产生大规模的群体性事件。

3. 争取员工理解，分别确定解除劳动合同时间，保证生产稳定

尽可能通过反复多次的充分沟通，取得员工的理解和认可，在与员工协商一致解除劳动合同的基础上，根据员工所在岗位和该企业生产需求，分别确定不同岗位员工劳动合同解除时间，保证员工可以满足该企业的生产需求，避免该企业因为人员不足出现生产困难和人员富余增加人工成本的情况。

4. 依法完成法定裁员报备手续

对于在制订经济性裁员方案过程中仍无法协商解除或变更劳动合同的员工，依法通过经济性裁员方式解除劳动关系，依法足额支付经济补偿金。

（三）实施人员安置方案

在制订的安置方案得到该公司的认可后，我们按照以上方案，继续细化人员安置方案落实实施的具体工作，根据实际情况选定人员安置方案中具体各个工作的实施时间节点，人员安置方案具体实施过程如下：

1. 正式启动经济性裁员民主程序前，分流人员，安置至关联企业

在通过事先摸底已了解员工留用意愿的情况下，该企业人力资源管理团队进一步明确并充分地征求员工意愿，在确认该部分员工同意将劳动关系转移至关联企业后，双方协商解除劳动合同，由该企业的关联企业与该部分员工再建立劳动关系，将第一轮安置人数减少到265人。

2. 根据该企业在当年春节前完成大部分员工的安置要求，在1月初启动方案，启动经济性裁员方案民主程序

按照法律法规的规定针对人员安置方案的产生，需要提前三十日充分征求工会、职工的意见，充分对员工宣传相关法律法规，解答员工的疑惑，从实质上完成民主程序的各项要求。我所律师团队，首先将所有经济性裁员安置中涉及的法律法规进行汇编整理，由企业人力资源管理团队搭建平台，与企业工会、企业职工代表开展专项协商沟通会。一方面，通过律师服务团队的专业性解读，让企业工会和职工代表能够清晰准确掌握相关法律法规，既了解自身所拥有的合法权益范围，也了解法律法规在企业出现经济性裁员情形时对企业的要求和对经济性裁员的规定；另一方面，也依靠协商沟通会，将企业目前面临的各种实际困难、企业下一步的生产经营计划、应对措施等向员工进行进一步详细解释与说明。在完成了法律法规对经济性裁员中规定的民主程序的同时，也进一步听取员工意见，主动与员工友好协商，充分发挥企业工会和职工代表良好的媒介作用，让企业工会和职工代表可以向上反映员工的合理需求、向下向员工传达法律规范、企业方案等，取得工会支持，进而大大减少了发生群体性事件的风险，最大限度地争取了员工对企业作出裁员安置决定的理解与支持。

3. 经济性裁员方案制订过程中，友好协商同步进行争取员工理解，化解了绝大部分矛盾

在与员工进行沟通协商环节，我所律师团队，充分与企业进行协商沟通，结合实际制订了详细完善的协商策略与协商工作计划。

首先，多渠道收集员工诉求和对于企业进行经济性裁员的看法，以便后续可以有的放矢地与员工协商。其次，对企业人力资源管理团队进行了协商工作内训，将企业内部参与协商人员的相关法律知识、谈判协商技巧、沟通策略等进行提升，利用企业内部管理架构的优势，实现内部协商妥善避免因沟通不畅、不准确、不到位而产生的矛盾与误解。再次，依托各班长、线长等了解其管理下的员工各自对公司现状的理解、个人意愿、再就业难度等信息，按照员工意愿类别、岗位类别、人员结构类别等进行精准分类，以先易后难的方式开展协商工作，充分发挥员工之间相互的正向带动作用。最后，分次分批与员工进行法律法规宣讲、了解员工意向。

做好向员工宣讲和协商的准备工作后，该企业开展了数次全体员工法律法规解读宣讲会及员工现场答疑会，有律师团队、企业人力资源管理团队共同出

席，以开诚布公、实事求是、依法依规的态度，向员工解读法律，解释问题，化解疑虑。法律法规解读宣讲会上介绍人员安置方案，详细向员工介绍公司进行人员安置的原因、背景，争取获得员工的理解，并且明确向员工传达，公司将严格依法按照经济性裁员程序执行《经济性裁员方案》以及经济性裁员的员工补偿标准，但同时表明公司还有协商一致解除劳动合同的方式以及具体的协商方案。宣讲完毕后，员工可现场或事后向公司反映提出疑义，公司逐一解答，尽可能消除员工疑虑。对于有协商解除意愿的员工，公司依法与其协商一致解除劳动合同，签署《协商一致解除劳动关系协议书》，同时协商处理好员工的保密义务或竞业限制协议；对于协商意愿虽然较弱但有可能协商一致解除劳动关系的员工，公司与其进一步一对一沟通，争取打消员工疑虑，为其解除劳动关系后领取失业保险金等提供最大帮助；对于没有协商意愿且提出不合法诉求的员工，公司再次向其解释法律法规，对其动向予以密切注意，避免其采取鼓动其他员工通过激进方式向公司施压，以达成其不合理的诉求。在整个协商过程的大量工作投入，最终实现了绝大部分员工对企业裁员的理解和支持，使得企业制订的裁员安置方案获得绝大部分员工的认可，项目在协商阶段就取得重大突破，超过99.6%的员工对安置方案满意，在制订经济性裁员方案过程中主动签署安置协议，与该企业协商解除劳动合同。

4. 依法完成法定裁员报备手续，与员工解除劳动合同

对于极少部分在经济性裁员方案制订程序完成后仍无法协商解除劳动合同的员工，该企业在我们律师团队的协助下，严格依法征求了企业、工会、职工的意见，完成各项法定流程、依法准备翔实充分的材料后，向劳动行政部门报告经济性裁员方案，并一次性通过报备手续。随后该企业依法向企业工会通知与该少部分员工解除劳动关系的理由、时间等，工会未提出异议意见后，该企业依法与该少部分员工解除劳动合同并足额支付经济补偿。

（四）人员安置方案实施结果

最终，我们按照以上方案，通过协商变更劳动合同、协商解除劳动合同、经济性裁员等方式，最终合法、平稳、妥善完成了全部员工的分流安置工作，同时保证了该企业最后的生产需求。对于以《劳动合同法》第四十一条经济性裁员为由解除劳动合同的少部分员工，仅有一人提起劳动仲裁，因该企业提供了翔实的资料证明确属可进行经济性裁员的客观情况，且严格依法完成了经济性裁员的程序要求并足额支付了经济补偿金，企业在该起劳动争议案件中也获

得胜诉。

在我们律师团队的帮助下，该企业顺利完成了人员安置项目，合法合规、合情合理的人员分流安置方案同时获得了用人单位和劳动者的认可，维护了劳资双方的合法权益，我们的专业素质也获得了该企业的高度评价，该企业的人力资源管理团队也在此过程中充分理解经济性裁员对于企业的实体性和程序性要求，便于其日后开展人力资源管理工作；同时还受到行政管理部门的肯定，我们协助该企业平稳地和员工解除劳动关系，避免了群体性事件和社会不稳定事件的发生，为社会稳定、劳动关系和谐均作出一定贡献。

四、业务难点

广州某科技股份有限公司本身员工人员约 840 人，需对约 280 名员工进行分流安置，拟裁减人数众多，占现有员工的比例高达 30%，此次人员分流事件事关该公司生产经营管理、该公司员工就业问题和社会稳定，而人员分流事件事发突然且大部分员工对法律法规不理解，担忧自身合法权益受损，因此存在抵触心理并提出了各种质疑。如不妥善处理，极有可能引发群体性事件和导致社会不稳定。而事发之时又面临春节，如处置不善，对用人单位的持续性影响也将大大加重用人单位的负担。

五、案例评析

在本案中，从维护社会稳定、充分保障员工和该公司的利益角度出发，我们充分运用专业的法律知识，为该公司制订合适合法合规的人员分流安置方案，根据层次、梯度、难度与员工进行协商，对员工进行充分的相关法律法规宣传，在协商过程中维护双方的利益，依法按照经济性裁员的程序解除劳动合同，妥善地完成了该人员分流安置项目，不仅避免在人员安置当下引发社会问题，也避免此后因该公司和员工面临的种种不稳定因素而引发大规模事件。

就业是员工安身立命之本，是影响社会稳定的重大因素之一，企业经营不可避免会面临裁员危机，用人单位一次性裁减人员较多或裁减人员比例较高的行为，也容易引发群体性事件，出现不稳定因素。而劳动法具备社会法属性，在二者利益出现冲突时，劳动法的作用就是制约和平衡，为了保障员工合法利益，避免用人单位滥用裁员的权利，法律对适用经济性裁员解除劳动合同的要求和程序作出了明确的法律规定，但我国现行有效的法律规定只对经济性裁员的原则性和大方向作出了具体的规定，如何对法律规定的实践进行细化，如何适用经济性裁员的有关规定妥善处理企业的员工安置事宜，如在实践中如何具体制订合适的人员安置方案，如何引导用人单位依法履行经济性裁员程序，如何引导员工充分理解法律，在什么时间节点进行经济性裁员等等，都是人员安置过程中的难点和痛点，需要融合专业的理论知识和丰富的实践经验，结合每个实际案例进行不断地研究、探讨，总结出最优方案。

（本案例荣获广州市律师协会2020年度"业务成果奖"）

仲裁送达程序违法的司法救济路径
——广东某学校申请撤销仲裁裁决案

刘　冰　李晓焕[*]

一、主题提要

深圳某管理公司诉广东某学校、广东某投资公司合同纠纷一案，某仲裁委员会于 2021 年 8 月 1 日作出（2020）第 16×××号裁决书，裁决广东某学校返还深圳某管理公司 300 万元保证金及利息。整个仲裁过程中，广东某学校及广东某投资公司均未收到相关仲裁材料及文书。直至 2022 年 1 月 28 日，广东某学校才从其上级主管部门负责人处收到案涉仲裁裁决。2022 年 2 月 22 日，笔者接受广东某学校的委托和授权，向广州市中级人民法院申请撤销案涉仲裁裁决。经代理，广州市中级人民法院采纳笔者的代理意见，报广东省高级人民法院审核后，于 2022 年 11 月 14 日作出（2022）粤 01 民特 1××号民事裁定书，裁定撤销案涉仲裁裁决。

二、案情介绍

2020 年 11 月 14 日，某仲裁委员会受理深圳某管理公司作为申请人，广东某学校、广东某投资公司作为被申请人的合同纠纷案件。仲裁过程中，某仲裁委员会根据深圳某管理公司提供的联系方式向广东某学校、广东某投资公司寄送相关仲裁材料及文书，但邮件均以"未联系上收件人""停机""拒收""原址查无此单位"等原因退回妥投。2021 年 4 月 29 日，某仲裁委员会以广东某学校、广东某投资公司经依法通知无正当理由不到庭，缺席审理。2021 年 8 月 1 日，某仲裁委员会作出（2020）第 16×××号裁决书，裁决广东某学校返还深

---

[*] 刘冰，广东国智律师事务所高级合伙人；李晓焕，广东国智律师事务所律师。

圳某管理公司 300 万元保证金及利息。2022 年 1 月 28 日，广东某学校才从其上级主管部门负责人处收到案涉仲裁裁决。据此，广东某学校委托笔者向广州市中级人民法院申请撤销案涉仲裁裁决。

三、本案争议焦点

某仲裁委员会是否在仲裁规则规定的期限内将仲裁材料及文书送达给广东某学校，仲裁送达程序是否违反法定程序？

四、双方意见

（一）申请人意见

第一，某仲裁委员会未依法在仲裁规则规定的期限内将仲裁申请书副本和仲裁规则、仲裁员名册、开庭通知书、裁决书等材料及文书送达广东某学校，严重违反法定程序。1. 深圳某管理公司向某仲裁委员会提供的电话号码"132×××××××"并非广东某学校的，该电话号码与广东某学校没有任何关联性。某仲裁委员会未经核实，错误以该"13229××××××"电话号码为收件人联系方式邮寄案涉仲裁案件相关材料，投递人员并未按照法定地址上门投递，仅通过"13229××××××"电话号码无法联系广东某学校就退回邮件。这种情况不能视为邮件已妥投，更加不能视为广东某学校拒收。2. 广东某学校官方网站对外公布了其联系电话，且该联系电话在案涉仲裁案件期间持续对外公开，某仲裁委员会本可以通过网络查询轻易取得广东某学校的联系方式，但某仲裁委员会在邮件连续多次退回妥投的情况下，有能力核实却未进行任何核实，导致案涉仲裁案件材料及文书均未送达给广东某学校。3. 根据仲裁材料显示，某仲裁委员会寄送给广东某投资公司的四次邮件亦均为退回妥投。换言之，某仲裁委员会亦未将案涉仲裁案件材料和文书依法送达广东某学校的开办方广东某投资公司。

第二，根据《某仲裁委员会仲裁规则》（2017 年版）第四十七条及《民事诉讼法》第九十一条之规定，送达文书应当直接送交受送达人，直接送达有困难，才采用邮寄送达。本案广东某学校作为一技工院校，其法定地址同样在学校的官网上公开，且该法定地址每天都有工作人员值班，只要按照法定地址进行直接送达，相关材料必然能够送达广东某学校。某仲裁委员会可直接送达却不采用直接送达，导致邮寄错误对象，其法律后果不应归责于广东某学校。

第三，根据《某仲裁委员会仲裁规则》（2017 年版）第五十一条之规定，通过直接送达、邮寄送达等方式无法送达的，可适用公告送达的方式。案涉仲裁案件中，某仲裁委员会在邮件连续多次退回妥投的情况下，亦未适用公告送达的方式向广东某学校送达，违反了上述仲裁规则的规定。

（二）被申请人意见

第一，广东某学校明确承诺接受某仲裁委员会仲裁规则的约束。根据双方签订的《食堂承包协议》第十二条第二项约定可以看出，广东某学校明确承诺接受某仲裁委员会的仲裁规则约束。基于广东某学校营业地在广州及对仲裁条款约定所表现的熟稔，可以推定广东某学校早已熟悉某仲裁委员会的仲裁规则。

第二，某仲裁委员会在法定期限内实施了送达行为。广东某学校主张某仲裁委员会未在法定期限内实施送达仲裁通知书等仲裁文书，明显与其自认的事实不符。

第三，依照仲裁规则，涉案仲裁通知书等相关仲裁文书已经合法送达。1. 某仲裁委员会可以根据仲裁规则进行邮寄送达。2. 某仲裁委员会填写的收件人是正确的。根据广东某学校提交的 EMS 邮寄凭证可以看到，收件人名称就是广东某学校。3. 某仲裁委员会先后两次向广东某学校依法登记住所地，也就是广东某学校的办公地点、营业地点邮寄仲裁材料。正确无误的收件人与收件地址，才是邮寄送达的关键。广东某学校抓住联系电话错误说事，并无道理。4. 某仲裁委员会先后两次向广东某学校依法登记的住所地址邮寄，视为合法送达。如上所述，第一次邮寄被退回后，某仲裁委员会再次向同一地址邮寄仲裁通知书等相关仲裁文书，根据某仲裁委员会仲裁规则，无论是否被签收、被退回，均视为送达。

五、案件结果和理由

法院经审理认为，本案中，某仲裁委员会按深圳某管理公司提供的联系方式将仲裁通知书和仲裁员通知书等仲裁材料邮寄送达予广东某学校，但邮件均因未联系上收件人等原因退回。根据《仲裁法》第二十五条第一款、《某仲裁委员会仲裁规则》（2017 年版）第四十九条第三、四项及第五十一条的规定，某仲裁委员会应进行合理查询或适用公告送达方式向广东某学校送达，但某仲裁委员会并未进行合理查询或公告送达，违反了上述仲裁规则的规定。仲裁庭缺席审理，影响广东某学校在仲裁程序中的权利行使。依据《仲裁法》第五十八条第一款第三项的规定，仲裁庭的组成或者仲裁的程序违反法定程序的，该仲裁裁决应予撤销。经广东省高级人民法院审核后，广州市中级人民法院裁定撤销某仲裁委员会作出的（2020）第16×××号裁决。

六、案例评析

仲裁作为多元化纠纷解决机制的重要组成部分，以其高效性、保密性、灵活性和专业性受到商事主体的广泛选择。但仲裁程序的正当性与裁决结果的公信力，始终依赖于对当事人基本程序权利的充分保障。本案系典型的因仲裁送达程序严重违法导致裁决被撤销的案例，其裁判逻辑与价值导向对规范仲裁机构程序操作、强化当事人权利保障具有重要启示。

（一）仲裁撤销制度的司法审查边界与价值取向

根据《仲裁法》第五十八条规定，法院对仲裁裁决的审查限于程序合法性及社会公共利益范畴。这一制度设计既彰显了对仲裁自治性的尊重，也厘清了司法监督的底线——即通过程序正义确保仲裁实体结果的公正性。本案中，法院最终裁定撤销仲裁裁决，正是基于对"程序违法"这一法定撤裁事由的严格审查。值得注意的是，尽管仲裁撤销制度秉持审慎监督原则，但当仲裁程序违法已实质剥夺当事人参与权时，司法必须及时介入以纠正程序不公，此乃维护仲裁制度公信力的内在要求。

（二）送达程序违法的核心认定标准与本案适用

根据《最高人民法院关于人民法院办理仲裁裁决执行案件若干问题的规定》第十四条，仲裁程序违法需同时满足"违反法定程序或约定规则"及"可能影响案件公正裁决"两个要件。本案中，某仲裁委员会的送达行为存在三重程序违法：其一，未对申请人提供的联系方式进行合理核实，径行使用与被申请人无关联的电话号码作为投递依据；其二，在多次邮寄因"未联系上收件人"等原因退回后，未按照《某仲裁委员会仲裁规则》（2017年版）第五十一条规定启动公告送达程序；其三，未通过直接送达等补充方式确认被申请人实际接收状态。上述程序违法直接导致广东某学校在整个仲裁过程中完全丧失参与权，既未能提出抗辩主张，亦无法进行举证质证，实质影响了案件的公正裁决，符合"违反法定程序"的认定标准。

（三）本案裁判的实践指引意义

本案的典型价值在于明确了仲裁送达程序"有效送达"的边界，即仲裁机构不能仅以"形式完成投递行为"作为送达完成的依据，而需结合被申请人的法定信息（如工商登记地址、官网公示信息）、投递失败的具体原因（如号码错误、地址不实）等因素，履行必要的核实义务；在常规送达方式穷尽后，依法启动公告送达等救济程序。本案中，法院通过撤销裁决的裁判，既保障了被申请人的基本程序权利，也为仲裁机构敲响了程序规范化的警钟。

综上，本案的裁判结果彰显了司法对仲裁程序正当性的严格审查立场，也为同类案件中"程序违法"的认定确立了裁判基准。其核心启示在于：仲裁机构应当以更高标准规范程序操作，切实保障当事人的知情权与参与权；当事人若在仲裁过程中发现送达瑕疵等问题，应及时通过撤销裁决程序寻求救济，以有效维护自身合法权益。

民间借贷法律关系与租赁法律关系之变动

——张三与李四租赁合同纠纷案

刘 冰[*]

一、主题提要

张三与李四租赁合同纠纷一案,因二审法院裁定撤销一审判决,驳回张三的起诉,张三委托笔者申请再审。经代理,广东省高级人民法院指令广州市中级人民法院再审本案。再审期间,笔者从争议焦点张三与李四之间就讼争物业成立何种法律关系入手,整理了双方当事人签订及单方出具的系列文件,并形成了思维导图和时间轴,提出"双方当事人已就原有借贷关系进行清算,后续签订的《租用合同》及《租用合同(补充)》等协议,并非为原来借款关系的担保,而是双方重新达成的合意"的代理意见。经代理,广州市中级人民法院采纳笔者的意见,裁定撤销二审裁定,驳回李四的上诉,维持一审判决。

二、案情介绍

2009年10月28日,广州市某某发展有限公司(以下简称发展公司)、广州市花都区某某村民委员会(以下简称村委会)与李四签订《租用合同》及《租用合同(补充)》,约定发展公司、村委会将涉案建筑物及地块全部租给李四使用。

2014年10月24日,张三与李四等人签订《借款担保合同》,约定李四向张三借用周转资金500万元(含本案争议的250万元及另案的250万元),借款期限为8个月,自2014年10月24日起至2015年6月23日止。第五条租金担保约定,若届时借款方逾期归还借款本息,李四自愿将涉案建筑物及地块租赁

---

[*] 刘冰,广东国智律师事务所高级合伙人。

使用权、管理权和收益权抵押给张三。

同日，张三与李四签订《转让协议书》，约定李四将涉案建筑物及地块的整体使用权和收益权转让给张三，转让价格为250万元。

2015年6月23日借款到期后，因李四无法偿还借款，双方经平等协商，分别于2015年6月30日签订《租用合同》及《租用合同（补充）》、2015年11月24日签订《广州市房地产租赁合同》、2015年12月9日签订《协议书》，约定李四将涉案建筑物及地块的租赁使用权、管理权和收益权概括转让给张三，以抵偿250万元的借款。

张三概括受让取得涉案建筑物及地块的租赁使用权、管理权和收益权之后，又将其中两栋楼转租给李四使用。

后因李四未按期足额支付租金，张三向法院提起诉讼，要求李四交还涉案物业，支付拖欠的租金及占有使用费。

三、本案争议焦点

1. 案涉250万元借款到期后，张三与李四是否对原有借贷关系进行清算？
2. 以涉案建筑物及地块的租赁使用权、管理权和收益权抵偿250万元借款，是否公平合理？
3. 李四主张其自2014年10月24日起共向张三偿还借款本息656.3712万元，是否有理有据？

四、代理意见

在立足法律法规的基础上，结合案件事实基础、各方提交的证据资料，笔者就本案争议焦点提出如下代理意见。

关于争议焦点1：案涉250万元借款到期后，因李四无法偿还借款，双方进行了三次结算。本案中，张三和李四之间的借款在2015年6月23日已经到期。借款到期后，因李四无法偿还借款，双方经平等协商，分别于2015年6月30日签订《租用合同》及《租用合同（补充）》、2015年11月24日签订《广州市房地产租赁合同》、2015年12月9日签订《协议书》，约定李四将涉案建筑物及地块的租赁使用权、管理权和收益权概括转让给张三，以抵偿250万元的借款。结算之后，为履行结算结果，李四于2015年7月28日向发展公司、村委会发出通知，并向实际承租方广州市某某建设有限公司、广州市某某设计有限公司等发出通知，告知转让事宜。同时，又安排实际承租人与张三重新签订转租合同。由上可见，张三与李四已就原来的借款关系进行了清算，后续签订的《租用合同》及《租用合同（补充）》等协议，并非为原来借款关系的担保，而是双方重新达成的合意。

关于争议焦点2：首先，涉案建筑物及地块的物业使用权和租赁权价值250万元是双方均认可的、公平合理的价格，不存在欺诈，也不存在显失公平的情形。2014年10月24日，李四向张三出具收款收据，载明：今收到张三支付涉案建筑物及地块至2047年6月30日的物业使用权和租金收益权转让价款人民币250万元。而实际上，转让价款250万元并没有支付，张三支付的是借款的250万元。李四出具该收款收据，最重要的一点是表明涉案建筑物及地块的物业使用权和租金收益权的价值就是250万元。这是李四在当时认可的价格。其次，在双方第一次结算的2015年6月30日，实际上李四向村委会等承租涉案建筑物及地块并作商业经营已5年有余，其清楚知道涉案建筑物及地块的租赁价值。在借款合同到期后，李四仍将其承租的涉案建筑物及地块的租赁使用权、管理权和收益权概括转让给张三，以抵偿250万元的借款，说明该价格是李四认可的，既不存在欺诈，也不存在显失公平的情形。最后，在双方已实际结算、借款关系转为租赁合同关系后，李四从未提出异议，从未行使过撤销权，而是长期按照结算结果履行。

关于争议焦点3：张三收取的转账款、租金、水电费均是基于不同的法律关系产生的，并非李四所主张的全部系用于偿还涉案250万元借款本息。李四在2015年6月3日之前的转账款系支付的250万元借款的利息，而2016年4月9日之后的转账款以及实际承租方缴纳的租金、水电费均系基于各方与张三之间的租赁关系产生的，并非偿还借款本息，并且李四没有提交任何证据证明实际承租方缴纳的租金、水电费是用于抵偿借款本息。

五、案件结果和理由

再审法院经审理认为，本案争议焦点是李四与张三之间就讼争物业现成立何种法律关系。一方面，依据现有证据可认定李四与张三在2015年12月9日之后就讼争物业存在租赁合同关系并实际履行。依据本案已查明的事实，李四与张三在2014年10月24日签订《转让协议书》的同时签订了《借款担保合同》，约定李四将讼争物业的整体使用权和收租权等作为李四履行归还500万元借款本息义务的担保。而在《借款担保合同》约定的借款期限于2015年6月23日届满但李四未按期清偿的情况下，双方于2015年6月30日签订《租用合同》及《租用合同（补充）》，约定由李四将讼争物业的整体使用权及收益权以250万元的对价款转让给张三，而后李四向发展公司及村委会发出通知书，告知后者其已将双方《租赁合同》转给张三，并要求后者与张三办理转签约手续，张三接管前述物业后直接向小租户收租并向发展公司和村委会支付租金。由此可知，张三与李四在2015年6月30日之后已完成借款合同关系的清理和租赁权利义务的整体转让，并在此基础上通过签署2015年12月9日和2016年3月17日的《协议书》、2016年10月1日的《附加协议续期》、2017年6月9日的《租赁合同还款计划》及2017年10月1日的《房屋租赁合同》等一系列协议就讼争物业建立租赁合同关系并实际履行至本案纠纷产生。李四虽在二审中提交《评估咨询报告》以证明其与张三约定的转让价格250万元不合理，故双方之间不可能存在以250万元的对价款转让整体承租权益的事实，但该评估报告系评估机构接受李四的单方委托作出的，并且评估结论指向包括讼争物业在内的园区建筑物的成本价值及项目收益，而李四仅系该物业的原承租人，即使李四确有对原承租物业进行改造，租赁物的整体价值也不能等同于李四的投入，故该评估结论并不足以作为认定李四与张三约定的转让价款是否合理的依据。

另一方面，李四称其通过出让讼争物业的整体使用权和收租权、支付讼争物业租金及水电费的方式一直履行归还借款本息义务，缺乏充分证据予以支持，亦不符合情理。此外，双方在2015年6月30日签订的《租用合同》及《租用合同（补充）》明确约定租期至2047年6月30日，如李四所称双方约定以租金等费用抵扣借款本息属实，则双方应在合同中明确租期届满之日应至李四所欠借款本息抵扣完毕之日而非2047年6月30日。

综上，张三有关双方之间现就讼争物业成立租赁合同关系的主张具有事实根据与法律依据，法院予以采纳。而因双方就讼争物业签订的多份租赁合同无效，故张三诉请李四返还该物业并支付相应的占有使用费合法有据，原审判决对此予以支持并无不当，可予维持。据此，法院裁定撤销（2019）粤01民终14×××号民事裁定；驳回李四上诉，维持原判。

六、案例评析

民事法律关系的产生、变更、消灭，除基于法律特别规定，需要通过法律关系参与主体的意思表示一致形成。民事交易活动中，当事人意思表示发生变化并不鲜见，该意思表示的变化，除为法律特别规定所禁止外，均应予以准许。

本案中，双方初期确实存在民间借贷关系，并且存在借款担保的意思表示。但案涉 250 万元借款到期后，因李四无法偿还借款，双方另行签订《租用合同》及《租用合同（补充）》等协议，对原有借贷关系进行清算，并形成了新的债权债务关系。这属于双方当事人就自行变更法律关系达成一致，实现双方权利义务平衡的一种交易安排。因此，本案当事人后续签订的《租用合同》及《租用合同（补充）》并非为双方的借贷履行提供担保，不存在《最高人民法院关于审理民间借贷案件适用法律若干问题的规定》（2020 年第二次修正）第二十三条适用的空间。再审法院在本案的处理结果上，与最高人民法院发布的第 72 号指导案例裁判路径相一致，符合同案同判的要求。该案例对于正确适用相关法律规定，处理同类案件，具有重要意义。

在司法裁判过程中，合同约定并非单一判定要素，交易背景、当事人之间的权利义务安排、实际履行情况等各个要素彼此之间紧密联系，只有综合考察当事人的整个交易架构，才能对当事人签订买卖合同时是否出于借款担保的真意加以准确判定。而在合同签订后，当事人就法律关系的性质和内容之变更达成合意的，除为法律特别规定所禁止外，应以变更后的合意为准。

转包法律关系中转承包人的权利行使界限

胡亘周[*]

一、案情简介

被告一佛山某置业开发有限公司（以下简称 A 公司）为案涉工程的发包人，被告二某建工集团有限公司（以下简称 B 公司）为转包人，原告某建设有限公司（以下简称 C 公司）为案涉工程的转承包人。

C 公司诉称，其中标案涉工程，并与 A 公司、B 公司签订了《项目总承包工程施工合同》，之后承接案涉工程后实际施工，工程已竣工验收合格。B 公司仅为挂名总承包人，C 公司才是总承包人。因 A 公司未能支付足额工程款，构成违约，故 C 公司依法向佛山市禅城区人民法院提起诉讼，诉请：1. A 公司支付未付工程款及逾期利息；2. B 公司对此承担连带责任；3. C 公司有权就案涉工程价款对案涉工程折价或拍卖的价款优先受偿。

各方提交的本案证据显示以下关键信息：

2017 年 2 月，A 公司作为招标人向 C 公司出具《中标通知书》，明确 C 公司为某施工总承包工程的中标人。

2017 年 5 月，A 公司、B 公司、C 公司共同签订《某项目总承包工程施工合同》，约定 A 公司将前述项目承包给 B 公司施工，B 公司将项目全面交由 C 公司施工；三方全面认可 A 公司和 B 公司签订的一系列建设工程施工合同，工程总造价暂定 3 亿余元；由 A 公司向 B 公司支付工程款，B 公司扣除管理费和税费，之后向 C 公司支付工程款；若 B 公司未履行合同义务的，则 A 公司应代 B 公司履行合同义务。

同日，C 公司向 B 公司出具《承诺函》，确认前期曾参与投标，但现已就

---

[*] 胡亘周，广东国智律师事务所高级合伙人。

工程价款等事宜和 A 公司达成一致意见,且认可 A 公司和 B 公司签订的建设工程施工合同条款,而后者约定 A 公司为发包人,B 公司为承包人。

2020 年,三方进行商务洽谈并制作了《商务洽谈表》,约定 B 公司总承包前述施工项目,并承包给 C 公司,暂定总结算金额为 3 亿余元。

此后,涉案工程如期开工、竣工,项目楼宇办理了竣工验收备案登记,记载施工单位为 B 公司,且项目进行过程中的工程进度款申请书等资料,施工单位亦均显示为 B 公司。

2022 年 4 月 2 日,A 公司与 B 公司签订《竣工结算书》,确认总包结算金额为 3.06 亿元。

我方依法接受被告一 A 公司的委托,认真分析全案的来龙去脉和各主体关系,积极制定诉讼策略,在仔细研读一系列证据之后,明确指出本案的关键问题: 1. 原告以总承包方的身份起诉是否有依据?2. 原告是否能直接向发包人 A 公司主张按照总包结算金额结算?3. 付款条件是否成就?4. 原告是否能直接向发包人主张优先受偿权?

结合上述证据内容,我方找准了本案的重点难点,即依据各方合同约定及原告单方作出的承诺函,重点证明原告并非总承包方,被告二才是总承包方;依据结算约定,应由被告一与被告二按照总包结算价格结算,原告无权直接向被告一主张结算。

最后,我方结合合同依据和法律依据进行论证说理,逐一瓦解原告的各项诉讼请求。我方代理意见被法院所采纳,为被告一赢得一审判决以及二审判决的胜诉结果,且判决已经生效。

二、代理意见

1. 本案三方当事人法律地位的认定应以后来于 2017 年 5 月 22 日正式签订且实际履行的《三方合同》为准,A 公司、B 公司及 C 公司三方的地位分别为发包人、总承包人、施工单位。C 公司并非总承包人,C 公司不具备直接向 A 公司索要工程款的请求权基础。

第一,根据 C 公司于 2017 年 5 月 20 日向 B 公司出具的《承诺函》,可知 C 公司明确知晓 B 公司作为总包方与 A 公司作为发包方已签订《某地块四项目土建及安装总承包(二标段)施工总承包工程合同》(以下简称总包合同)及补充协议,认可前述合同及条款,即在认可 B 公司为案涉工程总承包方的前提下,自愿作为施工单位与 A 公司、B 公司签订《某地块四项目（二标段）总承包工程施工合同》。

第二，从实际履行过程中可见，案涉工程进度款系以 B 公司名义向 A 公司请款，审核金额后由 A 公司支付给 B 公司，B 公司再依支付审核意见书扣减管理费及税费等费用后支付给 C 公司。由此可知，三方在实际施工过程中也是分别依据总包合同、《三方合同》的约定履行各自相应义务，并以 B 公司为施工单位办理了案涉工程的竣工验收备案手续。

综上，C 公司认可《三方合同》确定的三方当事人法律地位，C 公司认为其系项目总承包人缺乏事实和法律依据，其不具备直接向 A 公司索要工程款的请求权基础。

2. C 公司与 B 公司约定的付款条件尚未成就，B 公司尚无付款义务，C 公司以总包结算金额直接要求 A 公司支付工程价款，更是与约定不符。

第一，B 公司已经依约向 C 公司支付进度款，C 公司与 B 公司之间具备分包竣工结算条件，但至今未做分包结算，B 公司向 C 公司支付结算工程款的条件尚未达成，工程结算价 3.06 亿元系 A 公司与 B 公司之间的结算价，不能等同于 B 公司与 C 公司之间的结算价，C 公司主张的工程价款金额没有事实依据，C 公司无权依据《三方合同》第 9.2.1 条的约定要求 A 公司代 B 公司支付工程款。

第二，《三方合同》约定分包结算是在总包结算金额的基础上扣除管理费、企业所得税、罚款等费用后进行结算，该约定属于其双方对工程价款的约定，且此前其双方也是按照该约定进行审批付款，C 公司以总包结算金额直接要求 A 公司支付工程价款，与约定不符。

3. 退一步而言，B 公司与 C 公司之间的转包合同关系无效，A 公司对 B 公司的付款担保合同关系也自始无效。

如上所述，C 公司与 B 公司约定的付款条件尚未成就，此外，根据三方签订的《某地块四项目（二标段）总承包工程施工合同》第 9.2.1 条规定："若甲方未履行合同中的约定，则发包方代甲方履行本合同约定的权利和义务。"因 B 公司承包涉案工程后，将涉案全部施工工程转包给 C 公司施工，违反强制性规定而无效，相应的担保付款合同关系亦无效，且 B 公司与 C 公司的付款条件尚未成就，C 公司更无权要求 A 公司直接支付剩余全部未付工程款。

4. 承前所述，C 公司并非案涉工程的总承包人，C 公司作为实际施工人，无权主张就案涉工程价款对案涉工程进行折价或拍卖并享有优先受偿权。

根据《最高人民法院关于审理建设工程施工合同纠纷案件适用法律问题的解释（一）》（以下简称《建设工程司法解释一》）第三十五条的规定，优先受偿权的权利主体为与发包人订立建设工程施工合同的承包人。根据上述司法解释第四十四条的相关规定，不能扩大适用范围和条件。

由此，依法享有建设工程价款优先受偿权的主体必须与发包人存在直接的施工合同关系，实际施工人因与发包人不具有直接合同关系，被排除在建设工程价款优先受偿权的主体之外，实际施工人不存在优先受偿的请求权基础。根据《民法典》第五百三十五条规定的"从权利"并不包含工程价款优先受偿权，该条所指的"从权利"主要是指担保权利（包括担保物权和保证），显然优先权不能作为一种独立的担保物权，即便从代位权诉讼权益角度，亦不应包含工程价款优先受偿权。

三、判决结果

一审判决驳回原告C公司的全部诉讼请求。二审判决驳回C公司上诉，维持原判。

四、案例评析

本案中，原告C公司构建了一个看似完美的诉讼思路，以"总承包方"身份为切入点，继而把起到中间作用的一环B公司论述为挂名承包人，企图将原告与发包人A公司直接联系为合同相对方，以期达到原告直接向发包人A公司主张剩余未付工程款及优先受偿权，向"中间商"B公司主张连带清偿责任。

提炼并分析C公司的观点可知，C公司认为，从表面上看，涉案工程是由发包人A公司发包给B公司，B公司再转包给C公司的，但实际上涉案工程属于A公司直接发包给C公司进行施工，B公司只是基于与A公司之间的关联关系，为集团内部业绩所需，作为名义上的管理人参与其中罢了。理由如下：第一，中标通知书明确C公司是中标人；第二，施工合同附件中有C公司与A公司的商务约谈记录表，明确记载本项目是以B公司名义实施，但项目主要管理人员必须为C公司职工；第三，根据三方协议，全部结算资料以B公司名义盖章出具，A公司向B公司付款，B公司再转付给C公司，但实际上是C公司与A公司直接对接，B公司只是配合盖章；第四，涉案工程中无论是总承包人的施工范围、施工人数、责任义务、费用承担、沟通对接、进度款及结算材料制作出具、请款等均系由 C 公司完成，B 公司除了配合盖章完全没有参与结算的洽谈沟通。因此 C 公司有权直接向 A 公司请求支付工程款。

这样的理由看似有几分道理，但并不站得住脚。代理律师经办案件过程中，仔细研究本案的整体证据，已然敏锐地识别出各主体的身份地位，也明晰了各主体之间的关系。即 C 公司为实际施工人，B 公司为转包人，A 公司为发包人。各方之间仍应遵循合同相对性原则，在各自合同范围内向各自合同相对方主张权利。

综合分析本案证据，第一，虽然中标通知书通知 C 公司是项目承包人，但一来最终 A 公司并未直接和 C 公司签订总包合同，二来承诺书也表明 C 公司确认 A 公司将工程发包给 B 公司的事实，C 公司自愿作为施工人加入其中。第二，本案三方当事人法律地位的认定应以后来于 2017 年 5 月 22 日正式签订且实际履行的《三方合同》为准，A 公司、B 公司及 C 公司三方的地位分别为发包人、总承包人、施工单位，C 公司不具备直接向 A 公司索要工程款的请求权基础。第三，从实际履行过程可见，案涉工程进度款系以 B 公司名义向 A 公司请款，审核后由 A 公司支付给 B 公司，B 公司再依支付审核意见书扣减管理费及税费等费用后支付给 C 公司。由此可知，三方在实际施工过程中也是分别依据总包合同、《三方合同》的约定履行各自相应义务，并以 B 公司为施工单位办理了案涉工程的竣工验收备案手续。

由此，也就水到渠成地得出了 C 公司并非总承包人，无权以总承包人的身份向 A 公司主张权利。

在本案中，C 公司为了想直接向发包人主张按总包结算金额结算及取得建设工程价款优先受偿权，错位定义其为总承包人，进而将 A 公司列为主债务承担方，将 B 公司列为承担连带责任的共同被告，明显属于法律关系混淆，请求权基础错误。代理律师敏锐地察觉到这点，抓住了原告的诉讼漏洞，有理有据地分析各方在建设工程关系中的身份地位、合同相对性原则、优先受偿权的适用条件，并重点说明原告并非总承包人，无权直接请求发包人按总包结算金额向其承担付款责任。最终，该案历经两年诉讼，一审、二审均驳回了原告的诉讼请求，为被告一赢得一审判决以及二审判决的胜诉结果。

当然了，C 公司如此主张，显然是希望获得优先受偿权，而关于实际施工人是否有权享有优先受偿权，实践中有争议。C 公司等实际施工人要么进一步举证证明其为施工总承包合同中的合同相对方，要么应进一步提供挂靠情形下实际施工人享有优先受偿权的依据和参考判例，但在本案证据不足的情况下，我们暂未看到 C 公司就前述司法实践的观点展开论证，本案也为律师办案提供借鉴。

《民法典》《建设工程司法解释一》等法律规定，均没有明确法律规定实际施工人是否享有建设工程优先受偿权，但司法实践中存在不同的认知与判例。

例如，最高人民法院民一庭专业法官纪要中明确指出，实际施工人不享有建设工程优先受偿权，其认为只有与发包人订立建设工程施工合同的承包人才享有建设工程价款优先受偿权，而实际施工人不属于"与发包人订立建设工程施工合同的承包人"。[1]

但包含最高人民法院的部分司法判例认为挂靠的情形下，在发包人同意或者认可挂靠存在的情形下，挂靠人作为没有资质的实际施工人借用有资质的建筑施工企业（被挂靠人）的名义，与发包人订立了建设工程施工合同，实际施工人是发包人的实际相对方，既是实际施工人，也是实际承包人，而被挂靠人只是名义承包人，两者与发包人属于同一建设工程施工合同的双方当事人，认定挂靠人享有主张工程价款请求权和优先受偿权，更符合法律保护工程价款请求权和设立优先受偿权的目的。

因此，如果证据能证明实际施工人是发包人的实际合同相对方的，包括实际施工人前期与发包人的项目初期磋商资料，甚至明确取得发包人认可的、明确表示实际施工人就是前期磋商对象的证据，自然更好，但如果证据不足的情况下，应该努力往前述观点靠近，尝试提供同类判例，或许仍有力挽狂澜希望，但我们在本案中并未看到 C 公司如此主张，我们当然也不做特别回应，希望本案能给同行提供一定借鉴。

五、结语和建议

本案原告为了取得建设工程价款优先受偿权，错位定义其为总承包人，引致近 5000 万元工程款在历经两年诉讼后，被全部驳回。究其内因，在于原告并未能充分举证证明其为发包人的实际合同相对方。

例如，原告代理人可以收集实际施工人前期与发包人的项目初期磋商资料，

---

[1] 《最高法民一庭关于建设工程施工合同纠纷专业法官会议纪要》，载《建筑时报》2023 年 3 月 30 日，第 A03 版。

甚至发包人明确表示实际施工人就是前期磋商的对象等证据来证明前述事实。

但从我方收到的材料来看，本案中原告并没有结合判例等资料深入论证前述逻辑，故结果对他们颇为遗憾。

我方也考虑到实践中存在大量同类情况，以后若遇同类案件，首先要考察相关证据是否充分，若不充分，不建议实际施工人参考原告 C 公司的诉讼策略，直接将发包人作为第一被告，否则建设工程的优先受偿权没有得到支持，连工程款也没有得到支持，两年时间弹指间便悄然而过，最终竹篮打水罢了，因对象错误只能另行起诉。

我方认为，律师在经办建设工程施工合同纠纷案件过程中，应综合分析证据材料，第一要义便是识别不同主体的地位，继而明晰各主体之间的关系，再而辨明法律关系、分析请求权基础，从而能够从委托人的角度出发，提出最优的诉讼策略，以维护委托人的合法权益。

银行未按承诺注销土地抵押权，是否构成不作为侵权
——28 名购房者诉某银行侵权纠纷案

胡亘周[*]

一、案情简介

28 名广东汕尾购房者在购买案涉房屋后，持购房合同等凭证前往当地不动产登记中心办理不动产登记，但均被告知案涉房屋不具备办理不动产登记的条件，且部分房屋已被其他人民法院查封，或被强制执行。经向有关部门反映情况，购房者才得知案涉房屋在办理预售证前，房屋所坐落的国有土地已被开发商及开发商股东作为抵押物向某银行办理抵押贷款。而银行早在 2015 年即向当地住建局出具了《承诺书》，明确表示同意开发商预售房屋，并承诺自开发商取得《预售许可证》之日起 90 日内将他项权利登记注销完毕，且由银行将《国有土地使用权证》原件交付给当地住建局，由此产生的相关责任由银行负责。然而，银行并未按照承诺书履行承诺，故购房者无奈之下，申请法律援助。我们团队接受法律援助处的指派，为购房者依法维权。

我们随即向当地人民法院起诉，诉请某银行和第三人开发商股东办理涉案房屋所在地的国有土地他项权登记手续，但由于我们掌握的案件事实不完整，一审法院查明涉案土地有两份他项权证，又未告知我们，即判令办理两证的注销手续。二审法院支持我们观点，但认为原审法院判超所请，遂予以纠正，仅判令办理单证的注销手续。虽然只是法律援助，但为维护当事人权益，我们又就另一证件的注销手续再次起诉，得到了一审及二审法院支持。2024 年，银行又向广东省高级人民法院申请再审，我们积极答辩，后省高院驳回银行再审申请。

---

[*] 胡亘周，广东国智律师事务所高级合伙人。

二、争议焦点

1. 抵押权人银行享有的抵押权是否消灭？
2. 银行是否构成不作为侵权？28名购房者是否有权要求银行注销案涉土地的抵押登记？

三、代理亮点

首先，银行辩称其非本案适格被告，因为购房者与银行之间不存在任何法律关系，反而是购房者与开发商之间存在商品房买卖合同关系，故应当由开发商履行办理不动产权手续的义务。对此，我们认为，虽然原被告之间就本案无直接合同关系，但银行在明确承诺放弃抵押权的前提下却拒绝办理注销手续，且购房者需要银行积极作为才能办理不动产权登记，银行不作为的事实已直接影响到购房者依法行使权利，已经构成不作为侵权。因此，本案存在侵权事实，28名购房者和银行是本案适格当事人。

其次，银行出具的《承诺书》内容如前所述，其中附条件的情形即颁发预售许可证的事实已经成就，何况承诺的90天内履行注销抵押权的义务，是银行自我设定的义务，该物权变动的承诺并不因期限届满而失效，故银行应该根据《承诺书》办理抵押权注销手续。

再次，银行辩称本案28名购房者并非善意第三人，不符合善意取得的法律构成要件。对此，我方主张，即使他们明知案涉房屋或土地存在抵押权，但基于对开发商销售行为和该商品房已经取得商品房预售许可（或商品房销售许可证）的合理信赖，能够相信抵押权人同意转让抵押物，也能相信购房者所交付的购房款将被开发商按照法律规定用于提前清偿抵押权所担保的债务，故购房者才因此支付了合理对价，应优先保护购房者权利。案涉房屋对购房者而言是其生存之本，如果此时再将抵押权的负担转移给购房人，显然不利于保护购房者的所有权，更不利于购房者基本生存权及市场交易秩序的稳定。

最后，银行声称住建局的具体行政行为存在瑕疵，且开发商并没有将收到的房款偿还银行债务，但我们认为即便具体行政行为存在瑕疵，即便银行与开发商、开发商股东存在债权债务纠纷，也应属另案解决的范畴，和本案无关。

总之，银行拒绝注销涉案土地的抵押登记，导致 28 名购房者无法办理房屋产权证，已侵害了购房者合法权益，构成不作为侵权，故我们请求银行注销案涉房屋的抵押权具有事实依据与法律依据。

股权转让合同中目标公司为付款义务人，合同是否无效

——关某、林某与某公司股权转让纠纷案

胡亘周[*]

一、案情简介

关某及林某（鉴于两人为一致行动人，以下简称关某）系阳江某公司的原股东。2017年4月开始，关某通过两轮股权转让，将其持有的全部股权转让给许某、林一、林二（鉴于三人为一致行动人，以下简称许某），同时，关某作为甲方，与作为乙方的阳江某公司、许某签署《股权转让合同补充协议书》，约定乙方需要按照9000余平方米的面积、月租金5元/平方米的标准向关某支付租金。许某前期如约支付了部分租金，后期因许某逾期支付租金，关某向人民法院起诉，请求许某向其支付租金，由于阳江某公司在合同上亦属于乙方，故关某将阳江某公司列为共同被告，要求对"租金"承担连带责任，并将股权转让过程中曾短期担任股东的谢某，以及案涉场地出租方阳江某办公室列为第三人。诉讼过程中，许某及阳江某公司提起了反诉，请求返还其已支付的"租金"。

本案原审审理经过了漫长的四年，第一次一审程序关某胜诉，但二审认为案涉合同中约定的"租金"实为股权转让款，故发回重审。第二次一审程序中，除未判令阳江某公司承担连带责任外，关某其余诉讼请求均得到支持，然而第二次二审程序却遗憾败诉，甚至还支持了许某及阳江某公司提起的、要求返还此前已支付股权转让款的反诉，理由是认为阳江某公司在案涉股权转让协议中也是乙方，实际上这是公司抽逃出资的表现，因此案涉股权转让协议无效。

---

[*] 胡亘周，广东国智律师事务所高级合伙人。

紧急情况下，关某不再委托此前的主办律师，转而委托我们，向广东省高级人民法院提起再审。又是漫长的三年，我们深入分析案情，解析控辩焦点，多次提交申请书、参考判例、争议焦点分析、代理词、参考学术论文等各种法律文书，通过庭审、电话联系等各种方式向再审案件承办法官积极发表法律意见，还通过完善证据链的方式增强代理观点的证据强度，最终广东省高级人民法院裁定启动再审程序，并罕见地决定由本院直接提审，最终改判撤销令关某败诉的二审判决，转而支持关某全部诉讼请求，驳回许某全部反诉请求。我们的专业能力获得当事人的高度认可，特意赠送主题为"峰回路转、专业制胜"的锦旗表示感谢。

二、争议焦点

在案涉协议中，阳江某公司亦属合同中的"乙方"，也约定了该公司需要承担支付股权转让款的义务，而本应支付股权转让款的应是许某，这一约定是否属于抽逃公司出资？合同中关于阳江某公司支付股权转让款的约定是否导致合同无效？

三、代理亮点

我们认为：第一，关某与许某系阳江某公司案涉股权转让前后的全部股东，系阳江某公司股权转让前后各持有公司100%股权份额的登记股东，所作决议实际亦代表全体股东之意志；第二，许某任阳江某公司法定代表人，所作决议对外代表阳江某公司意志；第三，案涉股权转让协议除阳江某公司盖章外，前后股东、法定代表人均有签名，故该两份《补充协议书》是阳江某公司全体股东的真实意思表示，有关"阳江某公司向关某、林某交付5元/平方米租金"的约定，亦是阳江某公司的真实意思表示，是阳江某公司独立行使法人财产权的体现。

因此，阳江某公司根据其法定代表人及全体股东安排，对相关款项支付所作承诺，并不涉及抽逃公司注册资本问题。本案亦无证据显示前述约定存在股权转让方与受让方恶意串通、损害公司债权人利益的情形，故案涉股权转让协议合法有效，原二审判决认为该约定侵犯阳江某公司财产权、侵犯阳江某公司债权人基于登记而对公司资本状况的信赖利益，与事实不符，故许某主张该约定无效，缺乏理据，有违诚信，故阳江某公司、林一、许某、林二应当按照合同约定向关某、林某支付股权转让款。

当然了，尽管广东省高级人民法院认为阳江某公司也应该承担支付股权转让款的义务，但原审一审法院判令许某等人支付股权转让款，却未支持关某要求阳江某公司承担连带责任的诉讼请求，而关某并未上诉，故再审并未对这一问题作出处理。

本案并非普通的股权转让纠纷，一方面实际上案件既涉及多份合同，也涉及两次股权转让前后的多个合同主体，另一方面还涉及阳江某公司所承租场地的出租方某办公室，更是将本应作为股权转让对象的阳江某公司牵扯为股权转让款的支付方，多个法律关系杂糅在同一个案件中，无论是对当事人、律师，抑或法官来说，都是对专业能力的挑战。本案能够取得峰回路转的胜诉结果，从全面败诉到全面胜诉，与律师的积极代理分不开。

（本案例荣获广州市律师协会2023年度"业务成果奖"）

隐瞒关键证据导致仲裁裁决撤销的实务分析
——某信息科技公司与某生物技术公司服务合同纠纷案

施洁浩[*]

一、案情提要

本案中，某信息科技公司依据合同约定主张其为某生物技术公司成功引荐了投资方并协助案涉融资项目的落地实现，极力促成了案涉融资项目，但某生物技术公司抗辩该投资方非某信息科技公司介绍、引荐，某信息科技公司并未依约提供合同所约定的各项财务顾问服务，因此拒绝支付相应的财务顾问服务费。该纠纷经过广州仲裁委员会仲裁程序、广州市中级人民法院撤销仲裁裁决程序、广州仲裁委员会重新仲裁程序等阶段。在广州仲裁委员会第一次仲裁阶段，广州仲裁委员会裁定由某生物技术公司按照出资额42.366万元的3%向某信息科技公司支付财务顾问服务费12709.8元及相应违约金。在申请撤销仲裁裁决程序和重新仲裁程序中，我方代理某信息科技公司，经过不懈努力找到了案涉实际融资额为4000万元的关键证据，最终广州市中级人民法院采纳我方观点，认定本案符合《仲裁法》第五十八条第一款第五项规定的"对方当事人隐瞒了足以影响公正裁决的证据的"情形，并通知广州仲裁委员会对该案重新仲裁。广州仲裁委员会经过审理完全采纳我方观点，依法裁决某生物技术公司向某信息科技公司支付财务顾问服务费120万元及相应违约金。

二、案情简介

2021年4月13日，某信息科技公司与某生物技术公司签署《财务顾问协议》，其中约定由某信息科技公司为某生物技术公司提供设计融资方案、引荐投

---

[*] 施洁浩，广东国智律师事务所高级合伙人。

资方（含投资方的关联主体或投资方推荐的第三方主体）、提供融资咨询等财务顾问服务，并约定在某生物技术公司与投资方达成相关合作协议后，按照实际融资额的3%（含税）向某信息科技公司支付财务顾问服务费；某生物技术公司逾期支付的，则按应付未付金额日万分之三的标准支付违约金，并承担因逾期支付致使某信息科技公司遭受的其他损失，包括但不限于律师费、诉讼费等。

服务过程中，某信息科技公司向某生物技术公司引荐了包括某投资管理中心在内的多家投资机构，经过某信息科技公司从中协调、撮合，某生物技术公司与某投资管理中心达成初步融资意向，并就融资事宜签订了《保密协议》。随后，某信息科技公司一直为某生物技术公司与某投资管理中心之间的洽谈提供服务，协助案涉融资项目实现，并最终促成某生物技术公司与某投资管理中心达成融资，由某投资管理中心以其私募基金某股权投资合伙企业向某生物技术公司投资。据悉，本次融资额达4000余万元，融资完成后某投资管理中心通过某股权投资合伙企业持有某生物技术公司6.25%的股权。某生物技术公司也于2021年12月28日作出《股东会决议》，同意增加公司注册资本42.366万元，全部由某股权投资合伙企业以货币出资，并完成工商备案。至此，某信息科技公司已全面完成委托事项，某生物技术公司理应按约定向某信息科技公司按时足额支付财务顾问服务费（实际融资额4000万元的3%）。

然而，经某信息科技公司多次催促并委托律师发《律师函》，某生物技术公司均拒不理会，并主张某信息科技公司没有依照《财务顾问协议》的约定提供设计组合融资方案、引荐投资方、协助项目融资实现等财务顾问服务。案涉融资系其自行接洽，某投资管理中心和某股权投资合伙企业并非某信息科技公司所引荐，早在2019年某生物技术公司已经和某投资管理中心展开了案涉投资洽谈事宜。某生物技术公司与某投资管理中心签署《保密协议》的时间早于某信息科技公司与某生物技术公司签署《财务顾问协议》的时间。

三、案件处理过程、争议焦点和案件结果

该纠纷经过广州仲裁委员会仲裁程序、广州市中级人民法院撤销仲裁裁决程序、广州仲裁委员会重新仲裁程序等阶段。

1. 第一次仲裁阶段。基于某生物技术公司违约并拒绝支付财务顾问费的行为，某信息科技公司向广州仲裁委员会提出仲裁，主张某生物技术公司应支付

财务顾问服务费 120 万元及相应违约金等。该阶段并非我方进行代理。在该阶段中，广州仲裁委员会认为某信息科技公司提交的证据无法证明案涉投资款项为 4000 万元且已实际支付，据此作出裁决由某生物技术公司按照出资额 42.366 万元的 3% 向某信息科技公司支付财务顾问服务费 12709.8 元及相应违约金。

2. 申请撤销仲裁裁决阶段。在该阶段中，我方代理某信息科技公司向广州市中级人民法院申请撤销前述仲裁裁决。该阶段争议焦点主要为：被申请人某生物技术公司是否隐瞒了足以影响公正裁决的证据，广州仲裁委员会第一次仲裁案是否符合法律规定应当予以撤销仲裁裁决的情形条件，是否应当撤销该仲裁裁决。我方通过公开信息检索及竭尽全力不断调查取证，最终找到了能够证明案涉实际融资额为 4000 万元的关键证据（某生物技术公司曾公开披露过的某文件），某生物技术公司系案涉投资人某股权投资合伙企业的有限合伙人，该文件内明确载明某股权投资合伙企业向某生物技术公司实际投资 4000 万元。该关键证据为该案件成功撤裁提供了有力依据。

同时，我方提出以下几点补充意见以佐证某生物技术公司确实隐瞒了足以影响公正裁决的投资协议及投资款转账凭证，前述仲裁案符合撤裁条件，应当撤销前述仲裁裁决：

（1）根据《最高人民法院关于人民法院办理仲裁裁决执行案件若干问题的规定》第十六条的规定，符合"隐瞒足以影响公正裁决的证据"须满足三个条件：

第一，该证据属于认定案件基本事实的主要证据；具体到本案，本案投资金额是 4000 万元还是 40 几万元的问题，关系到申请人诉求的服务费用计算基数的问题，已然是仲裁的争议焦点，是认定案件基本事实的主要证据，直接影响着仲裁的裁决结果。而在广州仲裁委员会仲裁阶段，我方向仲裁委申请及仲裁委责令某生物技术公司提交的投资协议和投资额转账凭证明显为认定本案实际投资金额的主要证据。

第二，该证据仅为对方当事人掌握，但未向仲裁庭提交；具体到本案，根据双方签订的《财务顾问协议》第 2 条 2.4 规定，某生物技术公司负有向申请人提供投资协议的义务，客观上申请人没有掌握该证据，某生物技术公司与其投资人签订的投资协议约定的具体内容和投资金额申请人也并不可能知晓，该投资协议及投资额转账凭证仅为某生物技术公司掌握，其故意隐瞒未向仲裁庭提供。一直以来，申请人主张的对方隐瞒的证据的具体名称及内容都是非常明确的,就是投资协议及投资款支付凭证。

第三,仲裁过程中知悉存在该证据,且要求对方当事人出示或者请求仲裁庭责令其提交,但对方当事人无正当理由未予出示或者提交。具体到本案,申请人在广州仲裁委员会仲裁阶段于 2023 年 1 月 13 日向广州仲裁委员会寄出书面的要求某生物技术公司出示或者请求仲裁庭责令其提交的《申请书》,广州仲裁委员会于 1 月 16 日收到该《申请书》,后仲裁委员会书面责令其提交但其拒不提交,在广州仲裁委员会作出的前述仲裁裁决第 26 页、第 33 页明确载明以上事实。

(2) 本案某生物技术公司是否隐瞒了足以影响公正裁决的投资协议及投资款转账凭证,才是本案需要审理的程序问题,至于对方抗辩的我方提供服务是否符合合同约定是撤裁后才需要审理的实体问题,事实上,我方已经按照合同提供了服务。

第一,在广州市中级人民法院申请撤销仲裁裁决一案开庭审理时,法官询问某生物技术公司对申请人所陈述的实际投资额为 4000 万元的事实有何意见,某生物技术公司代理人回复:"我方的意见就是申请人没有提供财务顾问服务,未参与到融资的过程当中。"被申请人在庭上的回复多次在回避核心问题,对收到 4000 万元投资没有否认,也不敢直接承认。申请人认为,某生物技术公司没有否认获得了 4000 万元的投资,其只是认为申请人没有充分举证因申请人的原因获得投资,那就可以充分证明其隐瞒了足以影响公正裁决的投资协议及投资款转账凭证,系在申请人书面申请及仲裁委员会责令提交的情况下仍拒不提供的事实。

第二,如果某生物技术公司否认获得了 4000 万元的投资,那某生物技术公司公开披露的文件就是虚假的材料,申请人会向有关监管部门充分说明情况以进一步还原事实。故若法院认为申请人提交的证明某生物技术公司获得 4000 万元投资的补充证据结合某生物技术公司当庭的回复仍不够明确,恳请法院要求某生物技术公司明确回复。

根据申请人提交的补充证据(某生物技术公司曾公开披露过的某文件),本案的投资额确实是 4000 万元,再结合申请人在仲裁阶段已经书面提出申请和广州仲裁委员会责令某生物技术公司提供本案真实的投资协议和投资额转账凭证等真实交易文件但其却无理由拒不提供的情况,可以证明某生物技术公司确实是隐瞒了投资协议和投资交易金额,那么本案就必须依法撤裁。退一步讲,如果实际上没有 4000 万元的投资额或者没有投资，那么首先某生物技术公司也至少隐瞒了涉及 40 几万元的投资协议和投资款转账凭证，仲裁裁决应该予以撤销，也可以认定某生物技术股份有限公司公开披露的文件是虚假的材料，那么申请人会向有关监管部门充分说明情况以进一步还原事实，故恳请法院查清楚本案到底是否投资了 4000 万元。

（3）本案从程序审查的角度已经完全符合撤裁的条件。就算申请人没有提供前述补充证据，也已经符合撤裁条件，该证据仅是为了让合议庭充分了解事实真相，无论是在程序上还是实体的公平正义上，本案都应当撤销仲裁裁决。

根据《仲裁法》第五十八条第一款"当事人提出证据证明裁决有下列情形之一的，可以向仲裁委员会所在地的中级人民法院申请撤销裁决：……（五）对方当事人隐瞒了足以影响公正裁决的证据的……"及第二款"人民法院经组成合议庭审查核实裁决有前款规定情形之一的，应当裁定撤销"的规定，具体到本案，只要某生物技术公司隐瞒了足以影响公正裁决的证据，依法就必须撤销仲裁裁决，和本案我方是否提交补充证据无关，我方提交该补充证据只是为了向法庭说明真实的投资额是 4000 万元的事实。

综上，前述仲裁案符合撤裁条件，应当撤销前述仲裁裁决。

最终广州市中级人民法院采纳我方观点，认定前述仲裁案符合《仲裁法》第五十八条第一款第五项规定的"对方当事人隐瞒了足以影响公正裁决的证据的"情形，并通知广州仲裁委员会对该纠纷重新仲裁。广州仲裁委员会同意对该纠纷重新仲裁。

3. 重新仲裁阶段。在该阶段中，我方继续代理某信息科技公司，主张某生物技术公司应支付财务顾问服务费 120 万元及相应违约金等。该阶段的争议焦点主要为：申请人某信息科技公司是否实际依约全面履行了案涉合同约定的义务，案涉投资人某投资管理中心是否为申请人某信息科技公司向被申请人某生物技术公司引荐，本案实际融资金额为多少。而在该阶段，我方将前述通过公开信息检索调查取证到的能够证明案涉实际融资额为 4000 万元的关键证据一并提交，并结合广州仲裁委员会第一次仲裁程序和广州市中级人民法院撤销仲裁裁决程序的庭审情况及提交证据情况充分、全面发表了我方的代理意见，为重新仲裁做好充分准备，最终广州仲裁委员会亦是采纳了我方主张，支持了我方所有请求。

同时，我方提出以下补充意见以此佐证某信息科技公司已依约全面提供了所有合同约定的服务：

(1) 申请人与被申请人签署的《财务顾问协议》关于委托事项的内容为：设计组合融资方案，引荐投资方，以及协助融资的实现。双方未对此进行任何补充协商，故应认定申请人提供的服务应以《财务顾问协议》约定的该三项委托内容为准。

《财务顾问协议》明确约定申请人作为受托方的核心义务是引荐投资方，促成被申请人与投资方达成协议，申请人取得服务费。根据申请人第一次仲裁阶段提交的微信聊天记录、《保密协议》、工作日报、工商备案登记等证据材料可以看出，申请人不仅已按照协议引荐投资方、设计投资方案、提供咨询服务，并且最终促成被申请人与投资方签署协议。从协议约定核心义务可看出，申请人已完成协议约定所有义务，的确是为被申请人引荐了某投资管理中心，并最终促成被申请人从某投资管理中心处获得了4000万元的融资。即事实上，申请人已经全面履行了合同义务，因此应当认定申请人已经全面履行了合同义务。

(2) 根据申请人重新仲裁阶段提交的证据（雷某参保凭证和劳动合同），雷某于2020年10月至2021年6月在申请人处任"投资经理"一职，其系申请人的代表，代表申请人洽谈沟通融资项目是履行职务的行为。

根据申请人第一次仲裁阶段提交的证据，汪某为某投资管理中心的一名员工，其自2020年7月起在某投资管理中心的投资部任职，并担任投资负责人，故汪某完全有权代表某投资管理中心沟通本案融资事宜，一直以来也是汪某代表某投资管理中心与申请人、被申请人洽谈、沟通融资事宜。在本案融资项目完成后，汪某也成为被申请人的董事。

被申请人在第一次仲裁阶段时提交证据欲证明自2019年起，被申请人已与某投资管理中心的工作人员麦某开始接触并洽谈融资事宜，但是麦某已于2020年3月与某投资管理中心结束劳动关系，而案涉融资项目发生于2021年，代表某投资管理中心沟通融资事宜的是汪某，不是麦某；且没有任何证据证明麦某曾与被申请人就融资事项进行过实质性的沟通，被申请人案涉融资项目与麦某无关。申请人在履约过程中，向被申请人引荐了包括某投资管理中心在内的多名投资方，亦陪同投资方与被申请人沟通交流，申请人的员工雷某与被申请人法定代表人、某投资管理中心的汪某均进行了多次的沟通交流，磋商《保密协议》条款并促成双方签订了《保密协议》。在沟通过程中，申请人亦曾向被申请人介绍过融资方案，与被申请人协商财务规划，了解被申请人资金需求和资金用途，沟通解决被申请人股权问题（通过员工持股平台），与被申请人沟通融资方式等（我方第一次仲裁阶段提交的各方人员的微信聊天记录）。

根据申请人第一次仲裁阶段提交的微信聊天记录、被申请人股东会议决议、工商备案登记等证据资料，可以证明申请人为完成《财务顾问协议》的委托事项，与被申请人沟通了解融资需求，引荐和推动多名投资人与被申请人洽谈，持续跟进、沟通、协调融资进程，在申请人的持续推动下，促成某投资管理中心与被申请人达成融资意向。一直以来，被申请人从未就申请人提供的财务顾问服务提出过任何异议。2022年3月10日，被申请人完成股权变更，某投资管理中心以其名下的私募基金某股权投资合伙企业持股被申请人股权。

（3）被申请人否认申请人履行了《财务顾问协议》的相关义务，并主张投资人系其自行接洽并引入，但被申请人提交的证据缺乏翔实的沟通情况，正如被申请人提交的某投资管理中心员工麦某与被申请人沟通的证据，麦某在职时间为2019年5月至2020年3月，被申请人并无证据证明麦某在职期间其就有融资需求，也未向某投资管理中心表明具体的融资事项，且麦某与被申请人沟通记录中缺乏实质性沟通内容与沟通过程；被申请人提交其与某投资管理中心签订的《保密协议》签约时间为2021年4月9日，此时麦某已离职一年多，被申请人也未提供证据证实双方就《保密协议》进行过任何协商。被申请人提交的证据难以证明其自行与某投资管理中心开展投资洽谈事宜，没有形成完整证据链。相反，综合申请人第一次仲裁阶段提供的与被申请人法定代表人和某投资管理中心汪某的微信聊天记录、被申请人与某投资管理中心签订的《保密协议》、被申请人股东会议决议及章程修正案等资料，以及申请人员工雷某工作日报等在案证据可以相互印证，形成较完整的证据链，在没有相反证据的情况下，应认定申请人参与协调、撮合融资等事项并最终实现融资方案落地。

最终，广州仲裁委员会完全采纳我方观点，依法认定我方提供的所有在案证据可以相互印证，形成了完整的证据链，根据我方提供的各方微信聊天记录可以认定，雷某代表申请人某信息科技公司与被申请人某生物技术公司及某投资管理中心实际商谈过帮助案涉融资问题，申请人某信息科技公司已实际履行案涉《财务顾问协议》项下关于引荐投资方并协助本项融资的实现这一协议的基本合同义务，根据协议约定，完成该合同基本义务后，被申请人某生物技术公司应依约按最终实际融资金额4000万元支付财务顾问费。故广州仲裁委员会最终裁决被申请人某生物技术公司应向申请人某信息科技公司支付财务顾问费120万元及相应违约金。

四、案例评析

本案系某信息科技公司与某生物技术公司服务合同纠纷，该纠纷经过广州仲裁委员会仲裁、广州市中级人民法院撤销仲裁裁决、广州仲裁委员会重新仲裁等阶段。我方在申请撤销仲裁裁决阶段和重新仲裁阶段接受某信息科技公司委托，请求依法撤销广州仲裁委员会第一次仲裁裁决并请求某生物技术公司向某信息科技公司支付财务顾问费120万元及相应违约金、律师费等损失，最终广州市中级人民法院和广州仲裁委员会的生效裁定均支持了我方全部请求。该案件能够胜诉，很大程度上离不开我方不断地调查取证，竭尽全力找到了认定本案基本事实的主要、关键证据。同时，我方在代理本案时，亦深刻认识到证据规则及举证责任的重要性，"打官司就是打证据"，对当事人而言，若要使请求能够获得支持，最重要的就是通过举证将主张的事实认定为法律事实，而如何有效举证，至关重要。在本案中，我方全面、充分、精准提供了证明我方主张及案件事实的一系列证据（包括但不限于案涉合同、大量关键的各方微信聊天记录、相关当事人曾公开披露的文件等），而在我方已穷尽所有途径并完成己方初步举证责任证明我方主张及本案基本事实（某信息科技公司已依约提供合同约定的所有服务，经过某信息科技公司引荐的投资人实际向被申请人某生物技术公司投资4000万元）的情况下，相应的举证责任义务则转移至对方（被申请人某生物技术公司），在对方无法进一步举证予以反驳和证明其主张时，其应承担相应不利后果。我方代理本案的撤裁阶段和重新仲裁阶段，两个阶段的请求均获得广州市中级人民法院、广州仲裁委员会的支持，取得了胜诉的结果。尽管广州市中级人民法院以往撤销裁决的案例较为罕见及撤裁率相对较低，但我方凭借专业的证据搜集与分析能力，对关键证据进行精准调取与呈现，为本案提供了重要的突破点，最终促成了裁决的成功撤销和重新裁决。

债务人转赠房屋给女儿，债主能否请求撤销并返还
——湛江某饲料公司诉陈某等人撤销权纠纷案

胡亘周[*]

一、案情简介

2018年7月10日，湛江某饲料公司（以下简称湛江公司）与陈某签订《产品销售合同》，为陈某提供饲料，陈某配偶吴某和儿子陈某1作为担保人签字，自愿承担连带担保责任。经结算，陈某确认其欠湛江公司货款250万余元。后湛江公司因多次催收未果，遂诉至人民法院，请求判令支付货款，并由两担保人吴某和陈某1承担连带担保责任。人民法院判如所请，但判决生效后，三人均未按生效判决履行义务。

诉讼期间，经查，吴某名下有不动产一处，但在湛江公司起诉前两旬将房产转至陈某和吴某女儿陈某2名下，陈某1也在湛江公司起诉后将名下车辆转至陈某和吴某女儿陈某3名下。尽管转移财产的行为发生在前述判决生效前，但在众人明确知悉己方行为势必严重损害债权人利益的情况下，仍恶意转让财产，故我们代理湛江公司对前述财产转让行为提起债权人撤销权之诉，请求人民法院撤销房产、车辆转让行为，并要求受让方即陈某2、陈某3分别协助出让方将不动产、车辆恢复原状，变更登记回吴某、陈某1名下，且要求三被告承担维权过程中的律师费、转让登记费等费用。

最终，法院判令如我方所请。

二、争议焦点

是否应撤销吴某、陈某将案涉房产转让给陈某2的行为？以及陈某1将案

---

[*] 胡亘周，广东国智律师事务所高级合伙人。

涉车辆转让给陈某3的行为？

三、代理亮点

虽然原《合同法》第七十四条规定："因债务人放弃其到期债权或者无偿转让财产，对债权人造成损害的，债权人可以请求人民法院撤销债务人的行为……"同时，《民法典》第五百三十八条规定："债务人以……无偿转让财产等方式无偿处分财产权益……影响债权人的债权实现的，债权人可以请求人民法院撤销债务人的行为。"但法律并未规定何谓"对债权人造成损害"或"影响债权人的债权实现"。因此，司法实践中，不乏观点认为，需要债权人的债权已经过人民法院生效判决确认，并且在强制执行程序中执行不能之后，债务人恶意转让财产的行为才存在被认定违法的基础，而在案涉房产和车辆转让时，湛江公司主张的饲料债务并未经人民法院生效判决确认，故这也是本案的最大风险，我们亦对此发表一系列代理意见。

首先，相比之下，明显《民法典》的规定更有利于债权人。我们主张，《最高人民法院关于适用〈中华人民共和国民法典〉时间效力的若干规定》第二条的规定在本案中的适用并不明确，但本案应当适用《民法典》的规定。

其次，原告和陈某在2018年交易后并没有发生新的交易，因此案涉债务已于2018年确定，且原告之后不断催收的事实也得到了被告的确认，而本案出让方为案涉买卖合同的买方或担保人，受让方则是家庭成员，陈某2甚至还多次代陈某支付饲料款。显然，以上人员均对巨额债务的事实明显知情。而在此情况下，相继转让房产和车辆的行为，显然是恶意规避执行，损害湛江公司利益。

再次，受让方受让房产和车辆，均未举证证明已经支付对价，综合他们的亲属关系，显然是无偿转让。

最后，经查，陈某、吴某和陈某1在原告起诉前和财产转让前已经因它案被列为失信被执行人。

因此，三人在背负巨额债务的情况下，无偿对外转让房屋和车辆，给债权人湛江公司造成损害，符合《民法典》第五百三十八条对债权人撤销权的规定。

值得一提的是，对债权人撤销权诉讼的司法实践中，债权人除了可主张撤销相应行为之外，可否直接主张受让方返还财产，此前存在争议。我们当时穷尽检索相关资料和判例，根据最高人民法院在《中华人民共和国民法典合同编理解与适用》中的观点，以及指导性判例，认为本案除涉及受益人或受让人的抗辩外，还涉及撤销权行使与成立的效果等问题，为充分保护受益人或受让人的诉讼权利，受益人或者受让人也可作为被告，最终人民法院支持我们的全部代理意见。

一方面，在笔者于2020年办理本案时，2023年年底颁布的《最高人民法院关于适用〈中华人民共和国民法典〉合同编通则若干问题的解释》尚未出台，该解释第四十六条第一款明确规定，债权人在撤销权诉讼中同时请求债务人的相对人向债务人承担返还财产、折价补偿、履行到期债务等法律后果的，人民法院依法予以支持。若当时已有这一规定，代理本案时会轻松不少。另一方面，前述司法解释的第四十六条第二款还规定，如债权人和债权人之间债权债务关系也属于撤销权诉讼受理法院管辖的，可以一并审理。以上两点，不禁感慨法律的进步。

（本案例荣获广州市律师协会2021年度"业务成果奖"）

劳动合同变更中的实际履行在争议处理中的司法适用
——周某劳动人事争议纠纷案

施洁浩[*]

一、案情提要

在劳动争议案件中，关于公司是否拖欠工资的纠纷屡见不鲜。本案中，劳动者主张公司拖欠工资，并以此为由主动申请解除劳动关系。随后劳动者向仲裁院申请劳动仲裁，主张高额的经济补偿金。该案二审阶段由我方代理，我方从实际履行变更劳动合同的角度着手，依据案件发生时原《最高人民法院关于审理劳动争议案件适用法律若干问题的解释（四）》第十一条之规定，"变更劳动合同未采用书面形式，但已经实际履行了口头变更的劳动合同超过一个月，且变更后的劳动合同内容不违反法律、行政法规、国家政策以及公序良俗，当事人以未采用书面形式为由主张劳动合同变更无效的，人民法院不予支持"（注：现该司法解释已废止，已更新为：《最高人民法院关于审理劳动争议案件适用法律问题的解释（一）》第四十三条之规定，"用人单位与劳动者协商一致变更劳动合同，虽未采用书面形式，但已经实际履行了口头变更的劳动合同超过一个月，变更后的劳动合同内容不违反法律、行政法规且不违背公序良俗，当事人以未采用书面形式为由主张劳动合同变更无效的，人民法院不予支持"）、《广东省高级人民法院关于审理劳动争议案件若干问题的指导意见》（粤高法发〔2002〕21号）第二十条第二款规定，"劳动者明知工资调低而在60日内未提出异议的，视为劳动者同意工资调整，劳动者以此为由提出解除劳动合同并请求经济补偿金的，不予支持"（注：现该指导意见已废止）等的规定，将仲裁阶段、一审阶段认定的拖欠工资差额事实推翻，进而无须支付经济补偿金。

---

[*] 施洁浩，广东国智律师事务所高级合伙人。

二、案情简介

周某，男，原在广州某生物科技有限公司任职，2015年1月1日调至广州某化妆品厂任职，2017年11月调至广州某互联网科技有限公司任职，担任总经理。

2017年11月7日，广州某生物科技有限公司总部发布《×通知》，载明了人员人事调整及任命通知。2017年12月15日，某集团（国际）控股发布《×业务提成调整通知》，载明了自2017年11月起，原由周某其个人所负责的业务转交给新晋总经理韦某，并达成以下共识：1.周某总经理原业务提成的60%发放给周某本人；2.周某总经理原业务提成的40%发放给韦某。庭审期间，任职总经理职位的周某称对该通知不知情。并称公司应向其补齐发放2018年1月至4月期间的提成差额（发放给韦某部分），以及5月、6月的工资及提成。

2018年6月15日，周某向广州某生物科技有限公司提交《离职申请表》，离职原因是"长期未收到足额工资"。2018年6月20日，广州某生物科技有限公司向周某发出《解除劳动关系告知函》：以严重违反公司劳动纪律和规章制度为由解除劳动合同关系。

三、争议焦点

本案争议的焦点主要为：周某对人员业务提成调整的相关通知是否知悉？广州某生物科技有限公司是否足额支付周某工资及提成？解除劳动合同的经济补偿金应否支持？

四、案件处理过程

2019年9月5日，周某向广州市从化区劳动人事争议仲裁委员会申请仲裁，主张其工资差额、经济补偿金等。该案经过仲裁、一审、二审阶段。

广州市从化区劳动人事争议仲裁委员会仲裁院认为，由于公司关于人员调动以及业务提成调整通知，并未向周某送达，故认定将周某40%提成发放给韦某的通知对周某并不生效，广州某生物科技有限公司应向周某支付工资差额（发放给韦某部分）。并于2019年10月28日作出《仲裁裁决书》，裁决广州某生物科技有限公司需一次性支付周某2018年1月至6月的工资差额、一次性经济补偿金。

广州某生物科技有限公司、周某均向法院起诉，经一审法院核算认为，周某离职前12个月平均工资是两万五千元，仲裁阶段认定的平均工资较低。一审法院判决广州某生物科技有限公司需支付工资差额、提高支付经济补偿金金额。

二审由我方代理，关于广州某生物科技有限公司是否足额支付周某工资，我方认为周某实际领取了2018年1月至4月的业务提成，且周某在离职前对其领取的业务提成的金额从未提出过异议。根据原《最高人民法院关于审理劳动争议案件适用法律若干问题的解释（四）》第十一条之规定，"变更劳动合同未采用书面形式，但已经实际履行了口头变更的劳动合同超过一个月，且变更后的劳动合同内容不违反法律、行政法规、国家政策以及公序良俗，当事人以未采用书面形式为由主张劳动合同变更无效的，人民法院不予支持"，以及《广东省高级人民法院关于审理劳动争议案件若干问题的指导意见》（粤高法发〔2002〕21号）第二十条第二款规定，"劳动者明知工资调低而在60日内未提出异议的，视为劳动者同意工资调整，劳动者以此为由提出解除劳动合同并请求经济补偿金的，不予支持"可知，广州某生物科技有限公司已明确下达通知进行业务提成调整，且劳动者从未提出异议，应认定为以实际履行变更了劳动合同的内容。一审法院认定涉案业务提成调整的通知对周某不生效，并据此认定广州某生物科技有限公司未足额支付周某2018年1月至4月的提成，与事实不符。

同时，我方提出以下几点补充意见以佐证周某对业务提成调整系为知情：

1. 公司除将周某擢升为广州某互联网科技有限公司总经理，公司给予了他广州某互联网科技有限公司的5%股份，这本身就是把属于非固定工资组成部分的提成的部分的40%调整为5%的股份，这正充分说明双方是协商一致的，否则不会无故给其5%的股份。

周某热情高涨地在筹备新公司并想有一番作为，为此向公司申请借支向广州某互联网科技有限公司的员工提前发放工资，周某若真的是被迫的或不同意调整的不可能如此热情高涨在筹备新公司及负责新公司的全面工作。

2. 双方之间《聘用协议》第四条约定了保密条款及竞业限制义务："甲方给予乙方的劳动付出支付了薪资、福利，乙方应遵守甲方的敬业与保密约定是获取以上回报的必要条件。为切实保护甲方的商业秘密和其他合法权益，确保乙方不与甲方竞业，根据劳动法及其他相关法律，双方协商一致约定：（1）乙方在甲方工作期间及从甲方离职之日1年内，既不得在与甲方有竞争关系的单位任职、兼职或以任何方式为其服务，也不得自己经营与甲方有竞争关系的同类产品或业务。（2）乙方在甲方工作期间及从甲方离职后，乙方承担的其他义务包括但不限于：不泄露、不适用、不使他人获得或使用甲方的商业秘密；不传播、不扩散有损于建房的信息或报道；不直接或间接劝诱或帮助他人劝诱甲方员工或客户离开甲方。"周某获得工资及业务提成的前提是遵守竞业约定，但经我方查证，周某在在职期间开办过同类型公司，明显存在过错且急于离职。

3. 客观上来说周某对其业务提成调整的通知是知情的，其业务提成已调整为60%，公司已经足额发放周某1月至4月的工资及提成。关于2018年5月至6月工资及提成，由于周某于2018年6月15日就提出离职，根据约定，周某5月的工资在6月20日后才发放，在2018年6月15日其提出解除劳动关系时，公司已足额发放周某1月至4月的工资及提成，并不存在未足额支付工资这一事实。

综上，公司将周某擢升为广州某互联网科技有限公司总经理，双方协商一致对其业务提成进行调整，公司给予其广州某互联网科技有限公司5%的股份是双方协商变更业务提成为股份的结果，也是公司行使用工管理自主权的体现，公司并未降低其工资待遇，亦不存在拖欠其工资的事实，周某在职期间创办与公司同类业务的公司存在过错，也是其急于离职的原因。公司并不存在拖欠周某工资及提成事实。

五、裁判结果

二审法院经审理认定，广州某生物科技有限公司并不欠付周某2018年1月至4月业务提成。且结合周某实发工资数额，可以认定广州某生物科技有限公司已经足额支付了周某2018年1月至4月的工资。结合上述查明的事实可知，广州某生物科技有限公司并不存在欠付周某2018年1月至4月工资及提成，一审法院认定广州某生物科技有限公司欠付2018年1月至4月的提成，并据此判定广州某生物科技有限公司向周某支付经济补偿金，无事实和法律依据。关于解除劳动合同的经济补偿金，本案系周某向广州某生物科技有限公司提出解除劳动合同，且周某提出离职时并不存在广州某生物科技有限公司未及时足额支付工资的情况，故周某依据《劳动合同法》第三十八条的规定主张解除劳动合同的经济补偿金，依据不足，二审法院不予支持。

六、案例评析

周某与广州某生物科技有限公司劳动人事争议纠纷一案,经过仲裁裁决以及法院一审和二审。周某请求广州某生物科技有限公司支付未足额支付的工资差额,支付未签订书面劳动合同期间的两倍工资差额,并支付相应的经济补偿金。仲裁裁决及一审判决均支持支付足额工资及经济补偿金的请求。

我方在二审阶段接受广州某生物科技有限公司委托,诉请改判广州某生物科技有限公司无须支付工资差额,无须支付经济补偿金,周某应向广州某生物科技有限公司返还预支工资,最终成功生效判决支持了我方大部分上诉请求,使该案在二审阶段产生了改判。

首先,本案中,周某虽提出其对关于人员调动、业务调整的通知并不知情。但二审法院认为,其以实际行动履行了上述调岗调薪通知,且周某并未提供其他证据证明其到岗依据。其次,涉案业务提成与原岗位工作相关,将部分提成分给新到任的韦某具有合理性。再次,周某岗位为总经理,实际参与了公司运作,其对公司工资以及员工工资发放情况及工资构成应当是知情的。故对周某提出的主张并未采纳。最后,周某实际领取了2018年1月至4月的业务提成,并未有证据证实周某在离职前对其领取的业务提成的金额提出过异议。故认定周某知道并已经以实际行为履行了《×业务提成调整的通知》的内容。一审法院认定涉案业务提成调整的通知对周某不生效,并据此认定公司未足额支付周某2018年1月至4月的提成,与事实不符,二审法院认定公司并不欠付周某2018年1月至4月业务提成。

周某离职前尚未到工资发放时间,公司未向周某发放2018年5月、6月的工资及提成。一审法院认定公司欠付2018年1月至4月的提成,并据此判定公司向周某支付经济补偿金,无事实和法律依据。本案系周某向公司提出解除劳动合同,且周某提出离职时并不存在公司未及时足额支付工资的情况,故周某依据《劳动合同法》第三十八条的规定主张解除劳动合同的经济补偿金,依据不足。

逾期利率和违约金不能超过法定利率红线

——袁某诉徐某、A 酒店公司民间借贷纠纷案

丁文生　陈雪莹[*]

一、案情简介

原告袁某为出借人，被告徐某为借款人。双方签署了《借款协议》，约定徐某向袁某借款 900 万元，月息 2.4%。在借款利息之外，徐某还需要将汕头市金砂路某大厦的租赁权无偿转给袁某（如徐某竞投成功的情况下），否则，徐某还需要将该大厦租金总金额的 30% 赔偿给袁某。

2015 年 9 月 25 日，徐某以其名下的 A 酒店公司 100% 股权向袁某提供担保。2015 年 9 月 26 日，徐某和 A 酒店公司出具担保书，保证对借款本息和赔偿责任［租金总额 30%（16809642 元）］承担担保责任。

徐某竞投成功后，未将租赁权无偿转让给袁某。故袁某提起诉讼，诉请徐某承担借款本息、经济损失，A 酒店公司承担连带清偿责任。

汕头金平法院经审理后作出判决：徐某承担袁某诉请的借款本息 9411200 元、逾期付款利息及经济损失 16809642 元；判决 A 酒店公司对徐某判项债务承担连带清偿责任。

A 酒店公司不服判决上诉至汕头中院，该院审理后作出二审判决：维持第一判项，变更 A 酒店公司对徐某判项债务承担二分之一连带清偿责任。

A 酒店公司不服，向广东省高院提起再审申请，但再审申请被驳回。

在近乎穷尽救济途径的情况下，A 酒店公司根据代理律师的建议，采取抗诉再审的维权方式。代理律师依法向汕头市检察院申请监督，该院提请广东省检察院抗诉，后广东省高院提审。

---

[*] 丁文生，广东国智律师事务所高级合伙人；陈雪莹，广东国智律师事务所律师。

再审期间，代理律师检索了袁某多起借贷案例，以思维导图、时间轴的形式将整个案情向法院复盘，提出合理的质疑，前后提交数份代理意见，经过代理律师充分的分析说理以及积极沟通，最终获得支持，撤销了原一审、二审判决，改判徐某及 A 酒店公司无须承担经济损失 16808642 元的赔偿责任，成功帮助 A 酒店公司减损。

二、争议焦点

1. 案涉借款合同是否有效？
2. A 酒店公司应否承担清偿责任及责任比例？
3. 徐某应付利息是否应以年利率 24% 为限？

三、代理意见

作为 A 酒店公司代理律师，我们的代理意见如下：

（一）原审法院将"900 万元借款及利息"的民间借贷纠纷与"16809642 元经济损失"的无效租赁权转让基础法律关系转化为借贷纠纷合并审理不当，没有法律依据，应予纠正。

"900 万元借款及利息"的民间借贷纠纷涉及借款关系、担保关系两层法律关系，当事人包括徐某、袁某、A 酒店公司、B 公司、C 公司。无端派生的"16809642 元经济损失"的无效租赁权转让基础法律关系转化为借贷纠纷涉及租赁权转让关系、借贷关系、担保关系三层法律关系，当事人包括徐某、袁某、A 酒店公司。

两者对比可见，并非基于同一事实，且涉及的主体不同、借贷及担保法律关系不同，提出的诉讼请求不同、指向的主体也不同的，明显不符合合并审理条件。且 A 酒店公司在一审、二审过程中均表示不同意本案合并审理，原审法院没有征得 A 酒店公司同意，将"900 万元借款及利息"和"16809642 元经济损失"合并审理，没有法律依据，应予纠正。

（二）退一步而言，即使合并审理，经济损失 16809642 元也不应得到支持。本案袁某所主张的"经济损失 16809642 元是租赁权转让项目经清算后以借款形式确认的债权债务，则无须对租赁权转让基础法律关系进行实体审理"的观点是错误的。这种所谓性质转化的债务，一是假借借贷关系以特意规避对无效基础法律关系的审查，二是属于"虚构债务"，以租赁权无偿转让的名义派生出所谓的经济损失 16809642 元,变相突破了法定利率红线,不应得到支持,三是缺乏证据证明造成经济损失及经济损失具体数额。

本案,袁某主张"经济损失 16809642 元是租赁权转让项目经清算后以借款形式确认的债权债务",即主张基础关系为租赁权转让关系,经转化形成借贷关系,则无须对基础关系进行实体审理,是完全错误的。

1. 租赁权转让基础法律关系是无效的

从其他基础法律关系转化形成的借贷,其基础法律关系应当不存在合同无效的情形,还应特别注意排除"问题借贷"现象,如排除以借贷形式表现的赌债、青春损失费甚至是"虚构债务"等,因此在审理中应审查查明基础法律关系是否存在无效情形,审查转化为借贷是否存在损害国家、社会公共利益及第三人利益。

首先,在未竞投成功之前,即表示转让租赁权,是无效的约定。

其次,徐某代表 B 公司无偿转让金砂路某大厦租赁权,严重违反了《租赁合同书》中关于不得转租的约定,且未征得出租人的书面同意,亦未获得出租人的追认,属于无效约定。

故所谓的租赁权转让基础法律关系是无效的,并且其从无效租赁权转让基础法律关系转化形成借贷,并特意以 A 酒店公司作担保,实际上损害了 A 酒店公司的利益,这种性质转化的债务不应得到支持。

2. 经济损失 16809642 元是虚构债务,是基于 900 万元借款,假借租赁权无偿转让的名义派生的,变相突破了法定利率红线,不应得到支持。

袁某起诉状称"如被告竞标未获成功,被告只需付还借款本金及利息。如果竞投取得上述两处租赁权后未将其中一处租赁权转让给原告或原告名下企业,被告承诺借款及利息应付还原告外,并按汕头市金砂路某大厦租赁标的物租金总金额的 30% 赔偿原告的经济损失"。

可以看出,袁某借出一笔 900 万元借款,有以下几种收益可能性:(1) 未竞投成功,则获得 900 万元借款+高额利息;(2) 竞投成功,则获得 900 万元借款+高额利息+金砂路某大厦租赁权;(3) 竞投成功但未成功转让租赁权,则获得 900 万元借款+高额利息+已交付的租赁场地+16809642 元经济损失赔偿款。

实际上,袁某系先以 900 万元借款及利息的民间借贷法律关系,派生出无偿租赁权转让关系,再将租赁权转让关系转化为借贷关系,最终令徐某除了应偿还 900 万元本金、高额利息之外,还应承担赔偿 16809642 元经济损失,以及已经交付的租赁物。其本质上，就是一笔借款，对应三笔收益（利息及违约金、接收租赁场地），变相突破了 2015 年《最高人民法院关于审理民间借贷案件适用法律若干问题的规定》第三十条关于法定年利率 24% 的红线，致使徐某及 A 酒店公司在法定最高额本息之外虚增债务 16809642 元经济损失，不应得到支持。

3. 原《合同法》第一百一十三条（现《民法典》第五百八十四条）规定的合同违约损害赔偿，系以造成损失为前提的。袁某并未提供任何证据证明造成的经济损失 16809642 元。

本案袁某是无偿获得汕头市金砂路某大厦承租权的，既然是无偿获得，则获得承租权是没有对价的，袁某是没有任何前期付出的。即使有付出出借 900 万元借款的义务，该出借行为已经获得了法律允许范围内的最高的回报。

（三）袁某与徐某签订的《借款合同》无效。结合袁某所涉的民间借贷案件数量、合同格式化程度、高利率、出借金额、资金来源等特征，能够认定袁某在一定期间内多次反复从事有偿民间借贷行为，袁某属于职业放贷人，案涉《借款合同》无效。

首先，除了本案之外，被申诉人在一段时间内有多单民间借贷纠纷案件，在两年内向社会不特定人出借资金 3 次以上，放贷利息为月息 2% 以上，出借金额均以数百万元上千万元计。

其次，借款合同的合同格式化程度非常高，为袁某向不特定的第三人放贷所提供的版本。

而且，袁某的资金来源存疑，需进一步查实。

因此，综合考虑袁某所涉的民间借贷案件数量、合同格式化程度、高利率、出借金额、资金来源等特征，能够认定袁某在一定期间内多次反复从事有偿民间借贷行为，袁某属于职业放贷人，案涉《借款合同》无效，本案关于利息约定也归于无效。

（四）A 酒店公司不应承担担保责任或过错责任。

1. 二审判决已经认定 A 酒店公司的担保行为为无效法律行为，徐某构成越权代表，袁某未履行审查义务，存在过错，案涉保证合同无效，A 酒店公司无须承担相应的担保责任。

2. A 酒店公司尽到管理职责，没有过错，不应承担因缔约过失而产生的损害赔偿责任。

3. 本案袁某系明知法定代表人超越权限的，法院不应支持 A 酒店公司承担合同无效后的民事责任。

四、判决结果

（一）一审判决结果

1. 徐某付还袁某借款本息 9411200 元及以本金 900 万元自 2015 年 10 月 26 日起至本判决限定还款之日止按年利率 24% 计算的利息；
2. 徐某付还袁某因合同违约造成的经济损失 16809642 元；
3. A 酒店公司承担连带清偿责任。

（二）二审判决结果

变更一审判决第三项为：A 酒店公司对徐某前述判项债务不能清偿部分承担二分之一的赔偿责任。

（三）再审判决结果

1. 撤销原一审判决、二审判决；
2. 徐某偿还袁某借款本金 900 万元及以本金 900 万元自 2015 年 4 月 13 日起至实际清偿之日止按年利率 24% 计算的利息；
3. A 酒店公司对徐某不能清偿本判决第二判项的债务承担二分之一的赔偿责任。

五、案例评析

2015 年《最高人民法院关于审理民间借贷案件适用法律若干问题的规定》第三十条规定："出借人与借款人既约定了逾期利率，又约定了违约金或者其他费用，出借人可以选择主张逾期利率、违约金或者其他费用，也可以一并主张，但总计超过年利率 24% 的部分，人民法院不予支持。"

本案中，袁某仅出借 900 万元后，除了获取高额借款利息之外，还获取了一个因无偿转让承租权违约所产生的违约损害赔偿金，即经济损失赔偿 16809642 元，明显属于变相突破裁判之时的法定年利率红线 24%。

基于以上观点，我方作为 A 酒店公司的代理人，有理有据地结合该法律规定进行分析，阐明：本案租赁权无偿转让协议并非孤立存在的，而是因徐某与袁某之间的 900 万元借款所产生。袁某关于无偿转让协议违约金 16809642 元的主张应当被认定为本案借款本息主张的一部分,依法应当受到法律对于借款利息、逾期利息、违约金和其他费用上限的约束。

除此之外,我方还通过数据展示的方式,计算出徐某的借款成本为17220600元,每天借款成本为89225.9元,年化利率为361.8%,该笔借贷行为的贷款利率为银行同贷利率的72.4倍,远超法院的法定利率红线。

在庭审过程中,我方以思维导图、时间轴的形式复盘整个案情,提出合理的质疑,前后提交数份代理意见,最终获得支持,撤销了原一审、二审判决,改判徐某及A酒店公司无须承担经济损失16808642元的赔偿责任。

六、结语和建议

民间借贷纠纷案件中,作为担保人,要重点审查借款合同是否有效、担保对象是否为超过法律保护范围的利息及违约金、出借人是否为职业放贷人、案件是否涉及虚假诉讼。

在本案中,出借人系先以900万元借款及利息的民间借贷法律关系,派生出无偿租赁权转让关系,再将租赁权转让关系转化为借贷关系,最终令借款人除了应偿还900万元本金、高额利息之外,还应承担赔偿16809642元经济损失。

其本质上,就是一笔借款,对应两笔收益(利息及违约金),变相突破了2015年《最高人民法院关于审理民间借贷案件适用法律若干问题的规定》第三十条关于法定年利率24%的红线,致使借款人及担保人在法定最高额本息之外虚增债务16809642元经济损失。

律师认为,承办该类案件,应从多个方面多维度进行调查和举证,结合出借人与借款人之间的关系、出借人是否为职业放贷人、是否涉及虚假诉讼、担保行为是否有效、借款本息及违约金是否超过法定标准等条分缕析,使法官能够正确认定事实,作出公正的判决。

城中村旧改房屋代持关系认定

——江某诉戴某不当得利纠纷案

吴寿长*

一、主题提要

在旧改房代持合同关系中,合同双方当事人基于具有对外流转属性的房屋所形成的代持合同并不违反法律的强制性规定,可以认定为有效合同。并且在无书面代持协议的情况下,可以进一步从购房款是由谁支付的、长期的房屋收益归属谁、相关房产证件由谁持有等生活经验法则、交易常理等方面进行认定代持关系。在认定代持关系成立的基础上,一方当事人基于代持关系收取的款项,除合同另有约定外,应当归还委托方,无故拒不归还的,构成不当得利。

二、案情简介

原告江某与被告一戴某是相识40多年的好友,而被告一与被告二为夫妻关系。1994年至1995年,适逢两被告所在村落旧房改造,原被告双方商议由原告出资、以两被告名义购买了位于广州市越秀区某路某号某栋306房、608房的两套房屋并约定一人一套。后由于历史原因直至2007年房屋才建好并分配入住,双方口头协议将306房划归原告所有,以被告戴某的名义代为持有,房屋一直交由两被告代为出租与收租,代收的租金按年与原告结算。2017年7月21日,原告通过中介将房屋商定卖给案外人曾某,并由两被告亲临现场签署相关房屋买卖合同,所得价款1892000元。两被告代收房款后,以"签名费"为由拒不归还售房尾款14万元,同时拒不转交2016年5月至2017年10月代收的房

---

* 吴寿长,广东国智律师事务所高级合伙人。

屋租金。原被告多次协商无果后，原告向广州市越秀区人民法院起诉两被告。一审中，两被告否认双方存在代持协议，认为房产登记在被告名下，被告就属于合法的产权人。至于在1994—1995年的购房款是属于两被告向原告的借款，本次卖房后转给原告的款项一部分是归还借款，另一部分是出借给原告的借款。原告则通过案涉房屋购房款是谁出资的，案涉房屋长期的租金收益归属谁，案涉房屋交易过程是谁主理的，相关证件原件由谁保管等方面进行综合举证，并找到被告提供的证据中有利于原告方的突破点，进而达到证明目的，最终一审法院支持了原告的全部诉讼请求，判决两被告需归还售房款140000元、租金45000元及利息。两被告不服一审判决，提出上诉，后广州市中级人民法院二审维持原判。

三、争议焦点

（一）原被告之间存在的是代持房屋权属关系还是借贷关系

原被告双方均没有任何关于案涉房屋代持的书面协议，诉讼中，被告否认代持事实，并称在1994—1995年的购房款是属于两被告向原告的借款，且房产登记在被告名下，被告属于合法的产权人。至于卖房后转给原告的款项一部分是归还借款，另一部分是出借给原告的借款。

针对两被告的辩解，原告从购入案涉房屋资金系由原告出资；两被告对涉案房屋代管代租，并在长达近10年间按年向原告转交代收租金的事实；案涉房屋的放盘、洽谈等交易过程均是由原告主导、被告配合签名完成的；被告多次按照《存量房买卖合同》中关于定金、首期款等约定，将卖房所得的大部分款项按时足额转还给原告的事实等，进行全面综合论述与举证，最终一审判决以"被告自认其购入案涉房屋的资金来源为原告……（被告长期以来多次支付的款项）每笔的数额不一、零整不齐，与日常还款的生活经验法则不符……（原告一直参与售房过程，且在庭审出示所有买卖房屋交易涉及的合同及文件原件等）不符合被告作为卖方的交易常理"等，认定原被告之间属于代持关系。

综上，结合全案证据，足以采信原告关于对案涉房屋存在全额出资，由两被告对案涉房屋代管代租并向原告转交代收的租金，以及在被告戴某的配合下由原告通过中介将房屋出卖给曾某夫妻等事实。因此，在原告对案涉房屋享有处分权、收益权等合法权益的情况下，案涉房屋出卖所得的全部款项也均应归原告所有。

（二）在认定存在代持关系的情况下，双方代持协议是否有效，两被告是否应返还购房款及租金的问题

在二审过程中，上诉人（一审被告）在无法否认代持关系的情况下，进而以代持协议违反了法律的禁止性规定为由，要求认定合同无效，并向二审法院提交了《某某山庄村民宿舍分配办法》等村规民约作为新证据。被上诉人（一审原告）则以案涉房屋属于"可流转"性质，不属于"小产权房"，更不属于法律规定的不得转让或仅限于集体内部流转的宅基地房屋，被告提交的证据不属于新证据等进行抗辩。二审法院最终认定上诉人（一审被告）在二审提交的证据不属于新证据，且不足以证实其主张为由维持原判。

四、案例评析

本案涉及城中村旧改可流通房屋的性质认定，并由此引申出双方的代持房屋关系是否合法有效的问题。同时，由于本案并不存在书面协议，因此在仅有口头协议的情况下，且时间久远，如何通过双方长期对房屋的处分情况、购房款是谁出的，房屋的租金收益、卖房的收益归属等重要事实节点，认定房屋的实际归属，继而认定被告是否构成不当得利，相应款项是否需归还等法律问题。

通过本案的判决，可以明确涉及城中村旧改的房屋代持关系并非当然无效，而应考虑房屋的性质及是否禁止外村人员购买等一系列法律问题后方可判断。本案中，案涉房屋属于可以流通的商品房，且当初购房时并未限制外来人购买，只是本村人员购买有优惠而已。因此，在房屋不涉及违反法律的强制性规定情形下，只要真实存在代持关系，且原告实际上一直享有收益处分等证据证实的，应可认定原告属于售房款的最终受益人。

本案中，原被告均承认当初的购房款是由原告出资的，且案涉房屋在长达近十年的时间中，租金收益一直是由被告按年结算给原告，本次卖房过程也是由原告自己独自办理，原件均掌握在原告手上，被告仅是在相关文书上签字而已。本次卖房过程中，被告在每次收到款项后，也均及时将款项足额转给原告，因此足以证实原告是房屋的实际收益人。因此，被告扣留的售房尾款明显没有法律依据，属不当得利，应予以归还。

代持关系在现实中较为常见，但在涉及不动产等较大价值物品时，双方应尽量避免代持，如确实需代持的，也应签署合法有效的书面代持协议，以作为后续权属及收益归属的证明。同时，如涉及旧改房屋时，双方仍应考虑代持关系是否涉及违反法律强制性规定等合法问题，从而避免后续的纠纷。

准确认定竞业限制违约行为，维护市场良性竞争
——某国家级科技企业孵化器与两名前高管的竞业限制纠纷案件

姜　黎　林秋容[*]

一、主题提要

商业秘密、知识产权正日益成为决定企业发展的重要力量，是推动企业高质量发展的重要因素，各大企业在加快企业和人才建设的同时，也需保障自身合法商业秘密不受侵犯。针对用人单位的竞争力和劳动者的自主择业权的利益平衡，竞业限制制度应运而生，《劳动合同法》第二十三条第二款规定，用人单位可与劳动者订立竞业限制协议，劳动者让渡部分自主择业权，用人单位适当保护劳动者的生存权，从法律层面确立了竞业限制义务，并且通过该制度达到用人单位和劳动者利益的相对平衡。在竞业限制约定下，任何一方打破竞业限制约定，都直接打破此种利益衡平原则，引发巨大争议。

本案中，广州某公司运营了一个国家级科技企业孵化器，且在孵化器领域已取得长足成就，刘某、王某作为广州某公司合计年薪超过两百万元的高管，均与广州某公司签订了《保密与竞业限制协议》，两人离职后一边领取高额经济补偿，一边立即进行同类业务的竞业行为，并且在经营过程中"搭便车"，利用广州某公司的品牌形象和市场声誉招揽客户，严重违反竞业限制义务，对广州某公司的内部管理造成恶劣影响，同时破坏市场正当良性竞争。我所律师团队经过详细的梳理，为广州某公司分析了刘某、王某的违约行为及对应的法律后果，我所律师团队协助广州某公司积极进行事实固化和协商谈判，紧紧围绕争议的协商妥善处理和将来潜在的诉讼进行准备工作，最终我所律师团队通过诉讼途径为广州某公司争取了5倍的违约赔偿，合计170多万元，有效地维

---

[*] 姜黎，广东国智律师事务所高级合伙人；林秋容，国智君联（南沙）联营律师事务所律师。

护了广州某公司的合法权益。本案也为类似案件的处理提供了有益的参考和经验，对于维护市场秩序、促进公平竞争具有积极的示范意义。

二、案情简介

广州某公司为国家级科技企业孵化器，刘某、王某分别为广州某公司总经理，王某为广州某公司副总经理，两人年薪合计超过两百万元，均与广州某公司签订了《保密与竞业限制协议》。协议约定，刘某、王某离职后需履行竞业限制义务，包括不得在国内任何地区生产、经营与甲方同类的产品或经营与甲方有竞争关系的业务，竞业限制期限为两年，广州某公司按刘某、王某离职前十二个月月平均应发工资收入的30%作为刘某、王某每月的竞业限制经济补偿。如刘某、王某违反前述约定，刘某、王某需支付其所得全部经济补偿金的5倍作为违约金。

2021年6月，刘某、王某双双提出离职，广州某公司向二人发送了《关于履行竞业限制协议的函》，确定竞业限制期限和经济补偿，此后也按约定充分履行企业义务，但广州某公司此后发现刘某、王某离职后就直接在增城区开办了一个新孵化器，并多次在孵化器开展招商行为，且向客户透露知悉其有竞业限制义务在身，刘某、王某严重违反竞业限制协议。在广州某公司发出律师函要求协商处理时，刘某、王某仍拒绝承认其违约行为，并且拒绝友好处理和合理赔偿。

我所指派律师团队迅速展开工作，梳理出明确的案涉法律关系，做足诉前证据准备，拟订周密且合法的取证方案，成功引入公证机构，通过公证员成功固定核心案件证据，为后续诉讼提供了充分的证据支持。同时，通过对双方约定的竞业限制条款的深入分析和对案件细节的精准把握，明确了仲裁申请的思路，为广州某公司的诉求构建了坚实的法律基础。我所律师紧紧围绕刘某、王某所签订的竞业限制协议，广州某公司运营的国家级科技企业孵化器与刘某、王某从事的增城某孵化器的同质性，经公证的刘某、王某在增城某孵化器现场的招商行为等证据进行充分论证，最终从劳动仲裁到一审、二审，均认定刘某、王某存在竞业限制违约行为，我所律师多次据理力争，为广州某公司争取得竞业限制补偿金5倍的违约金赔偿，违约金合计170多万元。

三、争议焦点

在综合分析本案案件事实和广州某公司诉求后，我所律师代理广州某公司提起劳动仲裁申请。双方主要的争议焦点如下：

(一) 刘某、王某签订的《保密与竞业限制协议》是否真实有效

刘某、王某主张签署的案涉的《保密与竞业限制协议》并非合同双方当事人的真实意思表示，协议形成过程违法，并且协议内容排除了劳动者的合法权利。刘某、王某在签署案涉协议时没有协商的权利，并且竞业限制经济补偿金的数额标准是空白的，广州某公司是强迫刘某、王某在案涉协议上签字，广州某公司支付经济补偿金以及发送律师函的行为，都是为了防止刘某、王某对补偿的标准及协议内容的真实性提出异议意图，通过后续的行为来证明案涉协议的合法有效性。同时，案涉协议是广州某公司单方提供的格式版本，对于劳动者的权利是通过单方确定经济补偿金的最低标准来排除自身义务，对于劳动者的义务则是超过明显合理范围或者各种模糊性规定来最大限度限制劳动者权利，因此合同应为无效。

(二) 案涉的《保密与竞业限制协议》所约定的竞业限制范围和地域是否有效

刘某、王某主张案涉协议约定的范围和地域都超过了合理标准。劳动者需承担保密义务的商业秘密须同时具备秘密性、实用性、保密性，案涉协议中所约定的保密范围过于宽泛，排除了劳动者在工作中获取合理信息的权利，案涉保密义务范围超过了刘某、王某基于原工作岗位和职责的范围，此种竞业约定加重劳动者义务，排除劳动者权利。刘某、王某主张案涉协议约定的竞业地域范围超过了广州某公司合理的业务辐射范围，从广州某公司的行业特征和业务模式来看，广州某公司的业务范围具有明显的地域性，案涉协议中约定全国范围内的竞业，明显限制刘某、王某自主择业权利。

(三) 广州某公司开办的国家级科技企业孵化器与刘某、王某二人从事的新开办的增城孵化器，是否存在竞争关系

刘某、王某主张增城孵化器与广州某公司开办的国家级科技企业孵化器不存在实质的竞争关系。第一，不能仅凭工商登记的经营范围存在重叠来认定是否存在竞争关系；第二，应当结合两个孵化器的行业特征、经营服务的对象、经营地域辐射范围、提供的服务内容、对应的市场是否重合等多角度进行审查双方是否具有实质的竞争关系。经比对，广州某公司的孵化器与刘某、王某的增城孵化器不存在实质竞争关系。

(四) 刘某、王某是否存在违反竞业限制义务的行为

刘某、王某主张其二人均不存在违反竞业限制义务的行为。主要理由包括：

第一，刘某和王某在离职之后即入职了一家从事税务财务的公司，该财税公司与广州某公司不存在竞争关系；第二，该税务公司拓展业务是在写字楼或园区的招商阶段，因此，刘某、王某出现在增城某新开办的孵化器具有正当理由；第三，该增城某孵化器的运营公司的负责人，是刘某、王某在广州某公司时的老领导，其三人同为好友，在增城孵化器面临巨大招商压力时，刘某、王某两人到广州看望老领导。利用某公司开办的孵化器和团队名气进行招商，只是为了达到交易而采取的营销方式，乃是正常的商业习惯，同时两人看望老领导出现在增城孵化器，也具有合理性。

（五）刘某、王某是否需退还已领取的经济补偿

广州某公司要求刘某、王某返还已领取的高额经济补偿。刘某、王某拒绝返还，并认为广州某公司向刘某、王某支付经济补偿是自身的法定义务，双方案涉协议未约定在违反竞业限制协议时需返还经济补偿，广州某公司的请求没有协议依据和法律依据，也与广州市中级人民法院司法裁判标准相悖。

（六）刘某、王某应以何种标准支付违反竞业限制义务的违约金

广州某公司要求刘某、王某按照案涉协议约定的"所得"经济补偿的5倍支付违约金。刘某、王某主张：第一，从合同解释角度来分析，案涉协议约定的"所得"经济补偿的5倍并非指"应得"，而是"已经得到"，对有争议的条款应作出不利于提供格式条款一方的解释，故应以刘某、王某实际收到的违约金5倍确定，而非应当以发放的竞业限制经济补偿总额的5倍确定；第二，违约金的本质应以弥补损失为主，同时兼顾刘某、王某的主观态度、合同对价、广州某公司的实际损失等因素综合确定，认定5倍违约金明显畸高，导致双方利益失衡；第三，广州某公司在本案中不存在任何的损失，广州某公司也未对其损失进行举证，未举证对商业秘密的投入成本，无法确定商业秘密的价值，导致双方利益严重失衡。

本案涉及标的重大，争议繁多，除以上主要争议焦点外，双方还围绕涉案当事人是否包括增城孵化器的实际运营公司、案涉协议是解除还是继续履行、如退回经济补偿是按税前还是税后等进行争议，在此不一一列举。

四、代理意见

我所律师结合对竞业限制违约行为的认定要素，从大局出发，针对双方之间主要的争议焦点，着重聚焦于双方争议大、对案件结果有影响的几大关键问

题,综合应对,并发表以下主要代理意见:

(一) 刘某、王某签订的《保密与竞业限制协议》真实有效,且长期履行

面对该争议焦点,我所律师团队已事先罗列组织证据,提交了刘某、王某多次签署过的《劳动合同》《保密与竞业限制协议》、离职后发放的《关于履行竞业限制义务的函》、每月按时发放经济补偿的转账凭证,证明竞业限制协议合法有效且实际履行。刘某、王某并非弱势劳动者,而是公司的高层,其中刘某每月竞业限制经济补偿远超过广州市社平工资的三倍,刘某、王某二人从未对竞业限制约定提出过异议,并且一直都是欣然接受着经济补偿。其中刘某、王某提供的银行流水显示双方一直坦然使用经济补偿进行消费和支出,也已经以其实际行动表示了对双方保密与竞业限制协议约定的认可。相反刘某、王某所主张的被迫签订和履行,严重不合常理。

最终仲裁和法院均认定,刘某、王某虽主张案涉协议无效,对其无约束力,但未提交有效证据证明,二人作为具有完全民事行为能力的成年人,已在案涉协议上签字,故双方应诚实信用地履行案涉协议。

(二) 广州某公司开办的国家级科技企业孵化器与刘某、王某二人新开办的增城孵化器,从事完全相同的业务内容,存在直接竞争关系,符合案涉协议所约定的竞业限制范围和地域

第一,从刘某、王某提交的证据关于园区企业行业分析的材料可以看出两个孵化器的经营模式和产业结构基本相同,都是综合型的产业园区,有各行各业的企业入驻,该证据与刘某、王某自述其客户群体主要是电商贸易、文化、娱乐相矛盾,显然是在本案做不实的陈述。第二,在广州某公司提交的公证录音中,刘某、王某在增城孵化器招商现场多次提及两个孵化器大同小异。第三,正是因为两个孵化器提供相同的服务内容,增城孵化器可以在其招商大厅直接播放广州某公司的宣传片作为其招商宣传的方式。第四,广州某公司作为国家级科技企业孵化器,拥有着众多的荣誉和称号,是一个运营经验丰富、运营成果显著的大产业平台,而两个孵化器距离仅仅24公里,驾车只有三十分钟,增城孵化器完全在广州某公司开办的孵化器的业务辐射范围之内,两家孵化器具有实质的竞争关系。

最终仲裁和法院均认定,广州市某公司开办的国家级科技企业孵化器与刘某、王某二人从事的新开办的增城孵化器,具有实质竞争关系。

（三）刘某、王某作为核心人员为增城某孵化器工作，明显存在违反竞业限制义务的行为

第一，刘某、王某二人为广州某公司前高管，掌握大量的商业秘密，包括孵化器的运营模式、商业模式、运营流程、广州某公司的核心竞争力要点、客户信息、客户特殊需求以及内外部资源等，前述均为广州某公司赢得市场价值的重要财产，广州某公司从未对外公布。第二，刘某、王某主张入职了某财税公司，明显存在虚构劳动关系的嫌疑，双方没有任何证据证明为财税公司实质提供劳动，由财税公司进行工作管理，且二人薪酬为每月三千元，严重低于二人在职期间的超高年薪，刘某在职期间年薪超过 150 万元，王某在职期间年薪超过 60 万元。第三，本案有诸多证据证明刘某、王某多次实施规避竞业限制的行为，包括广州某公司委托人员在招商现场的录音、黄埔公证处拨打增城某孵化器公布的招商电话，刘某接听并招商，在南方公证处公证员陪同下的现场公证，刘某、王某二人均在现场直接实施了招商行为，本案中广州某公司提交了三次不同时间、不同证据固定方式、不同实际参与人的证据，证据形式完备、取证方式合法、证明内容直接、证明力充分，均指认刘某、王某在增城某孵化器现场直接实施违反竞业限制义务的行为。

最终仲裁和法院均认定，刘某、王某离职后开始从事与在广州某公司处相同业务，违反了双方约定的竞业限制义务，应支付违约金。

（四）刘某、王某需退还已领取的经济补偿，只有履行了竞业限制义务，才有权获得经济补偿，未履行竞业限制义务，应承担返还的民事责任

针对竞业限制经济补偿返还的问题，我所代理律师着重论述了竞业限制经济补偿的款项性质，履行竞业限制义务与获得经济补偿是互为对价的经济补偿，是对劳动者自主择业权受到一定程度限制的补偿，如果刘某、王某未履行竞业限制义务，广州某公司则无须向其支付相应的对价，因此，广州某公司有权要求刘某、王某退回经济补偿，该请求具有可预见性，也符合承担民事责任的相关规定。

最终法院认定，因双方并未约定违反竞业限制协议需返还已获得的经济补偿，且法律对此并未明确规定，故对广州某公司的请求不予支持。

（五）违约金约定明确，刘某、王某应按照竞业限制合同期内全部应得的经济补偿的 5 倍为标准支付违约金

对于违约金的约定，只能是指合同履行期内刘某、王某全部应得的经济补

偿的 5 倍来计算。第一，竞业限制的违约责任只与其违约行为本身有关，与违约时间点无关。无论在哪个时间点违约，均应承担相同的违约责任。刘某、王某主张的计算方式是极其荒谬的，按其主张的计算方式，则会出现违约越早，违约责任越小，违约越晚，违约责任越大的结论。第二，违反竞业限制义务的违约金兼具惩罚性和补偿性，竞业限制制度的规定是为了平衡劳动者的择业自由权和企业的商业秘密，鼓励市场良性竞争，但刘某、王某的恶意竞业行为，已对广州某公司造成重大影响，也对市场主体造成了不良的示范效应，对于不遵守契约精神的劳动者，违约金的认定应体现对违约行为的惩罚性，而不仅仅是考虑补偿性规则。第三，违约金无须进行调整，刘某、王某在职期间，薪酬高，岗位级别高，岗位职责重要，在职时间长，前述因素都直接影响了刘某、王某的竞业行为对广州某公司的损害和损失，且该损害具有不可逆性；而广州某公司为了维护商业秘密，在刘某、王某身上投入的每月高额经济补偿早已超过一百万元，刘某、王某竞业行为手段之恶劣，以及给广州某公司带来的实际损失和可得利益损失都无法简单考量。因此本案违约金的标准不应进行调低。

最终仲裁裁决刘某、王某按照截至仲裁申请之日应得的经济补偿的 5 倍支付违约金，一审判决变更为刘某、王某按照截至仲裁申请之日实际所得经济补偿的 5 倍支付违约金，二审维持一审判决。

五、判决结果

广州市中级人民法院判决刘某向广州某公司支付违约金 1209787.85 元，王某向广州某公司支付违约金 515832.75 元，刘某、王某与广州某公司签订的《保密与竞业限制协议》于 2022 年 8 月 29 日解除。

六、案例评析

本案涉及一起某国家级科技企业孵化器的两名前高管违反竞业限制协议、侵害原用人单位商业利益的典型案例。在现代的商业环境中，保护企业的商业秘密、知识产权和核心竞争力，防止高级管理人员利用企业的商业秘密进行不正当的竞争，是维护市场良性竞争的重点。本案中刘某、王某作为高管离职之后立即开办与广州某公司经营的国家级科技企业孵化器的同类孵化器，并且利用广州某公司的影响力对外招商，不仅违反竞业限制约定，而且严重扰乱市场秩序。广州某公司全力提起诉讼，不仅是为了挽回经济损失，维护自身权益，更是为了维护市场公平竞争秩序。

本案中，我所律师深入研究相关法律法规，对竞业限制协议内容进行深入剖析，明确刘某、王某存在违约行为后，协助广州某公司围绕其违约行为收集整理相关证据，指引当事人进行积极细致的取证工作，成功通过公证方式多次取证刘某、王某在增城孵化器现场开展招商活动的真实情况，并制定了有力的诉讼策略，通过细致的证据和法律逻辑的论证分析，充分证明了刘某、王某存在严重的违反竞业限制义务的行为，充分论证广州某公司要求经济补偿的 5 倍作为违约金的合理性。经过本所律师的不懈努力和据理力争，本案历经劳动仲裁、一审、二审，最终取得了重大胜利，法院认定刘某、王某存在违反竞业限制义务的违约行为，并判决刘某、王某案截至仲裁之日实际所得经济补偿的 5 倍支付违约金，二人合计赔偿违约金共计 170 多万元。在案件办结后，广州某公司特向我所律师出具感谢信以表谢意。

七、结语和建议

本案的成功办理，有重大的现实意义，这一判决不仅充分保障了广州某公司的合法权益，也为类似案件的处理提供了有力的法律支持，对同类业务具有重要指导意义，通过法律手段对高管离职后的竞业行为进行了有效规制，维护了市场的良性竞争秩序，同时也向社会传递出一个明确的信号：任何破坏市场正当竞争秩序的行为，都将受到法律的严厉制裁。

本案的成功办理，为类似案件的处理提供了宝贵的经验，包括律师应对竞业限制制度有深入了解，该制度本质是为了保护用人单位的商业秘密，保护市场的良性竞争，鼓励企业投入人力财力培养人才，同时一定程度上也保护劳动力的自由流转，因此在处理案件时需充分把握双方利益的平衡；在处理相关案件时，应全面了解案件，准确判断是否存在违约行为；充分准备证据，证据是案件的核心，需要律师协助用人单位铺垫在先，做好劳动用工管理工作，协助用人单位做好竞业行为取证；持续学习和提升，随着商业环境的不断变化，竞业限制纠纷案件也呈现新的特点和市场要素，办理竞业限制案件需要律师具备扎实的法律功底和敏锐的市场洞察力，才能更好地为当事人提供复合型优质服务，进一步维护市场良性竞争和循环，推动法治社会的建设进程。

（本案例荣获广州市律师协会 2023 年度"业务成果奖二等奖"）

灵活运用民事诉讼证据规则终获胜诉判决

——某教育公司被诉解除租赁合同一案

徐 嵩 王 勃[*]

一、主题提要

某集团A开发有限公司（以下简称A开发公司）以某教育股份有限公司（以下简称B教育公司）将场地转租给赵某某，没有如约申办汕头市某幼儿园（以下简称C幼儿园），且该幼儿园一直未能达到省一级标准，租金长期未能达到同类幼儿园市场租金等为由，提起诉讼，要求解除租赁合同并立即返还幼儿园房屋场地。

一审法院以"幼儿园并未按合同约定的省级幼儿园的标准办学办园"为由作出解除合同的一审判决。二审中，代理人灵活运用民事诉讼中关于举证责任分配及"高度盖然性"证明标准等规定，化繁为简，最终取得二审撤销原判决，驳回A开发公司诉讼请求的效果，维护了当事人的合法权益。

二、案情简介

2012年9月，B教育公司向A开发公司承租场地举办C幼儿园，并委托员工赵某某具体经营、管理幼儿园。租金标准和收取方式按入园儿童实际人数所收取的保教费的10%为该年度的租金。C幼儿园经6年经营，为广大的学生及家庭带去良好的幼儿教育，在当地也是有口皆碑。

2019年，A开发公司以B教育公司将场地转租给赵某某，没有如约申办幼儿园，且该幼儿园一直未能达到省一级标准，租金长期未能达到同类幼儿园市场租金等为由，向法院起诉，要求解除租赁合同并立即返还幼儿园房屋场地。

---

[*] 徐嵩，广东国智律师事务所高级合伙人；王勃，广东国智律师事务所高级合伙人。

三、争议焦点

1. B 教育公司是否存在转租事实？
2. "未达到省一级标准"是否为解除合同的条件？
3. C 幼儿园是否按照达到省一级标准办学？

四、代理意见

（一）C 幼儿园是 B 教育公司按照案涉租赁合同设立，并不构成转租

1. B 教育公司与 A 开发公司签订的案涉《幼儿园房屋租赁合同》（以下简称《合同》）第一条、第三条已经约定租赁案涉房屋的用途是用于开办幼儿园，而《合同》第十三条在"双方的其他权利和义务"中也明确约定 B 教育公司需依法依规经营管理，根据《民办教育促进法》（2002年）第九条第三款之规定"民办学校应当具备法人条件"，B 教育公司承租涉案场地举办幼儿园，依法必须设立一个具备法人条件、独立的民事主体，对此 A 开发公司在租赁合同签订时已经明确知晓或依法应当知晓；B 教育公司完全是依照合同之约定，为达成双方租赁合同之目的而举办 C 幼儿园，其行为的性质不构成转租。

2. C 幼儿园是由 B 教育公司投资设立并始终由 B 教育公司实际经营管理的。

（1）C 幼儿园登记住所地及实际经营地均为 B 教育公司所承租的案涉房屋。

（2）C 幼儿园的字号，使用的是 B 教育公司所有的商标和公司所有的品牌与公司名称字号。

（3）C 幼儿园的官网域名使用的是 B 教育公司名下的二级域名及服务器空间，网站由 B 教育公司按照统一风格进行设计，并为网站运营提供监督指导。

（4）赵某某是 B 教育公司委派到 C 幼儿园担任法定代表人的 B 教育公司员工。赵某某经 B 教育公司授权委托，代表公司进行幼儿园设立及日常经营管理工作，并接受公司指导。赵某某的经营行为是代表案涉承租人 B 教育公司进行的意思表示，系职务行为，其行为的法律后果归属于 B 教育公司。

（5）B 教育公司会通过多种方式对赵某某的管理及 C 幼儿园的经营进行直接的指示、监督、安排，确保 C 幼儿园的经营符合公司计划及标准。

（6）赵某某与 B 教育公司的劳动关系、委托关系是内部关系，《授权委托书》、B 教育公司对赵某某的管理、监督、双方的当庭陈述等都可以证明上述关

系的存在。

综上，B 教育公司作为法人，其开展活动必须通过自然人去完成。赵某某作为授权员工代表 B 教育公司经营管理 C 幼儿园，系 B 教育公司内部管理及人事内务，本案中并没有在 A 开发公司与 B 教育公司之外创设新的租赁关系，不构成转租。

（二）C 幼儿园是否达到省一级标准，并非能否解除合同的条件

1. 案涉合同并没有将"C 幼儿园未达到省一级标准"约定为解除合同的条件。

合同约定解除条件的"第十四条，合同的解除"一章中，并没有只言片语提及幼儿园达到省一级的问题。

2. 合同约定的"C 幼儿园达到省一级标准"是出于维护 B 教育公司品牌的目的，与 A 开发公司无关，更不是 A 开发公司的合同目的。

一审法院判决解除合同，援引的是《合同》"第十三条，双方的其他权利和义务"第二款第五项第三行中的"为维护乙方的教育品牌，乙方应在办学办园过程中自始至终按省一级标准执行"。

事实上，合同约定的 C 幼儿园是否达到省一级标准与 A 开发公司利益并不相关，而是与上诉人 B 教育公司的品牌有关。该条款并没有赋予 A 开发公司合同解除权，A 开发公司主张及一审法院以 C 幼儿园未达到省一级标准而解除合同属于对双方约定的断章取义，并不符合双方签订合同时的意思表示，没有合同上的依据。

（三）在 B 教育公司的经营下，C 幼儿园始终按省一级标准运营办学，幼儿园已经是一所质量高、信誉好、有特色的幼儿园，为小区业主子女提供了良好的教育环境，也保障了幼儿园租金收入水平达到同类幼儿园标准

1. A 开发公司称依据《合同》第十五条第四款提出终止合同，但该条款约定的是"合同规定的省一级标准"，但本案涉合同之中也并没有对"什么是省一级标准"予以明确约定，因此该条款本身属于约定不明而无法适用。

2. 事实上，C 幼儿园的运营始终按照省一级标准进行高质量办学，相关办学指标已经达到省一级标准。

目前，当地并无省一级幼儿园，而仅有两所市一级幼儿园（C 幼儿园及某实验幼儿园）。相比较于某实验幼儿园用时 5 年才通过市一级的认证，C 幼儿园

仅用时 3 年。

按省一级标准，并非一定要通过省一级的评估。在一审中提交的"C 幼儿园市一级幼儿园评估表"也证明 C 幼儿园办园得分占分比 98%，管理与效益得分占分比 96%，均远超省一级标准要求的 85% 的占比，最终顺利通过市一级幼儿园评估，也充分证明 C 幼儿园客观上达到省一级标准。

此外，租赁合同期限是自 2012 年至 2033 年，目前尚未到合同期限的 1/3 时间。即使 A 开发公司认为 C 幼儿园还没有达到"省一级标准"，但双方并未对达到省一级标准设置时间限制，因此 C 幼儿园只要在合同期的合理期限内获得通过即可，实际上也并未违约。

3. C 幼儿园是按照省一级幼儿园的标准在办学，也是现在区收费最高的幼儿园，远远超过同类幼儿园收费水平，因而 A 开发公司所获得的租金收益充分满足其合同目的。

事实上，A 开发公司非常清楚 C 幼儿园的办学质量已经达到省一级的标准，并为小区带来良好的辐射利益。所以在幼儿园办学期间从未对幼儿园的办学质量等方面问题提出任何意见，更从未发函催告幼儿园提高办学质量，在一审、二审中，不但没能举证证明幼儿园办学上的任何一点问题，甚至根本没能指出哪一点不符合省一级标准，A 开发公司的主张根本无法成立。

4. 从举证责任上而言，原告认为幼儿园未达到省一级标准，但却未予举证，应承担举证不能的责任。

五、判决结果

1. 撤销一审法院作出的民事判决。
2. 驳回 A 开发公司的诉讼请求。

六、案例评析

本案中的争议焦点一在于 B 教育公司是否存在转租事实；焦点二是"未达到省一级标准"是否为解除合同的条件；焦点三是 C 幼儿园是否按照达到省一级标准办学。

（一）代理人通过向民政局、教育局调取备案材料，梳理赵某某与 B 教育公司之间的文件、邮件往来，在一审中取得否定 A 开发公司转租的事实认定

赵某某与 B 教育公司的关系，不是严格的劳动法意义上的劳动关系，更类

似母公司与子公司负责人的关系。因此难以从一般的劳动关系中的"社保""工资发放""办公场地"等方式证明二者之间的关系,因此代理律师通过调取幼儿园在有关部门的备案文件、委托书,以及多年来的工作往来邮件予以举证,证明赵某某是 B 教育公司委派到涉事幼儿园担任法定代表人的员工,从租赁合同签订一开始便已经清楚负责幼儿园的全面工作的事实。

(二)通过解释合同条款的约定,论述幼儿园是否达到省一级标准,并非能否解除合同的条件

1. 案涉合同并没有将"C 幼儿园未达到省一级标准"约定为解除合同的条件。

合同约定解除条件的"第十四条,合同的解除"一章中,并没有只言片语提及幼儿园达到省一级的问题。

2. 合同约定的"C 幼儿园达到省一级标准"是出于维护 B 教育公司品牌的目的,与 A 开发公司无关,更不是 A 开发公司的合同目的。

一审法院判决解除合同,援引的是《合同》"第十三条,双方的其他权利和义务"第二款第五项第三行中的"为维护乙方(B 教育公司)的教育品牌,乙方(B 教育公司)应在办学办园过程中自始至终按省一级标准执行"。

事实上,合同约定的 C 幼儿园是否达到省一级标准与 A 开发公司利益并不相关,而是与上诉人 B 教育公司的品牌有关。该条款并没有赋予 A 开发公司合同解除权,A 开发公司主张及一审法院以 C 幼儿园未达到省一级标准而解除合同属于对双方约定的断章取义,并不符合双方签订合同时的意思表示,没有合同上的依据。

(三)灵活运用民事诉讼中关于举证责任分配及"高度盖然性"证明标准等规定,化繁为简,取得 C 幼儿园达到省一级标准办学的"法律事实"认定

1. 在案件审理过程中,代理人通过向省教育厅申请行政公开的方式,了解到省一级幼儿园认定的有关政策背景。

省一级幼儿园认定是省级专业的教育部门、机构组织专家小组才可以评定的。根据省教育厅的答复,通过市一级需满两年才可以继续申报省一级的评审,且全省在 2018 年便暂停省一级幼儿园评估,新的评估办法正在制定之中。因此,自 C 幼儿园通过市一级幼儿园评定后,直到整个案件的审理期限内,均无法有效地作出 C 幼儿园是否达到省一级标准的事实认定。

2. 省、市两级评价体系是相同的,只是在分数门槛不同。评估指标体系

共设 2 个一级指标、12 个二级指标、39 个三级指标，每个三级指标包含若干个因素。如果完全按照评价体系进行举证，对当事人及代理人均不现实，而且有大量需要实地考察、体验的指标无法以民事诉讼法认可的证据类型予以举证。

因此，代理人前往教育局调取了幼儿园申报市一级幼儿园的部门归档材料，该材料是已经过区、市两级教育部门局评估认可的。材料显示 2017 年幼儿园便以办园得分占分比 98.6%，管理与效益得分占分比 96.5%，远超省一级标准要求的 85% 的占比顺利通过市一级幼儿园的认证，实际上 C 幼儿园已经达到省一级标准。

3. 为证明 C 幼儿园的办学质量，代理人还调查了当地幼儿园的评级情况。潮南区至今尚没有省一级幼儿园，仅有两家市一级幼儿园。相比较于另一家市一级的学校所在区幼儿园，是用时 5 年通过市一级的认证，C 幼儿园在 2017 年通过市一级认证仅用时 3 年，从侧面也证明了 C 幼儿园的办学质量。

4. 相较于我方的充足举证，A 开发公司却并未在该问题上有实质的举证及说明。

因此，通过上述主要的代理策略及意见，最终获得二审法院的认可，取得中级人民法院二审判决撤销一审判决，驳回 A 开发公司诉讼请求的胜诉判决。

七、结语和建议

1. 事实与"诉讼事实"是不同的概念。诉讼事实的认定依靠合理的举证责任分配下的双方的举证，同时也需要按照民事诉讼"高度盖然性"的证明标准得以确认。律师在经办事实复杂的诉讼案件过程中要善于引导法官进行举证责任分配，降低己方的举证责任，提升事实证明效果。

2. 民事诉讼的证明标准只需达到"高度盖然性"的证明标准，在复杂的诉讼案件中或针对想以正面或直接举证证明的关键事实，要善于从"高度盖然性"的证明标准出发，从间接、侧面的角度搜集证据，举证，达到己方证明目的。

图书在版编目（CIP）数据

国智律师业务精粹. 二 / 王志军主编. -- 北京：中国法治出版社, 2025. 7. -- ISBN 978-7-5216-5421-9

Ⅰ. D926.5-53

中国国家版本馆 CIP 数据核字第 2025B69F61 号

责任编辑：李宏伟　　　　　　　　　　　　封面设计：杨泽江

国智律师业务精粹（二）
GUOZHI LÜSHI YEWU JINGCUI（ER）

主编/王志军
经销/新华书店
印刷/北京虎彩文化传播有限公司
开本/710 毫米×1000 毫米　16 开　　　　印张/23.25　字数/295 千
版次/2025 年 7 月第 1 版　　　　　　　　2025 年 7 月第 1 次印刷

中国法治出版社出版
书号 ISBN 978-7-5216-5421-9　　　　　　定价：118.00 元

北京市西城区西便门西里甲 16 号西便门办公区
邮政编码：100053　　　　　　　　　　　传真：010-63141600
网址：http：//www.zgfzs.com　　　　　　编辑部电话：010-63141804
市场营销部电话：010-63141612　　　　　印务部电话：010-63141606

（如有印装质量问题，请与本社印务部联系。）